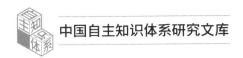

中国自主知识体系研究文库

政治的概念
历史政治学的知识论原理

杨光斌　著

中国人民大学出版社
·北京·

"中国自主知识体系研究文库"编委会

总　序

张东刚

2022 年 4 月 25 日，习近平总书记在中国人民大学考察调研时指出，"加快构建中国特色哲学社会科学，归根结底是建构中国自主的知识体系"。2024 年全国教育大会对以党的创新理论引领哲学社会科学知识创新、理论创新、方法创新提出明确要求。《教育强国建设规划纲要（2024—2035 年）》将"构建中国哲学社会科学自主知识体系"作为增强高等教育综合实力的战略引领力量，要求"聚焦中国式现代化建设重大理论和实践问题，以党的创新理论引领哲学社会科学知识创新、理论创新、方法创新，构建以各学科标识性概念、原创性理论为主干的自主知识体系"。这是以习近平同志为核心的党中央站在统筹中华民族伟大复兴战略全局和世界百年未有之大变局的高度，对推动我国哲学社会科学高质量发展、使中国特色哲学社会科学真正屹立于世界学术之林作出的科学判断和战略部署，为建构中国自主的知识体系指明了前进方向、明确了科学路径。

建构中国自主的知识体系，是习近平总书记关于加快构建中国特色哲学社会科学重要论述的核心内容；是中国特色社会主义进入新时代，更好回答中国之问、世界之问、人民之问、时代之问，服务以中国式现代化全面推进中华民族伟大复兴的应有之义；是深入贯彻落实习近平文化思想，推动中华文明创造性转化、创新性发展，坚定不移走中国特色社会主义道路，续写马克思主义中国化时代化新篇章的必由之路；是为解决人类面临的共同问题提供更多更好的中国智慧、中国方案、中国力量，为人类和平与发展崇高事业作出新的更大贡献的应尽之责。

一、文库的缘起

作为中国共产党创办的第一所新型正规大学，中国人民大学始终秉持着强烈的使命感和历史主动精神，深入践行习近平总书记来校考察调研时重要讲话精神和关于哲学社会科学的重要论述精神，深刻把握中国自主知识体系的科学内涵与民族性、原创性、学理性，持续强化思想引领、文化滋养、现实支撑和传播推广，努力当好构建中国特色哲学社会科学的引领者、排头兵、先锋队。

我们充分发挥在人文社会科学领域"独树一帜"的特色优势，围绕建构中国自主的知识体系进行系统性谋划、首创性改革、引领性探索，将"习近平新时代中国特色社会主义思想研究工程"作为"一号工程"，整体实施"哲学社会科学自主知识体系创新工程"；启动"文明史研究工程"，率先建设文明学一级学科，发起成立哲学、法学、经济学、新闻传播学等11个自主知识体系学科联盟，编写"中国系列"教材、学科手册、学科史丛书；建设中国特色哲学社会科学自主知识体系数字创新平台"学术世界"；联合60家成员单位组建"建构中国自主的知识体系大学联盟"，确立成果发布机制，定期组织成果发布会，发布了一大批重大成果和精品力作，展现了中国哲学社会科学自主知识体系的前沿探索，彰显着广大哲学社会科学工作者的信念追求和主动作为。

为进一步引领学界对建构中国自主的知识体系展开更深入的原创性研究，中国人民大学策划出版"中国自主知识体系研究文库"，矢志打造一套能够全方位展现中国自主知识体系建设成就的扛鼎之作，为我国哲学社会科学发展贡献标志性成果，助力中国特色哲学社会科学在世界学术之林傲然屹立。我们广泛动员校内各学科研究力量，同时积极与校外科研机构、高校及行业专家紧密协作，开展大规模的选题征集与研究激励活动，力求全面涵盖经济、政治、文化、社会、生态文明等各个关键领域，深度挖掘中国特色社会主义建设生动实践中的宝贵经验与理论创新成果。为了保证文库的质量，我们邀请来自全国哲学社会科学"五路大军"的知名专家学者组成编委会，负责选题征集、推荐和评审等工作。我们组织了专项工作团队，精心策划、深入研讨，从宏观架构到微观细节，全方位规划文库的建设蓝图。

二、文库的定位与特色

中国自主的知识体系，特色在"中国"、核心在"自主"、基础在"知识"、关键在"体系"。"中国"意味着以中国为观照，以时代为观照，把中国文化、中国实践、中国问题作为出发点和落脚点。"自主"意味着以我为主、独立自主，坚持认知上的独立性、自觉性，观点上的主体性、创新性，以独立的研究路径和自主的学术精神适应时代要求。"知识"意味着创造"新知"，形成概念性、原创性的理论成果、思想成果、方法成果。"体系"意味着明确总问题、知识核心范畴、基础方法范式和基本逻辑框架，架构涵盖各学科各领域、包含全要素的理论体系。

文库旨在汇聚一流学者的智慧和力量，全面、深入、系统地研究相关理论与实践问题，为建构和发展中国自主的知识体系提供坚实的理论支撑，为政策制定者提供科学的决策依据，为广大读者提供权威的知识读本，推动中国自主的知识体系在社会各界的广泛传播与应用。我们秉持严谨、创新、务实的学术态度，系统梳理中国自主知识体系探索发展过程中已出版和建设中的代表性、标志性成果，其中既有学科发展不可或缺的奠基之作，又有建构自主知识体系探索过程中的优秀成果，也有发展创新阶段的最新成果，力求全面展示中国自主的知识体系的建设之路和累累硕果。文库具有以下几个鲜明特点。

一是知识性与体系性的统一。文库打破学科界限，整合了哲学、法学、历史学、经济学、社会学、新闻传播学、管理学等多学科领域知识，构建层次分明、逻辑严密的立体化知识架构，以学科体系、学术体系、话语体系建设为目标，以建构中国自主的知识体系为价值追求，实现中国自主的知识体系与"三大体系"有机统一、协同发展。

二是理论性与实践性的统一。文库立足中国式现代化的生动实践和中华民族伟大复兴之梦想，把马克思主义基本原理同中国具体实际相结合，提供中国方案、创新中国理论。在学术研究上独树一帜，既注重深耕理论研究，全力构建坚实稳固、逻辑严谨的知识体系大厦，又紧密围绕建构中国自主知识体系实践中的热点、难点与痛点问题精准发力，为解决中国现实问题和人类共同问题提供有力的思维工具与行动方案，彰显知识体系的实践生命力与应用价值。

三是继承性与发展性的统一。继承性是建构中国自主的知识体系的源头活水，发展性是建构中国自主的知识体系的不竭动力。建构中国自主的知识体系是一个不断创新发展的过程。文库坚持植根于中华优秀传统文化以及学科发展的历史传承，系统梳理中国自主知识体系探索发展过程中不可绕过的代表性成果；同时始终秉持与时俱进的创新精神，保持对学术前沿的精准洞察与引领态势，密切关注国内外中国自主知识体系领域的最新研究动向与实践前沿进展，呈现最前沿、最具时效性的研究成果。

我们希望，通过整合资源、整体规划、持续出版，打破学科壁垒，汇聚多领域、多学科的研究成果，构建一个全面且富有层次的学科体系，不断更新和丰富知识体系的内容，把文库建成中国自主知识体系研究优质成果集大成的重要出版工程。

三、文库的责任与使命

立时代之潮头、通古今之变化、发思想之先声。建构中国自主的知识体系的过程，其本质是以党的创新理论为引领，对中国现代性精髓的揭示，对中国式现代化发展道路的阐释，对人类文明新形态的表征，这必然是对西方现代性的批判继承和超越，也是对西方知识体系的批判继承和超越。

文库建设以党的创新理论为指导，牢牢把握习近平新时代中国特色社会主义思想在建构自主知识体系中的核心地位；持续推动马克思主义基本原理同中国具体实际、同中华优秀传统文化相结合，牢牢把握中华优秀传统文化在建构自主知识体系中的源头地位；以中国为观照、以时代为观照，立足中国实际解决中国问题，牢牢把握中国式现代化理论和实践在建构自主知识体系中的支撑地位；胸怀中华民族伟大复兴的战略全局和世界百年未有之大变局，牢牢把握传播能力建设在建构自主知识体系中的关键地位。将中国文化、中国实践、中国问题作为出发点和落脚点，提炼出具有中国特色、世界影响的标识性学术概念，系统梳理各学科知识脉络与逻辑关联，探究中国式现代化的生成逻辑、科学内涵和现实路径，广泛开展更具学理性、包容性的和平叙事、发展叙事、文化叙事，不断完善中国自主知识体系的整体理论架构，将制度优势、发展优势、文化优势转化为理论优势、学术优势和话语优势，不断开辟新时代中国特色哲学社会科学新境界。

中国自主知识体系的建构之路，宛如波澜壮阔、永无止境的学术长征，需要汇聚各界各方的智慧与力量，持之以恒、砥砺奋进。我们衷心期待，未来有更多优质院校、研究机构、出版单位和优秀学者积极参与，加入到文库建设中来。让我们共同努力，不断推出更多具有创新性、引领性的高水平研究成果，把文库建设成为中国自主知识体系研究的标志性工程，推动中国特色哲学社会科学高质量发展，为全面建设社会主义现代化国家贡献知识成果，为全人类文明进步贡献中国理论和中国智慧。

是为序。

自　序

笔者已学习和研究政治学近 40 年，近期对政治的概念、政治的作用这些基本的老生常谈的问题有了一些新的认识和理解，不得不说这都是历史政治学带来的启示。

政治学说到底是关于人类生存秩序的学问。但是，由于中西方国家存在不同的历史观和政治观，因而中西方学者对秩序的看法以及中西方国家走向秩序的路径有着天壤之别。从历史源头上来看，西方人天然地认为政治就是对抗性资源分配，因此国家之间呈准战争状态，国家内部充满张力，在此基础上建立的秩序格局必然是多元主义的或"多统"的。相较而言，中国人一开始就信奉大一统秩序，其关于"政治"的理解从头到尾都是"致治"和民心。也就是说，二者之间的差异源自历史本体论。多元化的欧洲社会史必然以对抗的方式演绎"多统"秩序，大一统塑造的中国政治史则借助"致治"收获民心以进一步巩固大一统秩序。

基于比较历史分析，笔者试图提炼历史政治学的知识论原理。简单地说，历史本体论（历史属性）影响乃至决定了制度变迁方式，不同的制度变迁方式产生性质不同的政治制度和政治社会理论。社会史和政治史的制度变迁逻辑不同，由此建构的政治制度、政治理论自然有很大差异，比如西方政治理论的根基是代议制，而中国政治理论的根基是大一统。甚至可以说，所有政治理论归根到底都是历史政治理论。

在历史政治学知识论原理的框架下，本书对中国与欧洲的国家形态、政府体制、国家社会关系和对外关系进行了较为系统的比较历史分析。整个研究过程让人十分感慨，虽然都是人类，但似乎又来自不同的星球，甚至还有点不同物种的感觉。中西方国家的历史属性与生俱来的天壤之别，导致制度变迁的路径大相径庭，政治理论的关怀各不相同，对外部世界的认知更是区别甚大。新文化运动以来，中国思想界的一条时明时暗的线索就是用基于社会史的政治制度、政治理论改造具有几千年连续性政治史的中国。这就是所谓的"东西之争"，其本质就是用社会史的逻辑消解政治史的逻辑。

对中西方历史的比较研究，还让笔者对政治的作用有了更深入的认知。在西方社会史中，以代议制为核心的政治制度是社会斗争和经济发展的产物，因而必然是"经济基础决定上层建筑"，尽管国家也有某种程度的自主性。在中国政治史中，政治制度的决定性作用则十分明显，这是因为中国人从先秦开始就生活在政治史的逻辑中。这些以及其他关于政治的"新发现"，在笔者的《政治的概念：兼论我们时代性困境的政治根源》长文中有所论述。

正是由于历史政治学，笔者才对政治的概念、政治的作用这些基本问题有了新认知。笔者相信，其他某些基础概念也可以用历史政治学加以重述，从而为建构基于历史政治学的"新政治学原理"奠定基础。

本书涉及的《历史政治理论序论》和《中国"天下观"与西方"国际观"——兼论人类文明新形态的世界观》发表于《社会科学》，《政治的概念——兼论我们时代性困境的政治根源》发表于《社会科学研究》，感谢两家期刊，在笔者看来，它们都是同类刊物中的佼佼者。

感谢中国人民大学国际关系学院的李欢、何相冬、万泽雨等几位政治学博士生，他们承担了收集资料、校对文稿等基础性工作。参与课题研究，确实是培养博士生和使其快速成长的重要途径。

最后，热忱欢迎读者和同行对本书进行批评与指正。毕竟，作为学科性概念的历史政治学还是新生事物，本书运用历史政治学进行比较历史研究也仅仅是开端，未来必定有其他学者运用历史政治学对政治的概念展开研究，本书就算是抛砖引玉吧！

杨光斌

2024 年 3 月 31 日

目 录

第一章　历史政治理论序论 /001

一、政治学的知识论原理 /002

二、社会科学理论体系：以社会中心主义为例 /008

三、社会中心主义的关键词：以民主为例 /015

四、社会中心主义的研究方法：以理性选择主义为例 /022

五、探索中国史的理论性：历史政治学 /028

第二章　历史本体论：中国政治史与西方社会史传统 /034

一、中西方传统史学的差异 /035

二、从社会史到政治史的转变 /057

第三章　基于历史的国家形态 /100

一、基于政治史的大一统国家 /101

二、基于社会史的代议制国家（多统国家）/131

三、一统与多统的国家形态 /161

第四章　中西方的权力体系 /169

一、以皇权为核心的单一中心权力体系 /170

二、西方多统的分权性权力体系 /195

三、从权力体系看中西之别 /211

第五章　中西方的国家社会关系 /214

一、家国一体与中国的国家社会关系 /215

二、二元对立与西方的国家社会关系 /232

第六章 基于历史传统的对外关系 /251

一、大一统国家的天下秩序 /252

二、民族国家的国际秩序 /273

三、中西比较 /293

第七章 政治的概念 /306

一、流行的政治概念：竞争性资源（权力）分配 /307

二、对抗性资源分配政治的社会起源 /314

三、中国政治史中的政治概念：秩序—民心—致治 /319

四、时间中的政治 /325

五、我们时代性困境的政治根源与出路 /332

第一章　历史政治理论序论

几乎所有政治理论都是历史性的，"政治理论"更严谨的称法是"历史政治理论"，这是由政治理论的知识论原理决定的。从社会科学体系，诸如社会中心主义、国家中心主义和政党中心主义，到我们耳熟能详的众多名词、概念，诸如自然法、契约论、理性人、资本主义、社会主义、民主、法治、自由等，再到我们研究社会科学或政治学的方法论，诸如制度主义、新制度主义、理性选择主义等，都是历史分析的产物。历史政治学的提出，不仅使中国政治学终于有了专属的研究方法，即中国政治学不再像其他学科一样使用社会科学的一般性方法，更为政治理论的发现和发展提供了一个明确的历史路径，使得政治学的学科专业性属性更加鲜明，中国政治学因此可能在建设中国自主的知识体系方面走在前面。我们认为，一个学科只有有了自己专有的研究方法或方法论，才有可能在建设自主知识体系的道路上迈开步伐。

一、政治学的知识论原理

政治学以及所有社会科学的知识体系（包括概念、理论、理论体系和方法论）是从哪里来的？或者我们熟知的政治学知识体系是如何产生的？这就是知识论要回答的问题。在哈贝马斯看来，社会科学的知识源于历史、现实实践与理论本身。[①] 这大概是在知识论上对社会科学的最好概括。

作为理论来源的"元理论"，其实也是特定实践和历史文化的产物，因此严格来说，理论主要来自现实实践和历史。只不过，在理论匮乏而又渴望理论的时代，理论本身成为一种"思想供货商"，成为需求方的理论来源。至于理论与现实、历史的关系，或者说理论为什么诞生于现实实践和历史，已经有了很多的讨论。简单地说，古今中外的政治统治都需要对现实进行理论、观念的阐述，以使政治统治合理化、合法化，从而减少政治统治的成本；现实实践是历史制度变迁的延续，论述现实的理论必然要追寻"正朔"，历史必然成为理论的最重要源泉。另外，自先秦"诸子百家"以来，中国就有了"士文化"，士人阶层在书写、传承历史中有着特殊作用；而在欧洲，从中世纪的修道院到大学的诞生，知识阶层得以形成，他们的使命就是从现实、历史中"发现"甚至"发明"理论。这样，士人阶层或知识阶层建构的理论或观念就成为世界本身，或者说世界就是他们构筑的观念的矛盾体。政治统治的需要与知识阶层的存在，使得理论基于现实实践、历史而源源不断地产生，而它们反过来又影响着人们的观念并改变着现实世界，理论本身构成了"存在"，成为后来人实践的渊源。

---

① 哈贝马斯.理论与实践.2版.郭官义，李黎，译.北京：社会科学文献出版社，2010：30.

首先，理论本身。"发现"或"发明"以新概念为核心的理论或者理论体系并不是一件简单的事，而且理论一旦被发展出来，就会演变为流行性观念而固化为人们的思维方式乃至生活方式，形成严重的路径依赖。哪怕是以讹传讹的观念，在生活中也有可能演变成信念，如以"党争民主"为核心的自由主义民主理论或话语体系（包括实践中的制度体系）。其内在原因正如马克思和恩格斯在《共产党宣言》中所说的，"任何一个时代的统治思想始终都不过是统治阶级的思想"①。统治阶级会利用有优势的制度性资源去推广有利于自己统治利益的思想，基于理论的思想观念自然会在政治社会化过程中得以延续，并据此塑造一代又一代人的政治心理和政治人格。所以，理论产生的越早，延续性影响就越大；理论一旦成为统治阶级的思想，就会代代相传。这就是每个时代的部分社会科学理论来自既有理论的原因。

国内政治中的政治理论可以通过政治社会化而得以延续和传递，世界政治中的政治理论生态分布更不均衡，不仅存在诱致性吸纳，更有强制性变迁。社会科学是一个国家的社会经济发展到一定程度的产物，国家发展的先后决定了世界社会科学的不平衡性、不平等性。按照沃勒斯坦的统计，对于历史学和三门探讨普遍规律的学科——政治学、经济学和社会学，直到20世纪上半叶，上述学科95％的学术研究仅仅在五个国家——英国、法国、美国、德国和意大利中进行，而且这些研究也主要针对这五个国家。剩下的5％主要研究的是斯堪的纳维亚半岛、低地国家、苏联、伊比利亚半岛，并在很小范围内研究拉丁美洲。②

95％的知识存量为第二次世界大战后的冷战提供了充足的"弹药"。

---

① 中共中央马克思恩格斯列宁斯大林著作编译局. 马克思恩格斯选集：第1卷.3版. 北京：人民出版社，2012：420.
② 沃勒斯坦. 现代世界体系：第4卷：中庸的自由主义的胜利：1789—1914. 吴英，译. 北京：社会科学文献出版社，2013：310.

冷战是意识形态战争，因此冷战时期的社会科学堪称"冷战社会科学"，尤其是"冷战政治学"。在这个过程中，对立的两极都给对方贴上了标签，西方以民主-专制二分法建构起"冷战政治学"。在萨托利看来，二战后西方社会科学的最大成果就是把"自由"和"民主"两股绳拧在了一起，建构出自由主义民主理论[①]，并将其鼓吹为"普世价值"。

冷战是一场极不对称的意识形态战争。当西方扛起自由、民主的"普世价值"这面大旗时，无论是苏联还是中国，却一度取消社会科学的基础学科，如政治学和社会学。到改革开放时，中国的社会科学理论非常匮乏。因此，当改革开放打开中国国门之时，西方社会科学以排山倒海之势涌入中国，中国留学生也如过江之鲫前往欧美"取经"。这是知识社会学上一种典型的诱致性制度变迁过程。

中国社会科学理论体系的形成过程说明，存量理论本身就是知识的一个重要来源。存量理论在传播过程中，以科学主义化乃至普遍主义化的形式涌向理论匮乏区，显现出非历史性。然而，几十年来中国社会科学所接受的概念和理论，几乎都是特定国家在特定历史阶段的特定政治实践经验的理论化产物，只不过对于不了解这些理论产生的特定性时空背景的中国人而言，这些理论不是历史性的罢了。

其次，现实政治实践。毛泽东曾通俗地讲："感觉只解决现象问题，理论才解决本质问题。这些问题的解决，一点也不能离开实践。"[②] 毛泽东最有资格说这话，统一战线、政治协商、人民民主专政、民主集中制等政治学的关键词，都是革命实践的产物。

什么样的现实政治实践能产生理论？那无疑是制度变迁的关键时期的现实政治实践，作为意识形态的自由主义、保守主义和社会主义，无不如

---

① 萨托利. 民主新论. 冯克利，阎克文，译. 上海：上海人民出版社，2015.
② 毛泽东. 毛泽东选集：第1卷. 2版. 北京：人民出版社，1991：286.

此产生。英国资产阶级革命的动荡期催生的是霍布斯的个人解放的个体主义思想——这是自由主义的本体论；进而，当政制稳定下来后，主张财产权的洛克式自由主义应运而生；财产权催生了工业革命这个人类历史上的第一次巨变，工业革命使得远程贸易成为可能，财富的急剧增长催生了以休谟、亚当·斯密为代表的苏格兰启蒙学派，自由主义思想体系初步成熟。英国的成功让法国人艳羡不已，以追求英国政制为目标的法国启蒙运动以孟德斯鸠的三权分立理论进一步完善了自由主义思想体系，并直接成为美国建国者的宪制蓝图。至此，从英国首倡到在法国和美国的落地，自由主义都是政治实践的产物。

伴随着作为近代西方世界"元主义"的自由主义的诞生和发展，保守主义和社会主义也先后出现，并都诞生于现实政治实践之中。当法国大革命以极端手段进行时，英国的政论家伯克对法国大革命的一系列批评，构成了后来被称为保守主义的思想来源，伯克因此被称为保守主义的鼻祖。

同样，共产主义思想也是欧洲工人阶级运动的产物，作为科学社会主义经典著作的《共产党宣言》是世界上第一个马克思主义政党（共产主义者同盟）的政纲。有了政纲之后，才有了后来的第一国际和第二国际，以及由欧洲到东方的十月革命和中国革命，这些国际性运动进一步丰富了马克思主义。不仅马克思主义作为政治思潮发展起来，而且列宁还找到了实现马克思主义的组织手段——政党及其民主集中制组织原则。亨廷顿不无赞叹地指出，如果说麦迪逊发现的是代议制，那么列宁发现的则是政党，他们才是政治学大师级人物。[①] 后来，革命到了中国，曲折的实践迫使中国共产党人提出"以中国为中心"的世界观，并以田野调查和历史政治的路径去践行这一信念。

---

① 亨廷顿. 变化社会中的政治秩序. 王冠华, 刘为, 等译. 上海：上海人民出版社，2008：274-281.

实践出真知，而作为"真知"的理论往往诞生于制度变迁的关键时刻，社会大革命、国家大转型都是发现理论的关键时刻和宝贵资源。

最后，理论的历史性。正如理论具有实践性的特质，现实实践性也具有历史性。一方面，即时即地的实践性必然承袭了各自的历史文明基因；另一方面，过去的政治实践成了今天的历史，而且历史本身直接成为理论和思想的渊源，因此几乎所有的政治理论都具有历史性。

作为西方政治理论的文化基础或本体论的个体主义，并不是霍布斯的"发明"。因为之前的文艺复兴运动，尤其是宗教改革，已经使得个体从神权政治的蒙昧状态逐渐苏醒过来，并经霍布斯、洛克等人的"发现"而使个人权利上升为"自然权利"。实现个人权利的制度安排是比文艺复兴运动还早的代议制，代议制使得"王在法下"，因此保护了以财产权为核心的个人权利，即当时的封建领主们的权利，由此催生了三权分立的代议制政府（后来又被称为代议制民主）。我们将在本书的后面章节论述历史本体论即历史属性问题，文化上的个体主义和制度上的代议制，都是社会史的制度变迁结果。西方政治理论的社会史属性非常特殊，代议制是社会史的产物，而且以个体主义文化为基础。由此可以理解，在那些既非个体主义文化又非社会史的国家，实行代议制究竟意味着什么。何况，很多国家时至今日已经不再具有均质化文化，而是异质化的多民族国家，基于个体主义的具有对立性的代议制对国家建设来说又意味着什么？很多国家无休止地进行政治动荡的根源就在于此。

历史是发现理论的不竭之源。社会科学体系中的社会中心主义和国家中心主义，都是基于不同历史而演绎出来的。基于历史的制度变迁，本身存在着很多道理，这些道理有待被发现而成为理论。西方人已经充分地发掘了自己的历史并使之理论化，如历史社会学的重大贡献，因此西方历史的影响更具世界性。比较而言，更有连续性的中国历史所贡献的社会科学理论甚少，没有理论化的历史便只能处于休眠状态而陈放在博物馆中，意义大打折扣。中国史学界似乎习惯了历史的"博物馆化"，当钱穆这样的学者试图在中国史研究的基础上提炼一些概念时，如"士人政府"，依旧会招致历史学界的异议乃至非议。更有甚者，新文化运动所塑造的否定中国历史文化的史观影响深远，例如给博大精深、丰富多彩的中国历史扣一个类似专制主义的总帽子。这种现象完全是中国社会科学思维滞后的表现，认为历史的研究应该纯粹而不应该有"杂质"，殊不知，社会科学的进步就体现在交叉性上。同时，这也是史观滞后的表现，未曾想过如此"坏"的历史怎么会孕育出如此辉煌灿烂的文明，以及为什么中华民族能够实现复兴。

就规模而言，中华文明是世界上的大型文明体之一；就连续性而言，中华文明是世界上唯一未曾中断的大型文明，因而不存在"古中国文明"之说；就包容性而言，中华文明在几千年的历史进程中吸纳了最多的外来文明，因而最具有普遍性。这样的文明即使不是汤因比所说的唯一能够管理 21 世纪的文明[①]，至少也是最能引导 21 世纪走向新文明形态的文明。对于这样一个文明体，政治理论的发现工作赤字太多。无论是中华人民共和国还是中国共产党，都是中华优秀文明的继承者和弘扬者，其中的内在逻辑和机理有待发掘。例如，民主集中制与大一统的关系、民本主义与社会主义的关系、协商民主与协商政治传统的关系、人类命运共同体与天下观的关系、仁爱与人类文明新形态的关系等等，都是重大的历史政治理论命题。

已知的中外政治理论都是历史的产物，中国的政治理论，如大一统、民本思想本身就是历史的决定性组成部分，西方的政治理论，如自由主义

---

① 汤因比，池田大作.选择生命：汤因比与池田大作对谈录.冯峰，隽雪艳，孙彬，译.北京：商务印书馆，2017.

和代议制政府理论也是历史的组成部分并被加工成理论体系。不仅如此，产生如此多重大理论的政治实践也不过是制度变迁中的关键因素，即时即地的政治实践本身就是历史的组成部分。因此，我们才说几乎所有的政治理论都具有历史性和地方性，政治理论也被称为历史政治理论。

我们强调政治理论的历史性和地方性是就其起源而言的。理论一旦变成观念，就会呈现超越地域的弥散性而成为影响异域的思想，如宗教和被称为"普世价值"的自由主义民主理论。这或许会推动人类共同价值的形成，如和平、发展、公平、正义、民主、自由等；但同时也可能会招致大量的文明冲突或文化冲突。这种冲突的根源就是异域理论与在地历史之间的张力。因此，理论源于历史，理论的生命力也源于历史。

接下来我们将具体阐述，无论是社会科学理论体系、支撑理论体系的核心概念，还是研究社会科学的方法论，都具有历史性，都是历史政治理论。

二、社会科学理论体系：以社会中心主义为例

社会科学理论体系是对主要国家的现代国家建设或现代化道路进行系统化总结的结果。现代化进程的组织主体不同，所产生的社会科学理论体系也有巨大差异。英国、美国的组织者主要是个体化的商业集团，由此产生的理论体系便是个体中心主义或者社会中心主义；德国、日本等国的组织者主要是国家或者国家化的官僚，由此产生的理论体系便是国家中心主义；后来者如苏联、中国的现代化组织者主要是政党组织，由此产生的理论体系便是政党中心主义。显然，这三大理论体系都是特定国家特定历史经验的理论化"发现"，而不是没有历史场景的理论"发明"。对于社会科学体系上的"三大主义"及其产生的历史性、实践性，笔者在 2009 年已

经有较为系统的研究成果，即《制度变迁的路径及其社会科学价值》[①]，在此不予赘述。

产生于特定历史、实践的政治理论必然具有适用性上的历史性和局限性。然而，在国际社会科学中，社会中心主义理论体系处于绝对主导性地位。主张国家作用的理论处于相对边缘的地位，虽然有从亨廷顿、米格代尔到"回归国家学派"的大力呼唤，但因国家总是纸面上、观念上的而非实践中的存在，所以总是"找不回"国家，国家中心主义更多的是一种反映德国、日本等早发国家情况的历史政治理论。而与社会中心主义、国家中心主义相比，政党研究几乎可以忽略不计。这是因为每个国家的社会科学研究首先都是本国中心主义的，而在社会科学最发达的西方国家，政党是西方国家宪制下的产物，例如英国、美国的政党都是在资产阶级革命后为选举政治设计或演绎的，政党只不过是一种类似利益集团的社会组织，因此政党研究也必然要被纳入社会中心主义体系。但是，不同于早发国家的是，在以苏联、中国为代表的很多后发国家，是政党塑造了国家的根本议程，形成了绝对不同于西方的政党-国家体制，因此社会中心主义乃至国家中心主义的理论体系都不能解释"政党-国家"，必须有一个政党中心主义的"第三个主义"。

政党-国家体制与西方国家宪制最大的不同在于，西方国家的宪制结构是三权——行政权、立法权、司法权，但政党-国家体制中的政党的权力是领导权，领导权造就了"三权"[②]。如果说"三权"是程序主义的、行政层面的，领导权则是决断性的、政治层面的。在政治实践中，如果只有程序主义的行政，那么权力关系就可能如美国政治中的三权制衡以及联

---

① 杨光斌.制度变迁的路径及其社会科学价值//邓正来.中国社会科学辑刊：2009年6月夏季卷.上海：复旦大学出版社，2009：12-32.

② 姚中秋.领导权：基于中国实践的权力类型学研究.政治学研究，2022（1）：58-69.

邦与地方之间的分权制衡，结果就是那些关乎国计民生的政治性问题可能总是得不到解决，如控枪问题。一个可能会产生的疑问是，既然西方国家宪制有如此大的弊端，那么西方为什么能够实现早发达？西方的早发达不是简单的制度主义所能回答的，需要从世界政治史的角度看问题。现代西方国家的诞生和发展起源于互相关联的"两驾马车"——一个是战争制造的国家，另一个是殖民贸易的掠夺，通过战争与掠夺得来的源源不断的资源极大地化解了西方国家在现代化进程中产生的阶级对立和政治矛盾，财富掩盖了制度性矛盾。即便如此，意大利虽然在 1900—1920 年间移民了1/5 的人口，但是最终还是因阶级矛盾恶化而选举出墨索里尼法西斯政权。希特勒当选也是国内阶级矛盾、政治矛盾白热化的结果。

今天，世界贸易中的财富结构的变化是"百年未有之大变局"，社会矛盾很难被丰裕的财富分配消解。更重要的是，一些西方国家在现代化进程中产生的激烈的阶级矛盾可以通过海外殖民去化解，例如欧洲人移民到新大陆、大洋洲、非洲和南亚，十三州的美国白人可以向西移民、向南掠夺；今天则出现了"反向移民"导致的欧洲乱民危机和美国民族主义-认同政治危机。一句话以概之，曾经因社会中心主义而实现现代化的国家，面对新的世界秩序、以社会为中心而设计的充满紧张关系乃至对抗性关系的彼此制约的权力结构，已经很难化解国内矛盾；在发展效率上，基于社会中心主义历史组织起来的国家，也难以与基于政党中心主义传统组织起来的国家相竞争。

道理很简单，以社会为中心的组织组织化程度有限，甚至是分散的个体，这样的分散性组织在面对组织化程度较弱的社会时可能是有效率的，例如英国几门大炮就能打开中国大门，一家商业公司就能垄断世界市场。但是，当这样分散性的组织化国家遇到以政党组织为基础组织起来的国家时，国家能力、制度竞争力就会显得捉襟见肘。这就是"中国威胁论"的大历史背景。

但是，在发展上处于比较弱势的西方却拥有话语权上的比较优势，也就是沃勒斯坦所说的具有绝对优势的知识存量，这种社会科学的数量优势在二战后又适时地转化为社会科学化意识形态优势。到目前为止，国际社会科学试图将政党-国家体制纳入社会中心主义或国家中心主义，试图消解政党-国家。例如，在政治学上，冷战时期建构成体系的自由主义民主理论，核心是竞争性选举或者党争民主，以此区分民主-非民主而将"政党-国家"妖魔化，好像只要有竞争性选举，国家建设就大功告成。冷战结束后，这种冷战时期形成的意识形态战争非但没有褪色，反而得到了强化，西方政治学研究都是基于"转型学"范式的民主转型，在全世界推广以个人权利为基础的社会中心主义思想和政治观念。与此相适应，在政治社会学上，主张以社会组织为治理主体的治理理论、以公民社会为基础的全球治理理论也开始流行，意图进一步消解国家、政府或者政党的作用。在经济学上，流行的基于新古典主义经济学或新制度主义经济学的"华盛顿共识"主张以私有化、自由化为核心的"休克疗法"。这种由政治民主、经济自由化、社会个体化构成的理论"金三角"，不过是"百慕大三角区"，驶入其中的很多发展中国家，甚至包括美国这样的发达国家，最终都将被吞没。

美国等发达国家深陷泥沼，是由于因社会中心主义组织起来的国家，很难与因政党中心主义组织起来的国家竞争。大历史告诉我们，导致国家兴衰的国家间竞争，在很大程度上是组织化程度的竞争。在欧洲内部，军事革命直接导致了民族国家的兴起并加强了这些民族国家的竞争力；在世界历史上，中国之所以一直领先西方两千年，是因为秦朝是世界上第一个具有现代性的以农业为基础的组织化国家，而这种国家在欧洲直到16—17世纪才开始出现。之后中国开始落后于西方国家并在中西碰撞中败下阵来，这是因为西方民族国家是靠战争和贸易组织起来的，组织化程度比以农业为基础的中国更高，这就是 19 世纪中期中国的 GDP 占世界的 20%但依然败北的原因。但是，政党把一盘散沙似的中国社会重新组织为"新中国"，其组织化程度远比西方国家更高；而且一旦这样的国家被赋予市场活力，这些国家就被西方认定为是一种"威胁"。确实，中国以自身的发展改变了世界秩序，这在世界近代史上实属罕见，因为没有哪个西方国家不是依赖战争和掠夺发达的，只有中国以自身的和平与发展改变了世界。这样的国家却被认为是"威胁"，可见西方主宰的世界秩序荒唐到了何等程度。说到底，和平起家的中国"威胁"到了靠掠夺起家的支配性国家。

非西方的发展中国家陷入泥沼，是因为社会中心主义的"金三角"理论使它们"返祖"。现代性国家的一个根本体现是其组织性，即将分散于部落或封建领主的权力集中起来，形成"主权者"。这一任务中国在秦朝时就完成了，欧洲在 16—17 世纪方才完成。美国的联邦制事实上包含着很多封建制的成分（如所谓的地方自治、行业自治等），从而导致枪支泛滥，而很多发展中国家依然是世袭制、封建制或者部落制。对于尚未形成"主权者"的发展中国家而言，其首要任务是将国家组织起来。米格代尔的"强社会中的弱国家"[①] 深刻地刻画了国家权力被种种传统势力绑架的现象，使得"找回国家"不过是理论家们的一厢情愿。在这种亨廷顿笔下的"普力夺社会"中，竞争性选举只不过是强化了古老的社会结构，导致的不是政治发展，而是普遍性的政治衰败。[②]

"前车"并没有成为镜鉴。冷战胜利的意外之喜更让社会中心主义理

---

① 米格代尔.强社会与弱国家：第三世界的国家社会关系及国家能力.2 版.张长东，朱海雷，隋春波，等译.南京：江苏人民出版社，2012：30 - 35.

② 亨廷顿.变化社会中的政治秩序.王冠华，刘为，等译.上海：上海人民出版社，2008：160 - 219.

论体系登峰造极，弗朗西斯·福山一改无数智者关于政制的历史性和条件性的审慎美德，提出"历史终结论"，一鸣惊人，认为代议制民主就是人类历史上最好的、最终的政府形式，是全人类的"普世价值"。就这样，起源于南撒哈拉沙漠国家研究的"治理"开始流行，让国家靠边站，只有社会组织主导的治理才能实现透明化、效率化、合理化乃至合法化。在此基础上，公民社会也应该联合起来，实现"全球治理"——意味着只有以公民组织为主体的全球治理，才是透明的、有效率的、合理的乃至合法的。和自由民主理论一样，这种社会中心主义的治理理论也一度在中国相当流行，无奈中国的政党-国家体制具有强大的自主性，社会中心主义的治理理论被适时地改造为政党中心主义的国家治理现代化命题。

社会中心主义理论体系在西方面临困境和在很多非西方国家失败的根源在于其产生的历史性和使用上的透支性。英国是最早因资产阶级革命而催生工业革命并实现工业化（现代化）的国家，对这一深刻改变人类进程的大历史的书写也必然深刻地影响着其他社会的观念和思维方式，以实现"赶超"。成功的赶超者，如德国，在 19 世纪末成为欧洲第一大工业强国，这是因为德国走出了自己的不同于社会中心主义的国家中心主义道路。再后来，就是中国赶超英美的故事，中国的成功也是因为走了不同于社会中心主义的政党中心主义道路。而众多的后来者为什么不能赶超英美，甚至陷于泥沼而难以自拔？在很大程度上就是因为它们模仿了社会中心主义的道路。殊不知，社会中心主义的道路是为英美历史量身定做的，或者说社会中心主义知识体系是欧美社会史演绎的制度变迁方式以及由此而塑造的政治理论。笔者曾系统地研究过地方自治、英国的商业集团、美国的实业家集团等"社会力量"在英国、美国的现代化历程中的主导性作用。①

---

① 杨光斌. 政治变迁中的国家与制度. 北京：中央编译出版社，2011：187-203.

实践、历史的路径和属性决定了政治思想。产生于英美经验或解释英美经验的理论的一个主导性线索就是对西方文化、西方人影响深远的"自然权利"，我们甚至可以说它是为英美经验"量身定做"（tailor-made）的理论。"自然权利"讲的是权利（权力）属于谁。权利（权力）当然是社会（商业集团）的而不是国家的，其中心思想是"社会"而不是"国家"，因此围绕"自然权利"展开的"社会契约论"可以理解为"社会中心论"，由"社会契约论"演绎的思想和社会科学理论是一种"社会中心论"的思想和理论。

作为工业化、现代化先行者的英国自然要以教师爷的架势向其殖民地和后来的非西方国家输出经验，以社会为中心的经验演变为"分而治之"，使得殖民地社会难以形成统一的政治力量反抗殖民者。对于美国人而言，正如亨廷顿所指出的，对于发展中国家的政治方案，美国人首先想到的是地方自治、分权、制衡、竞争性选举等，结果使得很多非西方国家的"国家建设"陷入古老社会结构而更加无望。①

这就是政治理论所揭示的历史语境以及非历史性理论所招致的后果。诞生于英美历史的社会中心主义是英美现代化成功的经验，但是对于那些尚未组织起来的后发国家而言，社会中心主义则是"无组织性社会"的致命伤，使得它们难以形成作为现代国家前提的"主权能力"。其实，即使对于英美这等早发国家而言，社会中心主义之所以管用，还在于当时的世界处于"无主地"状态，它们可以以自己的先发优势而进行几乎无节制的掠夺。一个商业集团就相当于一支强劲的军队而所向披靡，几百个人就可以在"无主地"建立一个"新国家"。这事实上是组织化集团与无组织状态的非对称竞争，其优势自然无与伦比，因此财富自然急剧增长。这是我

---

① 亨廷顿. 变化社会中的政治秩序. 王冠华，刘为，等译. 上海：上海人民出版社，2008：4-6.

们理解以"自然权利"为基础的社会中心主义的时空背景。时空转换至当下，组织化国家成为世界政治的主角，竞争是国家之间的事，在国际发展意义上，社会中心主义还有多少功用呢？

简言之，社会科学理论体系具有历史性。首先，它诞生于特定国家特定历史阶段的特定经验。其次，即使在同一个国家或社会，当其所处的世界政治空间完全不一样时，曾经的历史性就会显现出非历史性，例如在二战后英美的国家主义政策大量出现。最后，产生于特定历史文明中的旨在解决重要社会问题的社会科学理论，很难不顾历史文明的差异性而实行"拿来主义"，否则必然"画虎不成反类犬"。

在本质上，社会科学具有即时即地性，但是"文化帝国主义"即汉斯·摩根索所说的改造异族心理结构的帝国主义行为，又使得民族主义的地方性知识具有普遍主义，从而形成"文明的冲突"。作为构成社会科学理论体系大厦的基石的基础性概念既是"文明的冲突"的重要推手，也是"文化帝国主义"的重要工具。

三、社会中心主义的关键词：以民主为例

历史制度主义代表学者詹姆斯·马洪尼总结道："在概念发明的意义上，比较历史研究者贡献出了社会科学重要概念中的很多指导性定义，包括但不限于威权主义、资本主义、统合主义、民主、发展、封建主义、意识形态、非正式经济、自由主义、民族主义、革命、社会主义和福利国家。在概念的类型学意义上，比较历史研究也形成了很多重要的概念性辨别，诸如政体的类型（如民主的、威权的、极权的）、革命类型（如政治的、社会的、反殖民主义的）、国家类型（如强国家、弱国家、掠夺型国家、发展型国家）以及福利国家制度（如基督教式的、自由主义的、

社会民主的）。上述列举只不过是管中窥豹。"① 但是，由于意识形态战争的需要，这些历史性概念被改造为普遍主义的知识，意图产生更广泛的影响。

社会科学行为主义革命的兴起，助推了社会科学普遍主义的雄心，其以为只要理解了个人行为心理-选择的一般性原理，就能建构起普遍主义的社会科学原理。福特基金会 1951 年成立的"行为科学项目"志在于此。② 在这个背景下，美国社会科学协会比较政治研究委员会更是雄心勃勃，当时的少壮派阿尔蒙德曾说如此豪言壮语：在过去 50 年里，基于老欧洲形成的"政治科学的概念体系已经逐步丧失了它的能力，甚至无法应付西欧政治的现象"，因此必须寻求替代性术语，例如以"政治体系"代替"国家"，以"功能"代替"权力"，以"角色"代替"职责"，以"结构"代替"制度"，以"政治文化"和"政治社会化"代替"民意"和"公民训练"，而"当我们把新的术语和旧的术语加以比较时，就会有这种建立一个新的概念统一体（范式——引者注）的冲动"③。

美国人不仅要建立新概念，还要改造老概念以使其时代化，这集中体现在对"民主"一词的诠释上。有了人类，就必然需要解决公共生活或社群的各种问题，这种解决方式在有的社会一开始就被称为民主。例如，古希腊的广场政治辩论是解决公共生活问题的一种重要方式，这种与生俱来的竞争性方式后来演变为神权政治的教皇选举制以及俗世政治制度，即由选举构成的代议制，最终使得竞争性选举成为欧洲文明处理公共生活问题

---

① MAHONEY J. Comparative-Historical methodology. Annual review of sociology，2004，30：93.

② POOLEY J D. A "Not Particularly Felicitous" Phrase：A history of the "Behavioral Sciences" label. Serendipities journal for the sociology and history of the social sciences，2016，1（1）：38－81.

③ 阿尔蒙德，等. 发展中地区的政治. 任晓晋，储建国，宋腊梅，译. 上海：上海人民出版社，2012：1－2.

的主要形式。而在其他文明中，如儒家文明，解决公共生活问题的主要方式是协商，如早朝中的"廷议"、家族成员在祠堂里的协商等。在伊斯兰文明中，《古兰经》规定"公议"是重要原则，清真寺是公议的主要场所。所有这些都意味着，不同的文明有不同的公共生活方式，如果以一种公共生活方式代替基于其他文明的公共生活方式，公共生活的失序乃至战争就会层出不穷。

不仅如此，就民主的内涵而言，虽然竞争性选举被视为民主，但民主绝对不限于或者停留在选举上。如前所述，神权政治和中世纪代议制中都有选举，为什么那时的选举政治被称为贵族制或者封建制而不被称为民主？民主必然还有其他更重要的含义。无政府主义者巴枯宁曾认为马克思的民主观就是选举权问题，马克思主义者"所理解的人民的统治，就是人民通过由人民选举出来的为数不多的代表来实行统治"，对此，马克思毫不留情地嘲讽道："蠢驴！这是民主的胡说，政治的瞎扯！选举是一种政治形式，在最小的俄国公社和劳动组合中都有。选举的性质并不取决于这个名称，而是取决于经济基础，取决于选民之间的经济联系。"① 显然，马克思主张的民主首先是经济上的统治权，正如《共产党宣言》所指出的，无产阶级革命首先夺取政权并获得经济统治权，才有真正的人民权利。对于马克思主义而言，民主首先是经济权力问题。我们将会看到，一个世纪后，西方高举的民主大旗恰恰就是巴枯宁所理解的、被马克思唾弃的"选举式民主"。

对于社会大众而言，在既定的政治统治秩序下，即使拥有了一人一票的选举权，以财产权为主的经济权利的获得仍不是件容易的事，而且随着社会进步，以社会保障为基础的社会权利成为"公民资格"的必

① 中共中央马克思恩格斯列宁斯大林著作编译局. 马克思恩格斯选集：第3卷.3版. 北京：人民出版社，2012：340.

需品①，也是一种"可行能力的自由"②。这样，民主事实上就成为实现包括政治权利、经济权利和社会权利的公民权利的制度安排。如果在这三种权利构成的公民权利的基础之上去认识民主或者民主模式，以公民权利的实现程度去认识民主，人们关于民主的结论就可能完全不一样。③

社会主义革命所实现的民主恰恰是一种综合性的制度安排，即使在经济水平低下的阶段，也致力于各种权利保障的实现。例如，新中国1954年宪法所保障的公民选举权、土地制度改革和公有制所体现的经济统治权以及社会建设（如妇女解放、义务教育、公共医疗工程）所实现的远高于经济水平的社会权利程度，是真正意义上的马克思主义民主观的政治实践和制度建设。在这个意义上，社会主义才有民主、民主是社会主义本质的观念才能得到普遍化认同。其实，在新中国成立之前，苏维埃社会主义建设的成就足以作为民主的样板，在西方资本主义社会尤其是西方知识界，产生了巨大吸引力。从《共产党宣言》发表到二战的不到百年间，社会主义已经成为西方知识界的一种普遍价值，奥地利学派的代表人物米塞斯在20世纪初出版的《社会主义》中指出，时代到了今天，不承认社会主义的价值，在道德上是说不过去的。在更早的马克思时代，自由主义大师约翰·密尔在19世纪60年代就对社会主义产生了同情的理解，认为历史上首次出现了没有财产的无产阶级主张政治权利的现象，但不能不承认其合理性。④

可以说，从《共产党宣言》发表到20世纪70年代的一个多世纪的时间里，社会主义等于民主、民主等于社会主义的思想已经成为一种普遍观

---

① 马歇尔，吉登斯，等. 公民身份与社会阶级. 南京：江苏人民出版社，2008.
② 森. 以自由看待发展. 任赜，于真，译. 北京：中国人民大学出版社，2013.
③ 杨光斌，熊宇平. 民主模式与公民权利的实现. 国家现代化建设研究，2022，1（3）：60-73.
④ 密尔. 密尔论民主与社会主义. 胡勇，译. 长春：吉林出版集团有限责任公司，2008.

念，甚至连美国政治学界也在 20 世纪二三十年代开始怀疑，一般民众是否适合进行民主投票。但是，面对大众政治的汹汹来势，美国也必须将自己论述为"民主国家"，与社会主义阵营争夺民主话语权。经过几代人的努力，美国人最终实现了民主话语权上的"逆袭"，将一种基于自己的政治制度的竞争性选举，论述为非历史性的民主模式。这种"逆袭"是如此实现的：

第一，改造民主意涵。民主自古以来就是人民的统治的意思，学者们对此并无争议。如此，人民的统治不仅是在政治上或政治程序上的制度安排，人民还必须是经济的主人并享有各种实质性权利，即前述的社会权利。照此标准，美国不仅不是民主国家，还是需要以民主理论去解放的国家，美国宪法规定的"私有财产神圣不可侵犯"就必须被废除，即在美国必须进行真正民主的社会主义革命。这显然是美国支配阶级不可能接受的。但是，民主的观念又是如此普遍主义化，习惯上以"自由"而非"民主"自居的美国则必须把自己包装成民主国家。出于这种合法性政治的需要，"选举式民主"或"熊彼特式民主"适时而生，即把实质性民主的人民的统治权，置换为人民选举产生政治家的过程，即前述巴枯宁所误解的马克思的民主观。自熊彼特于 1942 年提出"选举式民主"之后，美国几代民主理论家，从罗伯特·达尔、李普塞特到萨托利等人，都是在论证"选举式民主"就是民主，即民主等于选举，选举等于民主。如果以此来定义民主的话，那么中世纪的代议制、俄国的原始公社、蒙古人的大汗选举制，就都是民主制度了？这显然是荒诞不经的。但是，"三人成虎"，说得多了，宣传得多了，普通人也就不加思考地接受了。

第二，改造民主性质。在改造民主的概念的同时，美国人还改造了民主的性质。二战之前，说到西方的民主制度基本上都用"资本主义民主"或者"资产阶级民主"。这是准确的表述，因为作为一种政治程序的政治民主不是存在于空气中，而是根植于社会结构、经济关系中，存在于资本主义经济关系中的民主自然是资本主义民主，正如存在于世袭制社会结构中的民主是"封建制民主"一样。但是，对于很多知识分子而言，资本主义代表着不平等，资产阶级是剥削阶级，这不符合他们追求的自由、平等理念，即民主必然要以平等为基础。也就是说，资本主义民主不是让人喜爱的制度。鉴于此，罗伯特·达尔说，以民主的标准去衡量，没有真正的民主国家，但存在多元主义民主基础上的多头政体。[①] 从此，多元主义民主、多头政体概念就代替了资本主义民主，掩盖了民主的经济关系和阶级实质。罗伯特·达尔曾经的合作者林德布洛姆指出，谈论民主避开经济关系，是没有实质意义的。遗憾的是，被视为政治学大师的民主理论家达尔，一辈子尤其到了晚年都避谈民主背后的经济关系，他的多元政体理论，即民主政体的七大标准，没有一个是涉及经济关系的。[②]

第三，改造合法性概念。 第三步是在改造民主概念的基础上改造合法性概念。马克斯·韦伯的合法性概念在长达半个世纪的时间内无人问津，但冷战让合法性概念派上了用场。韦伯的概念是指由合法程序组成的并有效率的官僚制政府值得人们信仰和服从。在熊彼特改造民主概念的基础上，李普塞特将"合法律性"置换成竞争性选举，认为由竞争性选举产生并有效率的政府才是具有合法性的。[③] 从此，"选举授权才有合法性"在意识形态战争中被推广开来。

经过几代人的努力，"自由主义民主"被建构起来，萨托利认为，这是二战后美国社会科学的最大成就。原因在于，自由主义一直以财产权为核心，保护的是少数人的特权；民主以平等为核心，主体是大众权利。因

---

① 达尔，斯泰恩布里克纳. 现代政治分析. 6 版. 吴勇，译. 北京：中国人民大学出版社，2012：105.

② 同①105 - 107.

③ 李普塞特. 政治人：政治的社会基础. 张绍宗，译. 上海：上海人民出版社，2011：47.

此，在理论上，自由和民主具有与生俱来的内在张力，这种紧张关系在历史上也带来了巨大的冲突。但是，"冷战政治学"硬是把两股绳拧在一起制造出一个所谓的"普世价值"。如此有结构性缺陷的理论得以流行，说明他们很"讲政治"。

不管如何，竞争性选举确实是中世纪以来宗教和俗世的一种公共生活方式。然而，以竞争性选举为核心的选举式民主的社会条件是同一个民族信奉同一种文化价值，即民主的均质化条件。在中世纪，竞争性选举一直是"我族"内的事，即使到了冷战时期，主张竞争性选举的达尔、李普塞特等学者都强调均质文化的重要性[①]，达尔甚至指出，在那些既没有历史条件又无现实基础的社会搞选举式民主，要么是脆弱不堪的，要么是彻底失败的。[②] 菲利普·施密特甚至政治不正确地抱怨，民主之所以普遍很糟糕，是因为有些社会的"基因"问题。[③]

笔者研究发现了选举式民主导致政治冲突的内在逻辑关系。竞争性选举其实是一种党争民主，选举政治是由政党组织的，政党的社会基础来自阶级、种族、宗教，竞争性选举事实上变成了阶级斗争、民族主义分裂和宗教斗争。[④] 党争民主是一种条件苛刻的民主形式。全球化推动了选举式民主的普遍化，同时也刺激了竞争性选举导致的认同政治乃至政治的部落化。

第三波民主化浪潮后的"民主回潮"的出现，在很大程度上是由于这些国家的文化异质化，如乌克兰的种族矛盾、中东的宗教矛盾和泰国的阶级矛盾等。不仅如此，那些曾经有均质化文化的美国、英国、法国、德国

① 李普塞特. 政治人：政治的社会基础. 张绍宗，译. 上海：上海人民出版社，2011：56-57.
② 达尔. 论民主. 李风华，译. 北京：中国人民大学出版社，2012：123-150.
③ SCHMITTER P C. Twenty-five years, fifteen findings. Journal of democracy, 2010, 21 (1)：19.
④ 杨光斌. 观念的民主与实践的民主：比较历史视野下的民主与国家治理. 北京：中国社会科学出版社，2015.

等，也越来越因为移民、乱民潮而演变出文化多元主义乃至异质化文化，竞争性选举导致的是认同政治、极化政治乃至"否决型政体"，结果成为"无效的民主"。无效的不能治理的民主显然不是人们所欲求的。

总之，民主的社会条件比民主本身更重要，在既没有历史条件又无现实基础的社会实行选举式民主只能让与民主不匹配的社会结构更加固化，让认同政治更加极化，最终政治制度非但不是全球化推动的一体化的现代性政治，反而是碎片化、部落化的"返祖政治"。

四、社会中心主义的研究方法：以理性选择主义为例

知识体系和概念的历史性不难为人所识别，但以科学主义面目出现的方法论的历史性、地方性则不易辨别。笔者认为，政治学科诞生以来的研究方法是知识体系的一个重要组成部分，也是特定国家特定历史经验的产物。流行于欧陆的制度主义方法论当然是基于欧陆政治传统，尤其是为证明代议制的优越性而产生的。研究欧洲政治制度史的目的是证明"真正正当的统治权理论是代议制政府原理，亦即所有的专制权力不论以什么名称和在什么地方出现，都是完全不合法的"[1]。至于代议制政府是实行议会制好还是总统制好，都是对英国和美国的政治制度的制度主义描述，对代议制研究并无多少实质性价值，尽管 20 世纪 80 年代后的新制度主义政治学又展开了一轮总统制-议会制的争论。[2] 之所以说这种争论没有多少价

---

① 基佐. 欧洲代议制政府的历史起源. 张清津，袁淑娟，译. 上海：复旦大学出版社，2008：239.

② LINZ J J. The perils of presidentialism. Journal of democracy, 1990，1（1）：51－69；STE-PAN A，SKACH C. Constitutional frameworks and democratic consolidation：parliamentarianism versus presidentialism. World politics, 1993，46（1）：1－22；CHEIBUB J A. Presidentialism, parliamentarism, and democracy. Cambridge：Cambridge University Press, 2007.

值，是因为总统制多或议会制多并不能说明什么问题，实行什么样的政府形式说到底取决于这个国家的历史文明的性质。任何国家都需要解决政治制度问题，因此制度分析看上去很有价值。但是，起源于欧陆的制度主义塑造的历史观是：代议制政府是最好的政府形式。而代议制政府是社会史的产物，这种历史观无疑是要以一种文明的政治制度取代其他文明的政治制度。

二战后，欧陆的制度主义式微，以国家、政府等为代表的"高政治"研究转向社会成员的个体行为、团体行为研究，行为主义社会科学一统天下。在制度主义政治学让位于行为主义政治学的发展中，统计学、心理学、经济学涌进政治学，基于个体行为的研究试图一劳永逸地解决所有政治问题。这其实是自由主义鼻祖们的梦想。在霍布斯看来，要认识国家，就要理解构成国家的"部件"，即个人，就像认识钟表要首先认识其零件一样。"人"是什么？在霍布斯看来，人就是能进行利益计算、趋利避害的"理性人"[①]。沿着霍布斯的开宗立派之论，卢梭断言，只要理解了作为"理性人"的人性，人类政治的种种烦恼就能得到永久性消解，就能创造一个至善的共和国。[②] 此后，"理性人"假设成为论证资本主义社会合理性的最重要的立论。

在政治思想史上，这种宏论并不鲜见，其作为研究经济生活的方法也可以理解，因为经济交易具有个体性。但是，在社会科学知识体系中，把这种解释经济生活的方法论用于关注公共生活的政治学，确实是一场政治思想的革命。政治学和经济学虽然关系密切，但根本志趣南辕北辙，经济学关心的是资源配置最大化的效率问题，政治学关心的是秩序稳定下的公正问题，而效率和公正具有与生俱来的张力甚至冲突性。但是，在资本主

---

① 霍布斯. 利维坦. 黎思复，黎廷弼，译. 北京：商务印书馆，1997.
② 卢梭. 社会契约论. 何兆武，译. 北京：商务印书馆，2003.

义社会，尤其是在美国这样的个体中心主义的资本主义社会，公正历来不是核心价值，政治学必然要依附于经济学以捍卫资本主义社会，以追求效率而牺牲政治学的学科品格。

虽然"理性人"假设诞生于欧洲，但欧洲毕竟有着深厚的人文传统，理性选择主义这样的为个体主义张目的方法论还不至于独霸一方。不同于欧陆，"新大陆"在原主人被种族灭绝后，就是一块"无主地"，奉行先占先得原则。广袤无垠的新大陆为释放人性之私提供了前所未有的机遇，从东部扩张到西部，从北部扩张到南部，信奉约翰·洛克的劳动之果才是财富的殖民主义理论的白人肆意扩张，因此美国就是一个由个体主义原则塑造的"例外国家"。这样的历史意味着美国就是"理性人"的天选之地，个人利益至上的行为原则进而上升到政治学学科高度，成为一种科学主义的研究方法，进而让个体主义原则进教材、进课堂、进头脑。老谋深算的保守主义者列维-施特劳斯曾批评，个体化的团体政治研究代替阶级政治研究，掩盖了政治的本质。[①] 殊不知，"去政治"的政治学（社会科学）正是为了掩盖政治的本质。

理性选择主义是一个以"理性人"为核心的家族概念。首先是社会选择理论，"阿罗不可能定理"是其代表。该定理认为，不同的个人或者人群在不同的议程上存在不同的意见和诉求，即使今天在 A 议程上形成了多数意见，明天这群"多数意见"在 B 议程上就可能是分裂的，因而永远不可能形成稳定的多数。既然不存在稳定的多数，也就不存在所谓的公共利益，不存在为实现公共利益而存在的公共产品。[②] 这种以科学方式论证的"博弈论"的实质就是否定公共福利这等公共产品，而且论证上的"科

---

① 贝纳加.施特劳斯、韦伯与科学的政治研究.陆月宏，译.上海：华东师范大学出版社，2010.

② 阿罗.社会选择与个人价值.2 版.丁建峰，译.上海：上海人民出版社，2010.

学性"完全有违现实政治的真实性。例如，难道美国的中下阶层不需要早就在欧洲实行了的社会保障（诸如医疗保险、失业保险）吗？难道生命安全不是绝大多数美国人最迫切、最稳定的诉求吗？这种方法论的深入人心最终把以个体主义为本体论的资本主义社会推向极端化，政治因此也呈极化状态。

其次是公共选择理论。以布坎南为代表的理性选择主义者认为，正如存在一个经济市场一样，也存在第二个市场即政治市场，政治家与选民之间的关系是生产者与消费者的关系，政治家生产政策这样的产品，选民以选票购买政策。① 这是一般性的理想状态。其实，正如商家可以恶性诱导消费者一样，以个体主义为本位的政治家同样可以用恶政诱导选民，如欧美基于认同政治的民粹主义政治的兴起。在欧美，很多政党为了选举的需要而不惜牺牲国家利益，例如立陶宛甘当美国的马前卒而不惜得罪俄罗斯和中国；美国国会议员为诱导选民助其实现军工利益集团的利益而窜访台湾，恶化了中美关系并最终可能伤及美国的根本利益。这样，在公共选择学派那里，历来讲究秩序、公正、美德的政治在"二级市场"上被"贱卖"了。

最后是理性选择制度主义。该主义讲的是"理性人"的价值偏好受到制度约束，这似乎是对理性选择主义的一种矫正。但是，"制度"是什么？美国宪法规定的个人有权持枪条款，就是一项根本性制度，但是这种前现代的、人口稀少的、处于丛林规则的社会所规定的制度，在今天意味着什么？那就是美国每年有 3 万人左右死伤于枪击案。另外，"制度"的空间有多大？几条简单的规定，例如修宪需要 2/3 议员和 2/3 州的同意，让保护生命的诉求，如控枪诉求屡次落空，原因在于 200 年前的两个 2/3 是可

---

① 布坎南. 民主财政论：财政制度和个人选择. 穆怀朋，译. 北京：商务印书馆，2011.

及的，无论是议员人数还是州的数量，2/3 多数都可能通过协商达成。但是，时间到了今日，议员人数和州的数量，都很难使得 2/3 多数成为现实。于是乎，很多急需解决的问题无解，前现代社会制定的宪法完全不适用于今日之美国，"否定型政治"的根源在美国宪法之中。

总之，理性选择主义之所以在美国大行其道，是因为美国起源于个体主义肆意扩张的"理性人"社会；在此基础上，"理性人"方法论的流行巩固了个体主义社会，即将资本主义社会极端化，形成了不同于欧洲福利资本主义、社会资本主义的自由资本主义。"新大陆"让自由资本主义野蛮生长，但从百万人、千万人、一亿人再到几亿人的美国，仅在空间意义上，就会使得自由资本主义受到国内空间的约束。另外，自由资本主义的前途也取决于对世界市场的支配地位，当世界市场的支配权从西方转移到东方后，自由资本主义的世界空间也必然会受到挤压。这也意味着，为极端化个体主义论述的理性选择主义的解释力和生命力必然会受到质疑。在政治思潮上，社群主义的兴起就是对以个体主义为本位的自由主义的一种反思和批判。

主张社群主义的西方学者突然发现，儒家中国就是一个天然的"社群主义社会"。如果说"人"在西方自由主义那里是个体（individuality），那么儒家的"人"则首先是"仁"，即基于仁爱的集体。因此，不同于"理性人"假设的个体主义，中国人必然处于"仁"的"关系主义"之中，人是由历史、思想和社会关系所塑造的"社会人"。英国著名政治学家芬纳这样说："中国的政治制度和希腊以来的西方传统完全不同。事实上，二者是截然相反的。它的政治制度、社会结构与主流的社会价值相辅相成，这是自早期的美索不达米亚和埃及政府以来从来没有过的，特别是西方更不曾出现过。因此，中国稳定、持久的社会政治体系与躁动不安的西方相比，后者更依赖于自由行动与个人责任；而前者更依赖于集体，每一个人都要为其他人的错误承担责任。"西方传统体现了人类在法律和上帝面前人人平等的概念，而中国与之相反，一开始就是等级式的人际关系，但是"在中国的政治体制中，所有这些不平等都被导入一个总体上和谐的有机社会"①。确实，在这样一个由等级构成的和谐社会里，"国家"只是"家庭的国家"，即家庭的放大，从来不存在西方式的对立性的国家-社会关系，因为"国"和"家"从来都是一体化的。用李泽厚先生的话说，中国文化是相对于西方个人主义文化的"关系主义文化"，而这种"关系主义"建立在家庭本位之上，国家是家庭的放大版。因此，正如专门研究中国哲学的美国教授所言："在西方传统中，独立自主的个人占据着重要位置。要在中国传统范围内寻找这种西方知识分子所推崇的主导思想，将是徒劳的。更重要的是，表述这些思想成分的价值观、行为以及制度在中国传统中不存在。"② 他们还深刻地指出："政治与经济同是文化的表述，它们的效能必须与其他的文化价值观一起来评估。而且特别要指出的是，我们认为自由主义的、个人主义的和以权利为基础的民主以及自由企业资本主义，都是西方现代性历史发展的具体产物。因此，任何试图将这些东西在各文化中普遍化的做法都可能是愚不可及的……一个明显的含义是，把所有这几件起作用的东西照搬到中国去，就会大大改变中国的特性，实际上将把整个中国社会改造成一个外族历史叙事的终端。"③

中国"人"和西方"人"存在本体论属性的差异，但是在很长一段时间里，基于"理性人"假设的政治学方法论却是中国人学习的教材。以理性选择主义方法论研究中国历史和中国政治，必然会把中国变成一

① 芬纳. 统治史：第1卷：古代的王权和帝国：从苏美尔到罗马. 马百亮，王震，译. 上海：华东师范大学出版社，2010：289.

② 郝大维，安乐哲. 先贤的民主：杜威、孔子与中国民主之希望. 何刚强，译. 南京：江苏人民出版社，2004：25.

③ 同②16-17.

个人面狮身的怪物。中国政治学必须寻求自己的出路，建构自己的研究方法。

五、探索中国史的理论性：历史政治学

建构中国自主的政治学知识体系，并不是所谓的"文化民族主义"，这是由政治学知识论原理所决定的。相较于经济学和社会学更多对"客观规律"进行研究，如经济学研究生产要素的资源配置最大化、社会学研究现代性分工，政治学研究的是更加具有主观性、民族性、国家性的政治文明、政治制度和政治行为。近代以来，二流国家可能提供一流的经济学、社会学知识产品，例如经济学上从凯恩斯主义到奥地利学派，社会学上从涂尔干的分工论到法国学者施特劳斯的结构主义。而从中国政治学学科史的角度看，每个时代流行的政治学知识产品都是由那个时代的最强国家提供的：晚清-民国时期的政治学来自欧陆（那时虽然美国是世界第一强国了，但孤立主义传统使得欧陆国家在世界政治中扮演主角）；虽然中华人民共和国成立后不久取消了政治学，但其实科学社会主义就是那时中国的政治学，这无疑是来自苏联的学问；改革开放之后恢复了政治学和世界政治研究，世界政治研究最终演变为美式国际关系学，可见美国对中国影响有多大。中国政治学学科史告诉我们，相对于经济学和社会学，政治学的"国家"属性更加强烈。这也是为什么政治学在建设中国自主的社会科学知识体系中可以走在前列，我们提出的历史政治学必然使中国社会科学具有"历史＋N"的影响，如"历史行政学"或"历史公共管理学"。①

我们相信，中国自主的社会科学知识体系的出路在于马克思主义与中

---

① 杨立华. 历史行政学或历史公共管理学及其他：国家治理研究的历史之镜. 中国行政管理，2022（6）：109－115.

国实践和中国历史文明相结合。从革命、建设、改革到今天的"中国之治",是马克思主义与中国实践相结合的产物。在学术研究领域,马克思主义与中国优秀传统文化相结合的研究在政治学领域开始,尚未在社会科学所有学科有方法论意义上的展开,或者说中国自主的社会科学知识体系是"历史＋N"的结果。我们的自信源自前述的社会科学知识论原理,从社会中心主义-国家中心主义这样的社会科学知识体系,到"民主"这等作为知识体系基石的概念,再到研究知识体系和概念的方法论,都是历史演变的产物,都具有历史性,只不过以普遍主义代替民族主义的面目而进行"非历史性"传播。

我们认为,只有当一个国家拥有自己的政治学方法论时,以国别命名的政治学,如"中国政治学"而非"中国的政治学"才能成立。"中国政治学"是立足于自己方法论的政治学,而没有自己方法论的"中国的政治学"则主要是把中国当作外来理论的试验场,研究议程和研究方法大多数是外来的,常见的就是以某个概念来分析中国政治,如"合法性""治理""普世价值"等等。没有自己方法论的政治学必然是不受欢迎的,事实上一百多年来"中国的政治学"与中国政治之间一直存在着不同程度的紧张关系,根源就在于没有"中国政治学"。

在中国政治学学科史上,田野政治学和历史政治学的诞生意味着"中国政治学"崭露头角。虽然田野调查是一种世界性流行的社会科学方法,在中国学术史、政治史上并不新鲜,如 20 世纪二三十年代在中国流行的社会调查;但在中国政治学学科语境中,田野调查的意义在于第一次将中国的政治学研究从"高政治"研究降沉到"低政治"研究,村民自治、基层民主成为政治学的研究议程。再者,笔者认为,田野调查的意义并不局限于理解当下的中国,还在于通过观察当下基层中国而发现"历史中国",例如徐勇教授提出的"家户制""祖赋人权""关系叠加"等概念,能够帮助我们深入理解当下中国和历史中国。① 因此，田野政治学与历史政治学可谓异曲同工，田野政治学通过观察当下中国而发现历史中国，历史政治学通过研究历史中国而发现当下中国。

中国政治生活中的诸多重大现实政治和政治理论问题，如果用非历史性的知识体系、概念或方法论去解释，那么根本解释不通，甚至必然会得出否定性结论。例如，作为党和国家的根本组织制度的民主集中制，必然会被以个体为中心的代议制政体理论所否定；再如，"中国有民主吗？"这样的重大理论问题也必然会被以社会为中心的"选举式民主"所否定；又如，关于如何看待中国政治的合法性问题，如果以"选举授权才有合法性"的标准去看，那么又必然会得出否定性结论。在国际问题上，习惯于国家之间战争状态的现实主义国际政治理论，必然不相信中国倡导的人类命运共同体。凡此种种，都需要新方法、新范式去研究和回答。

历史政治学适时诞生了。历史政治学探寻重大现实政治和理论问题的历史渊源与时间性因果关系，旨在发现理论和概念，如亟须探讨的民主集中制、协商民主、政治合法性、人类文明新形态等等。显然，历史政治学研究历史但并不等同于历史学，历史学更多的是关注历史事件的史料发掘，比拼的是史料；历史政治学是通过研究政治史的事件或者演变方向而提炼概念、发现理论。虽然中国的历史学研究成就辉煌，但是要想扩大中国历史的世界性影响力，就得利用历史政治学中的历史政治理论。这是因为概念、理论是知识的路线图，便于人们理解包括历史在内的知识；同时对于非历史学界如社会科学学界的学者而言，他们关心的往往不是历史本身，而是基于历史的历史政治理论。试想，如果西方没有从马克斯·韦伯

① 徐勇. 中国家户制传统与农村发展道路：以俄国、印度的村社传统为参照. 中国社会科学，2013（8）：102-123；徐勇. 祖赋人权：源于血缘理性的本体建构原则. 中国社会科学，2018（1）：114-135；徐勇. 中国的国家成长"早熟论"辨析：以关系叠加为视角. 政治学研究，2020（1）：2-9.

到二战后那些群星璀璨的历史社会学学者发现的历史政治理论或历史社会理论，西方历史或者西方政治怎么可能影响如此巨大？至少，一部分历史学者应该有宏大的政治关怀，而不是把宏大的才华安放于博物馆。对于有政治关怀的历史学者而言，历史政治学是一种重要路径和方法。

那么，到底如何认识历史政治学的知识论原理？有几个概念对历史政治学很重要。

首先，历史本体论即历史属性。我们都知道历史很重要，但前提是我们得清楚我们心目中历史的属性是什么。布罗代尔说历史有两个面向，一个是社会面向，一个是政治面向。[①] 不同属性的历史所演绎的制度变迁方式以及由此得出的政治理论，很可能有天壤之别。在布罗代尔看来，欧洲历史主要是社会史，而中国众多史家认为中国历史以政治史、国家史为主。吕思勉有论："以变态论，自秦以后，分裂之时，亦不为少。然以常理论，则自秦以后，确当谓之统一之国，以分裂之时，国民无不望其统一；而凡分裂之时，必直变乱之际，至统一则安定也。"[②] 严耕望指出："中国史学传统，特重政治。一部《廿五史》大半为政治史。政治史包括政事与政制，政制即为政事演变之结晶。"[③] 本章由历史本体论展开，历史属性的差异性决定了中国人与西方人对"政治"这个最根本的概念即政治学知识的出发点的认识和理解有天壤之别。

其次，历史连续性。"轴心文明"是怎么来的，这是人类学的大课题。我们能看到的是，越早的历史，约束人们思维和行为的可能性越大，"轴心文明"的影响力更是如此。尤其是在以国家史为主流的中国，相对夷族而言，中原的文化体系、制度体系实在过于发达、过于优越，因此即使雄

---

① 布罗代尔. 论历史. 刘北成，周立红，译. 北京：北京大学出版社，2008.
② 吕思勉. 中国社会史. 上海：上海古籍出版社，2007：317.
③ 严耕望. 中国政治制度史纲. 上海：上海古籍出版社，2017：2.

踞中原，也要自我儒家化；即使在中原纷争时代，人们思考的还是何时一统。社会史和政治史都会产生路径依赖，但以国家为核心的政治史的路径依赖程度更强更大。

理解历史连续性，少不了时间序列、时间性等概念，也就是历史事件发生的先后以及制度变迁中的历史关键点。"时间中的政治"是历史制度主义方法论的贡献。[①]

最后，时间空间化。在路径依赖中，连续性制度变迁最终将导致历史空间化即时间空间化，也就是常说的所有历史都是当代史。日本学者沟口雄三提出的"中国基体论"就是一种历史空间化的概念，即当下中国是几百年乃至千年来历史中国的展开。[②] 在此基础上，笔者提出的"中华文明基体论"所包括的种族、文字、疆域的稳定性、大一统国家、民本政治社会体制、仁爱的社会关系以及对外的"公家秩序"（天下为公、天下一家），是几千年中国历史的当代化典型。

在理解历史政治学的几个关键词的基础上，基于知识论的比较历史分析，我们大概可以总结出历史政治学的知识论原理或者说知识路线图：认识历史本体论—研究制度变迁方式—发现历史政治理论。

关于历史本体论的重要性，前面已经有过简单叙述。重点是，作为事情起点的历史属性的差异性，决定了制度变迁方式的不同。政治史基础上的制度变迁是大一统以及维护大一统的中央集权制，大一统根本性地塑造了中国人的思维方式和行为方式；社会史基础上的制度变迁是"多统"或者以地方自治为主的"城邦"政治，到近代演变为分权制衡的代议制。

制度变迁方式的差异性，强化着历史属性并由此演绎出不同属性的政

---

① 皮尔逊. 时间中的政治：历史、制度与社会分析. 黎汉基，黄佩璇，译. 南京：江苏人民出版社，2014.

② 沟口雄三. 作为方法的中国. 孙军悦，译. 北京：生活·读书·新知三联书店，2011：111.

治理论。基于大一统-中央集权制的制度变迁的历史叙事必然是天下秩序
和致治政治，因此政治原理产生于"儒官"之手，将其实践经验转化为
"原理"。正如钱穆先生概括的："治乱兴亡，多载实际政务，政治思想政
治理论皆本实际政治来。此与经学无大异。故中国经史之学，可谓即中国
之政治学。"① 讲究秩序和致治的经史之学必然以"公义"为主旨。基于
多统-代议制的制度变迁的历史叙事必然是地方权力和个人权利，这样的
政治学必然以"私利"为要害。

　　"政治"产生的历史基础有天壤之别，人们对"政治"的认识必然不
同，关于政治生活的政治学原理也必然各具形态、各具特色。历史政治学
赋予我们关于"政治"的新思维，也激发我们重构政治学原理。不仅如
此，历史政治学所揭示的历史属性所演绎的关于"政治"的文明差异性及
其在全球化时代的呈现特征，更让我们对中华文明多了一份自信。英国历
史学家汤因比断言："希腊模式广泛适用于各文明史的早期阶段，中国模
式则广泛适用于各文明史的晚后阶段。"② 因为以欧洲为代表的西方在
"各文明史的晚后阶段"才开始进入有国家的政治史，而中国几乎一开始
就是具有政治史属性的大型文明体。与此前产生于历史并不久远的国家的
历史政治理论相比，有几千年连续性政治史的中国更是产生政治理论的
"富矿"。

---

① 钱穆.现代中国学术论衡.北京：九州出版社，2011：187.
② 汤因比.历史研究.插图本.刘北成，郭小凌，译.上海：上海人民出版社，2005：39.

第二章　历史本体论：中国政治史与西方社会史传统

现代政治是以前现代的历史为基础建立起来的。马克思说："人们自己创造自己的历史，但是他们并不是随心所欲地创造，并不是在他们自己选定的条件下创造，而是在直接碰到的、既定的、从过去承继下来的条件下创造。"① 所谓"直接碰到的、既定的、从过去承继下来的"，就空间而言，是强调其地域的特殊性；就时间而言，是强调其历史的特殊性。一切政治的理论和实践，都必须建立在独特的"地方性"和"历史性"基础之上。不同国家"地方性"的政治往往又展现于其历史内容的独特性之中。因此我们说，政治是历史的产物，即"事实上，所有的政治理论都是历史政治理论，只不过在传播过程中非历史化了"②。

既然政治是历史的产物，那么不同的历史属性自然会产生不同的政治

---

① 马克思.路易·波拿巴的雾月十八日.中共中央马克思恩格斯列宁斯大林著作编译局，译.北京：人民出版社，2018：9.

② 杨光斌."以史为鉴"的历史政治学：学习习近平总书记"七一"庆典讲话精神.中国社会科学报，2021-07-07.

理论。本章我们将以政治学的视角，对中国政治史与西方社会史进行具体考察，并试图从中抽绎出不同的国家概念。从中国政治史的发展我们可以看到，权力的一元性、集中性、整合性是其主要特征，一言以蔽之，中国政治史的特性表现为权力的一统性。对于现代中国来说，一统性的政治不仅是一种先验的政治想象，而且是一种先在的历史现实。而西方社会史的属性主要体现为社会权力的多元性、分散性、斗争性。这种权力的多元性、分散性、斗争性，一言以蔽之，就是西方政治的封建性。这种封建性的内容不仅体现在政治共同体之间，也体现在政治共同体内部的政治实践上。自古希腊古罗马开始，这种封建性的政治就十分明显，但在不同的历史时期有不同的表现。对于西方社会史来说，统一的中央权力不是先在的，而是斗争的产物。

我们将首先讨论史学史中对中西方历史差异的论述，确立社会史和政治史的概念；其次阐述中西方从社会史走向政治史的不同历史过程，揭示其内在差异；最后以中国政治史和西方社会史的差异为根基，探讨由此衍生的不同国家观念。

一、中西方传统史学的差异

布罗代尔说："历史只能有两个一般的平面，一个是政治平面，另一个是社会平面。"[1] 我们认为传统中国的历史主要展现为"政治史"，传统西方的历史主要展现为"社会史"。这里首先要澄清一些概念方面可能带来的疑惑：第一，本章所讨论的政治史和社会史是就中国和西方进入现代国家之前而言的。第二，所谓社会史，是指其历史的内容是个人的、宗教

---

① 布罗代尔. 论历史. 刘北成，周立红，译. 北京：北京大学出版社，2008：143.

的（文学的）、封建的；所谓政治史，是指其历史的内容是国家的、政治的、一统的。第三，这样一种说法并非认为西方没有政治史，或中国没有社会史，而是说，在两者的历史叙述中，何者占据主导地位。在传统中国，社会史散布在政治史中；而在前现代的西方，政治史散布在社会史中。

史学自身的发展，有其阶段性的差异。就西方史学内在发展而言，古代希腊罗马史学和中世纪史学在西方史学史的论述中本身就有一定的差异。[①] 然而，就社会史的属性来说，虽然其在中世纪中后期的表现愈加明晰，但其整个脉络是一贯的。社会史的源头在古希腊时期已经出现，之后虽然有不同的侧重（如对宗教性和文学性的不同侧重），但至迟在文艺复兴时期就已经发展出了极其明显的社会史特征。中国的史学在诞生之初，虽然也有宗教性、封建性的社会史因素，但同时也呈现出极其明显的政治史特征（官方史学、政治记述）。在随后的历史发展中，社会史的特征不断减弱，至迟到秦汉大一统时期，政治史已经成了中国历史的主宰，并进一步限定了之后中国两千年的政治史特性。

这里需要阐明我们所说的传统社会史与18世纪兴起的社会史的差别。"18世纪兴起社会史，或'公民史'（civil history），如它的先驱那不勒斯人吉安诺内（Giannone，1676—1748）所称呼的。……历史解释更多从社会而非个人的角度给出。"[②] 这种"社会史"实质上是将社会当作一个宏观的概念用于历史解释，这样的解释逻辑最终导向广义的社会科学。而

---

① 郭小凌将西方史学史划分为三个阶段：古典史学阶段（公元前6世纪末—公元5世纪后半叶），基督教史学阶段（公元5世纪—14世纪），近现代史学阶段（14世纪—现在）。参见：郭小凌. 西方史学史. 4版. 北京：北京师范大学出版社，2016：7-9. 张广智将西方史学史划分为四个阶段：古典史学阶段，即古代希腊罗马史学阶段（希罗多德时代—公元5世纪）；中世纪史学阶段（公元5世纪—14世纪文艺复兴）；近代史学阶段（14—19世纪）；现代史学阶段（20世纪—现在）。参见：张广智. 西方史学史. 4版. 上海：复旦大学出版社，2018：3-4.

② 伯克. 文艺复兴时期的历史意识. 杨贤宗，高细媛，译. 上海：上海三联书店，2017：155.

"社会科学家最宽广的目标就是逐一理解社会结构的组成要素和总体上的多样性"①。而我们所定义的社会史，是指西方传统历史的内在属性，表现为历史的个人性、宗教性（文学性）、封建性。本章的社会史和社会科学是两个层面的内容。

为了更加清晰地展现中国政治史与西方社会史的本质差别，我们将从三个方面来对比中西方传统史学：史学家的身份（官方的/个人的）、撰述内容（规范的/随意的）、写作目的（资政的/文学、宗教的）。这三个方面在具体的历史叙述中往往是同时存在的，例如西方史学家的个体性与其内容的体验性密不可分，材料内容的非官方性与其史学目的的多样性密不可分。但是为了分析的方便，我们将这三个方面分别论述，以期对中西方传统史学差异有更清晰明了的认识。

（一）中西方传统史学家的身份差异

史学家的身份特征是我们判断其历史书写是政治史还是社会史的重要标准。一般而言，若其身份是官方的，即在政府中任职并在一定程度上参与了政治实践，那么无论其历史写作是否为官方行为，其书写内容也大多数以政治为目的。若其身份是个人的，即不在政府中任职也没有参与过政治实践，那么即使其书写内容是政治的、军事的，其写作目的仍然可能是社会的、多元的。我们认为，中国传统史学家的官方性更加突出，而西方传统史学家的个人性更加突出。

就史学的起源而言，中国的史学家多是政治运行中的关键人物，而西方的史学家则多是社会中的散落个人。先秦时期，"史"既是重要的政治制度，也是重要的政治人物。刘知几认为，中国史官制度起源于上古传说时期："史官之作，肇自黄帝，备于周室。"②《汉书·艺文志》提及"史"

---

① 米尔斯. 社会学的想象力. 李康，译. 北京：北京师范大学出版社，2017：187.
② 刘知几. 史通. 郑州：中州古籍出版社，2012：216.

总管"王官之学"，金毓黻认为："古人之要典，皆由百司之史掌之。故百家之学，悉在王官，而治学之士，多为公卿子弟，就百官之史而学之。"① 史官作为一种重要的政治制度，是政府各个部门的运行机构；史官作为重要的政治人物，是政府行政的主要实践者，同时也是政府典章的主要传承者。贵族公卿子弟如果想要学习政治知识，获得政治经验，都要求助于史官。史官权力之大，从关于国家宗教的天文历法到关于百姓生活的农事医药，无不涉及，即钱穆所说："古者政教不分，学术掌于宗庙，天文、历法、音乐、农事、医药、方技诸端，皆隶焉，总其任者则史官。"② 在中国，史官从一开始就与政治密不可分，我们甚至可以说，中国的政治和历史是相伴而生的，政治家就是历史家，甚至就其起源来说，政治家的身份更重于历史家的身份。

传统中国的"史"为什么会与政治有如此密切的关系呢？这一方面与史官在诞生之初的宗教职能有关，另一方面是史官掌握的文字书写能力符合官僚政治的发展要求——后一原因更加重要。商周时期，宗教与政治的联系密切。史华慈谈到"史"独特的神秘职能时说："'史'似乎集天文学家、占星术家、历法专家以及编年史家等职能于一身，在现存被称作'史'的专门官员和智者谈话中，的确发现了关于人类事件与天体运行相关的证据。"③ 通过传统文献如《国语》《礼记》④，我们可以得知"史"是掌握着历法和祭祀程序的官员，这也就意味着史与政治必然有着密切的联系。⑤ "史"掌握政治权力的更重要原因在于其掌握了文字书写技术。《周礼》记载"史掌官书以赞治"，郑玄注："赞治，若今起文书草也。"（《周

---

① 金毓黻. 中国史学史. 济南：山东画报出版社，2019：25.
② 钱穆. 政学私言. 北京：九州出版社，2010：65.
③ 史华慈. 古代中国的思想世界. 程钢，译. 南京：江苏人民出版社，2004：365.
④ 例如《国语·周语》："吾非瞽史，焉知天道。"《礼记·王制》："大史典礼"。
⑤ 内藤湖南. 中国史学史. 马彪，译. 上海：上海古籍出版社，2008：13-14.

礼·天官》) 史官最初的作用是掌管政府典籍，并且参与官方文书的起草。《汉书》也谈及，对于史而言，最重要的是文字功底，"大史试学童，能讽书九千字以上，乃得为史"（《汉书·艺文志》）。文字书写能力与官僚政府的运行密切相关，官僚政治越发展，对案牍文书的需求就越迫切。也正因此，掌握书写能力的史官逐渐成为国家权力的中枢。李峰通过考察，较为详细地论证了在西周时期"太史寮、内史、外史"等逐渐掌握国家政治权力的过程。① 对于这一发展过程，内藤湖南有较为明确的论述："总之，史官本是处理文件的职务，但是出于列举前代往事、说明道理的职务需求，而成了像瞽那样通晓前代往事的人物，大概就是因为利用了这种便利的条件，史官就自然地兼任起了其他的职能。"②

但是我们不能混淆周朝主要掌握政治权力的"史"与秦汉之后专职从事历史撰述的"史"。先秦时期，许多官员、职事的名称带了"史"字，王国维在《释史》中说："史为掌书之官，自古为要职。殷商以前，其官之尊卑虽不可知，然大小官名及职事之名，多由史出，则史之位尊地要可知矣。"③ 虽然先秦时期许多官员的名称带了"史"的称号，并也有后期史家的影子，但他们还不是典型的官方史家。后来，官方史家进一步发展，典型代表如司马迁、班固等，司马迁曾任太史公，班固为兰台令史，两者职业的重要内容就是撰述历史。虽然专业从事历史撰述的史官产生于南北朝时期，但这并不能否认之前的史官有撰述历史的职责。④ 相较而言，他们并没有像先秦时期的"史"一样掌握太大的政治权力，但就

① 李峰. 西周的政体：中国早期的官僚制度和国家. 吴敏娜，胡晓军，许景昭，等译. 北京：生活·读书·新知三联书店，2010.
② 内藤湖南. 中国史学史. 马彪，译. 上海：上海古籍出版社，2008：19.
③ 王国维. 观堂集林：第1册. 北京：中华书局，1959：269.
④ 朱希祖认为，专门撰史的官职是在南北朝时期建立的，"西周以前，无成家之历史，魏晋以前，无历史之专官"。参见：朱希祖. 中国史学通论. 北京：商务印书馆，2015：10.

"史"的起源来论，后世史家与政治的亲缘关系却是毋庸置疑的，史学家的官方性和政治性也是毋庸置疑的。

秦汉之后，中国历史撰写者的官方地位不断加强。依格尔斯说："中国史学的主要部分是朝代史，通常在一个朝代结束之后才加以编写。虽然中国也有私史，但撰写历史的主要工作由官方的史家所承担。在中国再度统一和唐朝建立以后，正规朝代史的编撰便不再由私人承担，而是由编史馆来集体负责。"① 即使是南北朝时期的私史，其编撰者仍然是官方的史家。史家的官僚特征，决定了其历史视角的国家性。著名的《资治通鉴》，虽然充斥着"臣光曰"等私人撰述的影子，但仍逃不脱国家政治的关怀："专取关国家兴衰，系生民休戚，善可为法，恶可为戒者。"（《资治通鉴》）史官的国家视角，又进一步决定了传统中国史学的政治性，即《南齐书·序》所说："史者，所以明夫治天下之道也。"

相较而言，西方从古希腊开始，就主要是私人撰述历史。"最初的史家都不是书斋中的学者，而是云游四方的旅行家。"② 这些旅行家（吟游诗人）口头传述见闻和神话传说来保存历史，《荷马史诗》就是这样产生的。《荷马史诗》的作者显然不像中国史家一样在中央政府任职。即使像希罗多德与修昔底德这样拥有一定政治经验的人，也完全没有史官职能的意识，对他们来说："写历史只是因为发生了值得纪念的事情，需要有一个同时代亲身目击其事的人来作为记录者。我们几乎可以说，古希腊有艺术家和哲学家，但古希腊并没有历史学家；他们没有把终生奉献给历史研究的人；历史学家只是他那一代人的自传的写作者，而写自传并不是一种职业。"③

① 依格尔斯，王晴佳. 中西史学思想之比较：以西方历史哲学与儒学为中心. 学术研究，2004（5）：79.
② 郭小凌. 西方史学史. 4 版. 北京：北京师范大学出版社，2016：42.
③ 柯林武德. 历史的观念. 增补版. 何兆武，张文杰，陈新，译. 北京：北京大学出版社，2010：28.

虽然历史学家的私人属性会产出一批优秀的历史学著作，既有《伯罗奔尼撒战争史》这样的战争史，也有赫拉尼库斯《阿提卡史》这样的地方史，但与中国的史学相比，显然这些历史学著作缺少历史的国家性、整体性、公共性。虽然个别的史学家也关心政治的问题，但个人视角的局限性使得其历史撰述不能像中国史学一样有明确的国家和政治的整体性关怀。因此，在谈到色诺芬的《长征记》和《希腊史》的时候，布赖萨赫说这一时期的希腊"没有明确的公共用途的历史书写"[①]。

这一私人撰述的历史特性逐渐导致了历史的文学化、娱乐化。在古希腊时期，历史学家更加注重对奇闻逸事、细枝末节的描写，在叙述中大量使用文学的夸张渲染手法，以达到吸引公众注意的目的。即使有波利比乌斯这样伟大的历史学家站出来强调历史应当关心国家和集体的福祉，但也仍然改变不了历史撰述的娱乐化趋势。私人撰述的本质没有改变，历史叙述的社会属性也就更加明显："历史学家们运用戏剧技巧去调动人们的情绪，传达一个或两个历史教训，而其首要目标则是娱乐。"[②]

史学家的私人属性虽然在一定程度上有些波动，但不能否认其一直是传统西方史学的主要特征。在古罗马时期，由于军事征服的胜利，甚至皇帝（如克劳狄）也写过历史。由于没有史官的传统，虽然皇帝有相当的政治关怀，但其作品也大多属于自传式、回忆式的。到了中世纪，基督教兴起，基督教垄断了历史解释权，大多数历史学家依附于教会生存。这一时期史学家的宗教性、非官方性更加清晰，自不待言。直到文艺复兴时期，西方史学家的私人属性仍然没有改变："大批史家是凡夫俗子，多数依附于王公贵族，与古典史家有相似的从政从军的人生经验，有些人还是时代

---

① 布赖萨赫.西方史学史：古代、中世纪和近代.3版.黄艳红，徐翀，吴延民，译.北京：北京大学出版社，2019：31.

② 同①43.

政治舞台上的风云人物。但也有李维式的民间知识分子。"[①] 这一时期史家的私人性与政治的封建性密不可分，史家或者依附于封建领主，或者依附于商业城镇，或者本身就是封建体制下的政治家。这样的情况直到近代学院派史学出现之后才逐渐改变。

史学家身份的不同当然会导致其撰写的历史内容不同。向燕南对此有精辟的论述："与此不同的西方史学，由于相当长的时期属于个人行为，没有被纳入国家的职能之中，所专注的焦点多局限于个人或亲历或传闻的诸如战争等重大事件，关注的是人性的善与恶，导致在组织文本时，不太考虑社会各因素之间的关联性和整体性，更注意表现事件的线性过程和事件的情节。"[②] 私人史家的依附性使得他们不能够以一种整全的、一统的秩序逻辑来看待历史，只是从自己眼界之内，以个体化的、区域化的、片面化的视角看待历史。这样的历史就是社会史。史家一方面因为视野的局限，另一方面要贯彻依附对象的利益，所以其作品难免显得破碎而有斗争性。若我们用一种事后的眼光来看待，也正是这种社会史的起点，正是这样的破碎和斗争，最终塑造了现代西方的民族国家。

（二）中西方传统史学的撰述内容差异

中西方传统史学撰述的内容也有较大的差别。中国史学在诞生之初多记述官方文献，其后也以规范的、整全的内容为主；西方史学在诞生之初多记述个人的经历，其后也以随意的、碎片的内容为主。中西方传统史学内容的差异使得中国传统政治史的特性强于西方，西方传统社会史的特性强于中国。我们所谈的史学内容规范与否主要取决于两点：其材料来源的准确性、内容上一贯的整全视野（政治视野）。

---

① 郭小凌.西方史学史.4版.北京：北京师范大学出版社，2016：156.
② 向燕南.说历史编纂学：一个中西史学文化比较的立场.史学史研究，2019（3）：40.

中国传统史学内容与史官的职责有重要的关系。"中国史官的职务，主要为记事。远古的史官，职务自然极繁，近乎卜祝之间，掌理天人之间各种使物。"① 史官在起源的时候，兼有宗教性的职责，但随着时间的推移，其主要的职务内容转变为"记事"，即《礼记·曲礼》所说的："史载笔。"那么什么样的事情需要史官记录呢？一方面是核心政治人物的言行，即所谓"君举必书"（《左传·庄公二十三年》），"动则左史书之，言则右史书之"（《礼记·玉藻》），"天子无戏言，言则史书之"（《史记·晋世家》）。核心政治人物刚开始是"天子"，是"君"，史官负责记录天子和君的行为。记录天子和君的行为也许是为了放入宗庙，呈给祖先。② 因为对于商周时期的君主来说，其政治权力的合法性源自祖先。这一点在周朝有清晰的展现："在周人的国家理念中，文王（西周中期开始武王也列入其中）是周王朝主权的唯一持有者，也是所有的职权的来源。"③ 因此记述天子和君的言行与政治权力的稳定性密切相关。另一方面则是史事典章。商朝时期的重大事件一般都要进行占卜，占卜之后对事件的记录可以说也是一种史，因此李宗侗说："占而后记之，又与商代贞人之先卜贞而后刻于甲骨上者相类似，贞人犹能保存史官之古义；而贞人者，亦古代史官之一种也。"④ 对占卜的记录同时也是对重大历史事件的记录。

到了春秋时期，对重大政治事件的记录更加普遍："诸侯之会，其德刑礼义，无国不记。"（《左传·僖公七年》）不仅诸侯国之间的政治事件会被详细记录下来，而且各个诸侯国本身也都有属于自己的国史。孟子说：

---

① 杜维运．中国史学史：第 1 册．北京：商务印书馆，2010：41．
② 罗泰．宗子维城：从考古材料的角度看公元前 1000 至前 250 年的中国社会．吴长青，张莉，彭鹏，等译．上海：上海古籍出版社，2017：56．
③ 李峰．西周的政体：中国早期的官僚制度和国家．吴敏娜，胡晓军，许景昭，等译．北京：生活·读书·新知三联书店，2010：298．
④ 李宗侗．中国史学史．北京：中华书局，2010：3．

"晋之《乘》，楚之《梼杌》，鲁之《春秋》，一也。其事，则齐桓、晋文；其文，则史。"（《孟子·离娄下》）晋国的官方史书叫作《乘》，楚国的官方史书叫作《梼杌》，鲁国的官方史书叫作《春秋》，其中记载的主要是当时最重要的政治事件。虽然这些历史记述以各个诸侯国为主体视角，缺乏政治史的整全性、一统性，更多呈现了社会史的封建性，但就其内容来说，仍然是官方的、规范的、政治的。中国传统史学内容的规范性也体现在其材料来源上，杜维运分析《尚书》说："孔子删定的《尚书》，系典、谟、诰、誓、命一类之文的总汇，典是重要史事的记录，谟是大臣的谋画，诰是天子的文告，誓是誓众的辞令，命是册封的文章，都是中国古代官方性质的文献。"[1]

史官一方面记述政治人物的行为，另一方面记述史事典章，在传统的历史叙述中两者往往会结为一体，这样的论述模式就是纪传体。"事实上，自司马迁开始，纪传体就成为中国史家记录史实的主要叙述方式。本质上，历史是记录以往杰出人物道德力量的作用与影响，反过来，这些人物的行为与活动又作用于现实国家与社会福祉。……历史不仅具有道德教化功能，同时它还被认为能够提供可靠的社会经济和政治经验教训。因此，历史成为指导当下人们治国安邦最可靠的指导。"[2] 历史内容的规范性对治国安邦的意义体现为两点：第一，内容的真实性使得后人可以吸取历史的经验教训；第二，内容的整全视野可以使得后人明白制度和历史的因革损益。现实是由历史演化而来的，只有真实的历史才能够帮助我们更好地认识现实，对现实情况的准确了解是我们吸取历史教训、进行政治实践的基础。同时，由于传统历史内容的整全视野，无论是政治人物

---

① 杜维运. 中国史学史：第1册. 北京：商务印书馆，2010：256.
② 伍安祖，王晴佳. 世鉴：中国传统史学. 孙卫国，秦丽，译. 北京：中国人民大学出版社，2014：4.

的起伏还是政治制度的因革，其都能够一以贯之，所以对当下的政治行为和政治制度也有相当的借鉴意义。因此孔子说："殷因于夏礼，所损益，可知也；周因于殷礼，所损益，可知也。其或继周者，虽百世，可知也。"（《论语·为政》）李世民说："以史为镜，可以知兴替。"（《旧唐书·魏徵传》）

相较于中国传统史学内容的规范性，西方传统史学内容的随意性更加突出，这一特征从古希腊时期就已经显现。出现这样的特征有两个原因：其一是历史著述的个人性使得他们不能掌握坚实而广泛的历史资料，其二是形而上学的科学观念导致他们不能充分正视现实历史的重要性。前文谈到过西方历史著述的个人性，这里主要突出历史著述的非官方性所导致的历史内容的局限性。这样的局限性体现在时间上，表现为史家往往只能记述自己一生的所见所闻，不能充分延展自己的历史视界，难以形成一个完善的历史认知。因此柯林武德说："希腊的史学理论也蕴含着任何历史叙述其跨度都不得超过一个人一生的年限。"[①] 这样的局限性在空间上，表现为史家往往局限于所见的城邦或区域来论述历史，不能有全局性的视野，即"古代希腊由于在政治上从未统一，实行单体城邦制度，故其不仅在地域空间上使史学视野受到限制，而且史学内容与形式都有局限"[②]。这样个人性质的历史记述难免带有个人经验的印记，由于每个史家的经验不同，记述的内容也难免呈现差异，因此西方传统史学内容显现出随意性的特征。

古希腊史学具有随意性的另一个原因在于对现实历史的不重视。古希腊最兴盛的学问是哲学而不是史学，因此古希腊的思想便呈现出一种"强

---

① 柯林武德. 历史的观念. 增补版. 何兆武，张文杰，陈新，译. 北京：北京大学出版社，2010：29.

② 何平立. 中西传统史学略论. 上海大学学报（社会科学版），1995（6）：39.

烈的反历史的形而上学"的特点。"他们十分肯定，能够成为真正的知识的对象的任何事物都必须是永恒的；因为它必须具有它自己某些确切的特征，因此它本身之内就不能包含有使它自己消失的种子。"① 只有哲学的对象才是永恒的，因为哲学的对象是形而上的概念。与哲学相对，历史学的对象是变化的世界："历史学是关于人类活动的一门科学；历史学家摆在自己面前的是人类在过去所做过的事，而这些都属于一个变化着的世界——在这个世界之中事物不断地出现和消逝。"② 历史作为变化着的、瞬时性的东西，是不能成为科学的对象的，因此也就不被人们所看重。既然历史没有永恒的价值，那么历史内容是否规范也就不重要了，随意性的记述也就不会受到诘责。而亚里士多德甚至认为诗歌比历史学更科学："因为历史学只不过是搜集经验的事实，而诗歌则是从这些事实中抽出一套普遍的判断。"③

历史撰述的个人性以及古希腊对历史学的轻视使得西方历史内容的随意性十分突出。一方面，历史记述的真实性大打折扣，与小说更加类似；另一方面，历史的内容更加社会化、碎片化，少有整全性、政治性的内容。关于古希腊古罗马历史叙述的真实性问题，史家已有较多的论证，杜维运说："希腊、罗马最杰出的几位史学家，如希罗多德、修昔底德、普鲁塔克、波力比阿、李维、塔西伦等人，几乎皆与小说家、剧作家接近，而非纪实的史学家。"④ 希腊罗马史学有许多想象与传说的内容，其在文学上的成就似乎更高于其在史学上的成就。历史记述也多呈现社会化的面貌，描述社会的细枝末节。甚至到了伟大的罗马时期，也少有政治内容，

---

① ② 柯林武德. 历史的观念. 增补版. 何兆武，张文杰，陈新，译. 北京：北京大学出版社，2010：21.

③ 同①25.

④ 杜维运. 中国史学史：第1册. 北京：商务印书馆，2010：254.

无怪乎绍特韦尔说："罗马之实际政治，虽足资吾人借鉴，然史学之成绩甚微。……盖罗马文人之嗜好不在历史，而倾向于史诗，演说，以及罗马最著名之法律也。"① 罗马历史记述的史诗、演说和法律等，固然能够体现罗马帝国的恢宏气度，却仍是随意性大于规范性，社会性大于政治性。

到了中世纪的基督教史学时期，历史内容的随意性愈加明显，现实的和虚构的混淆起来，神话的和宗教的混淆起来。不仅史家个体有其独特的历史叙述，各个不同的国家也有内容迥异的历史叙述。伯克谈道："中世纪历史著述充满了神话，世俗的和宗教的（我将神话定义为像事实一样传递的虚构）。如 13 世纪佛罗伦萨人相信佛罗伦萨是恺撒（Caesar）建立的；英国人相信特洛伊人布鲁图斯（Brutus the Trojan）曾在不列颠开拓殖民地；法国人认为是大法官狄奥尼修斯（Dionysius the Areopagite）改变了他们的信仰；雅典人由圣保罗（St. Paul）施洗以及他就是他们的'圣丹尼'（St. Denis）；西班牙人相信圣詹姆士（St. James）曾在 9 世纪现身，并帮助他们击败摩尔人。"② 在中世纪的历史叙述中，真正的历史人物与传说中的历史人物一起登场，宗教传说中的人物可以在现实的生活中发挥巨大的作用，古希腊的史实在一千多年后出现……这样没有历史真实性的历史叙述在中世纪可谓数不胜数。不同宗派、不同地域的人们根据自己独特的社会需要杜撰历史，既没有权威的史学材料来源，也没有整全的政治视野。虚构的历史散落在社会的各个地域、各个层级，与中国传统史学规范性的差距是十分明显的。

到了文艺复兴时期，虽然这样混乱的历史叙述得到了一定程度的改善，然而其内容的随意性仍然存在。在此时期，历史的内容和形式都逐渐

① 绍特韦尔. 西洋史学史. 何炳松，郭斌佳，译. 上海：上海古籍出版社，2012：135.
② 伯克. 文艺复兴时期的历史意识. 杨贤宗，高细媛，译. 上海：上海三联书店，2017：8.

多样化起来，出现了个人传记、地方编年史等。其中最重要的是地方编年史："在各种史作形式中，最通行的是地方编年史。城市共和国基于实行独立自主的内外政策、提高市民的向心力和凝聚力，对本国、本地区的历史都格外关注。佛罗伦萨、威尼斯、米兰、拿波里等城市均有自己城市的编年史，为'佛罗伦萨人''威尼斯人''米兰人'群体树碑立传。"① 由于没有前人翔实可靠的历史记述，即使这一时期的史家想要达到内容的真实性也显得有心无力。加之基督教的统治力仍然存在，在编写地方历史的时候也不得不加入基督教的神秘内容。与此同时，由于城市之间各自独立，其历史内容的封建性也十分突出，不同城市的历史呈现出自说自话的态势，完全没有一贯的整全的历史叙述。因而我们认为，即使到了文艺复兴时期，西方史学内容上的社会史属性还是十分突出的。

（三）中西方传统史学的写作目的差异

中西方传统史学就其写作目的而言，有着显著的差异。中国传统史学由于从诞生之初就有着官方性和规范性的特征，其写作目的也就展现出了明显的资政性，即历史写作的主要目的是探讨政治层面的"理乱兴衰、典章经制"（《文献通考·序》），中国传统的历史学是一门"治国之学"。相较而言，西方传统史学则呈现出更加多样的目的，如文学的、宗教的，其对整体政治的关怀是大大弱于中国传统史学的。

中国传统史学的资政性首先取决于史官的属性。如前所述，史官最初大多是执掌书记，在君主身边，承担告诫君主的职责。随着政治逐渐复杂化，史官也产生了多种分类，如《周官》就谈到先秦时期的史官有内史、外史、太史、小史、御史之类。不同的名称对应着不同的具体职务，但就

---

① 郭小凌. 西方史学史. 4版. 北京：北京师范大学出版社，2016：156.

其最核心的内容来说，章学诚认为是一致的，即"皆守掌故而以法存先王之道也"①。这里所说的"掌故"和"法"，章学诚有进一步的解释："法显而易守，书吏所存之掌故，实国家制度所存，亦即尧、舜以来因革损益之实迹也。"② 中国传统史家所看重的"掌故"和"法"，在笔者看来包括三方面的内容：其一，历代的政治制度；其二，不同朝代之间的制度变化及其原因；其三，在这样的制度之下所形成的治理实践及其经验教训。这些都是关乎政治、决定传统政治成败的关键内容。向燕南从历史编纂学的角度，十分明晰地阐述了史官对文本内容的影响："作为历史编纂的主体，身为国家相应职能官僚的史官，也主导了其对于文本材料组织的'编纂'立场与视域，其中国家的始终'在场'，必然地直接影响并支配到历史的文本构成。以国家为中心，努力反映包括政治、经济、文化以及各色人物等历史多方面内容的复杂性，努力追求从社会的整体，从历史的全局出发，表现出历史事物纵向和横向之间的相互联系，探求历史兴衰之因。"③ 史官的职能本身，就要求其撰写的历史内容具有一统性、全局性，要求他们的著作表达对政治的核心关怀。

中国传统的史家大多也主动追求资政的目的。例如孔子编《春秋》，孟子认为就是在行"天子之事"："世衰道微，邪说暴行有作，臣弑其君者有之，子弑其父者有之。孔子惧，作《春秋》。《春秋》，天子之事也。"（《孟子·滕文公下》）孔子身处礼崩乐坏的春秋时期，天下一统的局势被逐渐破坏，列国擅自朝聘，政治局面变得混乱不堪。天子丧失了政治权威，只好由孔子这个"素王"在《春秋》中负起礼乐征伐的职责。《论语·宪问》中孔子劝哀公征讨弑君的陈恒，就直接体现了《春秋》的政治意识。④ 秦

---

① 章学诚. 文史通义. 郑州：中州古籍出版社，2012：289.
② 同①293.
③ 向燕南. 说历史编纂学：一个中西史学文化比较的立场. 史学史研究，2019（3）：45.
④ 《论语·宪问》："陈成子弑简公。孔子沐浴而朝，告于哀公曰：'陈恒弑其君，请讨之。'"

汉之后，由于政治大一统的实现，历史著作的政治目的更加明显："政治上的统一促进了意识形态的重大变化，为着巩固这种政治统治而重视于总结历史经验，这两个因素对秦汉史学尤其是汉代史学产生了极其深刻的影响，成为推动史学家们创造新的史学的思想动因和政治动因。"① 司马迁在《太史公自序》中谈到自己的写作是继承了董仲舒"达王事"的目的，并以《春秋》为自己的榜样，传承他所认为的"王道之大者"②。虽然由于当时的政治环境，司马迁拒绝了将汉朝的历史类比《春秋》的说法，但这不过是他的"隐微的表达"③，其对政治的关怀与孔子是一致的。其后的史家在撰写历史的时候，目的性则更加清晰。例如《南齐书·序》明确地把历史和治天下联系在一起："史者，所以明夫治天下之道也。"《资治通鉴》更是直接以"资治"为题，成为历代政治家不得不看的政治宝典。无怪乎清朝戴名世直言道："夫史者，所以纪政治典章因革损益之故，与夫事之成败得失，人之邪正，用以彰善瘅恶，而为法戒于万世，是故圣人之经纶天下而不患其或敝者，唯有史以维之也。"④ 对于传统中国来说，历史与政治几乎是一个等价的概念。

我们若以古人的观点来看，中国传统史学毫无疑问是一门治国之学，是一切政治制度、政治经验和政治理论的源泉。宋元时期马端临在《文献通考》中谈到传统史学的两大方面，一个是"典章经制"，一个是"理乱兴衰"。典章经制指的就是传统的政治制度以及其中的政治理论。理乱兴衰则是指历朝历代的政治经验及其优劣得失，并从中探讨长治久安的政治路径。从政治的层面来看，传统史学与中国思想中经世致用的精神密不可

---

① 瞿林东. 中国史学史纲. 北京：北京师范大学出版社，2010：104.
② 《史记·太史公自序》："夫《春秋》，上明三王之道，下辨人事之纪，别嫌疑，明是非，定犹豫，善善恶恶，贤贤贱不肖，存亡国，继绝世，补敝起废，王道之大者也。"
③ 内藤湖南. 中国史学史. 马彪，译. 上海：上海古籍出版社，2008：79.
④ 戴名世. 戴名世集. 北京：中华书局，2019：487.

分："如在历史学的性质及其功能定位上，传统社会历来将之视为一门重要的'经世'之学。"① 所谓经世之学是对传统史学面向现实实践的普遍性说法，在这样的经世思想中，史学更突出的是它的政治导向。因此杨共乐直言传统史学是"治国安邦的必修课程"："中国传统的历史学实际上是一门治国之学，是政治家必备之良师，资治之通鉴。"②

相较而言，西方传统史学中的政治内涵要弱得多，其写作的目的往往是文学的、宗教的。古希腊史学的个人性我们已经谈过，私人著述历史常常会随着个体的历史环境、人生境遇而变化。古希腊时期的历史撰述往往是为了"记录荣耀"或者说娱乐大众，我们称这样的史学目的是文学性的。古希腊的史学家大多被称为"散文记事家"，由于当时的城邦戏剧文化发达，市民娱乐活动也比较多，当时的历史作品也就经常以文学的面貌出现："希腊散文记事家的作品常在节日被当众朗诵，'其目的是给听众以艺术享受'。因此，他们的作品能直接同大众见面，从而重视'艺术享受'的功能。"③ 历史撰述重视艺术享受的目的，使得当时的历史作品传说与现实混杂，而现实的事情也往往被神话化、戏剧化，用以取悦观众。娱乐化的古希腊历史与政治化的商周历史呈现出鲜明的差别，马雪萍称之为"人道"与"王道"的差别："在古代希腊的思想观念中只有'人道'（以个人为主），没有'王道'。……在西方，将历史作为政治家的教科书的思想，是中世纪以后才有的。"④

到了罗马时期，由于罗马统治的强盛，开始有一些史学家反对以娱乐为目的的历史写作。波利比乌斯就倡导以政治和军事为核心的历史写作，

---

① 胡逢祥. 文化比较视野下的中西史学近代转型. 学习与探索，2016（12）：165.

② 杨共乐. 中国传统史学是一门治国之学：以古代中西史学比较为视角. 史学理论研究，2015（3）：150.

③ 马雪萍. 中西古代史学发展途径的异同. 史学理论研究，1993（3）：67.

④ 同③71.

认为历史应当关心共同体的福祉，他写道："历史这门学问为从政者提供真正的教育与最好的训练；从他人的灾难中，人们可以清楚地也是唯一地学习如何勇敢地承担'命运'所赋予的兴衰哀荣。"① 波利比乌斯甚至直接批判他同时代的历史学家："波利比乌斯愤怒地拒绝像萨摩斯的多里斯和菲拉库斯那样为娱乐而写历史，也拒绝为满足好古癖或本地人的好奇心而写历史。"② 然而由于不合历史的主流，这样的主张并没有对当时造成大的影响："具有讽刺意味的是，波利比乌斯在这方面很可能对其同代人毫无影响。"③ 并且，虽然波利比乌斯所论历史以政治为目的，但他的论述是个人性的，对象是具体的，没有上升到普遍政治的高度。虽然随后的西塞罗和李维等历史学家主动寻求政治上的影响，但一方面由于修辞学的藩篱难以破除，另一方面由于罗马的衰落近在眼前，纯粹资政目的的史学著作昙花一现，既不充分，也不长久。随即而来的是中世纪史学。

中世纪史学的突出特征是以历史叙述达至其宗教的目的。以神圣历史统摄世俗历史是这一时期史学著作的核心主题。基督教逐渐取得世俗世界的统治权之后，基督教徒就成了历史的主要撰写者。对于基督教徒来说，《圣经》当然是一切历史绝对的源头和权威："基督教徒所认为重要之历史，惟彼足以维护其信心之历史，而此种历史，不出犹太人圣书之外。"④ 这一时期最重要的历史作家是奥古斯丁，他将上帝之城与"尘世"融为一个系统，认为尘世的存在就是为了达成上帝的目标："在他看来，世界不是始终存在的，而是上帝在一个特定的时刻创造的；世界也不是反复循环的，而是始终朝着上帝所预定的目标不断前进的。"⑤ 奥古斯丁的历史叙

---

① 杨共乐.中国传统史学是一门治国之学：以古代中西史学比较为视角.史学理论研究，2015（3）：150.

②③ 布赖萨赫.西方史学史：古代、中世纪和近代.3版.黄艳红，徐翀，吴延民，译.北京：北京大学出版社，2019：63.

④ 绍特韦尔.西洋史学史.何炳松，郭斌佳，译.上海：上海古籍出版社，2012：180.

⑤ 夏洞奇.尘世的权威：奥古斯丁的社会政治思想.上海：上海三联书店，2007：77.

述模式成了此后中世纪历史叙述的模板，一切现实的历史都成了神圣历史的附庸："对于教会史家来说，历史有着确定的起点和终点，即始于上帝创造世界而终于最后的审判，因此，历史就是从起点到终点的直线发展。"① 基督教的理念与古希腊时期颇为类似，就是不重视现实。基督教相信天国，相信来世，相信末日审判，现实不过是通往天国的道路，因此历史就更加无足轻重了："初期基督教之信心，重来世而不重现世；而来世又无论何时可以实现者也。……基督教之史学实因之受绝大之伤害焉。依其所言，则人人皆处于大事将临之际，对于过去之研究，将复有何兴味。"② 基督教甚至认为历史只是"天堂的隐退"，人类最重要的追求是"离开时间"："12、13 世纪的物理学研究者假定，静止状态是宇宙万物的自然条件。同样，圣维克多修道院的于格（Hugh of St. Victor，卒于 1141 年）将历史的变化看作来自天堂的稳定性的衰退。……中世纪把进入修道院表述为'离开时间'（relinquere saeculum）。"③ 此外，由于罗马帝国衰亡之后基督教充当了社会秩序维护者的角色，其历史著作同时也具有很明显的教化蛮族入侵者的目的。④ 不过这样的教化显然是充满了宗教色彩的，而教化的结果，往往也是蛮族的基督化。

　　西方史学的文学性和宗教性有着持久的影响力。一方面，到了文艺复兴时期，历史的文学目的仍然占据着主导地位："文艺复兴期间，历史经常被看作修辞学的分支，形式有时被认为要重于内容，优美的风格比对实际发生了什么以及为何发生的兴趣更重要。"⑤ 这样以文学为目的的历史学直到近代才逐渐丧失主导地位。另一方面，历史的宗教叙述则以一种更

① 吴晓群. 基督教史学传统下的希罗多德解读模式//原祖杰，吕和应. 外国史学理论与史学史新论. 成都：四川人民出版社，2019：52.
② 绍特韦尔. 西洋史学史. 何炳松，郭斌佳，译. 上海：上海古籍出版社，2012：179.
③ 伯克. 文艺复兴时期的历史意识. 杨贤宗，高细媛，译. 上海：上海三联书店，2017：20.
④ 张广智. 西方史学史. 4 版. 上海：复旦大学出版社，2018：101.
⑤ 同③115.

加隐秘的方式影响着西方，形而上的历史、超越的历史不时地对现实施以强大的影响。绍特韦尔就认为黑格尔的历史哲学是延续了奥古斯丁的传统："黑格尔乃一变相之奥古斯丁也，借历史推求精神界之发展。仍以上帝之城为其中坚之主题。"① 我们甚至可以说，借助黑格尔来阐释"历史终结"的观念，也是"一变相之奥古斯丁"。

（四）政治史与社会史

关于中国政治史与西方社会史的对比已经比较明晰，这里我们需要进一步讨论几个关键性问题：第一，史学史的论述和客观历史是什么关系，即史学史的差别可以称为历史本身的差别吗？第二，中国政治史和西方社会史是绝对的吗？中国是否有以社会史为主的时期？第三，政治史和社会史与政治学理论的关系是什么？历史如何进入政治学的理论视野之中？

首先，我们对历史的认知只能从历史文献的叙述中来，"历史从未由叙述构成，但总是由文献或变为文献或按文献对待的叙述构成"②。虽然不同时期、不同史家的历史叙述总有特定的倾向甚至会潜意识地"隐瞒"一些事实，但我们若要获得对历史的认知，若要从历史中寻找当代的逻辑，还是只能借助于历史文献。文献叙述中的历史是我们所能获取的最具实在性的历史，"同文献无关的历史是无法证实的历史，因为历史的实在性在于这种可证实性"③。因此，当我们讨论史学的差异的时候，其实也是在谈论我们所能认知的历史本身的差异。史学差异背后所反映的现实历史的差异，才是导致中西方政治理论不同的基点。

---

① 绍特韦尔. 西洋史学史. 何炳松，郭斌佳，译. 上海：上海古籍出版社，2012：210.
② 克罗齐. 历史学的理论和历史. 田时纲，译. 北京：中国人民大学出版社，2012：4.
③ 同②5.

其次，中国政治史和西方社会史是一对比较性的概念。"比较"的关键在于"度"，亦即何者政治史占据主导地位，何者社会史占据主导地位。所谓的主导地位也不是一成不变的，李泽厚以《周易》中的阴阳比喻"度"①，社会史与政治史的对比在中西方的历史长河中也是有变化的。例如，中国在先秦时期以社会史为主②，一方面，这一时期的历史撰述仍然有相当多的宗教内容，祭祀在政治生活中占据核心地位（尤其是商朝时期），因此《左传》会有"国之大事，在祀与戎"的说法；另一方面，这一时期的历史呈现出很强的封建特征，没有整全的历史叙述，但各个封国都有自己的史书，所谓《春秋》只是鲁国的国史而已。但同时，史官制度已经出现，虽然是以封建的、政治分裂的形式出现的。史官的出现，也就预示了秦汉之后以中国政治史为主导的情形的出现："史官、史馆以及官修正史等制度，使中国史学在滥觞时期就有了历史与政治相结合的倾向。"③ 当然，这样以政治史为主导的官修国史在近现代也引来了批评，例如朱希祖就认为中国应当鼓励私家著述历史。④ 这样的批评其实反过来也加强了传统中国政治史的可信性。西方一开始就以社会史为主，到了中世纪尤其突出。因此布罗代尔说："对于中世纪来说，只有一种历史，即社会史。它吞噬和消化了一切，国家分解成我们已经说过的各种实体：城市、领地、村社。"⑤ 然而这种以社会史为主的情形随着近代国家的发展逐渐弱化，例如人文主义史学家张广智认为："他们强调历史为当前政治

---

① "它不仅表明阴阳未可截然二分，不仅表明二者相互依靠相互补足，而且也表明这二者总是在变动不居的行程中。"参见：李泽厚. 历史本体论. 北京：生活·读书·新知三联书店，2002：8.

② 20世纪也有许多史家要论证中国历史的马克思主义特征，因此以"社会史"为名探讨先秦时期的社会发展，但这与我们所定义的社会史是不同的。参见：侯外庐. 中国古代社会论史. 北京：商务印书馆，2021；郭沫若. 中国古代社会研究. 北京：商务印书馆，2011.

③ 何平立. 中西传统史学略论. 上海大学学报（社会科学版），1995（6）：39.

④ 朱希祖说："故今日而欲言史学，当屏除官史而奖励私史。"参见：朱希祖. 中国史学通论. 北京：商务印书馆，2015：56.

⑤ 布罗代尔. 论历史. 刘北成，周立红，译. 北京：北京大学出版社，2008：144.

斗争提供借鉴，弘扬爱国主义，主张培养优秀公民和政治家，使公民人文主义城市史写作成为一种传统。"① 尤其在法国大革命之后，"封建权利、村社、城市特许状在这一个晚上统统废除了"②。社会史的封建性逐渐消除，这就为西方 19 世纪政治史的崛起提供了条件，这也是德国的兰克史学能够成为主流的主要原因。

最后，历史作为前提，既限定了现代国家的实践路径，也限定了现代国家的理论路径。批判性史学认为："我们不应该在历史叙事中寻找国家的基础。"③ 诚然，我们不能为主观建构的国家认同、国家文化编造历史根源，但我们不得不承认历史逻辑所必然导致的现代国家这个结果，因为现实已然发生不可否认，我们要做的就是寻找其中的机理。对于中国来说，由于政治史的官方性、政治性、一统性，其现代国家建构的大前提就是政治大一统。正如孔飞力所说，"中国作为一个统一国家而进入现代"，其重要的背景是"中国人民关于国家统一的压倒一切的向往"④。英国学者马丁·雅克也认为，与西方国家不同，对于中国而言，"在诸多责任中，国家最重要的责任就是维护中华文明的统一，这是神圣不可侵犯的"⑤。林尚立更是提出："大一统是中国几千年历史与发展的内在规定性。"⑥ 历

① 张广智. 西方史学史. 4 版. 上海：复旦大学出版社，2018：128.
② 布罗代尔. 论历史. 刘北成，周立红，译. 北京：北京大学出版社，2008：137.
③ 梅吉尔. 历史知识与历史谬误：当代史学实践导论. 黄红霞，赵晗，译. 北京：北京大学出版社，2019：54.
④ 孔飞力. 中国现代国家的起源. 陈兼，陈之宏，译. 北京：生活·读书·新知三联书店，2013：121.
⑤ 雅克. 当中国统治世界：中国的崛起和西方世界的衰落. 张莉，刘曲，译. 北京：中信出版社，2010：163.
⑥ 林尚立. 大一统与共和：中国现代政治的缘起. 复旦政治学评论，2016（1）：54. 陈明明在林尚立的基础上，也提及中国作为一个文明型国家的"历史要义在于大一统"。参见：陈明明. 发展逻辑与政治学的再阐释：当代中国政府原理. 政治学研究，2018（2）：23. 杨光斌提出"中国文明基体论"，认为大一统已经融入中国人的基因之中。参见：杨光斌. 中国文明基体论：理解中国前途的认识论. 人民论坛，2016（15）：59.

史前提的政治史特性使得重建大一统成为近代中国的核心任务，也是中国政治理论的起点。对于西方来说，其现代政治的前提是社会史："在中世纪，在西方，政治散布在社会里，两者纠缠在一起（领主既是领主又是所有者），随着近代国家的成长，两者逐步有了区别，并相互分离了：一方面是国家，另一方面是经济社会。"① 现代西方政治开始于对社会史的克服，这个过程的典型特征至少持续到 19 世纪，甚至直到 19 世纪，许多人仍然不关注史学中的政治内容："有的人蔑视政治和一般历史，因为他们认为政治和一般历史不直接触及个人的内心世界，不触及现实生活。"② 权力分散在社会之中，个人、村社、城市、封建领主、教会之间的斗争是西方展开现代政治的前提，社会史中所蕴含的矛盾的解决，最终导致了以权力分配为核心的代议制国家的诞生。

历史属性的不同决定了中西方现代政治的起点不同。对于中国来说，核心是政治一统秩序的建构；对于西方来说，核心是封建性权力的竞争分配。西方通过历史社会学，自下而上地以权力为核心建构现代国家；而中国则是通过历史政治学，自上而下地以秩序为核心建构现代国家。对于历史政治学来说，一统秩序的历史性（因革）、时代性（损益）、合理性（致治）是判断整个政治是否合适的核心标准，而非像西方一样以权力的分配与制衡为标准评判政治。

二、从社会史到政治史的转变

独特的历史属性正对应着独特的政治社会状况。社会史用于解释现代西方的国家建构，是自下而上的多元权力斗争的结果。政治史用于解释现

---

① 布罗代尔. 论历史. 刘北成，周立红，译. 北京：北京大学出版社，2008：137.
② 兰克. 近代史家批判. 孙立新，译. 北京：北京大学出版社，2016：255.

代中国的国家建构，是自上而下的一统政权建立的结果。中西方在其历史的进程中都经历了从社会史到政治史的转变，不同的是，西方从社会史走向政治史的同时走向了现代；而中国早已完成了从社会史到政治史的转变，并在政治史的基础上走向了现代。

中西方都经历了从社会史进入政治史的历史转变。西方从社会史走向政治史后，其封建性的权力并没有被消灭，而是在议会（代议制民主）中实现了整合，塑造了政治史的一统性权力，换句话说，西方是在封建性的基础上实现了一统性。中国则早在先秦时期，就逐步消灭了封建性权力，实现了百姓（"黔首"）和中央权力的直接联结，建构了一统性权力的绝对根基。虽然在秦大一统之后的历史中仍然可以经常看到封建性的权力内容，但中国政治的封建性是处于从属地位的，是在一统性的基础上生成了封建性。

（一）西方社会史

对于西方来说，社会史的特征导致现代国家面临的核心问题是社会多元斗争基础上的政治统一问题。从中世纪继承下来的多元权力一般有以下几个方面：封建领主、教会、自治城市、社团。绝对主义君主首先开始抵抗多元势力，然而由于封建性权力过于强大，绝对主义君主的努力并未成功（以英国为例）。最终，以议会为核心的代议制成为建构一统性权力的制度载体，使西方完成了从社会史走向政治史的历史转变。

1. 古希腊城邦政治的封建性

古希腊时期政治的封建性主要体现在两个方面：城邦内部权力的阶层分化及斗争性、各城邦政治的独立性及斗争性。

就城邦的起源来说，城邦本身就是社会下层平民与贵族斗争的产物："古风时代社会下层为争取政治与经济权利而同贵族统治阶层的斗争，是理解希腊城邦形成之关键。"① 城邦政治也就展现为城邦内不同阶层之间的分化和斗争。斯巴达的寡头政体是贵族占据优势地位的政体，雅典的民主政体是平民占据优势地位的政体。政体的确立并不代表斗争的消失，甚至反而会进一步激化斗争。以雅典的民主政治为例，雅典的民主既是下层平民斗争的结果，同时也助长了这种内部斗争。伯里克利的儿子曾抱怨道："他们（雅典人）对待同胞的恶毒与善妒远胜于他们对待外人。无论是公共集会还是私人聚会，他们都是最喜好争吵的一群人，他们时常相互控告，他们宁愿互相利用，也不愿相互协作谋取利益。"② 而这样的斗争也在违法指控中显现出来，每一个雅典人都可以指控别人违法，"'不敬神'这种泛泛的指责最受雅典人青睐。这些指控实际上往往是政治斗争的延伸"③。以民主为载体的斗争形式使得"煽动家"大量出现："制造失序的人不是平民，而是那些利用这种政体的人，即煽动家。"④ 这些煽动家往往以人民的名义进行政治斗争，攫取自己的利益。富有公民和贫穷公民的斗争在煽动家的渲染下不断加剧。以人民的名义做出的政治决定在一夜之间又以人民的名义被废除是常有的事。

　　若我们以一种更加底层的视角来看待城邦，则城邦无疑是非正义的政治模式，是对弱势者权力压制的结果。如果说穷人与富人之间的斗争构成了城邦政治的核心，那么奴隶统治就是城邦政治的底色。权力分化的民主逻辑以对奴隶的剥削为根基，这在亚里士多德的政治思想中有清晰的展现。亚里士多德并不否认奴隶统治，甚至认为奴隶统治是自然而然的。高尚的生活源自对卑陋生活的舍弃："我们全部生活的目的应是操持闲暇。"⑤

---

① 黄洋. 古代希腊政治与社会初探. 北京：北京大学出版社，2014：15.
②③ 弗里曼. 埃及、希腊与罗马：古代地中海文明. 李大维，刘亮，译. 北京：民主与建设出版社，2020：332.
④ 罗米伊. 希腊民主的问题. 高煜，译. 南京：译林出版社，2015：95.
⑤ 亚里士多德. 政治学. 吴寿彭，译. 北京：商务印书馆，1965：416.

操持闲暇的背后是对奴隶的压榨。因此，亚里士多德的理想城邦本来就是不平等的、非正义的："按照它现在的情况，这个所谓的理想城邦（和它的公民范围相同）根本不是一个政治共同体，因为它并不是一种自足生活，更不是优良生活。相反，它是一个剥削者组成的精英群体，一个不劳而获者的共同体，其追求优良生活的能力，是以其他人自愿放弃他们的追求为条件的。即使抛开奴隶制问题不论，这个'理想'城邦也不过意味着系统化的非正义。"[①]

阶层分化以及阶层利益的不同权重导致了城邦政体类型的差别，以阶层利益为核心的政治斗争使得政体或政制类型变得十分重要。政体的斗争逻辑压倒了治理逻辑，治理问题成了政体问题的附庸，治理的好坏远不如政体的意识形态重要。只要政体是民主的，那么杀死苏格拉底倒不是什么严重的事情了。在城邦政治的中后期，一些思想家做出了反思："色诺芬和伊索克拉底都认为，管理的质量比政制类型更加重要，如果不能恰当进行统治，那么民主制、寡头制、僭主制和君主制都注定会灭亡。"[②] 按照色诺芬等人的看法，决定城邦存续的是治理水平而非政体类型。可惜这种声音在城邦战争如火如荼的时期实在太过微弱，并未引起重视。另一个对城邦政治做出反思的著名人物是柏拉图。为了克服城邦内的斗争和分裂，柏拉图设计了一个可以使城邦统一的"理想国"："为了设想一个符合这种原则的国家，柏拉图必须一开始就防止造成分裂的社会差别扩大：《理想国》中的共产主义就以此为目的。"[③] 共产主义作为一种防止社会分裂、保障城邦存续的手段出现。然而理想国的政治统一终究不能调和城邦现实的政治分裂，《理想国》中的论述几乎没有对政治现实产生影响。

---

① 罗，斯科菲尔德．剑桥希腊罗马政治思想史．晏绍祥，译．北京：商务印书馆，2016：371.
② 同①148.
③ 罗米伊．希腊民主的问题．高煜，译．南京：译林出版社，2015：159.

城邦地域狭小，人口也较少，即使是最辉煌时期的雅典，人口也只有 30 万左右。由于希腊地区零落散布的地理特征以及从事商业的贸易模式，古希腊从未有过统一的政权，各城邦相互独立。各独立的城邦为争夺地缘政治优势以及经济资源，经常性地处于冲突和战争状态。战争并没有产生政权统一的国家，因为对于古希腊人来说，城邦是善业的社团的最高形式。① 就城邦政治而言，战争既是政权独立分散的结果，同时又加剧了政权的独立分散。除了在希波战争时期形成过短暂的泛希腊联盟，城邦之间的斗争贯穿古希腊历史的始终，其中最著名的是伯罗奔尼撒战争。

以斯巴达为首的伯罗奔尼撒联盟和以雅典为首的提洛同盟之间的斗争有个突出的特点，即以政治分化为斗争手段并以政治分化的加剧为斗争结果。从本质上讲，没有统一权力的封建性权力关系是城邦之间冲突不断产生的重要原因："从政治斗争的角度看，希腊人对政治的典型解释是：它是竞技比赛式的零和游戏，其目标是个人荣誉的最大化。"② 虽然有着各式各样高尚的口号，但为了城邦私利的斗争必然是一种零和博弈。例如雅典主导提洛同盟，大多数行为都是自私的，只是为了自己城邦的利益，"雅典的动机完全是自私自利的，向波斯复仇并索取赔偿只是借口，其真实目的无非是要控制该同盟"③。向同盟者收取年金，利用同盟的领导地位扩大自身的经济贸易优势等，都是雅典自私自利的表现。

在伯罗奔尼撒战争时期，为了各自的利益，雅典和斯巴达还积极从事分化城邦的活动："雅典和斯巴达本身确实很乐意看到各个城邦发生内斗，

① 亚里士多德. 政治学. 吴寿彭，译. 北京：商务印书馆，1965：3.

② 罗，斯科菲尔德. 剑桥希腊罗马政治思想史. 晏绍祥，译. 北京：商务印书馆，2016：28-29.

③ 弗里曼. 埃及、希腊与罗马：古代地中海文明. 李大维，刘亮，译. 北京：民主与建设出版社，2020：325.

每次都支持和它们一派的人，以使一些新联盟能够维持，或者保护旧联盟。这就加剧了政治偏见，此后就使它超越了宗教律法、道德法则或公民法律，并且超越了人与人之间除党派关系之外的所有关系。"①城邦时期的对外事务与国内政治是紧密联结在一起的。斯巴达是寡头政体的代表，雅典是民主政体的代表，在整个城邦世界中支持同类政体并分化对立政体，是雅典和斯巴达常用的政治手段。干涉城邦内政，加剧城邦分化，是城邦战争的延伸。这不仅固化了城邦之间的对立，还使得城邦内部的裂痕不断加大。因此，伯罗奔尼撒战争并没有什么胜利者，城邦霸权的终结只留下了由弱小城邦组成的希腊世界。

普遍衰落的城邦无力抗拒马其顿的崛起。马其顿的崛起使希腊认识到两个事实："一个事实是：城邦太小又太好争斗，因而甚至无力对希腊世界实行统治；对城邦的改善也根本无力使它与生活于其间的那个世界的经济相称。另一个事实是：鉴于希腊各城邦与亚洲腹地之间长期以来存在的各种经济和文化关系，那种号称希腊人对蛮族人具有政治优势的说法在东地中海地区也是站不住脚的。"②城邦固有的特殊主义和排他主义成了埋葬城邦的坟冢，多元权力的斗争以多元权力的失败落下帷幕。亚历山大的脆弱统治并不能挽救颓势，希腊世界的控制权最终落入了罗马手中。

2. 罗马政治的封建性

罗马政治的封建性主要体现在两个方面：一是不同社会阶层之间的权力斗争导致了内部政权的不稳定，二是各地方行省的间接统治导致了地方政权与中央政权的分离。内部政权的斗争导致罗马共和国转为罗马帝国，地方特殊主义的斗争导致罗马帝国彻底崩溃。

---

① 罗米伊. 希腊民主的问题. 高煜，译. 南京：译林出版社，2015：137.
② 萨拜因. 政治学说史：上卷. 邓正来，译. 上海：上海人民出版社，2008：169-170.

罗马共和国同希腊城邦一样，都是平民与贵族政治斗争的产物："在罗马，共和国早期历史发展的一条重要线索是平民与贵族的斗争。"① 代表贵族统治的权力中心是元老院，代表平民统治的权力中心是平民大会，二者常常发生冲突，其中最具代表性的是格拉古兄弟改革所引发的冲突。公元前 2 世纪，罗马共和国内部的贫富分化已经十分严重，作为平民代表的格拉古兄弟想要进行土地改革，为穷困的平民分配土地，这一措施引起了贵族和平民之间的剧烈冲突。改革刚开始较为顺利，但随着改革不断触及贵族利益，双方的矛盾也逐渐加深。在一次召开选举会的时候，代表贵族利益的大祭司长西庇阿·纳西卡与保民官提比略·格拉古爆发了激烈的战斗，双方在开会期间进行棍棒互殴，导致大约 300 人被打死，保民官提比略也在这场战斗中去世。十年后，公元前 123 年，提比略的弟弟被选为保民官，并继续推行改革，但同样在内乱中丧生。同时代历史学家评论道："这是贵族们开始滥用特权，而人民也开始滥用自由的时刻，每个人都在想方设法为自己捞取好处。"② 平民与贵族的冲突非但没有消失反而越来越激化，马略和苏拉的斗争甚至导致内战爆发，共和政制愈发岌岌可危。

不仅平民与贵族之间的斗争愈演愈烈，贵族内部的权力斗争也越来越激烈。由于贵族势力强大，平民往往成为不同派别的贵族追逐利益的工具。历史学家塞姆说道："践踏、摧残罗马共和国政治生活秩序的并不是现代议会制度下的党同伐异或元老院与民众、贵族与平民、显贵与新人之间剑拔弩张的对立，而是对权力、财富与荣耀的争夺。这些竞争者就身处于显贵圈子之内。他们有的单枪匹马闯荡，有的三五成群活动；有的在选

---

① 黄洋. 古代希腊政治与社会初探. 北京：北京大学出版社，2014：74.
② 弗里曼. 埃及、希腊与罗马：古代地中海文明. 李大维，刘亮，译. 北京：民主与建设出版社，2020：528.

举和法庭上进行公开斗争，有的则躲在暗处设计阴谋。罗马共和国——'罗马人民的公共财产'（res publica populi Romani）自始至终都是一个空洞的名号。社会的等级制度仍旧存在于罗马城内，并支配着一个庞大帝国。贵族家族主宰着罗马共和国的历史，其中的各个时代只能以他们的名字来命名。"① 元老院和平民大会是贵族们争权夺利的舞台，与权力斗争相伴而生的是共和国内各种矛盾的激化："奴隶和奴隶主、奴隶与罗马国家之间的矛盾，罗马同被征服者之间的矛盾，罗马奴隶主与平民以及意大利同盟者的矛盾，罗马公民内部的矛盾；等等。"② 矛盾是贵族们斗争的砝码，斗争最终导致奥古斯都出现，绝对权力成为解决内部政治冲突的唯一出路，罗马帝国诞生。

罗马内部的权力斗争与地方行省制度密切相关。罗马贵族精英多在地方任职，从地方的战斗中获得权力与财富。成为地方行省的军事长官的贵族反过来可以持续支持自己的利益代表，甚至利用巨大的资源优势直接参与罗马的政治斗争。可以说，罗马地方行省制度是罗马政治封建性的核心。

罗马从未对其征服的广大地区实行过彻底的统治，其对海外占领地区的治理，十分明显地体现出了封建性的特征。例如公元前 3 世纪，在征服西西里地区之后，"罗马却任许各城有联邦性组织（这含有些许危险），甚至任许西西里的一般议会及其无害的请愿权与控告权的存在。……不仅西西里所有的地产原封未动（在这一世纪，由战争而据有意大利之外的土地权，仍是罗马还未想到的一个原则），而且西西里与萨丁尼亚的各社团均保留其内部行政权和一部分的自治权"③。与地方自治权相伴而生的是政府能力的弱小。罗马给各个行省派去行政长官，但是"行省总督的属员非

---

① 塞姆. 罗马革命. 吕厚量, 译. 北京: 商务印书馆, 2016: 23.
② 杨共乐. 西方文明探源: 希腊罗马专题论集. 北京: 北京师范大学出版社, 2014: 193 - 194.
③ 蒙森. 罗马史: 从起源、汉尼拔到恺撒. 孟祥森, 译. 上海: 上海三联书店, 2014: 89.

常少。以亚细亚行省总督为例，仅有两三名资历较浅的元老协助总督处理日常的司法事务"①。少量的政府官员难以统治广大的地域，因此要依靠"包税人"和"代理人"来进行税务的征收。"当罗马由城邦变成了世界强国的中心的时候，它的国家机构仍然是城邦的旧机构。在这里几乎没有专门的机构来管理意大利和行省，特别是没有财政的机构，因此要征收租税，最简便的办法就是把这件事情包出去。"② 虽然包税人也是骑士阶层，但他们与地方利益具有更高的一致性，依靠包税人和代理人进行统治也就意味着将权力出让给地方，加强了地方的自治权力。被征服地区自治权力的保留意味着中央控制力的衰弱，刚开始的时候，地方慑于罗马强大的军事力量不敢与中央作对，但随着地方势力的发展，其与中央的对抗几乎成为必然的结果。

到了恺撒统治时期，地方的封建性更加明显。"意大利的市镇自由权已经遍布各行省。由完全据有公民权的人组成的社团——也就是阿尔卑斯山南所有的城镇，山北及其他地方的公民殖民区及自治城市——在处理其本地的事务上，跟意大利人站在平等地位。"③ 在这一时期，各行省的自由权已经开始威胁罗马的世界统治了。因此，恺撒进行了一系列改革，比如废除包税人制度，让罗马官吏征收各行省的赋税。然而恺撒的改革遭到了元老院中的世家贵族的反抗。贵族精英是包税人制度的获益者，他们在自由的口号中集结起来，并于公元前 44 年刺杀了恺撒。然而他们所宣称的自由只是"贵族派的自由"，这样的口号并不能得到民众的支持，这也导致了罗马新一轮的争斗。④ 随着时间的推移，地方特殊主义终将对中央权力造成致命的影响。

---

① 弗里曼. 埃及、希腊与罗马：古代地中海文明. 李大维，刘亮，译. 北京：民主与建设出版社，2020：655.
② 科瓦略夫. 古代罗马史. 王以铸，译. 上海：上海书店出版社，2007：300.
③ 蒙森. 罗马史：从起源、汉尼拔到恺撒. 孟祥森，译. 上海：上海三联书店，2014：357 - 358.
④ 同①576.

贵族与地方势力的结合使得中央权力越来越弱化，外部行省的封建性逐渐发展，最终导致地方势力超过中央："罗马军事力量和帝国的发展，最终允许唯一的罗马统帅行使自主裁量权，因其领土范围比今天一个民族国家的领土还要大，结果让那些在罗马的执政官的权力，与那些在国外的执政官或续任执政官比较起来，似乎微不足道。"① 强大的地方执政官开始宰制中央政权。到了公元 3 世纪，大约 50 年间出现了 18 位声称自己合法的皇帝。而这些皇帝往往是来自各边疆行省的军队指挥官，他们在战争中不断壮大自己的力量，从而夺取罗马的最高政治荣誉。但同时，不同派系的将领之间也存在权力斗争，"有数位皇帝都死于自己部下之手"②。罗马帝国的混乱是罗马政治封建性的产物，权力的多元必然带来权力的斗争，权力封建性的加深也使得权力斗争以一种自我毁灭的形式展现出来，进而毁灭了罗马帝国。

罗马的间接统治依赖于地方行省的贵族精英们，罗马以帝国的奖赏来维持精英们的忠诚，因此当地方贵族逐渐挣脱中央束缚的时候，"罗马当各地贵族选择自行其是时便终结了"③。可以说，罗马的崩溃是其封建性政治的必然结果，"西罗马帝国之覆亡，盖因执政者不能控制诸侯（vassals），而诸侯与皇帝之争，卒为诸侯所战胜"④。政治权力的分散性最终使得各行省的"代理人"成了刺向帝国心脏的刀锋，蛮族的入侵不过是加速了这一进程。

3. 中世纪政治的封建性

到了中世纪，欧洲历史的封建性展现得更加清晰。中世纪政治的封建

① 林托特. 罗马共和国政制. 晏绍祥，译. 北京：商务印书馆，2016：143.
② 弗里曼. 埃及、希腊与罗马：古代地中海文明. 李大维，刘亮，译. 北京：民主与建设出版社，2020：734.
③ 伯班克，库珀. 世界帝国史：权力与差异政治. 柴彬，译. 北京：商务印书馆，2017：54.
④ 柏特利. 欧美政制史. 邓公玄，译. 郑州：河南人民出版社，2016：33.

性主要体现在四个方面：封建领主、教会、自治城市、社团。

中世纪的一个重要特征是封建制度的建立。封建制度是中央权力缺失的结果，萨拜因谈道："封建制度安排的关键乃在于这样一个事实，即在一个常常趋近于无政府状态的混乱时期里，大规模的政治和经济单位是不可能存在的。……在一个不断发生动乱而交通手段又极其原始的国家中，中央政府甚至无力践履诸如保障生命财产之安全这样一些基本的义务。"①西罗马帝国覆灭之后，大地主摇身一变成为封建领主，中小地主为了安全和生存，或成为领主的附庸或成为教会的附庸。蛮族入侵导致整个欧洲处于一种现实的"战争状态"，人人自危而不得不附庸于更强大的政治团体来寻求庇护。"中央既无有力之君主，国内又无强盛之军队，各地之安危，无人顾及。国内之伯、边防使、主教及大地主辈，群起而谋自卫。若辈一面有卫国之功，一面有保民之德，故人民之向往者，无不倾心。此Charles the Fat（胖子查理，引者注）以后之政权，所以旁落于国内大地主之手也。"②虽然时不时有强大的政治权力出现，如查理曼大帝，但是这种权力过于短暂且不稳固，分离的封建权力才是常态。

封建土地世袭制度也造成领主权力的不断分化。名义上附庸土地的所有权属于领主，但土地世袭使得附庸世代掌握土地的使用权，领主对附庸土地的所有权变得有名无实。最终领主只拥有向附庸收税、征调附庸服役的权力。同时由于土地所有权的丧失，附庸逐渐变为一个独立的政治实体，可以扩张自己的实力，巩固自己的地位。附庸的实力越来越强，甚至附庸可以挑战领主。附庸之下的次级附庸也遵循同样的权力逻辑。因此在封建时期，多元权力的斗争展现为经常性的战争："封建时代，除战争外无法律；所谓法律，即战争。……为附庸者，至少必与四种人战：其一，

---

① 萨拜因. 政治学说史：上卷. 邓正来，译. 上海：上海人民出版社，2008：264.
② 何炳松. 中古欧洲史. 上海：上海古籍出版社，2015：56.

与其诸侯战；其二，与主教或住持战；其三，与其同僚战；其四，与其属下之附庸战。"① 可以说，战争既是封建制度的原因，同时也是封建制度的结果。与封建权力相伴而生的是教会，教会一方面赋予封建权力合法性，另一方面也不断扩张自身的势力。

教会在中世纪获得了巨大的政治权力。汤因比认为战争集团和教会都是希腊文明的产物，"我们把基督教会的创造者看作希腊社会内部的无产者，把蛮族战争集团的创造者看作希腊社会外部的无产者"②。基督教是内部无产者们反抗的载体，内部无产者们把这种反抗推向了顶点。外部无产者就是蛮族，最终的结果是蛮族皈依于基督教。罗马的阶级冲突没能从内部得到解决，贫富分化越来越大，穷苦的农民只好向宗教寻求安慰。基督教以穷人保护者的姿态出现，教义宣扬穷人"是富人在尘世的兄弟"。穷人的立场加上精密的教义使基督教得以迅速发展："作为穷人的保护者，基督教主教在4世纪的最后十年里获得了意想不到的公共威望。"③ 然而事实上，作为彻底无产者的农民或穷人的社会地位并没有得到改善，只是作为富人或圣徒的陪衬出现："他的唯一存在理由是提供给他们一种灵魂得救的工具、机会。在这个精神得救最重要的社会里，在统治阶级也将此作为一种首要关注的这个社会里，穷人可以使富人或圣徒向他施舍和自我救赎。"④ 以穷人为根基的基督教在获得了权力之后就逐渐抛弃了穷人。

在罗马皇帝君士坦丁皈依基督教之后，基督教的政治权力逐渐膨胀。基督徒和主教们一面支持皇帝的统治，一面扩大自己的权力范围："除了

① 何炳松. 中古欧洲史. 上海：上海古籍出版社，2015：65.
② 汤因比. 历史研究. 郭小凌，王皖强，杜广庭，等译. 上海：上海人民出版社，2010：369.
③ 布朗. 古代晚期的权力与劝诫. 王晨，译. 北京：生活·读书·新知三联书店，2020：127.
④ 勒高夫. 试谈另一个中世纪：西方的时间、劳动和文化. 周莽，译. 北京：商务印书馆，2014：173-174.

总体上热情地效忠于帝国体系，他们还采取了有效的措施来对抗和削弱帝国在当地的权力。"[①] 尤其在贵族们不太关注的较小城市，"提供庇护、维护法律和秩序、维系残余公民荣耀的权力越来越多地落到主教和教士手中"。例如，居洛斯的主教就承担了提供市政服务的职责，甚至动员当地人民请愿，希望豁免拖欠税款。[②] 类似扮演城市保卫者角色的主教比比皆是。尤其在帝国灭亡之后，地方权力架构一扫而空，基督教乘虚而入，以教会组织为核心，迅速掌握了地方的控制权。教会财产大量增加，地产之多，甚至不逊于大的封建领主。到中世纪中后期，教皇权力之大，足以与大国君主抗衡，甚至可以控制各国君主的人选。

教会统治权和城市的发展密切相关，中世纪的城市可以分为两个时期：大约 9 世纪之前的封建城市和 9 世纪之后的商业城市。中世纪早期的城镇延续了罗马的行政区划，教会据此划分教区，并逐渐成为城镇的核心。"教士从 4 世纪起开始享有司法和税收方面的特权……从那时（7 世纪）起，他们被赋予对其人民和土地的不折不扣的领主权。"[③] 法兰克国王大量授予教会特免证书，使教会可以免于封建领主的干涉。由于商业的不发达，市民阶级尚未在城市中出现，城市管理的所有领域几乎都被教会垄断，神权制度代替了罗马的城市制度。教会既拥有对教士的教会审判权，又拥有宗教审判权，教会在城市中的权力在 9 世纪的时候达到了顶峰。中世纪的城市往往围绕着城堡建立起来，城市不仅是一个行政的、宗教的中心，同时也是军事的中心，拥有自己的武装力量，可以进行相当程度的自卫。自治城市与封建主义相伴相生，因此安德森说："在西欧，从

---

①　布朗. 古代晚期的权力与劝诫. 王晨，译. 北京：生活·读书·新知三联书店，2020：182-183.

②　同①189.

③　皮雷纳. 中世纪的城市：经济和社会史评论. 2 版. 陈国樑，译. 北京：商务印书馆，2006：41.

此意义上看，城镇从来就不是产生于封建主义之外，事实上，它们生存的条件恰恰是封建主义政治-经济秩序之内的主权'非集权化'。"①

中世纪中后期，随着商业的发展，商人和市民阶层逐渐崛起，开始掌握城市的领导权。尤其在意大利北部，一大批依赖商业贸易的自治城市开始涌现出来，并开始挣脱帝国君主的束缚："商人和手工业者在诸如意大利北部这样的地方资助他们自己的防御性武装力量。在帝国边界概念模糊和没有任何意义的情况下，城市是可以依赖的确定的空间范围。"② 武装的城市成为商人和手工业者最可靠的保卫力量。商业的发展使得一大批传统城镇复活："随着商业的发展，贝加莫、克雷莫纳、洛迪、维罗纳，所有古罗马的'城镇'，所有古罗马的'自治市'（municipes），重新出现了新的生机，比它们在古典时代所曾具有的生机更加蓬勃得多。"③ 新兴的城市纷纷要求自治，想要把管理城市的权力掌握在自己的手中，威尼斯是其典型代表："早期的总督们都是拜占庭帝国的仆人。随着威尼斯建立起它对帝国的独立，总督们逐渐表现得像是当选的但从此以后至高无上的君王，表现得和社会没有任何形式的磋商，而且从自己的王室内指定自己的继承人。"④ 随着城市的进一步发展，市民阶层逐渐把城市的管理权从君主和教会手中夺了过来："中世纪的城市从 12 世纪起是一个公社，受到筑有防御工事的城墙的保护，靠工商业维持生存，享有特别的法律、行政和司法，这使它成为一个享有特权的集体法人。"⑤ 自治城市是中世纪欧洲封建性权力的重要一环，同时也为文艺复兴以及欧洲资本主义的发展提供

---

① 安德森. 绝对主义国家的系谱. 刘北成，龚晓庄，译. 上海：上海人民出版社，2016：6.
② 科特金. 全球城市史. 王旭，等译，北京：社会科学文献出版社，2006：100 - 101.
③ 皮雷纳. 中世纪的城市：经济和社会史评论. 2 版. 陈国樑，译. 北京：商务印书馆，2006：60.
④ 蒂利. 强制、资本和欧洲国家：公元 990—1992 年. 2 版. 魏洪钟，译. 上海：上海人民出版社，2012：177.
⑤ 同③133.

了历史根基。

社团作为一种常规的社会结构，在国家权力体系中扮演着极为重要的角色。此处我们讲的社团，主要是指手工业的行会或同业公会，也包括一些具有社会政治功能的私人团体。社团在西方有着较长的发展历史。早在罗马之前的希腊化时期，各种行业社团和由私人组成的团体就已经出现了，并填补了政治权力的空缺："城邦从一种具有头等重要性的位置上跌落了下来，从而使得许多社会利益都未能得到满足，所以这些私人社团的出现和发展显然是为了救济这些社会利益而做的一种努力。"① 社团承担了政府的责任，同时使得政治权力进一步变得多元且分散。到了罗马时期，行会社团继续存在于公共生活中："在平民中，行会（collegia）是一种特别重要的联合形式。有些人，例如书吏、铁匠、木匠、号手、吹角手等，都是非常古老的行业组织，并被接受为共和国的基本组成部分。最后四种人，因为其军事上的重要性，在森都里亚大会上拥有森都里亚席位。"② 罗马时期的社团是共和国的参与者。到了中世纪早期，由于商业和手工业的衰落，社团的发展陷入停滞，甚至逐渐衰落。直到中世纪中晚期，社团才重新发展起来。

社团权力的扩大根植于市民阶层和城市的崛起。随着商业贸易的发展，传统的封建制度越来越不适合商业城市的发展。市民阶层开始一定程度的自组织，商人和手工业者开始自发组成自己的行会，并形成了独立于封建法律之外的社会结构。到了 11 世纪左右，"商业的需要早就促使他们组成称为基尔特或汉萨的行会——不依附于任何权力的自治团体，在那里只有他们的意志才是法律"③。一些行会甚至与封建领主达成协议，承担

① 萨拜因．政治学说史：上卷．邓正来，译．上海：上海人民出版社，2008：171．
② 林托特．罗马共和国政制．晏绍祥，译．北京：商务印书馆，2016：259．
③ 皮雷纳．中世纪的城市：经济和社会史评论．2 版．陈国樑，译．北京：商务印书馆，2006：
117．

照管市民阶级的事务："商人行会主动地从事新生城市的建立与管理工作。它的主动性弥补了政府的无能。"① 城市摆脱了贵族监护之后，社团就成了城市的权力基础："当城镇脱离了贵族的监护，公社（commune）形成以后，那些为这种转变充当开路先锋的法团或手工业行会，变成了公社组织的基础。"② 从某种意义上说，社团自治构成了自治城市的实质性内容，社团或同业公会的权力也一直持续到近代欧洲。

4. 从社会史走向政治史：以英国为例

欧洲现代国家的历史是从封建性权力的相互斗争开始的，并以一统性权力对封建性权力的克服为结束标志。这也就意味着，近代欧洲开启了由社会史走向政治史的历史进程。

前现代欧洲社会史的属性呈现出一种权力多元斗争的局面，封建领主、教会、自治城市和社团等分别在不同程度上掌握了社会的控制权，构成了一个牢固的自下而上的权力体系。这样的权力体系使得政治统一的欧洲国家难以建立。蒂利说道："长期以来，欧洲的由下而上的等级比它的由上而下的政治控制结构更加完善、更加密切、更加广泛。这就是许多在罗马之后企图建立跨越整个欧洲大陆的帝国的努力都惨遭失败的主要原因。"③ 对于想要走出中世纪影响的欧洲来说，由社会中多元的封建性权力自下而上地进行政治斗争，并在独特的疆域内构建民族国家，就成了唯一的选择。对于不同的国家而言，其封建性权力的强弱不同，走向现代国家的具体路径也有差别，但总体逻辑是一致的：多元社会权力为争夺稀缺资源而进行常态化的残酷斗争，议会是斗争的一般载体，权力制衡是斗争

---

① 皮雷纳. 中世纪的城市：经济和社会史评论. 2 版. 陈国樑，译. 北京：商务印书馆，2006：118.

② 涂尔干. 职业伦理与公民道德. 渠东，付德根，译. 上海：上海人民出版社，2001：37.

③ 蒂利. 强制、资本和欧洲国家：公元 990—1992 年. 2 版. 魏洪钟，译. 上海：上海人民出版社，2012：154.

的制度结果。篇幅所限，我们将具体考察英国现代国家的进程，集中于多元权力的斗争及其导致的现代政治结果，以说明从社会史走向政治史的历史逻辑。

政治现代化的第一步是破除封建性权力，实现权力的集中。封建性权力的破除意味着权力的重新分配，正如亨廷顿所说："现代化与政治制度内权力的大幅度重新分配相关联：地方的、宗教的、种族的以及其他权力中心必须摧毁，权力要集中于全国性的政治机构。"[①] 权力的重新分配并不是一件容易的事，多元权力中心的摧毁是一个长期的历史过程，其间充满冲突甚至战争。首先出现的是"主权"君主和封建贵族之间的冲突。"主权"作为克服封建性权力的核心概念，集中投射于作为现实制度的君主身上，黑格尔谈道："主权是整体的人格；符合自己的概念而实际存在的这种人格就是君主其人。"[②] 主权的整体性意味着对多元权力的压制，因此君主权力不断扩张的绝对主义国家时期，成了封建社会向代议制民主社会过渡的关键时期。

早期英国的地方性制度是封建性权力的基础："在盎格鲁-撒克逊社会的起始，只有地方制度。……制度一直保持着地方性，因为所有的利益都是地方性的；几乎没有足以引起公众关注的普遍性税收和事务；国王和他的国民一样，靠自己地产上的收入过活。"[③] 地方性制度与封建贵族的统治捆绑在一起，构成了与中央权力的对抗力量。由于税收的问题，封建贵族常常与君主产生冲突，在法国这种冲突往往以暴力的形式出现："外省贵族常常亲自领导农民起而反抗包税人，以便能够从自己领地的农民身上

---

① 亨廷顿. 变化社会中的政治秩序. 王冠华，刘为，等译. 上海：上海人民出版社，2008：118.

② 黑格尔. 法哲学原理. 范扬，张企泰，译. 北京：商务印书馆，1961：339.

③ 基佐. 欧洲代议制政府的历史起源. 张清津，袁淑娟，译. 上海：复旦大学出版社，2008：35.

榨取更多的地方赋税。税收大员只有在火枪队的护卫下才能到乡间履职：在现代化的伪装之下，再现了构成封建生产方式的政治法律强制与经济剥削的统一体。"① 地方自治主义的贵族反叛，构成了欧洲大陆的普遍政治景观。然而在英国，尤其在公元 11 世纪被威廉征服之后，被征服者的反抗使得贵族和国王有了一致的利益，虽然双方也经常有战争，但战争并没有导致严重的主权混乱。基佐谈道："我们的确看到了诺曼贵族发动的一次又一次反对国王的起义；但这两种势力一般情况下是一致行动的，因为他们的利益就是他们联合的纽带。"② 由于贵族和国王利益的一致性，王权和贵族权力同时得到了加强："英国中世纪君主政体从未面临过法国、意大利、德意志封建统治者均遇到过的对一元化政府的反抗。其结果是，在整个中世纪政体内，王权与贵族代表权的同时集中化。"③ 然而，这并不意味着贵族和王权斗争的消失。贵族对王权的承认使得英国社会权力的分裂解体的趋势得到有效缓和，但内部权力的斗争仍然不时发生。

封建性贵族与王权的斗争体现为议会和王权的斗争。到了 17 世纪，议会的核心力量变为代表地方势力的乡绅。乡绅是封建制度逐渐解体的产物，他们是被称作男爵、骑士的土地贵族，代表着地方利益。乡绅的势力从 16 世纪开始得到了迅速发展："在解散修道院一个世纪以后，在英国人口翻了一番的同时，贵族和乡绅的数量则增加了两倍。他们在国有财产中所占的份额还不止增加了两倍。在 17 世纪初，增长尤为迅猛。"④ 乡绅贵族组成了地方自治团体，并且成为地方政府的核心力量。在 17 世纪的长期议会下院议员中，乡绅占据了大多数，作为资产阶级代表的商人只有乡

---

① 安德森. 绝对主义国家的系谱. 刘北成，龚晓庄，译. 上海：上海人民出版社，2016：15.

② 基佐. 欧洲代议制政府的历史起源. 张清津，袁淑娟，译. 上海：复旦大学出版社，2008：257.

③ 同①78.

④ 同①94.

绅人数的 1/6。^① 在下院中，大约 3/4 的议员都有亲戚关系，在这种血缘纽带的基础上形成了诸多地区性的政治集团和利益集团。^② 英国下院代表由各郡和自治城市推派，代表地方团体与王权进行斗争。劳伦斯·斯通提及，尽管在 16 世纪绝对主义国家时期，国家仍然难以对残存的中世纪封建政治传统造成实质性的影响，"即便是试图在城镇和乡村建立属于自己的官僚机构，且不仅仅是最基本的官僚机构，政府也遭遇了失败"^③。甚至之后中央政府的持续发展，也没能摧毁地方特殊主义："地方特殊主义非但没有被逐渐削弱，反而随着中央政府的发展而逐步成长。"^④ 在 1835年《市镇法》改革之前，地方自治团体一直被教会和贵族势力掌控。"在 1835 年以前英国的地方行政组织仍带有中世纪的遗迹，地方行政组织由 155 000 个教区和 200 个王室特许的选区构成，地方官员以治安法官为主，中央难以控制。"^⑤ 以乡绅为核心的议会，构成了地方封建性势力的大本营，而英国资产阶级革命也由议会与王权的斗争开启。

英国资产阶级革命起源于绝对主义王权与地方贵族的冲突："1638年，查理一世的教权主义因采取重新占有世俗化的教会土地和什一税的举措，已经威胁到苏格兰贵族，其推行英国圣公会圣餐仪式的举措终于激起了宗教暴动。……大领主与地主阶层召集其武装佃户，市民们提供了资金，三十年战争后退伍的雇佣兵则提供了职业军官。"^⑥ 代表地方贵族的议会与王权的冲突不断恶化，终于在 1642 年爆发了内战："1642 年由于国王和议会在控制郡县民兵上的争执而爆发了内战，而且直到对军队进行

① KEELER M F. The long parliament, 1640—1641: A biographical study of its members. Philadelphia: American Philosophical Society, 1954: 23.

② 同①29 - 30.

③ 斯通. 英国革命之起因: 1529—1642. 舒丽萍, 译. 北京: 北京师范大学出版社, 2018: 80.

④ 同③81.

⑤ 沈汉. 世界史的结构和形式. 北京: 生活·读书·新知三联书店, 2013: 179.

⑥ 安德森. 绝对主义国家的系谱. 刘北成, 龚晓庄, 译. 上海: 上海人民出版社, 2016: 96.

改组之前，英格兰当时拥有的唯一武装力量的不同成分之间一直在打仗。"① 郡县民兵代表着地方的武装力量，以地方贵族为核心的议会当然得要求对地方武装力量的控制权。在哈灵顿看来，英国王权就是被地方乡绅推翻的："英格兰君主制不是被封建直属佃户而是被下议院独立乡绅推翻，而下议院如今已具有左右国内政局的力量。"地产是一切权力的基础，掌握封建地产的地方性贵族，即乡绅则是平衡王权的关键。哈灵顿对欧洲史进行了论述："以现代自由地产保有人的共和主义作为当前状态，以立基于独特封建领地形式的封建关系（哈灵顿称此为'哥特式平衡'［the Gothic balance］，即国王与贵族间的平衡，夹在当中的平民无关紧要）为枢轴。"② 可以说，封建关系，即国王与贵族间的平衡，是英国现代政治得以建立的核心内容。现代议会制度也得以在封建贵族的基础上建立起来："它的基础是封建地产衰败之后留存下来的王权与贵族的庇护权和势力，以及他们在商业、信用、国债和常备军领域的大举扩张。"③ 君主立宪下的议会制度是地方贵族胜利的产物，随即变成了自由民主、多元主义和现代政治的代名词。

以议会制为核心的代议制政治逐渐被塑造成了现代国家的理想形式。议会制度是中世纪的政治遗产，或者说是社会史的政治遗产。在绝对主义国家时期，议会力量被极大削弱，但正是在那些地方势力、封建势力强大的地区，自由主义的运动最为热烈，代议制民主也最容易诞生。封建贵族和地方割据是议会的基础，民主制的历史根基是贵族民主制，或者说是封

---

① 波考克. 马基雅维里时刻：佛罗伦萨政治思想和大西洋共和主义传统. 2版. 冯克利，傅乾，译. 南京：译林出版社，2013：429.

② 布罗. 历史的历史：从远古到20世纪的历史书写. 黄煜文，译. 桂林：广西师范大学出版社，2012：308.

③ 同①605.

建民主制。正如亨廷顿所说："在封建议会经历专制时代而幸存下来的国家里，它们通常变成了倡导主权在民而抵御王权至上的工具，王室的权力和特权逐渐受到限制乃至终止；议会成为占统治地位的政治制度。"① 封建性的权力特征被认为是自由之源，17 世纪的学者弗莱彻认为："从公元400 年到 1500 年，哥特人的政府模式为欧洲提供了自由的保障，因为它将剑保留在拥有土地的臣民手中。贵族控制着国王，仆臣又控制着贵族。"② 封建性的地方势力保证了"政府之下的自由"。封建性权力的代表——贵族，则被认为是起着重要协调作用的"中间权力"，他们是"国王与平民之间、一人与多数人之间、行政权与立法权之间的'屏障和堤岸'"③。离开了贵族，就不会有议会，也不会有权力的制衡。

19 世纪时，代议制政府已经成为现代政府的普遍理想形式："代议制形式的政府几乎在每一处都有需求，都能够被认可或建立。……只有英国仍在不间断地坚持斗争并最终享受到了完全胜利的成果。"④ 随着英国选举权的扩大，议会逐渐代表了全国，其对一统性权力的要求也越来越迫切，因此就产生了对地方性贵族势力的消灭。尤其在 1835 年《市镇法》改革之后，一统性的中央权力开始渗透到地方政权之中。在蒂利看来，这样的改革意味着英国从间接统治走向了直接统治："在英国比其他许多大陆邻国在更大程度上保持着地方权力的同时，在 19 世纪，国家官员以前所未有的程度参与到维持治安、教育、工厂监察、工业冲突、住房、公共健康和大量的其他事务中。英国国家逐渐地、决然地转向了直接统治。"⑤

① 亨廷顿.变化社会中的政治秩序.王冠华，刘为，等译.上海：上海人民出版社，2008：101.
② 波考克.马基雅维里时刻：佛罗伦萨政治思想和大西洋共和主义传统.2 版.冯克利，傅乾，译.南京：译林出版社，2013：448.
③ 同②539.
④ 基佐.欧洲代议制政府的历史起源.张清津，袁淑娟，译.上海：复旦大学出版社，2008：11.
⑤ 蒂利.强制、资本和欧洲国家：公元 990—1992 年.2 版.魏洪钟，译.上海：上海人民出版社，2012：191.

一统性权力的不断深化使得议会的指导原则从个人主义转向了集体主义："到 1875 年末，议会实际上已不再把个人主义作为它的指导原则，而是接受了'集体主义'（collectivism）。"① 经过几个世纪的发展，一统性权力终于打破了封建性权力的主导地位，成为西方政治的核心内容。一统性的国家权力变成了多元主义与自由主义的逻辑前提："尽管日益遭到各种不同类型的共产主义思想的挑战，但经常以自由民主制外衣表现出来的近代多元主义和自由主义理想的独特之处仍在于，它需要而且认为，强大的、中央集权的和结构上分化的国家的存在是它们的前提。"② 西方以社会史为主导的历史观也终于在 19 世纪发展为以政治史为主导的历史观。

5. 封建性权力与国家概念

对于英国来说，其政治的封建性主要表现在地方特殊主义的封建领主与王权的斗争上。这并不意味着教会、自治城市、社团的权力斗争不重要，而是说封建领主与王权的斗争占据了主导地位，教会、自治城市和社团则与封建领主结合成复杂的权力关系。比如，英国的教士往往是与封建领主一体的，"英国教士并未使自己加入国王随从的行列，而是很自然地在有地产的贵族中获得了一席之地，也在国家中获得了一席之地。因此，在英格兰，政治制度几乎一直在宗教制度之上；甚至自诺曼征服以来，问题不断的教士的政治权力也一直在下降"③。教士与贵族几乎是同一个阶级的两个称呼，因此在英国，宗教与政治权力的斗争相对较弱，并且宗教权力很早就已从属于政治权力了。英国的政教冲突主要体现为英国王权与罗马教皇的冲突，表现为"轮换贵族制"的共和国诉诸神权以对抗教权："诉诸神权——否定教权独立的另一种方式——可以通过重申以下内容来

---

① 萨拜因. 政治学说史：下卷. 邓正来，译. 上海：上海人民出版社，2010：389.
② 罗，斯科菲尔德. 剑桥希腊罗马政治思想史. 晏绍祥，译. 北京：商务印书馆，2016：30.
③ 基佐. 欧洲代议制政府的历史起源. 张清津，袁淑娟，译. 上海：复旦大学出版社，2008：254.

保留，哈灵顿也确实这样重申：共和国，即全体公民平等的政体，是在上帝之下人人有着平等的自由的政体。因此，共和国也是神权政体；它是以基督为王的王国。"① 宣称共和国是上帝之下的自由政体也就意味着摆脱罗马教廷的统治，教皇不得否认其宗教的合法性。英国多元权力中的自治城市和社团则往往依附于贵族，其斗争也表现为贵族内部的斗争。

对于近代欧洲国家来说，从封建性的社会史走向一统性的政治史也是其明显的历史路径，多元权力的斗争最终必然走向一统性的政治权力。例如在 16 世纪的法国，各省拥有不同的特权，这样的地方特殊主义与宗教分歧交织在一起，相互争斗，在 1562 年至 1598 年期间，至少发生了八次内战，其中圣巴托罗缪大屠杀最为著名。残酷的战争使人们认识到权力统一的重要性，而战争的结果则是加强了中央集权。萨拜因说："现代的主权理论乃是因内战频仍而使有序的中央集权统治受到威胁的产物。"② 可以说，正是封建贵族之间的残酷战争，导致了现代主权理论的诞生。王权的加强导致绝对主义国家出现，但绝对主义国家的出现并不意味着封建权力的彻底消失。绝对主义国家是激烈斗争的封建权力相互妥协的产物："军队、官僚机器、外交与王朝构成坚固的封建复合体，统治着整个国家机器，操纵着国家的命运。绝对主义国家的统治就是向资本主义过渡时期封建贵族的统治。"③ 绝对主义国家的出现意味着封建贵族与国王的妥协，而不是民权对王权的胜利，即使是当时著名的《为反对暴君的自由而辩护》一书，"它所主张的毋宁是城镇、省份和各阶层有权利（或古代特权）反对国王在实施权力时的恶行。《辩护》一书的精神并不是民主的，而是贵族的"④。

---

① 波考克. 马基雅维里时刻：佛罗伦萨政治思想和大西洋共和主义传统. 2 版. 冯克利，傅乾，译. 南京：译林出版社，2013：417.

② 萨拜因. 政治学说史：下卷. 邓正来，译. 上海：上海人民出版社，2010：50.

③ 安德森. 绝对主义国家的系谱. 刘北成，龚晓庄，译. 上海：上海人民出版社，2016：19.

④ 同②57.

封建贵族与王权的对抗构成了欧洲民主政治的基础，贵族势力强大的地方，自由主义的运动也往往更加强大："中世纪的等级议会和多元议会继续保持生命力与后来的民主趋势密切相关。卡斯坦指出：'在等级议会经历专制政府统治而幸存下来的日耳曼地区，19世纪的自由主义运动最为强大，这当然不是偶然的。'"[①] 议会革命党人将封建时期的自由权利作为争取资产阶级权利的理论基础，从而建构起了现代国家的理论体系。19世纪的法国政治家基佐同样认识到，封建性权力对民主制度的建立至关重要："伟大的法国社会是由大量的小团体积聚而成的，它所包含的不同的权力具有持续不断地向上集中的趋势。一场大革命几乎把古代的地方制度破坏无遗，导致了所有权力的集权化。现在我们已经深受这种过度集权制度之害；在重新怀念真正的自由之时，我们期望恢复一度被剥夺的生活的地方性，通过获得中央权力本身的同意和行动，来复兴地方制度。"[②] 正是由于大革命导致法国封建性权力的缺失，民主制度才难以在法国确立。

在这个理论体系中，社团也发挥了重要的作用。黑格尔曾谈到同业公会对选举政治的重要意义："按照市民社会的本性，议员是由市民社会中各种同业公会选派出来的。"[③] 同业公会往往有自己的法律，是一个独立于政权的自组织。因此，同业公会作为多元社会权力的一环，需要选举自己的代表参加议会斗争，为自己争取优势资源。手工业行会也受到涂尔干的赞赏："人们往往通过手工业行会进行选举，而法团和公社的首领也往往是同时选出来的。"[④] 在涂尔干看来，作为社团的职业群体同封建领主

---

① 亨廷顿. 变化社会中的政治秩序. 王冠华，刘为，等译. 上海：上海人民出版社，2008：101-102.

② 基佐. 欧洲代议制政府的历史起源. 张清津，袁淑娟，译. 上海：复旦大学出版社，2008：36.

③ 黑格尔. 法哲学原理. 范扬，张企泰，译. 北京：商务印书馆，1961：373.

④ 涂尔干. 职业伦理与公民道德. 渠东，付德根，译. 上海：上海人民出版社，2001：37-38.

的地方群体一样重要，都是个体和国家的中介。涂尔干称之为"次级组织"，它既可以防止国家对个人的专制，也可以使国家摆脱个人。① 作为次级组织的社团和自治地方显然是社会多元权力的分享者，涂尔干呼吁次级组织，一个现实的原因就是可以有效地建立民主制度。

　　欧洲从社会史走向政治史的多元权力斗争逻辑，体现在现代政治概念之中，就是韦伯的国家理论。李强在谈到韦伯分析西方现代资本主义国家产生的原因时，强调了中世纪社会与政权的多元性，这种多元性分为三个方面："第一是与世俗权威相对的独立的教会与僧侣集团，第二是自主的商业城市及市民，第三是分封制下的等级制度。"② 教会、自治城市和封建领主都是自治的封建性权力的表现，这些权力在面对社会中的稀缺资源时，必然会产生斗争。比瑟姆认为，韦伯在就职演说中清晰地表明了其将斗争作为其社会思想中的一般假设："其中最重要的论点是，社会生活的中心而又持久的特征是斗争和冲突——族群之间、阶级之间和民族之间的斗争，以及不同价值之间的冲突。"③ 冲突的结果就是掌握一统性权力的国家成为暴力的垄断者，政治表现为支配与被支配的关系，并以代议制平衡多元权力的资源分配。

（二）中国政治史

　　中国并非一向以政治史为主，在先秦时期，也经历了从社会史到政治史的发展过程。从夏朝开始，直到秦朝大一统的建立，以中国政治史为主的历史观才得以确立。先秦时期，中国社会史的主要特征体现为内部贵族

---

　　①　涂尔干. 职业伦理与公民道德. 渠东，付德根，译. 上海：上海人民出版社，2001：101-102.

　　②　李强. 传统中国社会政治与现代资本主义：韦伯的制度主义解释. 社会学研究，1998（3）.

　　③　比瑟姆. 马克斯·韦伯与现代政治理论. 徐鸿宾，徐京辉，康立伟，译. 杭州：浙江人民出版社，1989：34.

权力的多元性以及外部诸侯权力的多元性。多元权力斗争的结果是多元权力的消灭，秦国最终统一六国，使得以皇帝制度为表征的一统性权力成为历代政治建构的起点。以政治史为主的历史观的最终建立，使得"中国作为一个政治单元理所应当地由一个单一的中央领导者所统治的观念，两千多年来已然成了统治者们、想成为统治者的人、有国家意识的精英们和普通民众的共识"①。

中国古史历来就有许多传说，20 世纪初，顾颉刚等疑古派曾对传说古史大加抨击，认为商中期之前的历史全是汉儒的杜撰。② 然而随着 20 世纪晚期考古学的重大发展，这一主张已然被废弃。张光直说道："史学家们曾一度认为，整个传说时代都是汉代哲学家的臆造。随着近年来考古资料（其中有部分文献材料）的问世，我们越来越相信古文献基本是可靠的，许多传说具有历史价值。"③ 因此，结合考古学家、金文学家的相关论述，我们完全有可能勾勒出先秦时期社会史的发展路径。

1. 从夏到商的国家形态

甲骨文的发现使得有文字可证的历史前推到了商朝中期，借助古文字的记述，商朝中期之后的历史叙述显得更加真实可信。因此，考古学家徐旭生先生将历史进行了分期："盘庚以前的时代叫作传说时代，以后的时代叫作历史时代。"④ 本部分将简单叙述"传说时代"的古史。

中国最早的王朝是夏，夏朝的建立与大禹治水密切相关。上古时期的中国，洪水肆虐，水患成了中国最原初的历史记忆。诸多传统文献都记载

---

① 伯班克，库珀. 世界帝国史：权力与差异政治. 柴彬，译. 北京：商务印书馆，2017：43.
② 疑古派认为，中国的古史是"层垒"地构造起来的，即传说见诸文字的时期越晚，中国历史向前推演的时期就越早。参见：顾颉刚. 我是怎样编写古史辨的？// 顾颉刚. 古史辨：第 1 册. 上海：上海古籍出版社，1981.
③ 张光直. 美术、神话与祭祀. 郭净，译. 北京：生活·读书·新知三联书店，2013：113.
④ 徐旭生. 中国古史的传说时代. 桂林：广西师范大学出版社，2003：22.

了水患的严重性，例如《庄子·秋水》："禹之时，十年九潦，而水弗为加益。"《管子·山权数》："禹五年水。"《荀子·富国》："禹十年水。"《淮南子·齐俗训》："禹之时，天下大雨。"《孟子》中，更是十一次提到治水的问题。南京师范大学的地质学家吴庆龙及其团队，2016 年在 *Science* 上发表了一篇"重建"约公元前 1920 年洪水的文章，从科学角度论证了洪水暴发的可能性。吴庆龙等人经过地质学的考察，认为黄河上游地震导致了积石峡的洪水暴发："约 110 亿～160 亿立方米的积石峡古洪水暴发可以轻易到达 2 000 千米以外的下游。积石峡洪水会突破黄河的天然堤岸，形成罕见的、广泛的洪灾。"[①] 地质学的证明使我们对当时洪灾的严重性有了更加直观的理解。

袭来的洪水，极大地促进了洪泛地区的血缘、地缘整合。逃避洪水一方面使得部落之间开始融合通婚，另一方面使得部落之间进行联合。治理洪水是一个横跨巨大地域，需要调动众多人力物力，并要进行集中规划安排的大工程。只有实现众多部族的联合，并建立起中央机关，才可以解决水患问题。大禹是治水的最高负责人，治水的过程使他掌握了极大的政治权力，并因为治水的成功积累了极高的政治威望。因此治水成功之后，诸多氏族部落臣服于大禹及其所在部族："禹合诸侯于涂山，执玉帛者万国。"（《左传·哀公七年》）这里所谓的"万国"，只是部落，其地域也大致只是一个村子的范围。

大禹后代建立起的夏朝，更多也只是以夏部族为核心的联盟："所谓的夏朝，实际上是以夏后氏为盟主，由众多族邦组成的族邦联盟。"[②] 夏王的权力较后来的秦汉完全不能相提并论，夏王周边还有许多独立的氏族

---

① 吴庆龙，赵志军，刘莉，等. 公元前 1920 年溃决洪水为中国大洪水传说和夏王朝的存在提供依据. 中国水利，2017（3）：4.

② 周苏平. 夏代族邦考. 中国史研究，1993（4）：131.

小国存在，徐旭生说："这些小王国对他可以有朝聘会贺的往来，却没有臣属的关系，夏王有作为的时候可以取得像春秋时代盟主的地位，除了这个时候，就仅仅为群王中的一王。"① 夏王朝实际上并没有真正的王朝体制，没有可以对地方施加强制的中央权力，只是一个名义上的共主，国家权力分散在各个部族之中。

随着商部族的积极扩张，商王战胜了夏，成为新的天下共主。由于长期的部族融合，以及商部族军事实力的强大，商王的权力较之夏王有了进一步的提升，陈梦家通过对甲骨文的考察发现："卜辞中侯、伯常受殷王之命征伐方国，如王从'多田与多白'伐盂方伯；但侯、伯之间亦互有征伐，王亦有征伐某伯或杀某伯以为人牲的。"② 商王可以组织带领其他方国开展经常性的军事行动。与此同时，商王并不能够在诸多方国之间建立有效的秩序。权力的封建性是显然的，地方对中央的挑战也常常发生。不仅方国之间的斗争十分激烈，互有征伐，商王也要经常性地征伐地方性的方国，以维持其共主的地位。

就商部族内部而言，也并不存在权力的一统性。商部族是血亲贵族的联合统治，常常产生不同贵族派系之间的斗争，商王的继承问题是贵族们斗争的焦点。张光直总结了商王继承的两点重要特征："（1）商王室虽属子姓氏族，却分为两大支派与若干小支派；（2）两大支派轮流执政。"③ 董作宾对商朝中期的王位继承斗争进行了较为详细的描述："以武丁代表旧派，则祖甲为革新的创始者，文武丁又复古，弟乙又回到新派，代表商代王室之内新旧两派政治势力与思潮的起伏循环……祖甲、帝乙的'新派'，其实是大乙一系的旧政，而武丁、文武丁的'旧派'，反而是与汤法相对立的制度。"④

---

① 徐旭生. 中国古史的传说时代. 桂林：广西师范大学出版社，2003：10.
② 陈梦家. 殷墟卜辞综述. 北京：中华书局，2013：639.
③ 张光直. 中国青铜时代. 北京：生活·读书·新知三联书店，2013：198.
④ 同③201.

不同贵族派系之间的斗争，意味着部族内部权力的多元化。贵族们共同分享着国家权力，并经过斗争和妥协决定继承王位的人选。《史记·殷本纪》谈道："自中丁以来，废嫡而更立诸弟子，弟子或争相代立，比九世乱。"王位继承中的贵族斗争，导致商王朝纷乱不止，极大地削弱了国力。

商王朝晚期，其实力不断受到边缘方国的挑战，最终被来自西方的周打败，周的统治地位从此确立。

2. 西周：社会史的建立

夏、商、周作为部落方国，长期以来都是共存的。如苏秉琦所说："夏、商、周都是方国之君。"[①] 我们常说的三代的朝代顺序，其实是指特定方国成为天下共主的历史时期的顺序。商为共主的时期，夏和周仍然在。在夏末的时候，商已经称王，在商末的时候，周也已经称王，之间并没有绝对的君臣关系。王国维说："故当夏后之世，而殷之王亥、王恒累叶称王，汤未放桀之时已称王，当商之末而周之文武亦称王。盖诸侯之于天子，犹后世诸侯之于盟主，未有君臣之分也。周初亦然，于《牧誓》《大诰》，皆称诸侯曰友邦君。"[②] 周与商的关系，也不过是小邦和大邦的关系[③]，刘家和先生说："周人也承认，在周战胜殷纣之前，他们对殷的关系是小邦对大邦的关系。他们习惯地把那时的殷商称为'大邦殷'。……周对殷曾经有邦与邦之间的平行关系，又曾有天子与诸侯间的从属关系，这就是周人对殷周关系历史的二重性认识。"[④] 在商朝时期，周人既承认商王的天子地位，同时又拥有极大的独立性。周人具有主权和信仰的完全

---

① 苏秉琦. 中国文明起源新探. 北京：生活·读书·新知三联书店，1999：145.

② 王国维. 观堂集林：第2册. 北京：中华书局，1959：466-467.

③ 《尚书·大诰》：天休于宁（文）王，兴我小邦周；《尚书·召诰》：皇天上帝，改厥元子，兹大国殷之命；《尚书·召诰》：天既遐终大邦殷之命；《诗经·大雅·大明》：笃生武王。保右命尔，燮伐大商。

④ 刘家和. 史学、经学与思想：在世界史背景下对于中国古代历史文化的思考. 北京：北京师范大学出版社，2005：287.

自由，甚至可以控制、联合其他邦国，挑战商王的天子地位。周初的时候，周面对商自称小邦，然而面对其他较小的方国，则自称大邦。这种大邦的地位，就是区域性的霸主。

克商之后，为了更好地控制地区方国，周朝创造了和夏、商完全不一样的制度。就商朝而言，商王与方国之君的关系类似于春秋时期霸主和其他诸侯的关系："商代国家并不是通过由一个自身结构尚不清晰且规模有限的中央政府所领导的行政网络来进行管理的，而是由商王的霸权力量松散地组织在一起。"① 霸权是一种具有封建性的权力，其对地方的控制十分有限。霸权的地位取决于方国的承认，地区方国不仅有挑战中央天子的可能性，事实上也经常与商王发生战争。钱穆先生谈到周王朝的新变化时说："大体上，夏、殷两朝是多由诸侯承认天子，而在周代则转换成天子封立诸侯。"② 可以说，夏、商两朝的中央权力取决于地方的承认，而周朝则调转了逻辑，以中央权力为核心，地方的权力有赖于中央的承认，地方诸侯从周天子那里获得统治的合法性。

西周的政治具有典型的封建性。西周的分封建立在其实力不断扩张的基础上，尤其是"二次东征"的结果。大多数东部地区的诸侯，是周公在平息了管叔和蔡叔叛乱之后才封的。管叔和蔡叔联合殷人旧部的叛乱使得周公意识到旧有制度的脆弱性，需要采取新的政治制度来维持天下的稳定。这一制度就是封邦建国。李峰谈道："即当一个政治组织由于短时期过度的扩张，而一时难以消化既得胜利果实时，它便不得不将其有限的人力物力过分疏散到各地，以期维持其庞大的地缘政治统一体。"③ 通过宗

① 李峰. 西周的政体：中国早期的官僚制度和国家. 吴敏娜，胡晓军，许景昭，等译. 北京：生活·读书·新知三联书店，2010：33.
② 钱穆. 中国文化史导论. 北京：九州出版社，2011：29.
③ 李峰. 西周的灭亡：中国早期国家的地理和政治危机. 增订本. 徐峰，译. 上海：上海古籍出版社，2016：99.

法体系的约束，周王对封国享有远超夏商时期的权力。周王的天子是天下的大宗，其他诸侯不能僭越。

以宗法为核心的分封制度一方面保证了政治体系的稳定，另一方面也促进了土著地区与周文明的融合："根据委任原则和王室宗族的血缘结构，国家权力由王都分派至诸侯国的国都，并且通过诸侯国的政治结构，进一步到达不同的土著宗族。"[①] 国家权力对地缘边界的政治整合体现为文物制度的一致化。例如，伯禽受封鲁国之后，"变其俗，革其礼，丧三年然后除之"（《史记·鲁周公世家》），而"淮夷蛮貊，及彼南夷，莫不率从"（《诗·鲁颂·閟宫》）。太公分封到齐国，"修政，因其俗，简其礼"（《史记·齐太公世家》），照顾地方风俗的同时推行周礼。在春秋时期，齐国也不断向周围的东夷部落扩张，实行怀柔政策"招携以礼，怀远以德"（《左传·僖公七年》），使齐国成了礼制大国，"冠带衣履天下"（《汉书·地理志》）。西方由市场体系来建构一统性的根基，而周王朝则由政治同化，或者说边缘邦国的文明化来整合社会，建构一统性的根基。

虽然天下一统的观念在宗法一统的逻辑之下变得根深蒂固，但周朝社会史的属性，以及其以封建性为主的政治逻辑并未让渡于一统性。正如李峰所说："'封建'制度的本质在于，西周国家的功能是由众多的地方代理来执行的。"[②] 作为地方代理的封建诸侯仍然享有高度的自治权力，随着地方势力的壮大，以及血缘关系的弱化，周王对诸侯的控制力逐渐降低。考古证据显示，周王与诸侯的交流在西周早期经常发生，而在周朝的中期就逐渐消失："随着时间的流逝，中央授予诸侯的行政管理自治权逐渐滋

① 李峰. 西周的政体：中国早期的官僚制度和国家. 吴敏娜，胡晓军，许景昭，等译. 北京：生活·读书·新知三联书店，2010：302.
② 李峰. 西周的灭亡：中国早期国家的地理和政治危机. 增订本. 徐峰，译. 上海：上海古籍出版社，2016：120.

生出一种离心力，这种离心力不但打消了诸侯支持中央政权的积极性，甚至激使他们同中央公然对抗。"[1] 这种地方与中央的对抗是西周政治封建性的必然结果，是社会史的重要表征。到了东周时期，这种社会史的属性展现得更加明显。

3. 春秋战国：社会史的崩溃

西周由于内部的党派斗争以及与獫狁的战争失败而覆灭，周王不得不迁往位于洛阳的成周。然而王畿周围贵族势力的强大使得周王的生存空间日益逼仄，王室内部的继承斗争也大大削弱了周王的实力。由于社会史的属性，王位继承成为多元权力斗争的核心，周室贵族以及诸侯都参与到对中央权力的争夺中。由中央权力斗争而导致的权力分化越来越明显："每次中央发生王位继承而引起政变之时，每次中央遇到夷狄来侵而需要诸侯勤王之时，边疆诸侯便乘机提出条件，要求许多权力。他们渐渐脱离中央而独立。其距离首都愈远者，独立性亦愈大，国家的主权一一让给他们。他们已经不是天子的屏藩，反而是天子的敌人。"[2] 春秋时期的诸侯国各自都有自己的"国史"，独立性也越来越大。马克垚甚至用古希腊时期分立的城邦来类比春秋时期的诸侯国："城邦史实当以春秋时代最为彰明较著。"[3]

周王的式微也使得诸侯国之间的"秩序"愈发混乱。诸侯国之间的秩序不取决于天子而取决于诸侯甚至大夫："当时擅自为政，毫不受命，各国大夫相与私盟之下，便可以定国际的局面，权大可知。"[4] 春秋时期的战争还是以"尊王攘夷"为核心的争霸战争，作为霸主的诸侯仍然要维持旧有的秩序。春秋时期所灭的国也大多是戎狄，诸侯国之间的吞并战争并不常见。正如瞿同祖所说："这时期所灭的国，除了陈、蔡、许外，都是所谓蛮戎夷狄各部落。可见灭中国诸侯，还是不许的，所以楚灭陈、蔡。隔了五年，复封陈，隔了二年，复封蔡，且归陈、蔡太子之子，使仍为侯。君子以为礼。"[1] 周礼对诸侯国之间的战争的约束仍然存在，"兴灭国，继绝世"的封建道德也始终是各个诸侯要考虑的重要内容。但是到了战国，诸侯开启了肆意灭国的"全民战争期"，在这一时期，"领土扩张取代霸主争夺成为战争的首要目标"[2]。诸侯国之间的战争既是封建性权力的彰显，同时也是一统性权力的塑造过程。

诸侯国内部权力的封建性也逐渐摧毁了旧有的世族体制。孔子对春秋晚期的政治局势有过著名的论述："天下有道，则礼乐征伐自天子出；天下无道，则礼乐征伐自诸侯出。自诸侯出，盖十世希不失矣；自大夫出，五世希不失矣；陪臣执国命，三世希不失矣。"（《论语·季氏》）诸侯僭越天子，世族大夫僭越诸侯，甚至陪臣夺取国家权力。掌握地方权力的诸侯在肢解周王统治秩序的同时，世族大夫也在肢解诸侯的权力。例如，鲁国的权力就被三桓掌控："当时三桓各有自己的都城，季氏的都是费，叔孙的都是郈，孟氏的都是成。这样'立家'的大夫，竟然各有城市国家，富子和宗子间便起了统治阶级内部的斗争。"[3] 鲁国三桓权力之大，甚至可以驱逐国君。尹振环总结了《左传》《史记》等书，春秋时期弑君事件就有 60 起，还有 22 起逐君事件，29 起"执君"事件；大夫在国君的废黜中起到了决定性的作用。[4] 甚至在前 547 年，卫君公然放弃政治权力："政有

---

① 瞿同祖. 中国封建社会. 北京：商务印书馆，2015：228.
② 公元前 419 年，魏国在秦国势力范围"少梁"（今陕西韩城市南）构筑城池是"全民战争期"的开始。参见：赵鼎新. 东周战争与儒法国家的诞生. 上海：华东师范大学出版社，2006：102-103. 由于印刷错误，原书中全民战争期为"公元前 419—前 211 年"，现改为"公元前 419—前 221 年"。参见：赵鼎新. 国家、战争与历史发展. 杭州：浙江大学出版社，2015：55.
③ 侯外庐. 中国古代社会史论. 北京：商务印书馆，2021：201.
④ 尹振环. 从王位继承和弑君看君主专制理论的逐步形成. 中国史研究，1987（4）：17-24.

宁氏，祭则寡人。"（《左传·襄公二十六年》）

这一时期的国君也少有控制大夫权力的努力，大多数只是在世族大夫之间保持平衡。[1] 国君的软弱与世族的强大互为因果，以往作为权力中心的国君甚至到了可有可无的地步，大夫甚至径自取代国君为诸侯，例如历史上著名的"田氏代齐""三家分晋"。春秋时期的各国，表面上是卿大夫掌握着国家的统治权，事实上，贵族们只是发布大政方针而已，真正接近百姓、治理百姓的是另一种人："这种人便是士之为卿大夫邑宰、家臣，而臣于卿大夫者（大夫臣士）。治理一邑，所以称为邑宰。"[2] 例如，陪臣阳虎囚禁季桓子。因此，《公羊传》多次"讥世卿"，讽刺世卿贵族的专权导致一统性的权力无法建立："盖以封建之法既废，而世卿之权重，危天子诸侯，而使天下国家无以一统也。"[3]

西周制度的全面瓦解，既意味着封建性权力的加深，也意味着封建性权力的崩溃。一方面，诸侯权力的强大使得一统性的中央荡然无存，社会中的多元权力不断涌现出来，自下而上地瓦解着旧有秩序；另一方面，多元权力的底层，尤其是作为家臣的"士人"向上冲破世族的统治，彻底摧毁了作为多元权力根基的世卿贵族。世族衰败后的政治整合，就是政治史的开端。

4. 秦朝政治史的建立：走向大一统

贵族权力的封建性在摧毁旧有权力中心的同时，也逐步建立起了以一统性为核心的政治统治。春秋晚期，各国已经开始抑制世族的权力，例如秦国以军功授爵[4]，楚国禁止贵族世袭，"禄臣再世而收地"（《韩非子·

---

① 尤锐. 展望永恒帝国：战国时代的中国政治思想. 孙英刚，译. 上海：上海古籍出版社，2013：33.

② 瞿同祖. 中国封建社会. 北京：商务印书馆，2015：199.

③ 曾亦，郭晓东. 春秋公羊学史. 上海：华东师范大学出版社，2017：94.

④ 《史记·商君列传》："宗室非有军功论，不得为属籍。"

喻老篇》）。到了战国时期，旧有的、以世族多元权力为统治基础的封建政治逐渐被摧毁。新君主将以往独立于中央的贵族转变为从属于中央的官僚："夺取实力派世族的兵权以及他们对其土地和农民的支配权，并将其吸收到统一的国家权力之中，使他们的一部分作为自己的农民、一部分作为自己的官僚，纳入自己的组织之中，可以说这就是春秋末年到战国的发展动向。"[①] 秦国许多掌握大权的名臣不是世家贵族，而是来自其他国家的客卿，例如张仪是魏国人，吕不韦是韩国人，李斯是楚国人："秦既任用客卿，不尚门第，所以自始贵族政治的色彩就不如中原诸国浓厚。"[②] 秦国旧有的世族甚至宗室都被消灭殆尽。

秦国在消灭掌握权力的世家大夫的同时，也破坏了地方上的宗族统治。虽然许多大族丧失了争夺中央权力的可能性，然而其在地方上依靠宗法体系，仍然享有极大的权力，经常以族为单位相互争斗："群族互相争斗，尤妨碍社会之安宁；则破大族而代之以小家，亦势不容已矣。"[③] 因此，在侵夺世族势力的同时，也要破坏大家族的宗法体系："秦废封建，宗法与之俱废。萧何定《九章》，乃变为户法。宗法以宗为单位。户法以户为单位。"[④] 废除世卿世禄，以小家庭代替大家庭的结果，是郡县制度的普遍建立。贵族和宗族的统治权被消灭之后，地方治理的主体自然就变成了郡县制度下的官僚。"到战国时，七个乃至九个大强国，几乎全是郡县的新国家了。"[⑤] 郡县制度首先在诸侯国层面上建立起了一统性的政权，在此基础上的秦国统一战争，则在"天下"层面建立起了一统性的政权。

---

① 增渊龙夫 . 中国古代的社会与国家 . 吕静，译 . 上海：上海古籍出版社，2017：165.
② 萨孟武 . 中国社会政治史：先秦秦汉卷 . 北京：生活·读书·新知三联书店，2018：77.
③ 吕思勉 . 中国社会史 . 上海：上海古籍出版社，2007：253.
④ 同③261.
⑤ 钱穆 . 中国文化史导论 . 北京：九州出版社，2011：57.

吕思勉评价从上古到战国这样一个长的时期，"在政治上，可以说是从部落进于封建，从封建进于统一的时代"①。中国从封建性的社会史走向一统性的政治史，有着深厚的社会基础。政治史的一统逻辑要求社会的相对平等化。秦以农战立国，农战一方面拒斥世族权力，重视平民出身的士人；另一方面抑制商业，重视农业发展。士人阶层没有土地，只能依靠政治技艺生存，即孟子所说"无恒产而有恒心者"。士人成为官僚取代了贵族，没有地域性的特殊利益的他们自然会要求一统性的权力，只有一统性的权力，才能够为他们提供生存的空间，使他们得以施展自己的才能。农业是战争的基础，"归心于农，则民朴而可正也，纷纷则易使也，信可以守战也"（《商君书·农战》）。重农抑商，具有实现社会平等化的功能，商人巨富受到抑制，阶层之间的差距就会变小，人民的同质化为一统性的政权奠定基础。政治统一以经济统一为基础。司马迁谈到山西、山东、江南等地之间物资出产不同，而又联系紧密："故待农而食之，虞而出之，工而成之，商而通之。此宁有政教发征期会哉？人各任其能，竭其力，以得所欲。"（《史记·货殖列传》）整个国家的经济统一体已经建立起来，经济的交往使得各地方相互依存，只有建立统一的国家政权才能够实现良好的经济发展。秦国在政治统一的基础上，又继续实行了许多措施来促进社会的整合，例如，实现货币和度量衡的统一，统一文字，统一意识形态等。

秦国在春秋战国政治发展的基础上，一方面废除封建制度，实现中央对地方的控制；另一方面消灭世族统治，实现中央与百姓的联结。从战国开始的对世家贵族的消灭、对宗族势力的排斥，使得一统性权力建立在以皇帝制度为核心的中央集权的基础上。随着历史的发展，封建性的权力仍

---

① 吕思勉. 中国政治思想史. 北京：中华书局，2014：9.

然会不断生成，例如汉朝的"累世经学、累世公卿"、魏晋的门阀统治、隋朝的地方豪族、唐朝的藩镇割据等。然而，由于以政治史为核心的属性没有变，因此总的趋势仍然是实现政治的一统性，并在政治一统性的基础上建构国家。

（三）历史属性与国家概念

不同的历史属性就其表象而言，意味着不同的国家建构的路径；就其实质而言，意味着不同的对国家概念的认知。

不同的历史属性塑造不同的国家概念。对于中国的现代国家建设而言，大一统是前提，维护大一统的政治秩序是历史和现实政治的核心。由于政治史的传统，在保持一统秩序的前提下，提高治理能力和治理水平（"致治"）成为主要的政治内容。对于西方的现代国家建设而言，协调社会层面的"多统"政治，才是历史和现实政治的核心。社会史的传统表现为，社会中多元权力的斗争导致竞争性分配资源的政治逻辑成为主要的政治逻辑。

1. 社会史与韦伯的国家概念

近代西方在以封建制度为核心的社会史的消亡中走向现代。欧洲的封建制度建立在社会政治整体性衰败的基础上，本身就注定了它的消亡。领主的权威是极不稳定的，封臣享有自治权力，封建秩序依靠个体忠诚来维系。地方经济的复苏，社会交流的增加，都会给封建制度带来挑战。领主对封臣只有较弱的统治权，"因此，领主与封臣之间就会暗藏着长期的争夺权威的斗争，封建权威的覆盖范围实际上就绝不会得到理想的有效贯彻，或者绝不会在永久性基础上发挥效力"[1]。不仅有领主和封臣之间长

---

[1] 韦伯. 经济与社会：第 1 卷. 阎克文，译. 上海：上海人民出版社，2019：453.

期争夺权威的斗争，还有领主和领主之间的斗争。斗争的剧烈性，表现为欧洲近代长期且频繁的战争。战争的结果，是在一定的地域范围内，实现暴力的垄断，构建起民族统一性。战争的目的，是要应对更加激烈的民族国家间的战争。[①] 因此，韦伯在论述德国的政治时说："社会政治活动的目的并不是要使人人都幸福，而是要达成已被现代经济发展撕裂了的民族的社会统一，准备应付未来的紧张斗争。"[②] 多元权力斗争的结果是作为一统性权力的民族国家的建立。在涂尔干看来，民族国家对暴力的垄断，其实是把个体从封建性多元权力的暴力中拯救了出来："国家能够把儿童从父权统治和家庭暴政中挽救出来；国家能够把公民从封建群体，后来从公社群体中解脱出来；国家也能够把工匠及其雇主从行会的暴政中解放出来。"[③] 换言之，只有垄断暴力的民族国家才能解放个体，使个体获得自由。

然而，封建制度的消灭，并不意味着贵族的消灭，也不意味着自治性的多元权力的消灭。封建制度的遗产——自治性的多元权力，仍然延续到了现代。1642 年英国内战爆发之前，国王发布了《陛下对两院十九条提议的答复》，"它宣布英格兰政府属于三个等级，国王、领主和平民，这个体系的健康和生存取决于维持三者之间的平衡"[④]。国王与封建性权力的妥协贯穿革命的始终。沈汉谈道："英国革命以后在政治经济领域保留了大量的封建残余，英国社会在带着浓厚封建残余的情况下向成熟的资本主义社会过渡。"[⑤] 在旧有的封建制度消灭之后，地方仍然由牧师和地方治

---

① 利维统计了 16 世纪到 20 世纪大国之间战争的频率，在西方民族国家形成的 16、17 世纪，国家间战争的年份占比高达 95％和 94％。参见：LEVY J S. War in the modern great power system：1495—1975. Lexington：The University Press of Kentucky，1983：139.

② 韦伯. 政治著作选. 阎克文，译. 北京：东方出版社，2009：22.

③ 涂尔干. 职业伦理与公民道德. 渠东，付德根，译. 上海：上海人民出版社，2001：69.

④ 波考克. 马基雅维里时刻：佛罗伦萨政治思想和大西洋共和主义传统. 2 版. 冯克利，傅乾，译. 南京：译林出版社，2013：377.

⑤ 沈汉. 世界史的结构和形式. 北京：生活·读书·新知三联书店，2013：103.

安官控制，国家权力仍然控制在作为贵族联合体的议会之中。就整个欧洲而言，多元权力斗争的结果也是一定程度妥协的结果，正如佩里·安德森所说："18世纪是欧洲各地君主与贵族和解的时代。"① 君主与贵族的和解，既意味着贵族将垄断暴力的权力让渡给国家，也意味着国家对贵族权力现实性的承认。因此蒂利评价说："事实上，在国家层面上，直到法国大革命时代没有一个欧洲国家（也许，除了瑞典）做出过认真的努力来构建一个从上到下的直接统治。在此之前，除了最小的国家外，所有国家都依赖某种版本的间接统治，从而冒着严重的不忠、欺骗、腐败和反叛的风险。"② 欧洲从社会史走向政治史是一个漫长的过程，正是在这个既有斗争又有妥协的过程中，诞生了国家的概念。

政治学上最为普遍地被接受的政治、国家等基础性概念，是马克斯·韦伯根据西方从社会史走向政治史的历史路径中总结出来的："一个'统治的组织'的存在及其秩序，如果是由它的行政班子在一个特定区域范围内以物理暴力的威慑与运用而持续不断地予以保障，它就应当被称为'政治'组织。一个政治机构性的组织（politischer Anstaltsbetrieb）的行政班子只要能卓有成效地运用其对物理暴力的正当垄断以保障秩序的实施，它就应当被称为'国家'。"③ 前现代西方的历史是多元权力相互斗争的历史，斗争的最高形式就是暴力："在中世纪，在某些人人都有资格佩带武器的情况下，亲属群体、家族群体、教会联合会也都可以随意使用暴力。"④ 封建领主、教会、自治城市、社团等自治组织，都可以随意地使用暴力，并以自身的暴力为基础展开斗争，斗争的胜利者将垄断暴力的合

---

① 安德森. 绝对主义国家的系谱. 刘北成，龚晓庄，译. 上海：上海人民出版社，2016：170.
② 蒂利. 强制、资本和欧洲国家：公元990—1992年. 2版. 魏洪钟，译. 上海：上海人民出版社，2012：31.
③ 韦伯. 经济与社会：第1卷. 阎克文，译. 上海：上海人民出版社，2019：186.
④ 同③187.

法使用权。韦伯的定义是对欧洲史的总结，即多元性、分散性的社会势力为图存展开的常态性残酷竞争；在国家形成过程中，既有以国王为中心的行政权，也有国王难以控制的诸侯以及他们为制约国王而组成的议会，从而形成分权与制衡。因此，欧洲在社会史基础上形成的现代国家，在政治学理论上必然是韦伯所界定的政治或者国家。

2. 政治史与中国的国家概念

中国政治史以彻底消灭社会史的封建性权力为核心。春秋战国时期的自治性封建权力在战争中被——消灭："帝国由于敌对诸侯的冲突而得以缔造，而且对中华帝国的主要威胁，从一开始就是附属的王室成员们或其他的地方势力可能再次分裂国家或夺取控制权。为扼杀这种可能性，秦朝和汉朝的统治者们创立了延伸到乡间的中央集权化官僚体系。"[①] 地方势力或间接统治的力量被全部纳入一统性政权之中，成为"国家"这个政治实体的组成部分："中国的村落从来不构成一个独立的政治体，它只是中国这个超级政治体的最基层部分；古希腊的城邦，即便再小，也是古希腊文明中的一个独立的政治体。"[②] 地方性政治实体是一统国家的解构性因素，是绝不允许存在的。因而，中国的历史叙述一直将一统性权力的建构作为常态，而将封建性权力对国家的分解作为变态。这样，历史观沉淀在中国人的心智中，成为最基本、最朴素的政治观念。

一统国家的存续需要实现对广大地域的整合，不断清除内部或地方出现的封建性力量。这种整合建立在一统政权的基础上，不能够依靠以暴力为支撑的法律："历史中国的政治家考虑更多的是如何通过或借助相对简单易行的制度，而不是'以国家强制力为支撑的社会规范'（法律），将无数离散但同质的农耕村落整合起来，将因地形地理气候等综合因素造就的

---

① 伯班克，库珀. 世界帝国史：权力与差异政治. 柴彬，译. 北京：商务印书馆，2017：53.
② 苏力. 大国宪制：历史中国的制度构成. 北京：北京大学出版社，2018：503.

多样异质的各族群各民族民众整合起来。"① 单纯的法律之治并不能实现地域和社会的整合，只会导致一统政治的覆灭，古人对"暴秦"的指控就是如此。德国汉学家穆启乐在对比中西史学后提及，相较于罗马史学强调内部冲突和社会权力的结构变化，"在司马迁的《史记》中并不存在自由与专制的对立。共和制政体完全在他的视野之外。统治的形式要么是诸侯国或王国的割据，要么是君主制的大一统，而没有其他的选择"。而且，在对历史人物的评价中，"建立、维护内部秩序以及改善民众的生活水平起着决定性作用，而对外的军事打击力则是次要的事情"②。一统性的政治逻辑既限定了中国的政治路径，也限定了中国的政治内容。暴力只存在于多元权力斗争的历史时期，在一统秩序建立之后，政治上便丧失了暴力的对象，暴力是隐而不显的，或者说暴力只有对外的意义。因此，中国大一统政治的主要内容，是以"致治"为目的的国家治理，是以"礼治"为核心的社会整合。

中国历史自秦汉大一统开始，就一直是由政治史主导的，"大一统"几乎是与生俱来的秩序观。钱穆在论述中西方政治时说："吾国自古政体，开始即形成一种广土众民大一统的局面，与希腊市府之小国寡民制不同。"③ 尽管有改朝换代，但大一统政治始终是历史上中国人的核心政治追求。大一统政治的主要任务是维护秩序而非欧洲式的多元权力的竞争分配，从而形成了政教一体化的礼法之治。这样，韦伯式的政治概念就很难有效地解释长达几千年的中国政治史中的"政治"。同理，韦伯式的国家观大概也很难解释基于大一统史观而塑造的中国这个"国家"。如果说欧洲是"战争制造国家"，那么中国则可以被视为大一统历史塑造的国家，

---

① 苏力. 大国宪制：历史中国的制度构成. 北京：北京大学出版社，2018：37.
② 穆启乐. 古代希腊罗马和古代中国史学：比较视野下的探究. 黄洋，编校. 北京：北京大学出版社，2018：74－75.
③ 钱穆. 政学私言. 北京：九州出版社，2010：104.

二者的"国家性"有着巨大差异。大一统的历史分为两个方面：大一统的史观、大一统的社会整合。大一统史观的基础是相当程度的社会整合，同时大一统史观又不断促进社会整合的深化。人们在大一统观念的驱使下建构统一国家，又在一统政权的支持下促进社会的进一步整合，改善国家的治理状况，最终实现"天下大治"的"大同社会"。

3. 中西之较

就西方从社会史走向政治史的逻辑来看，其政治的核心内容在于维持政治经济精英（现代贵族）的团结，建立分权制衡的制度，使得一统性政治权力不至于在精英们激烈的对抗性资源的政治斗争中崩溃。因此他们拒斥与人民实现彻底联结的一统性，对他们而言，抛弃多元权力的一统性是不可想象的。比如托克维尔就极力主张多元权力的重要价值：民主的个人主义思想总会有导致多数人专制的危险，而抑制这种危险的制度安排就是地方自治、法学家团体以及陪审制度、新闻和结社自由，其中政治结社是最能够实现多元权力的制度安排。[①] 政治经济精英在政治社团中获得自己的地位，同时以政治社团为中介参与权力的竞争。可以说，西方现代国家的诞生，是一种建立在权力封建性基础上的政治史。

而中国则在一统性的基础上，拒斥权贵，拒斥作为权力中介的多元团体，坚持实现国家权力和民众的直接联系（"政民一体"）。因此，在革命时期，中国共产党强调民主集中制，进行整风运动，批判宗派主义："他们总是不适当地特别强调他们自己所管的局部工作，总希望使全体利益去服从他们的局部利益。他们不懂得党的民主集中制，他们不知道共产党不但要民主，尤其要集中。他们忘记了少数服从多数，下级服从上级，局部

---

① 托克维尔认为："在民主国家，结社的学问是一门主要学问，其余一切学问的进展，都取决于这门学问的进展。"政治社团的多元权力导致当时的各国政府"视政治社团犹如中世纪的国王视其国内的大诸侯"。参见：托克维尔. 论美国的民主：下卷. 董果良，译. 北京：商务印书馆，1989：697，706. 托克维尔在《论美国的民主》上卷论述了防止专制的多元权力的各种制度安排。

服从全体，全党服从中央的民主集中制。"① 新中国成立之后，邓小平也说："要安定团结，就必须消除派性，增强党性。"② 在扫除宗派主义的同时，也要加强与民众的直接联结，毛泽东这样解释群众的重要意义："因为革命战争是群众的战争，只有动员群众才能进行战争，只有依靠群众才能进行战争。"③ 中国共产党一方面反对宗派主义，一方面强调群众路线，从中国政治史的传统来讲，这两者是同一个东西。反对宗派主义，正是要实现一统性权力与民众的深刻结合，一统性与人民性是同一个问题的两面。因此中国的现代大一统的主要任务，就成了在群众路线基础上的善治："它认为人民群众必须自己解放自己；党的全部任务就是全心全意地为人民群众服务；党对于人民群众的领导作用，就是正确地给人民群众指出斗争的方向，帮助人民群众自己动手，争取和创造自己的幸福生活。"④

① 毛泽东 . 毛泽东选集：第 3 卷 . 2 版 . 北京：人民出版社，1991：821.
② 邓小平 . 邓小平文选：第 2 卷 . 2 版 . 北京：人民出版社，1994：2.
③ 毛泽东 . 毛泽东选集：第 1 卷 . 2 版 . 北京：人民出版社，1991：136.
④ 邓小平 . 邓小平文选：第 1 卷 . 2 版 . 北京：人民出版社，1994：217.

第三章 基于历史的国家形态

钱穆先生基于史学的观察，曾对中西方政治有过精辟对比："中国政治，是一个'一统'的政治，西洋则是'多统'的政治。当然中国历史也并不完全在统一的状态下，但就中国历史讲，政治一统是常态，多统是变态；西洋史上则多统是常态，一统是异态。我们还可更进一步讲，中国史虽在多统时期，还有它一统的精神；西洋史虽在一统时期，也还有它多统的本质。"[①] 中国以一统为常态，即使分裂，仍然有着一统的观念和精神；西方以多统为常态，即使统一，仍有着多统的诉求和本质。一统和多统的区别可以说是中西方国家形态的本质区别。

上一章我们论述了中西方历史属性的不同，这一章我们将阐明不同历史属性所造就的不同国家形态。对于中国来说，一统性是其政治史的核心

[①] 钱穆.中国历史精神.新校本.北京：九州出版社，2012：23.李零也有类似的说法："我们是聚多散少，他们是聚少散多，他们的传统是分，即使合起来，也是合中有分。这个文化基因一直影响着他们的头脑。"参见：李零.我们的中国：第1编：茫茫禹迹：中国的两次大一统.北京：生活·读书·新知三联书店，2016：14.

属性，国家形态展现为"文化融合、制度一体、民族凝成、地域一统"的大一统国家。对于西方而言，封建性（多统性）是其社会史的核心属性，国家形态展现为"社会多元、暴力国家、分权制衡、民族独立、地方自治"① 的代议制国家（多统国家）。

一、基于政治史的大一统国家

中国自古就是一个大一统的国家。大一统作为一种思想观念，可以说已经融入中华民族的基因之中。② 大一统作为一种国家形态，对中国政治和历史发展的重要性毋庸置疑，这一节我们将详细阐述大一统的政治学内涵及具体内容。

中国大一统的政治随着政治史的发展而发展，然而在先秦社会史的阶段，大一统的观念已经产生。20世纪，以顾颉刚为代表的一批人认为中国的统一自秦朝开始，"若战国以前则只有种族观念，并无一统观念"③。随着近几十年考古学的发展，很多学者对此提出了反对意见。如李学勤认为，中国在夏、商、西周时期，不仅有了统一的观念，甚至在某种意义上出现了统一的局面："有些人主张秦始皇第一次统一六国，这是不够确切的，因为夏、商、西周已经有了统一的局面，秦不过是在春秋五霸、战国七雄的并峙分立之后，完成了再统一而已。"④ 钱穆也认为，先秦时期的中国已经是一个统一国家了："西周时代的中国，理论上已是一个统一国家，不过只是一种'封建式'的统一，而非后代'郡县式'的统一而已。"⑤ 先

---

① 正是社会史的发展导致西方的一些政治理论家宣称："理想上最好的政府形式是代议制政府。"参见：密尔. 代议制政府. 汪瑄，译. 北京：商务印书馆，1982：35.

② 杨光斌. 中国文明基体论：理解中国前途的认识论. 人民论坛，2016（15）：59.

③ 顾颉刚. 顾颉刚古史论文集：第1册. 北京：中华书局，1988：13.

④ 李学勤. 失落的文明. 上海：上海文艺出版社，1997：107.

⑤ 钱穆. 中国文化史导论. 北京：九州出版社，2011：8.

秦时期已经有了政治史的萌芽，因此也有了大一统的雏形，然而作为国家形态的大一统却到政治史占据主导地位的秦朝之后才彻底成型。

"大一统"的概念最早由战国时的《公羊传》提出。① 《公羊传》这样解释《春秋》中的"元年，春，王正月"："'元年'者何？君之始年也。'春'者何？岁之始也。'王'者孰谓？谓文王也。曷为先言'王'而后言'正月'？王正月也。何言乎'王正月'？大一统也。"董仲舒这样解释《公羊传》"大一统"思想："强调以天规范人间之政治伦理，王者上承天道，依天时而施政，而诸侯以下则各自遵守王政，如此上下构成一个依循天道的政治体制。"② 天道、伦理、政治在董仲舒的论述中实现了完美结合，而这也为后世公羊学家探讨大一统提供了丰富的理论滋养。也就是，大一统不仅是庸常理解的"大统一"，而且是"贯通形上与形下、心性与政治"③，"是公羊学自然观、历史观和政治观的结合，是宇宙的最高本源和普遍适用的法则"④。

东汉时期，何休将"张三世"与"异内外"联系起来论述，是公羊学理论发展的高峰。何休认为，历史发展有一定的轨迹：从"据乱世"到"升平世"再到"太平世"，最终实现"远近大小若一"的大一统局面。大一统的空间和时间在何休的理论中联结为一体，儒家"可大可久"的理想在公羊家的大一统观中得到了清晰的论述。刘家和评论说："它把一统在空间中的拓展与在时间中的延续结合为一，并把一统的基本原因或前提理解为儒家的仁学的实行以及由之而来的不同族群的文化的趋同。"⑤ 其实

---

① 《公羊传》自战国由孔子弟子子夏口耳相传，到汉景帝时期，才成文写在竹帛上。参见：曾亦，郭晓东. 春秋公羊学史. 上海：华东师范大学出版社，2017：42.
② 曾亦，郭晓东. 春秋公羊学史. 上海：华东师范大学出版社，2017：238.
③ 陈徽. 公羊"大一统"思想及其开展. 安徽大学学报（哲学社会科学版），2017，41（6）：50.
④ 唐眉江. 汉代公羊学"大一统"概念辨析. 学术研究，2006（1）：77.
⑤ 刘家和. 论汉代春秋公羊学的大一统思想. 史学理论研究，1995（2）：57.

无论是董仲舒，还是何休，对公羊学的理论阐发，"都是为了实现更大范围和更高层次的'一统'"①。

虽然作为国家形态的大一统诞生于秦汉时期，但是大一统的思想观念在先秦时期就已经成为共识。从西周到战国，主流的思想家都在呼唤一统之治。从《尚书·盘庚》中的"惟予一人有佚罚"开始，到韩非子的"事在四方，要在中央。圣人执要，四方来效"（《韩非子·扬权》），诸子百家中的著名人物都在不厌其烦地论述政治统一的重要性。② 当时的知识分子所普遍推崇的"三代之治"自然也就被描述为大一统的理想模式，回到过去的"复古"，也就意味着重新建构一统的天下。《尚书·尧典》中描绘帝尧统治的景象是："协和万邦。"《诗经·北山》则描述了一个理想的一统景象："溥天之下，莫非王土。率土之滨，莫非王臣。""克己复礼"的孔子想要恢复的天下秩序是以天子为尊："天下有道，则礼乐征伐自天子出；天下无道，则礼乐征伐自诸侯出。"（《论语·季氏》）荀子回溯商汤和周武王的丰功伟绩，也是以其能够实现天下一统为核心："汤以亳，武王以鄗，皆百里之地也，天下为一，诸侯为臣，通达之属莫不从服。"（《荀子·王霸》）可以说，大一统的概念在汉代公羊家提出之前，已经得到了先秦诸子的完备论述。

到了汉初，首先推进大一统观念发展的也并不是提出大一统概念的公羊家，而是作为史学家的司马迁。张子侠认为："《史记》总体上是记述'王迹'兴衰即王者大一统事业的兴衰变化，其中本纪是纲，历述黄

---

① 李长春.《春秋》"大一统"与两汉时代精神. 中山大学学报（社会科学版），2011，51（3）：140.

② 诸子百家还有许多相关论述，这里只摘录其显著者：《管子·霸言》中的"使天下两天子，天下不可理也"；《庄子·天下》中的"圣有所生，王有所成，皆原于一"；《孟子·梁惠王》中的"定于一"；《荀子·王制》中的"夫尧舜者，一天下也"；《荀子·致士》中的"隆一而治，二而乱。自古及今，未有二隆争重而能长久者"；《吕氏春秋·执一》中的"天下必有天子，所以一之也；天子必执一，所以抟之也。一则治，两则乱"。

帝以来三千年之王事；世家和列传是配角，分别记述'功臣世家贤大夫之业'。"① 可以说，《史记》从黄帝时期的"万国和"开始，就不断歌颂民族国家的大一统局面。② 司马迁对大一统的称颂也就意味着对秦汉国家的认可，他写秦国"灭诸侯，成帝业，为天下一统，此万世之一时也"（《史记·李斯列传》），而汉代则是重建了大一统，"汉兴，海内为一"（《史记·货殖列传》）。在司马迁看来，大一统国家的最重要目标是"致治"。在《史记》的最初几章中，历史的细节多集中在政府治理的内容，而治理的结果有着高度的一致性：黄帝"万国和"（《史记·五帝本纪》），尧帝"合和万国"（《史记·五帝本纪》），舜帝"内平外成"（《史记·五帝本纪》），舜与禹"四海会同""天下于是太平治"（《史记·夏本纪》）。在司马迁的国家观念中，天下一统当然是不可或缺的前提，然而"致治"才是大一统的真正目的。建构良好的秩序，实现良好的治理，是司马迁对大一统国家的根本期待。正如穆启乐所说："《史记》一开篇就非常关注天下的良好治理，反复提到天下大治的目标是和平和谐的世界秩序。"③

　　虽然"大一统"的概念直到汉代才得到彻底且系统的阐发，公羊家又赋予了大一统"理想型"的政治内涵，但我们却不能说那就是大一统的历史和现实，更不能径直以公羊家理想中的大一统代替政治史中的大一统。《公羊传》中的大一统只是一种理论总结："历史表明，《公羊传》的大一统理论是对西周、春秋以来大一统思想的理论总结。"④ 实际上，大一统在先秦时期就已经初具规模："包括以'尊王'为核心的政治一统，以'内华夏'为宗旨的民族一统，以'崇礼'为中心的文化一统。"⑤ 正是在

---

　　① 张子侠."大一统"思想的萌生及其发展.学习与探索，2007（4）：212.

　　② 杨燕起.《史记》对国家大一统的称颂及内在逻辑.湖湘论坛，2015，28（5）：119-124.

　　③ 穆启乐.古代希腊罗马和古代中国史学：比较视野下的探究.黄洋，编校.北京：北京大学出版社，2018：90.

　　④⑤ 马卫东.大一统源于西周封建说.文史哲，2013（4）：118.

对大一统历史认知的基础上，费正清认为传统的中国"是国家、社会和文化三者异常超绝的统一体"①。然而，大一统作为一种国家形态，当然不是纯粹的一统，而是统中有散、统中有合："在政治上，必须是统一的、一元的，而统治形式却是可以多样的；在思想领域也必须如此，但不是暴力的，而是通过和平的'教化'实现一统；在社会生活领域，多样性和差异性就表现得特别充分。"② 对于古代中国来说，大一统作为一种动态的政治过程，能够有效地消解内在的政治风险，提高国家的相对稳定性。

大一统是一种国家形态，虽然其表现形式在不同的历史时期会有所变化，但其基本规模在秦汉的时候已经定型，因此毛泽东说"百代都行秦政法"。因此，我们对大一统的论述以秦汉为核心，兼及后代。大一统的国家形态有许多不同的内容，其中最基本的有四个方面：文化、制度、民族、地域。大一统国家的这四个方面当然不是独立的，而是相互包含、相互影响的，但为了论述和理解的方便，我们将对其分别论述。接下来，我们将从文化融合、制度一体、民族凝成、地域一统四个部分来论述大一统国家形态的具体内容。

（一）文化融合

钱穆认为文化融合是中国文化的本质属性："在中国文化史里，只见有'吸收、融合、扩大'，不见有'分裂、斗争与消灭'。"③ 中国的文化融合从史前时期就已经开始了。严文明认为，史前文化格局具有多样性，中原文化区是最著名的中心，其周围还有五个文化区：甘青文化区、山东文化区、燕辽文化区、江浙文化区、长江中游文化区。他将这种多样文化

---

① 费正清. 伟大的中国革命：1800—1985 年. 刘尊棋，译. 北京：世界知识出版社，2000：9.
② 陈理. "大一统"理念中的政治与文化逻辑. 中央民族大学学报（哲学社会科学版），2008
（2）：7.
③ 钱穆. 中国文化史导论. 北京：九州出版社，2011：144.

的布局称为"重瓣花朵"："假如我们把中原地区的各文化类型看成是第一个层次，它周围的五个文化区是第二个层次，那么最外层也还有许多别的文化区，可以算作第三个层次。……它们同第二个层次的关系较同第一个层次更为直接也更为密切，好像是第二重的花瓣。而整个中国的新石器文化就像一个巨大的重瓣花朵。"诸多文化区形成了一种面向中原文化区的向心结构，这种向心结构自然就导致了以中原文化区为核心的，不同文化区之间的融合："进入文明时期以后，很自然地发展为以华夏族为主体，同周围许多民族、部族或部落保持不同程度关系的政治格局，奠定了以汉族为主体的、统一的多民族国家的基石。"① 文化区域的融合又进一步促进了民族、地域的统一。即使有的考古学家并不认同中原中心的模式，但也不得不承认文化融合是大一统国家得以诞生的重要基础："'大一统'构想的形成并不依赖位居地理中心的先进核心文化的引领，覆盖'九州'范围的'最初的中国'各区域文化持续的'裂变'、'撞击'和'熔合'，才是《禹贡》这样的中国智慧的'大一统'式政治神话和实践纲领的思想源泉。"② 从史前时期开始，文化融合就一直是中国的核心主题之一。

在氏族部落时期，战争和通婚是文化融合的主要途径。西周之前，每个氏族都有自己供奉的神，这个独特的"神"可以说是氏族文化的载体。各个氏族之间的文化隔阂展现为"民不祀非族"（《左传·僖公十年》），即只祭祀自己本族的神，而拒斥其他氏族的神。部落之间战争的结果，往往是征服者的神成为主神："一个部落征服另一个部落，而组织国家，征服者的神又成为全国共同崇奉的主神；被征服者的神则退处于副神的地位，有时且变为凶神。"③ 旧有的神并未被直接消灭，而是成了副神或凶神，

---

① 严文明. 中国史前文化的统一性与多样性. 文物, 1987（3）：48-50.

② 李新伟. 第一个"怪圈"：苏秉琦"大一统"思想束缚论述的新思考. 南方文物, 2020（3）：12.

③ 萨孟武. 中国社会政治史：先秦秦汉卷. 北京：生活·读书·新知三联书店, 2018：21.

仍然存在于文化体系之中，信仰体系的合一也就意味着文化的彻底融合。不同部族之间的通婚也同样导致了深层次的文化融合。王国维认为，周朝建立后有一个极其重要的制度，即同姓不婚。[①] 不同姓氏、不同部落之间的通婚毫无疑问会带来两种文化的交流与融合，这也是宗法制度得以延绵扩大的制度基础。不仅中原华夏各部族之间会通婚，华夷之间的通婚也是周朝的常态。秦国的祖先，传说也是姬姓贵族和西戎通婚所生。到了春秋时期，史书记载的汉族与异族通婚就更加常见，如顾颉刚等人所说："当时异族本多与汉族通婚姻者。如周襄王之狄后，晋献公之骊姬，晋文公之季隗，则知夷狄之文化必受汉族之影响，及其灭亡，遗黎当同化于汉族，即其存者亦渐华化矣。"[②] 汉族和夷狄通婚导致文化趋同，而一旦夷狄因战争灭亡，则其属民自然成为融合后的华夏文化成员。

　　大一统是文化融合的产物，同时大一统国家也追求文化融合。秦朝延续了前代对各种民间信仰整合吸收的逻辑："秦始皇的策略是为我所用，兼收并蓄，不论是天地鬼神、山川灵怪还是日月星辰，只要有来历有说法的，全都罗致为祭祀的对象。"[③] 秦始皇时期的国家信仰本身就是整体性融合的产物，到了汉朝这一融合最终形成了大一统的文化体系。最为著名的是董仲舒的"罢黜百家，独尊儒术"："《春秋》大一统者，天地之常经，古今之通谊也。今师异道，人异论，百家殊方，指意不同，是以上亡以持一统；法制数变，下不知所守。臣愚以为诸不在六艺之科孔子之术者，皆绝其道，勿使并进。邪辟之说灭息，然后统纪可一而法度可明，民知所从矣。"（《汉书·董仲舒传》）虽然董仲舒主张以政治手段促进文化的统一，但董仲舒的这种思想本身就是文化融合的产物。在战国时期，墨子提出的

---

①　王国维. 观堂集林：第 2 册. 北京：中华书局，1959：454.
②　顾颉刚，史念海. 中国疆域沿革史. 北京：商务印书馆，2015：47.
③　李宪堂. 大一统专制权力之象征体系的完成：从秦皇到汉武. 文史哲，2010（6）：25.

"一同天下之义"（《墨子·尚同中》），荀子提出的"六说者立息，十二子者迁化"（《荀子·非十二子》），甚至秦朝的"以吏为师"，都是主张文化一统。可以说，文化层面的一统是秦汉之际思想家的普遍态度。而以董仲舒为代表的儒家能够融合百家，取得了文化一统的最大共识，因而能够以"独尊"的名义推行无阻。葛兆光认为，汉初意识形态的建立是儒家对各家妥协融合的结果，"一方面表现在宇宙论上对黄老学说、阴阳五行学说、数术方技知识的兼容，一方面表现在社会治理上对法制主义以及行政系统的让步"①。以最大程度的融合为根基的大一统思想，在董仲舒之后很快成了社会主流，"凡是与'大一统'理想政治模式相违背的言行，都受到主流社会的普遍谴责"②。大一统的精神也逐渐渗透到了社会文化的各个层面，并建构了一个包括天地、自然、鬼神、历史、人伦、政治的完整的文化体系，形成了"六合同风，九州共贯"的文化景观（《汉书·王吉传》）。

秦汉之后，文化融合变得更具主动性，即以儒家文化为核心，吸收借鉴其他新的文化。出现这一特征的原因在于儒家教育的普及："在中国古制里，自天子以至庶人，社会各阶层都能受同等的教育。"③ 同等而普遍的儒家教育使得儒家文化渗透到社会生活的方方面面，也成为吸收融合其他文化的基本盘。既有儒家对道家、佛家的吸收融合，也有儒家对地方文化的吸收融合。儒家与道家的融合在魏晋时期较为明显，即使狂放如嵇康，也未能摆脱儒家的影响，其子仍坚守传统儒家的伦理教化，以忠君闻名。而佛学在唐宋之际就被儒家化，转而为禅宗、为理学。章学诚甚至认为佛学源于儒家经典《周易》："至于佛氏之学，来自西域……反覆审之，

---

① 葛兆光. 中国思想史：第1卷：七世纪前中国的知识、思想与信仰世界. 2版. 上海：复旦大学出版社，2013：253.

② 彭丰文. 西汉"大一统"政治与多民族交融认同. 民族研究，2016（2）：105.

③ 郭秉文. 中国教育制度沿革史. 北京：商务印书馆，2014：10.

而知其本原出于《易》教也。"① 儒家文化的官方代表为礼制，其也不断吸收地方性文化："在唐代，虽然曾发生过两次大规模清除淫祠的活动，但更为普遍的情形则是地方祠祀被纳入《大唐开元礼》所代表的礼制系统，地方政府因此被赋予判定祠祀性质的权力。"② 地方政府掌握着祠祀合法化的权力，这也就意味着，地方官员可以因地制宜地将地方文化纳入国家文化之中，以实现更加深入的文化融合。

秦汉之后的文化融合，是以大一统观为基础的文化融合，是以儒家基本原则为核心的文化融合。大一统观本身，就是一种具有独特向心力的文化中心："'大一统'说的形成，标志着中华文明为自身的发展确立价值原理，同时也是以文化价值原理为根本的对历史合理性的把握与规定，是对历史的根本定向，是为历史确立意义和目的。"③ 大一统之下的文化融合一方面解释着政治史，另一方面又限定着政治史。而在儒家基本原则下的文化融合使得政治呈现出特有的形态："政治之根本法则与伦理道德相结合，二者一致不分，而伦理学与政治学终之为同一的学问。"④

（二）制度一体

大一统国家就其制度层面而言，展现为制度的一体化。钱穆谈道："在一个大一统的政府之下，则必然有其相通合一的统一性的制度。"⑤ 制度一体化有三个主要方面：地方与中央一体、士人与君主一体、礼治与法治一体。这三个方面并不是绝对独立的，而是相互联系、相互贯通的。接

---

① 章学诚．文史通义．上海：上海古籍出版社，2015：8.
② 雷闻．郊庙之外：隋唐国家祭祀与宗教．北京：生活·读书·新知三联书店，2009：291.
③ 江湄．从"大一统"到"正统"论：论唐宋文化转型中的历史观嬗变．史学理论研究，2006（4）：38.
④ 梁漱溟．中国文化要义．2版．上海：上海人民出版社，2011：22.
⑤ 钱穆．中国史学名著．2版．北京：生活·读书·新知三联书店，2005：166.

下来，我们将分别论述这三个方面。

1. 地方与中央一体

　　地方与中央一体是伴随着中国社会史转变为政治史而形成的，以郡县制替代分封制是中央地方一体化的主要历史表征。在中国历史传说中的上古时期，那些想要统一天下的帝王就采取封建制度形式来安排国家秩序。例如黄帝在征服神农氏之后，并没有对其进行国家层面的统治，而是"放任农耕民管理自己的政事，审判自己的诉讼，信仰自己的神祇，最多不过派遣代表，监视他们，使他们不敢反抗"①。此时的"天下共主"对地方的控制力十分微弱，地方势力的崛起随时可以挑战部落联盟的领袖，只要战胜主导的部落方国，就可以成为新的"天下共主"。到了西周时期，中央地方一体化进一步加强，这表现为以宗法为纽带，联结各封建诸侯。周王作为天下的"大宗"，对地方拥有道德上无可置疑的优越性。然而封建制度的本性会不可避免地导致地方与中央的分离。韦伯在谈到西方中世纪的封建制度时，认为封建制度的一个关键内容即地方封臣拥有自治的行政权，这将不可避免地导致封臣与领主的分离："领主与封臣之间就会暗藏着长期的争夺权威的斗争，封建权威的覆盖范围实际上就绝不会得到理想的有效贯彻，或者绝不会在永久性基础上发挥效力。"② 虽然周朝的封建制度不像西方那样单单依靠忠诚来维持，但宗法的效力也必然随着时间的流逝而逐渐降低："百年之后，血缘纽结的自然松弛，并且'封建'制度下授予地方封国的高度自治权也开始导致它们走向独立。考古证据显示，周王室与地方封国之间的交流在西周早期时有发生，但到西周中期则逐渐中断。"③ 封建制度下的诸侯势力日益膨胀，正如柳宗元在《封建论》中

---

① 萨孟武. 中国社会政治史：先秦秦汉卷. 北京：生活·读书·新知三联书店，2018：9-10.
② 韦伯. 经济与社会：第1卷. 阎克文，译. 上海：上海人民出版社，2019：453.
③ 李峰. 西周的灭亡：中国早期国家的地理和政治危机. 增订本. 徐峰，译. 上海：上海古籍出版社，2016：151.

所说:"侯王虽乱,不可变也;国人虽病,不可除也。"以宗法为核心的封建逻辑最终抵挡不住地方的离心倾向,逐渐分崩离析,到了春秋时期周天子已经名存实亡。

战国时期,各个诸侯主动进行改革,纷纷在本国内部建立起中央地方一体化的郡县制度:"郡县制政体下分立的中央集权制国家的建立及各国政治、经济、军事制度的逐步统一,将中国早期国家的结构形式推进至早期单一制阶段。"①随着秦国最终统一六国,这种单一制的国家最终取代了分封制国家,开启了两千多年中央地方一体化的时代。毛泽东在思考中国政治秩序的时候,专门强调了秦始皇对中国政治的伟大贡献:"不搞国中有国而用集权制,由中央政府派人去各个地方,几年一换,不用世袭制度。"②毫无疑问,中央地方一体化的国家形态也规范和限定了现代中国政治的建构过程。

2. 士人与君主一体

士人与君主的一体化是以儒家思想为联结的一体化,同时也是官僚系统的一体化。周朝时期,是贵族和作为贵族代表的天子共治天下。天子的存在意味着封建体系稳定的可能性:"周王的权力,不管是宗教性的还是象征性的,对于那些希望看到天上和天下都能够被恰当地、井井有条地管理的人来说,就是一种激励的源泉。"③然而,天子与国家的直接管理者仍隔着较远的距离,天子通过贵族间接地影响那些直接与百姓接触的官吏。到了战国时期,新型君主掌握了更加直接的统治权:"源于战国变法,

---

① 周书灿. 从早期国家结构的基本形式看秦汉大一统政治的社会基础. 河北师范大学学报(哲学社会科学版),2002(6):90.

② 中共中央文献研究室. 毛泽东年谱:1949—1976:第6卷. 北京:中央文献出版社,2013:500.

③ 尤锐. 展望永恒帝国:战国时代的中国政治思想. 孙英刚,译. 上海:上海古籍出版社,2013:28.

确立于秦汉的、后封建的新型君主其实正同于西欧封建社会瓦解之后出现的'主权君主'。"① 这种主权君主本能地要排斥作为统治中间阶层的贵族。国家的统治者从贵族转换为士人，是春秋战国时期的一大变化。这一时期，一些主要的诸侯国采取了抑制贵族的政策，如孙叔敖所说的楚国之法，"禄臣再世而收地"（《韩非子·喻老篇》）、"功臣二世而爵禄"（《淮南子·人间训》）。贵族被剥夺了土地的继承权。到了春秋晚期，楚国的大多数官职都已不再世袭。② 商鞅变法的一个重要举措也是"宗室非有军功论，不得为属籍"（《史记·商君列传》）。这一系列的变革使得贵族阶级逐渐消失，正如梁启超所说："吾国自秦、汉以来，贵族政治早已绝迹。"③ 贵族的消失使得士人成了国家的统治者，君主和士人的联系更加紧密。然而法家的理论仍然在皇帝和官僚之间设置了一条不可逾越的鸿沟。

儒家理论则消除了君主与士人的割裂。荀子首先从理论上阐释了士作为统治阶层的条件："虽王公士大夫之子孙，不能属于礼义，则归之庶人。虽庶人之子孙也，积文学，正身行，能属于礼义，则归之卿相士大夫。"（《荀子·王制》）将礼义作为评价士人的普遍标准，实质上是将王公的子孙和普通百姓放在了同一个水平线上。礼义成了国家统治者的共通要求，如此则天子和士人有了平等的理论根基。然而，这样的论述充满儒家的理想主义色彩，从战国到秦朝时期并非主流。到了汉朝，儒家成为统治思想，儒者成为君主的老师，担负起教育天子的职责，即《礼记·学记》所讲的"师也者，所以学为君也"。君主和士人共享同样的知识和伦理，互相联系又互为依托，如《大学》所说："自天子以至于庶人，壹是皆以修

---

① 丁耘. 论中华传统的根本特性：马克思主义中国化的历史基础. 文化纵横，2011 (1)：96.

② 顾德融，朱顺龙. 春秋史. 上海：上海人民出版社，2001：284.

③ 梁启超. 中国专制政治进化史论//梁启超. 饮冰室文集点校：第3集. 昆明：云南教育出版社，2001：1661.

身为本。"到了东汉时期，天子与士人可以说就彻底合二为一了："天子之元子犹士也，天下无生而贵者也。"（《仪礼·士冠礼》）① 作为最高统治者的天子，也是士。君主与士，就以儒家思想为中介贯通了起来，成了一体。而君主成为儒家伦理的中心，也不断吸引着被儒家文化影响的边缘士人，因此使得大一统的政府呈现出一种向心结构："秦、汉统一政府，并不以一中心地点之势力，征服四围，实乃由四围之优秀力量，共同参加，以造成一中央。且此四围，亦更无阶级之分。所谓优秀力量者，乃常从社会整体中，自由透露，活泼转换。因此其建国工作，在中央之缔构，而非四围之征服。"②

君主与士人的一体化不仅体现在儒家思想的贯通上，也体现在官僚体系的设计上。君主代表着中央的行政权力，并通过监察、铨叙、察举（科举）等制度与掌握地方权力的士人实现联结。在这过程中所涉及的具体制度内容是一个繁复而庞大的体系，这里我们以上计制度为例做一个简单说明。上计制度是地方管理者向中央汇报地方治理情况，中央据此进行赏罚的一项制度。这项制度在战国时期已经被各个诸侯国普遍采用，例如西门豹为魏国邺令，"居期年，上计，君收其玺……期年，上计，文侯迎而拜之"（《韩非子·外储》）；王稽为秦国河东郡郡守，"三岁不上计"（《史记·范雎蔡泽列传》）。到了秦汉时期，上计成为中央与地方长官关联互通的关键内容："秦汉地方长官每年定期派计吏向中央汇报本地情况，相关文书称为'计簿'，亦称'集簿'，内容包括户口、垦田、赋役、治安和自然灾害等。经考核后，便可根据考核结果对各级官员予以黜陟赏罚。"③ 士人与君主的一体化在这里也就意味着国家治理的一体化。

---

① 班固也曾在《白虎通德论·爵》中论述："王者太子亦称士何？举从下升，以为人无生得贵者，莫不由士起，是以舜时称为天子，必先试于士。"
② 钱穆. 国史大纲. 修订本. 3 版. 北京：商务印书馆，1996：引论 14.
③ 晋文. 秦汉经济制度与大一统国家治理. 历史研究，2020（3）：16.

3. 礼治与法治一体

制度一体的第三个内容是礼治与法治一体化。在中国历史上，礼治的出现要早于法治。许慎在《说文》中讲："礼，履也，所以事神致福也。"周朝以前，礼以其超越的宗教内涵，对整个社会政治起着统摄作用。然而到了周朝，礼的功用和内涵都发生了巨大变化。宗教意识淡薄的周王朝对商朝的礼制进行了"理性化"的改革，赋予了礼更多哲学的和政治的内涵，并使得礼制成为周朝政治制度和社会制度的代名词——周礼。在理想状态下，礼制是可以维系稳定的社会秩序的，然而，随着疆域规模的扩大化，社会状况的复杂化，地方的"俗"凌驾于天下的"礼"之上，人与人之间的忠信难以跨越地区和族群的障碍。所谓的"礼崩乐坏"主要表现为封建内部诸侯国的崛起消解了礼治秩序，并进一步要求权力结构的重组。礼治秩序衰败，法家开始登场，"失礼而后法"[1]。春秋战国时期，在铁血战争的洗礼下，统一逐渐为最高政治价值。法家变法对于大一统国家的形成来说，可以进行最大限度的军事动员，增强国家财政汲取能力，提高组织管理效率。[2] 战国时期的国家纷纷采取法家式的变法，可以说法家彻底重塑了新形势下的权力结构。韩非子将这一历史趋势高度理论化："故尊君权、重法治、禁私学，乃当时现实政治之自然趋势。法家之学，不过将其加以理论化而已。"[3] 秦国依靠法家统一六国，而法治也成了秦国建构大一统的主要治理模式。

然而由于法家政治价值的不彻底性以及治理模式的不完善性，秦朝无力应付文化贵族和基层百姓的双重反叛而崩溃。汉朝吸取秦朝失败的教训，对秦朝的政治制度进行了全面的礼制化，实现了礼治和法治的一体化

---

① 钱穆. 晚学盲言. 北京：生活·读书·新知三联书店，2018：429.

② 孟庆涛. 法家变法与大一统帝制形成的理论逻辑. 中南大学学报（社会科学版），2012，18（3）：69-74.

③ 冯友兰. 中国哲学史. 上海：华东师范大学出版社，2000：236.

改造。礼治和法治的融合有着共同的理论背景。例如两者都提倡大一统的"尊君"。司马迁评价法家时说："法家严而少恩；然其正君臣上下之分，不可改矣。"（《史记·太史公自序》）尊君之重要意义，在于为政治秩序提供了一个稳定的中心。周朝的礼制中存在以尊尊的昭穆制度、超越亲亲的继承制度，也是为了强调尊君。即使是极度推崇礼治的孔子，也并不否认法治的重要性："谨权量，审法度，修废官，四方之政行焉。"（《论语·尧曰》）因此，汉初的儒家可以很自然地把礼治和法治融为一体。董仲舒一面强调儒家的主导地位，一面又以《春秋》决狱，这其实就是一种把礼治和法治相结合的努力。瞿同祖说道："这时的儒者虽仍以德治为口号，但已不再排斥法治，和以前的儒家不同，儒法两家思想上的冲突已非绝对的，在礼治德治为主、法治为辅的原则之下，礼治、德治与法治的思想趋于折中调和。"① 在汉儒的眼中，礼治和法治的调和以礼治为主。因此，在汉朝思想家看来，崇尚礼治的汉朝远胜于只施行法治的秦朝，汉朝是三代一统秩序的继承者："在鼓吹儒学思想的班固等人眼中，虞夏、殷周之后的秦政虽历史影响巨大，或不符合周'大一统'的理念。汉才是接续五帝三王之业而复现'一统'的盛朝。"② 汉末的政治思想家荀悦对汉代所开创的治理模式有过精辟的总结，"德刑并用。常典也"（《申鉴·时事》），"故凡政之大经，法教而已矣"（《申鉴·政体》）。儒法一体自此之后就成为两千年来一贯的治理模式。

在儒家思想的主宰下，礼治与法治的一体化表现为礼治涵括法治："礼者，体也。故礼必成体，即兼容并合此政治、伦理与经济之三方面而成为一治体也。惟其必融凝此三者而始成为一治体，故于政治制度之背

---

① 瞿同祖.中国法律与中国社会.北京：商务印书馆，2010：353.

② 孙闻博."并天下"：秦统一的历史定位与政治表述：以上古大一统帝王世系为背景.史学月刊，2018（9）：35.

后，有伦理道德焉，有经济实利焉。"① 既有伦理道德，又兼顾法治的礼治治理模式在汉朝实现了对超大规模统一国家的有效治理。汉朝通过察举，通过对儒家思想的尊崇，将礼的秩序推广到全体百姓，使得地方基层在三老、忠孝的逻辑下实现自我治理的同时，保持对中央权力的尊崇。这种礼治治理模式也是唐宋之后中国所谓"皇权不下县"、无警察的根本原因。因此钱穆说："中国广土众民，乃可无警察，近代国人则亦谓之帝王专制。不知民众尊王，乃其礼。而政府之统治，亦不待警察。"② 中国古代的行政官员比例之所以较低，没有西方式的专制，就是因为实行儒法一体的治理模式。

（三）民族凝成

基于大一统的国家形态，中华民族的演化展现为一种周边民族持续不断地向心凝聚的过程，我们称之为民族凝成。梁启超对中国的民族凝成有过经典论述，他认为中华民族早期自称"诸夏"，本来就是多元结合的说法，之后"'诸夏一体'的观念，渐深入人人之意识中，遂成为数千年来不可分裂不可磨灭之一大民族"③。中华民族的一统趋势在先秦时期已经显现，并在后来的历史时期不断加深。

在中国历史的传说时期，就有了民族凝成的努力，《管子·地数》谈到黄帝的志向是"吾欲陶天下而以为一家"。不论在真实的历史中黄帝是否存在，其又在何种程度上做到合各民族为一家，黄帝巨大的象征意义都是不可磨灭的。黄帝被认为是中华民族的共同始祖，并在后来的历史中成了一个民族认同的标志性人物。杜贵晨曾经做过统计，在二十四史的记载

---

① 钱穆.中国学术思想史论丛：第1卷.台北：东大图书有限公司，1976：96-97.
② 钱穆.晚学盲言.北京：生活·读书·新知三联书店，2018：432.
③ 梁启超.中国历史上民族之研究//梁启超.饮冰室合集.北京：中华书局，1989：4.

中，只有金和清这两个女真族裔的王朝认为自己与炎帝、黄帝为不同的民族，其他二十二朝帝君，无论是汉族还是少数民族，全都自称是"黄帝子孙"。例如鲜卑族认为自己是黄帝后代："黄帝以土德王，北俗谓土为拓，谓后为跋，故以为氏。"（《魏书·序纪第一》）契丹族认为自己是炎帝后人："辽之先，出自炎帝，世为审吉国。"（《辽史·太祖纪》下）这种自我认识或许有着政治上的特殊目的，但无疑加深了多民族中国的国家认同。有学者认为："这除了说明中国历史上包括匈奴、鲜卑、契丹、蒙古等民族建立的政权在内的绝大多数朝代之'政统'，均因其统治者族姓出'黄帝'或'炎帝'之统而实质是黄帝为始祖的真正的'大一统'。"[①] 而只有实现了深度民族凝成的统治者，才有可能实现政权建构的最终目标——大一统。

先秦时期中国并没有严格的以血缘为基准的民族界限："在古代观念中，四夷与诸夏实在另有一个分别的标准，这个标准，不是'血统'而是'文化'。……这里所谓的'文化'，具体言之，则只是一种'生活习惯与政治方式'。"[②] 以文化来区别不同的民族是中国民族观念的独特所在，也正因如此，民族之间的界限变得十分模糊。孟子曾说舜是"东夷之人"，文王是"西夷之人"（《孟子·离娄下》）。舜和文王作为上古的圣贤尚且是夷狄，这也就意味着后来的夷夏之别根本是站不住脚的。春秋时期齐桓公喊出过"尊王攘夷"的口号："自从春秋时代王纲解纽，篡弑频仍，兼并盛起，夷狄横行，一般盟主用了'尊王''攘夷'的口号联合诸夏成为一个集团，禁抑篡弑，裁制兼并，中国的雏形在那时方才出现。"[③] 然而我们若考察史实就会发现，春秋各国在"攘夷"的过程中也在不断吸纳夷

---

① 杜贵晨.黄帝形象对中国"大一统"历史的贡献.文史哲，2019（3）：154.
② 钱穆.中国文化史导论.北京：九州出版社，2011：39.
③ 童书业.春秋史.北京：商务印书馆，2010：272.

狄。例如，刚开始被视为夷狄的楚国和秦国，到春秋后期也逐渐得到了中原各国的承认；吴国的季札甚至精通中原的礼制，并得到了孔子的高度称赞。① 因此，司马迁说华夏和吴楚蛮夷本来就是同源："余读《春秋》古文，乃知中国之虞，与荆蛮、勾吴兄弟也。"（《史记·吴太伯世家》）韩愈认为孔子作《春秋》，本就没有严苛的民族观念，夷狄和华夏的差别仅仅在于是否使用礼制："孔子之作《春秋》也，诸侯用夷礼则夷之，进于中国则中国之。"（《原道》）以文化而非血缘来区别民族的传统观念，在事实上根本抹除了民族之间的界限，为大一统中国的民族凝成提供了一个基点。

到了汉朝初期，基于民族凝成的原则，司马迁重新建构了中国的民族观念。在司马迁的观念里，几乎当时所有的夷狄都是同宗同源的，都是黄帝的后代：如谈到越国时说"越王勾践，其先禹之苗裔，而夏后帝少康之庶子也"（《史记·越王勾践世家》），大禹是黄帝的后代；谈到楚国时说"楚之先祖出自帝颛顼高阳"（《史记·楚世家》），颛顼高阳也是黄帝的后代；谈到秦国时说"秦之先，帝颛顼之苗裔"（《史记·秦本纪》），秦之先祖颛顼也是黄帝的后代；甚至匈奴也与华夏同祖，"匈奴，其先祖夏后氏之苗裔也"（《史记·匈奴列传》）。一方面，他将华夷各族纳入同一个祖先之下；另一方面，他也认为夷夏之别不是绝对的，只是社会发展的差别："传统夷夏观重视夷夏之别，《史记》则认为夷夏之别只是就社会发展水平而论，而且夷夏是可以互变的，故'不斤斤于夷夏之别'。"② 周从夷狄变为华夏，秦从夷狄变为华夏，都是遵从了社会发展水平的逻辑。于逢春认为，司马迁的华夷观念其实是从民族的角度为大一统国家建构框架："司马迁通过对夷狄、华夏族群的族源予以'源出于一，纵横叠加'的历史追想，构建了'大一统'思想框架。我们从司马迁所构筑的'华夷共祖'的

---

① 《论语·泰伯》："子曰：泰伯，其可谓至德也已矣。三以天下让，民无得而称焉。"
② 汪高鑫. 两汉正史民族史撰述与统一多民族国家的巩固. 求是学刊，2012，39（2）：143.

意境中，可以推想到他已有的族群心理的核心是共享血缘的感觉。"华夷共祖的观点从根源上消除了不同民族之间的裂痕，"五帝们也好，夏、商、周、秦的祖先们也罢，他们不仅族群起源不同，起初活动范围亦相距甚远。他们是形成华夏族群的不同源头，惟其经过长时段的融合后，逐渐具有了认同意识，反过来经过集体失忆与对过去的重构，将传说中的黄帝移入了华夏族群意识与华夏社会意识的最核心部位"①。可以说，民族凝成造就了大一统国家，而大一统国家反过来又促进了民族凝成。

汉朝接续了司马迁的努力，一方面把少数民族纳入大一统的政治版图，另一方面不断重塑民族观，完成更高程度的民族凝成。例如汉朝时期的西羌，有许多小的部落，它们各自为政，不认可汉朝的统治。汉朝则认为西羌自古就是华夏的一分子："西羌之本，出自三苗，姜姓之别也。其国近南岳。及舜流四凶，徙之三危，河关之西南羌地是也。"（《后汉书·西羌传》）三苗在传说中被舜打败，也是华夏的支裔。华夏文明的奠基者之一大禹也"兴于西羌"（《史记·六国年表》）。因此，华夏对西羌进行的武力征服只是恢复原有的大一统民族秩序。在这样的民族观念下，在汉代延续的 400 多年中，"愈来愈多的华夏边缘人群（通常为本地统治者家族）遗忘他们原来的祖先，而华夏也逐渐遗忘这些边缘人群的'异族'身份"②。民族凝成就在这样一个互动的过程中彻底实现。

以民族凝成为基础，各个追求大一统的朝代都不约而同地采取了类似的政策措施，来进一步促进不同民族之间的融通合一。传统中国民族政策的基本原则是"多元一体，和谐共生"，这一点在儒家经典中有着确切的说明："修其教，不易其俗。齐其政，不易其宜。中国戎夷，五方之民，

---

① 于逢春.华夷衍变与大一统思想框架的构筑：以《史记》有关记述为中心.中国边疆史地研究，2007（2）：26.

② 王明珂.华夏边缘：历史记忆与族群认同.杭州：浙江人民出版社，2013：214.

皆有性也，不可推移。"（《礼记·王制》）所谓的修教、齐政，就是要把不同的民族都纳入大一统的国家秩序之中。与此同时，又不主动改变各民族本来的风俗面貌，即"不易其俗、不易其宜"。大一统国家并不会刻意地区分各个民族的不同，也不会以制造民族间的对立来实现统治，而是在政治层面平等对待各个民族。大一统的第一要义是建构秩序，让各个不同的甚至相异的部分在一统的秩序下和谐共生。这种民族政策也影响到了后来的各个朝代。例如，在明朝的时候，开国皇帝明太祖朱元璋就强调说："朕既为天下主，华夷无间，姓氏虽异，抚字如一。"（《明太祖实录·卷五十三》）对于大一统的国家来说，华夷之间、不同族姓之间只有治理方法上的差异，而没有价值或伦理上的差异。明太宗朱棣也说："华夷本一家，朕奉天命为天子，天之所覆，地之所载，皆朕赤子，岂有彼此？"（《明太宗实录·卷三十》）即使在所谓的"少数民族统治者"那里，他们的民族态度仍然是"华夷一家"。金国皇帝曾说："四海之内，皆朕臣子，若分别待之，岂能致一。"（《金史·熙宗纪》）只有实行民族平等的政策，才能最终达到国家"致一"的结果。清朝的雍正帝尤其介意满汉之间的对立，力图破除满汉之间的民族隔阂："我朝肇基东海之滨，统一诸国，君临天下。所承之统，尧舜以来中外一家之统也；所用之人，大小文武，中外一家之人也；所行之政，礼乐征伐中外一家之政也。……夫满汉名色，犹直省之各有籍贯，并非中外之分别也。"（《清世宗实录·卷一百三十》）在雍正帝看来，他秉持中外一家的原则，承续千年之统，施行儒家之政，与各民族共治天下，根本不需要有什么民族的区分对立。

民族凝成意味着不同民族之间的互动、同化、融合，是一个永不间断的过程。传统中国的民族观念、民族政策都依附于大一统政治而存在，因此也就展现出一种独特的国家形态，并影响至今。对于大一统与民族凝成的关系，清朝统治者有着明确的认知："中外臣民，既共奉我朝以为君，则所以归诚效顺……莫不知大一统之在我朝。"（《清世宗实录·卷八十六》）因此有学者认为，中国的民族关系主要体现为民族与大一统国家之间的关系，并称之为"多元一统"："'多元一统'指多民族共同生存于一个'大一统'国家之中并且与'大一统'国家互为发展的前提和条件。"[①]近代中国在西方帝国主义冲击之下，为了推翻清王朝的统治，救亡图存，提出了"驱逐鞑虏、恢复中华"的口号。可到了中华民国建国的时候，就抛弃了这个口号，重新提出了"五族共和"。新中国成立之后，区分了五十六个民族，以构建大一统的多民族国家。

（四）地域一统

地域一统是大一统国家形态的一个重要表现。对于大多数人而言，大一统也常常是指疆域层面的"大统一"。葛剑雄就专门探讨了中国疆域统一和分裂的时间期限，以此来判定中国真正实现大一统的时间。他认为，如果把恢复前代疆域、维持中原地区的和平作为标准，那么中国历史上统一的时间少于分裂的时间。因此，"对中国而言，分裂、分治的时间是主要的，统一的时间是非常短暂的"[②]。就这一点来说，号称大一统的中国，似乎并没有那么"一统"。然而，当我们把地域一统当作一种国家形态的时候就会发现，历史上的中国无论疆域是否广大，都会把地域一统当作最重要的目标之一来实现。而在这一长期的历史进程中，中国也不断地达到地域一统的新高峰。正如张博泉所说："一统是在一体中的一统，分裂也是在一体中的分裂。统一与分裂在一定条件下可以转化，统一转化为分裂，分裂又转化为统一；在统一中有分裂的因素，在分裂中又孕育更大的

---

① 王文光．"大一统"中国发展史与中国边疆民族发展的"多元一统"．中国边疆史地研究，2015，25（4）：24-25.

② 葛剑雄．统一与分裂：中国历史的启示．北京：商务印书馆，2013：83.

统一。统一是主要的，分裂最终又归于统一。"①

地域一统的理念和现实至少在西周时期就已经存在。关于中国传统地域最早的文献是《尚书·禹贡》，托名传说中的人物大禹，划分了九州，勘定了中国的山川地形，即："禹敷土，随山刊木，奠高山大川。"《诗经》中也有相关的记载："禹敷下土方。"（《诗经·长发》）大禹的传说，可以说是最早的关于中国地域一统的观念认知。但是在 20 世纪，学界普遍认为《禹贡》是战国之后的文献，因此也就将中国地域一统观念的出现时间推迟到了战国。但 21 世纪初，一件西周中晚期的重要文物——豳公盨的出现，改变了这一看法。李学勤解读了"豳公盨"内的铭文："天命禹敷土，随山濬川。"② 内容与传世《禹贡》有较大相似性，其风格也与《尚书》接近，因此我们可以认为，九州一统的观念是一种早在西周就有的、三代相承的地理观念。李零评价说："《禹贡》不管成书于何时，我以为它所反映的基本思想是夏、商、周三代递相承用的'天下'概念，即一种以地缘济血缘之不足，借职贡朝服做间接控御，'柔远能迩'的地理大视野。"③ 以大禹为核心人物的九州一统观念也在先秦典籍中有诸多展现，《诗经》中就有"自彼成康，奄有四方"（《诗经·执竞》）、"于疆于理，至于南海"（《诗经·江汉》）的说法，这都是在说明地域一统的观念。

西周时期，伴随着地域一统观念而出现的是周王朝地域一统的政治现实。周公在"二次东征"平定了东方商殷旧民的叛乱之后，分封诸侯，把中原地区的重要地域都纳入周王的控制之下。周王室所在的渭河流域和东方诸国构成了当时地域一统的"天下"："在西周贵族精英的政治观念里，西周国家传统上由两个地带圈组成：（1）侯、甸、男，指那些位于东部、

---

① 张博泉. "中华一统"论. 史学集刊, 1990 (2)：8.
② 李学勤. 论豳公盨及其重要意义. 中国历史文物, 2002 (6)：6.
③ 李零. 李零自选集. 桂林：广西师范大学出版社, 1998：74.

控制众多地方封国的所有地方统治者；（2）邦、采、卫，指位于西部、主要在陕西中部渭河流域由周王室直接进行行政控制的所有地方政体。"①渭河流域和东部的各个邦国，共同组成了周人观念中的"天下"。周王自然也就是当时所可认知的地理极限的唯一统治者，因此会有"溥天之下，莫非王土"（《诗经·北山》）的说法。

到了春秋战国时期，当时所认知的"天下"边界不断向外扩展。尤其是在中原地域边缘的齐国、楚国、秦国、晋国，不断向外扩张，将未探索之地纳入"天下"之中。中原诸侯的兼并趋势延展到边疆，旧有的戎夷之地开始被同化为中国之地："而因华夏诸侯兼并势盛之故，戎狄亦多被吞并，如莱、介等之灭于齐，根牟之灭于鲁，卢戎、蛮氏等之灭于楚，骊戎、亳等之灭于秦，陆浑之戎、潞氏、甲氏、留吁、铎辰、东山皋落氏、廧咎如、肥、鼓等之灭于晋。则知大河北境悉入晋封，汝颍以南悉成楚境，秦凉附近尽为秦疆，而胶东一带化为齐土矣。"②春秋战国时期诸侯国开疆拓土的行为，或是被迫或是主动，总而言之都加快了中国地域一统的历史进程。这一过程延续到秦汉时期，最终塑造了地域一统的天下规模，其影响一直持续到现代。

汉朝是大一统国家地域一统的成型时期。战国时期有过"五方之民"的说法，即大一统的民族地域包括华夏、东夷、南蛮、西戎和北狄。然而这只是先人的理想状况，《史记》所构建的秦汉国家民族地理格局，才是大一统的现实反映。③尤其在汉武帝时期，其动员巨量的资源，逐步对匈奴、南越、卫氏朝鲜、西域、西南夷开展军事行动，在李大龙看来，其实

---

① 李峰. 西周的政体：中国早期的官僚制度和国家. 吴敏娜，胡晓军，许景昭，等译. 北京：生活·读书·新知三联书店，2010：52.

② 顾颉刚，史念海. 中国疆域沿革史. 北京：商务印书馆，2015：46-47.

③ 黎小龙，徐难于. "五方之民"格局与大一统国家民族地理观的形成. 民族研究，2008（6）：69-74.

是在有计划地建构地域一统的大一统国家。① 就其历史影响而言，汉武帝所开创的地域一统的规模成了两千年来各个朝代追逐的标杆："西汉'大一统'王朝的疆域成了各史阐述疆域时比照的对象。"② 正如清代赵翼所说："统计武帝所辟疆土，视高、惠、文、景时几至一倍。西域之通尚无与中国重轻，其余所增地，永为中国四至，千万年皆食其利。"（《廿二史箚记·卷二》）

后代王朝，一面继承着三代以来地域一统的观念，一面努力实现汉唐的地域规模。例如晋朝以"宛然秦汉"来标榜自己大一统的功绩："是以洛汭咸阳，宛然秦汉，晋滨河西，同知尧禹，于兹新邑，宅是镐京。"（《晋书·地理志》）北魏时期虽国家地域未统一，但郦道元仍以西汉的疆域为限度作为其《水经注》的写作范围，可见西汉地域一统的观念深入人心。③ 当时的帝王也将地域一统作为自己的追求目标，前秦的苻坚说："吾统承大业垂二十载，芟夷逋秽，四方略定，惟东南一隅未宾王化。吾每思天下不一，未尝不临食辍餔，今欲起天下兵以讨之。"（《晋书·苻坚载记下》）唐朝则与汉朝进行具体的比对："开元、天宝之际，东至安东，西至安西，南至日南，北至单于府，盖南北如汉之盛，东不及而西过之。"（《新唐书·地理一》）宋朝则直言地域规模不及汉唐的遗憾："至是，天下既一，疆理几复汉、唐之旧，其未入职方氏者，唯燕云十六州而已。"（《宋史·地理志》）少数民族政权则盛称自己地域的广大，并潜在地为其大一统国家的合法性背书。例如元代称："自封建变为郡县，有天下者，汉、隋、唐、宋为盛，然幅员之广，咸不逮元。"（《元史·地理志》）清代

---

① 李大龙. 汉武帝"大一统"思想的形成及实践. 北方民族大学学报（哲学社会科学版），2013（1）：38-49.

② 李元晖，李大龙."大一统"思想的形成与实践：多民族国家中国疆域的形成和发展. 西北民族大学学报（哲学社会科学版），2016（1）：45.

③ 陈桥驿. 郦道元生平考. 地理学报，1988（3）：241-249.

则宣称："自兹以来，东极三姓所属库页岛，西极新疆疏勒至于葱岭，北极外兴安岭，南极广东琼州之崖山，莫不稽颡内乡，诚系本朝。于皇铄哉！汉、唐以来未之有也。"（《清史稿·地理一》）

从宋朝开始，地域一统作为国家合法性构建的重要条件被不断提及。司马光在《资治通鉴》中谈道："窃以为苟不能使九州合为一统，皆有天子之名而无其实者也。"凡不能够实现地域一统的朝代，都不可避免地要面临大一统的合法性焦虑。儒家公羊学关于"正统"的论述，也逐渐转向以地域一统为核心标准。苏轼谈道："正统云者，犹曰有天下云尔。"在饶宗颐看来，这种对正统之"统"的阐释，由时间转为空间，"渐离公羊之本旨"[①]。这一观念在宋朝之后变得越来越重要。元朝在灭了宋朝之后，就以地域的统一宣扬对宋朝合法性的取代："非四海一家，不为正统。"（《元史·刘整传》）杨联陞研究发现，越到后世，地域一统的重要性就越突出。[②]尤其是元、明、清三代，都要以地域一统的规模庞大、超越前朝为自己的合法性辩护。

国家保障地域一统的制度有许多，最重要的毫无疑问为郡县制，除此之外，上古的巡狩制度及其衍生的刺史制度也是地域一统的重要制度保障。巡狩制度可以说是三代以来帝王维持地域稳定的重要制度。《史记·五帝本纪》中就有舜巡狩四方的记载。西周时期，周穆王也有"周行天下"（《左传·昭公十二年》）的事迹。秦始皇在统一六国之后，也多次巡狩全国，例如"二十七年，始皇巡陇西、北地"（《史记·秦始皇本纪》）。帝王的巡狩无疑会扩大其政治影响力，提高地域一统的稳定性。王子今认为："'巡狩'，是一种政治交通实践，通过这样的交通行为，天下四方可以真正归为一统。"巡狩的根本目的，是使天下归于一统。而在郡县制度

---

① 饶宗颐. 中国史学上之正统论. 北京：中华书局，2015：81.
② 杨联陞. 国史探微. 北京：新星出版社，2005：30-42.

彻底施行之后，天子巡狩的制度改为大臣巡行天下的制度："后世特派大臣'分遣巡行天下'的形式，仍体现上古'巡狩'之'古意'。"① 由中央派出刺史、钦差等，事实上就是延续了天子巡狩的精神，为地域一统的稳定性提供了重要的制度保障。

晚清以来，诸多学者对古代大一统的中国展开批判，并斥之为大一统的专制主义。然而一旦涉及地域一统的问题，他们就开始以一种更加现实的角度反省大一统，尤以孙中山等革命党人为代表，他们"特别是在处理族群和疆域问题时重新回归到了'大一统'历史脉络之中进行思考，'大一统'观在某种程度上已成为不同政治群体共享的古典思想资源，并持续发挥着影响力"②。中国古代特有的地域一统和民族凝成，是大一统国家观念的现实之源："大一统这一观念的产生与其所以历久而不破的根本原因是在古代中国特定的地理环境下，包括汉族和它周边所有少数民族中所产生的对当时高度发达的东方文明的认同与内聚。"③

（五）大一统国家形态的内在机理

中国政治史的传统塑造了大一统的国家形态。虽然我们把中国大一统的国家形态分为文化、制度、民族、地域四个部分来论述，但并不是说这四者是相互割裂的，也不是说除此之外大一统就没有其他内容了。就国家形态而言，这四个方面是最明显，也是最容易认知的。然而四者又相互作用、相互补充、相互促进，并塑造了中国国家形态的整体表象。在此表象之下，又蕴含着大一统国家的内在运作机理。接下来我们将通过一统观念、文明归化、政治一统、社会平等、变中求统五个方面，对大一统国家

① 王子今．"巡狩"：文明初期的交通史记忆．中原文化研究，2016，4（6）：11.
② 杨念群．论"大一统"观的近代形态．中国人民大学学报，2018，32（1）：131.
③ 周良霄．皇帝与皇权．3版．上海：上海古籍出版社，2014：350.

形态的运作机理进行简单说明。

大一统的观念自先秦形成之后，就不断被重塑、被加强，并成为中华民族的政治信仰。大一统的观念在中国很早就有，但是有明确表达是在《春秋》中。经学家研究《春秋》，喜谈"微言大义"，即要从《春秋》文本的字句变化中，寻找孔子想要表达的理论内涵。例如："吴楚之君自称王，而《春秋》贬之曰'子'；践土之会实召周天子，而《春秋》讳之曰'天王狩于河阳'。"（《史记·孔子世家》）第一个内容是吴国、楚国的君主称王，而王的称号是周天子的专属，天命未改而擅自称王就是僭越，就是要破坏天子一统天下的政治秩序，因此《春秋》文本将吴国、楚国的君主贬低为吴子、楚子，对他们破坏一统秩序的行为进行批判。第二个内容是晋文公召开确立其霸主地位的诸侯大会，邀请周天子参加，地方诸侯邀请天子参加会议是不合礼制的，是在破坏以天子为核心的一统秩序，因此《春秋》为天子讳，说是天子在"河阳"巡狩。《春秋》的微言大义，都是在维护周天子的一统秩序，为后世的儒者树立观念上的典范。司马迁也通过其历史著作，反复申述大一统观念。张新科通过对《史记》中"十表"的考察，认为："无论是周代分封的诸侯，还是汉代的诸侯，作用都是要维护中央统一。"[1] 立基于政治史的大一统观念，《春秋》和《史记》为后世的经学家和历史学家提供了典范。可以说，之后的一系列著作，如《通典》《资治通鉴》等，都不断强化了一统观念在中国政治文明中的核心地位。大一统观念对现实政治的影响十分巨大，正如黄仁宇所说，"只有天下一统这一观念，才能在意识形态上使文官集团有了思想的团结"[2]。这一观念在当代，仍继续凝聚着中国人的政治共识。[3]

---

[1]　张新科. 大一统：《史记》十表的共同主题. 学术月刊，2003（6）：75.
[2]　黄仁宇. 中国大历史. 北京：生活·读书·新知三联书店，2008：91.
[3]　常轶军. "大一统"的现代性解码与当代中国政治认同建构. 山西大学学报（哲学社会科学版），2020，43（4）：107-114.

　　大一统作为一种政治共同体的组织模式，本身就具有共融共通的文明意涵，这也就导致了中国历史上长期出现的多民族的向心归化现象。不仅实力弱小的民族有着向心归化的现实动力，那些武力强悍甚至入主中原的民族为了实现政权的稳定也不得不效仿大一统的政治模式。例如，北魏政权对中原政治的效仿从部落时期就已经开始。最初是借鉴中原的官僚制度，通过官僚制度改革加强王权对各部落的统合，以实现政治、军事力量的强化。而在实现华北的统一之后，北魏实施了更加彻底的汉化政策，其目的是实现国家的根本转变，即"从胡族国家转换到中国式的普遍性意义的国家"①。这种普遍性意义的国家，就是大一统国家。当少数民族逐渐接受了强化政权的制度结构，大一统政治正当性的文明诉求也随即得到承认。例如，前秦的苻坚就力求儒家的德治，在他看来只有如此才能实现大一统的重塑："苻坚彻底执行德治主义，首先反映了力求天下统一的强烈志向。不能否认，正是这一精神态度才使政治能够保持正当性。"② 民族政权的文明归化愈演愈烈，到了北周更是直接模仿周礼以重塑政治体制。得益于先前民族政权的文明归化，隋朝实现了大一统国家的重建。大一统作为一种政治文明在中国历史上不断吸纳少数民族于其中，同时又拒斥所谓单一民族国家的出现。即使是入主中原的少数民族，只要完成了这种大一统政治文明的向心归化，就很容易获得自身统治的合法性，因此杨念群称清朝"接续了'大一统'观念构造的实践过程"③。清朝统治者也始终

　　① 谷川道雄. 隋唐帝国形成史论. 李济沧，译. 上海：上海古籍出版社，2011：102. 北魏时期甚至强制拓跋氏贵族与中原士族通婚，这种通婚有着明确的政治联合的目的，可见其大一统建构之迫切："当时拓跋氏对宗室婚姻的限制非常严格，孝文帝强制宗室与中原士族通婚，并且硬性规定'前所纳者，可为妾媵'，这即不承认原来王妃的家庭地位。"参见：逯耀东. 拓跋氏与中原士族的婚姻关系//黄宽重，刘增贵. 家族与社会. 北京：中国大百科全书出版社，2005：244.

　　② 谷川道雄. 隋唐帝国形成史论. 李济沧，译. 上海：上海古籍出版社，2011：86.

　　③ 杨念群. 清朝统治的合法性、"大一统"与全球化以及政治能力. 中华读书报，2011 - 09 - 21 (13).

以中国政统和道统的继承人自居。^① 因此，一旦我们将清朝的统治纳入史观所塑造的大一统视野之下，那种将清朝视为满族政权的"新清史"的政治偏见也就不攻自破了。^②

大一统国家的另一个重要的运作机理是政治一统。古代国家往往十分重视"统"的概念，任锋谈道："中国文明透过'统'与大一统所开立的基源，不仅在历史时间的意义上指向文明演进的起始和趋向，也在秩序建构的维度上揭示出国家形态与政教体制的机理。"^③ "统"所蕴含的时间上、秩序上的象征性意义，表征于现实政治中，就是政治一统，因此《汉书》会说："臣闻《春秋》正即位，大一统而慎始也。"（《汉书·路温舒传》）所谓"正即位""慎始"，就是要保证天子政治权力的一统地位。政治一统也就意味着中央在治理中的主体地位，这也是大一统国家治理最重要的方面。^④ 即使在封建时期，中央也会努力实现这样的一统："诸侯卿大夫中有由中央直接任命的，这样一方面天子可以知道各国诸侯的政治，一方面更不啻有人监察诸侯的行动。"^⑤ 而秦汉之后，政治一统也就更加明显："汉为天下宗，操杀生之柄，以制海内之命，危者望安，乱者卬治。"（《汉书·严助传》）后来的各个朝代，都不同程度地进行过政治一统的尝试，使其不断加强，例如宋朝时期："国家因唐、五季之极弊，收敛藩镇，权归于上，一兵之籍，一财之源，一地之守，皆人主自为之也。"（《水心别集》）明清时期废丞相，设军机处，也是为了保障其政治一统。

---

① 向燕南.从政统和道统的认同看清统治者历史文化认同的问题：对新清史论者的一个回应.河南师范大学学报（哲学社会科学版），2019（5）.

② "新清史"的旗手罗友枝的论述本身就有着浓厚的政治倾向，从某种程度上来讲这也是西方"民族国家"政治逻辑的史学延展.参见：徐泓."新清史"论争：从何炳棣、罗友论战说起.首都师范大学学报（社会科学版），2016（1）.

③ 任锋.大一统与政治秩序的基源性问题：钱穆历史思维的理论启示.人文杂志，2021（8）：80.

④ 卜宪群.谈我国历史上的"大一统"思想与国家治理.中国史研究，2018（2）.

⑤ 瞿同祖.中国封建社会.北京：商务印书馆，2015：72.

　　大一统的国家形态要求内在的社会平等。春秋时期，社会平等化的进程已经十分明显，即"社稷无常奉，君臣无常位"（《左传·昭公三十二年》）。君臣之间的阶层流动时有发生。到了战国时期，一系列消灭世族的政策使得贵族与平民之间的阶级差异消失。这也是章太炎在《秦政记》中称许秦政的关键所在："人主独贵者，其政平，不独贵，则阶级起。"基于此，章太炎认为秦政不能用西方的"专制"概念来简单概括，秦政保证了平民的利益，具有社会流动性，强调社会平等，拒绝特权阶级，这具有极其重大的政治意义和社会意义。①　追求社会平等，自秦汉以来，一直是大一统国家的重要内容之一。钱穆谈道："解放奴隶的命令，在光武时代屡次颁布，重农抑商，控制经济，不使社会有大富大贫之分，这是中国自从秦汉以来两千年内一贯的政策。"②　直至今天，我们国家仍在采取"精准扶贫""共同富裕"等一系列措施，追求社会平等。

　　大一统的国家形态往往不是纯粹规范的，而是不断回应历史问题，并随着历史逐渐变化的。史学中有对于传统中国到底是"封建"还是"大一统"的论说，陈启云认为可以从范畴和史实两个方面来看："若从'范畴理论'而言，这两者是绝不相容的；若从'历史事实'而言，至少在我熟知和研究有素的中国历史事实而言，这两者却常常是并存的——有时是先后轮转（如春秋—战国—秦汉—魏晋），更多情况下是同时并存（如西周、战国、秦汉、隋唐、辽金元）。"③　事实上，中国历史上纯粹的大一统时期并不多见，即使在汉唐时期，地方上也仍然存在着封国或是藩镇。但这一状况并不影响大一统总的历史趋向，因此林毅称大一统的生长过程为"变中求统"："历史中的生长塑造和成就了大一统，而这一生长过程时至今日

---

① 王锐. 大一统国家的存续之道：章太炎《秦政记》的政治文化意涵. 东方学刊，2019（2）.
② 钱穆. 中国文化史导论. 北京：九州出版社，2011：116.
③ 陈启云. 封建与大一统之间：关于中国传统政体的理论和史实. 学术月刊，2007（2）：126 - 127.

仍未中断，仍可以在其固有的问题回应逻辑和'变中求统'的规律性中持续下去。"①

当代中国仍然在继承和发展着传统大一统的国家形态。从晚清的"保全中国"开始，大一统的国家观念一直占据着中国革命的主导地位。共产党所倡导的统一战线自不待言，就连国民党的"建国方略"，也是以实现国家统一为主要目的："不管是在言语上还是在实际行动中，国民党都高举国家统一的大旗，将之置于政治和农业改革之上。"② 可以说，"当代中国'国家统一'大业，是在继承古代中国和近代中国'国家统一'的历史遗产和历史传统的基础上向前推进的"③。在革命完成之后的国家建设时期，"大一统国家继续居于主导地位，中央集权的国家政权统领着整个社会从传统向现代转型，并在这一进程中使自身通过再造而得到承续"④。我们可以肯定地说，大一统的国家形态不仅在现在产生巨大的力量，而且在将来仍会产生巨大的力量，规范和限定着中国政治发展的路径和方向。

二、基于社会史的代议制国家（多统国家）

西方国家在社会史的长期影响下，呈现出分散化和多元化的历史面貌，我们称之为"多统国家"。从古希腊的城邦开始，到罗马的行省和城市，再到中世纪的日耳曼国家，都是西方多统状态的展现。古希腊有一千

---

① 林毅．"变中求统"：大一统政治思想研究中的语境与逻辑问题．政治学研究，2020（2）：37.

② 摩尔．专制与民主的社会起源：现代世界形成过程中的地主和农民．王茚，顾洁，译．上海：上海译文出版社，2012：192.

③ 齐鹏飞．古代中国"国家统一"的历史遗产和历史传统．中国人民大学学报，2004（1）：132.

④ 姜义华．辛亥革命以来中国大一统国家体制再造中的承续：上．学术月刊，2011，43（1）：113.

多个城邦，每一个城邦都各自独立，即使在对抗波斯帝国的时候仍未建立一统秩序；罗马的武力征服只实现了表面上的统一，其地方行省和独立城市拥有高度的自治权力；日耳曼各王国也只是部落的松散联盟，所谓的一统只能在教会的理想中实现。对于希腊人来说，城邦生活就是最高的善；对于罗马和中世纪的贵族来说，最重要的是地方特权。而近代欧洲民族国家的建立，不过是确证了欧洲的多统和分裂。各个国家建立的代议制分权政府，也是其内部多统权力平衡的结果。因此钱穆说："近代的西方国家，实际是以希腊式的城邦制为中心，以罗马式的帝国制为外套。"① 西方近代建立起的主权国家，也仍然摆脱不了社会史的影响，向内分权自治，向外征服掠夺。

西方多统的国家形态，具体体现在五个方面：社会多元、暴力国家、权力制衡、民族独立、地方自治。这五个方面与大一统国家形态相比呈现出迥异的面貌。它们并不是各自独立的，而是高度关联、相互影响的。社会多元是一个整体的普遍的基础，其他四个方面则是这一整体的表现和加强。

（一）社会多元

西方社会权力多元化的历史在第二章已经谈过，本部分我们不再赘述社会史的内容，主要谈一谈文化、法律、习俗的多元化及其对现代国家的影响。

中世纪时期，政治权力的多统和社会文化的多元相辅相成、互相支持。封建性的社会史包含教会、领主、自治城市等诸多内容，它们在不同层面分割着国家权力，自为主宰，自成一体。正如基佐所说："构成古代

---

① 钱穆. 中国历史精神. 新校本. 北京：九州出版社，2012：29.

欧洲社会的因素中首先引起我们注意的事实是它们的多样性、分隔和独立。封建贵族、教士和自治市镇各有其不同地位、法律和习俗。它们是三种社会，都受其本身的规则和权力所统治。它们之间有关系，有接触，可是没有真正的联合。它们组成不了一个严格意义上的民族国家和政权统一的国家。"[1] 例如英国在爱德华一世时期，根据权力的不同，有不同的法律系统：社区法庭、封建法庭、王室法庭、巡回法庭。社区法庭和封建法庭都是独立存在的，属于私人或者领主，对刑事和民事案件拥有管辖权。[2] 中世纪的人民不仅要依附于各个层级的地域权力，还要服从教会："每个公民都必须依附于公社（教区）。"[3] 虽然中世纪的教会和国家管辖着同样的人民，但"尽管由同样的单元组成，教会与国家却并非一体，它们各有自己的法律、立法、法院和诉讼管辖范围"[4]。教会法庭可以审理遗嘱、婚姻等法律事务，并且不断寻求扩大自己的法律范围。权力体系的分裂也加剧着社会的多元化发展。

不同的权力主体在自己独特的地域或领域内，生产着独特的社会文化，以期保存或者扩大自己的控制力、影响力。这样的情况就为多元的社会文化创造了广阔的空间。与此同时，多元的社会文化又为政治权力的多统分立提供了支持，"中世纪'非统一'社会造就了政治权力的多元性，近现代意义上的国家还只是在形成过程中，承担'国家权力'的角色为国王、封建贵族以及教会所分享，这为市民社会的生存提供了广阔的社会空间"[5]。多元文化在不同政治势力的支持下展开斗争，并在斗争中逐渐融

---

① 基佐. 欧洲文明史：自罗马帝国败落起到法国革命. 程洪逵，沅芷，译. 北京：商务印书馆，2005：181.

② 梅特兰. 英格兰宪政史. 李红海，译. 北京：中国政法大学出版社，2010：70.

③ 涂尔干. 职业伦理与公民道德. 渠东，付德根，译. 上海：上海人民出版社，2001：43.

④ 同②325.

⑤ 雷勇. 西欧中世纪的城市自治：西方法治传统形成因素的社会学分析. 现代法学，2006（1）：25.

合，走向现代社会。

现代主权国家在对多元权力的摧毁过程中诞生，从 12 世纪到 16 世纪，欧洲为创造政府和国家，不断寻求统一的社会基础。由于前现代长期的社会史传统，统一的路途困难重重。直到 14、15 世纪，欧洲建立政权的努力都以失败告终："社会还没有发展到实行统一的时机，一切还是太地方性、太特殊，生活和思想都太狭窄、太多样化，没有足以控制个别利益、个别意见的共同利益和舆论。……很明显，一个更富有生命力的文明必须首先把各自为政的社会因素混合、同化、熔于一炉。首先必须有利益、法律、生活方式和思想的高度集中，一句话，必须有共同权力和舆论。"① 相较于中国在秦汉时期就实现了大一统国家，西方走向现代国家的过程不断遭受着多元权力的挑战。教会、地方贵族、自治城市都在采取不同的方式与国家力量抗衡。直到 16、17 世纪，绝对主义王权在斗争中逐渐取得优势地位（这一优势地位以整个欧洲的分裂为代价），在较小的地域范围内建立主权国家，才开始加速社会统一的进程。例如在中世纪，法国境内仍然存在诸多风俗和语言，至少有五个语言群体（奥依语、奥克语、巴斯克语、布列塔尼语、佛兰德斯语），而其中的语言又可以继续分为多种方言。直到 1539 年，法国才开始将法语推广到所有官方活动；1629 年，出台《米肖法典》（Code Michaud），规定洗礼、婚姻、葬礼登记都需要用法语。② 英国直到 1835 年，才开始将自治地方纳入中央的行政体系之中。

然而由于长期社会史的影响，社会统一的效果十分有限，不同的社会权力以各种各样的形式存续于统一的国家政权之中。除了在议会中容纳贵

---

① 基佐. 欧洲文明史：自罗马帝国败落起到法国革命. 程洪逵，沅芷，译. 北京：商务印书馆，2005：196.

② 格林菲尔德. 民族主义：走向现代的五条道路. 王春华，祖国霞，魏万磊，等译. 上海：上海三联书店，2010：100.

族和自治地方的势力，不同形式的社会团体是西方多元社会中的主要权力组织。涂尔干认为，政治社会由大量次级社会群体联合而成："我们就可以把政治社会确定为由大量次级社会群体结合而成的社会，而且，它所服从的权威本身，并不服从任何其他正式建构起来的最高权威。"① 这种次级社会群体可以分为亲属群体、地方性群体和职业群体，它们具有相当的独立性，作为中间权力联结着主权者和人民。这种次级社会群体的理论，对应西方国家社会多元的历史事实。现代国家政治一统与社会史的多元权力之间的悖论，使得权力制衡成了西方政治理论中的重要内容。独立自主的社会团体成了对国家权力制衡的主要力量。这样的政权建构逻辑延续到美国，就成了托克维尔盛赞的结社自由："再没有比社会情况民主的国家更需要用结社自由去防止政党专制或大人物专制的了。""除了依法以乡、镇、市、县为名建立的常设社团，还有许多必须根据个人的自愿原则建立和发展的社团。"② 西方现代国家中权力制衡的逻辑，重新赋予了多元社会合法地位。

多种多样的社团既是传统多元社会的遗留，又是资本主义体系下利益集团的创造。代议制民主国家起源于多元社会与主权国家的抗争与平衡，同时又在资本主义的发展中得到巩固。在现代社会中，财产分配的不同会形成各种利益集团："土地占有者集团、制造业集团、商人集团、金融业集团和许多较小的集团，在文明国家里必然会形成，从而使他们划分为不同的阶级，受到不同情感和见解的支配。管理这各种各样又互不相容的利益集团，是现代立法的主要任务，并且把党派精神和党争带入政府的必要的和日常的活动中去。"③ 利益集团作为社会团体，通过政党实现自己的

---

① 涂尔干. 职业伦理与公民道德. 渠东，付德根，译. 上海：上海人民出版社，2001：49.
② 托克维尔. 论美国的民主：上卷. 董果良，译. 北京：商务印书馆，1989：239，235.
③ 汉密尔顿，杰伊，麦迪逊. 联邦党人文集. 程逢如，在汉，舒逊，译. 北京：商务印书馆，2015：54.

利益诉求。在这个过程中，掌握大量资本的利益集团支持相关的社会团体，创造自己的话语体系，为自己的存在辩护；如此，反过来又促进了多元社会的发展。因此，近代西方虽然实现了特定地域内政治集权的建构，但没有彻底摧毁社会中的多元因素，并通过政治合法化为社会多元化的发展提供了现代土壤。

在19世纪之前的西方，虽然各种各样的社会团体仍然存在并互相竞争，但抵挡不住资本主义生活方式的冲击，因此其历史趋势是社会文化的一元化。韦伯所宣扬的新教伦理为这种一元化的文化进程提供了理论支持。资本主义的发展，破坏了旧有的多样文化体系，使得主流资本主义社会成为唯一合法的社会。这样的主流逻辑背后，其实是对少数群体、弱势群体的强力压制："美国黑人被阻止——实际上被合法地禁止——融入主流的社会机制。在内战前，他们甚至不被当作人，更不用说平等的公民了。作为奴隶，他们被剥夺了所有的公民权和政治权利。"[①] 皈依基督教，是少数群体得到主流社会认可的主要途径，即使改信基督教，他们仍被排斥在政治权利之外。与主流社会的强势相伴而生的，一方面是少数群体对主流的向往，另一方面是少数群体对主流的反抗。对主流的向往使得一元化的进程得以不断发展，对主流的反抗使得多元的力量不断加强。

随着民族主义在19世纪末期的逐渐凸显，以及自由主义思想的快速传播，无产者和少数群体的权利逐渐得到了承认。到了20世纪，多元力量重新崛起，开始突破主流社会的垄断。尤其在经历了第二次世界大战之后，凯恩斯主义盛行，福利国家发展，无产阶级的力量增强，开始展现自己的文化特色；舆论大力批判民族压迫政策，民族平等和自由的观念广为

---

① 金里卡. 少数的权利：民族主义、多元文化主义和公民. 邓红风，译. 上海：上海译文出版社，2005：191.

传播，民族文化受到重视；受国际形势的影响，移民数量在西方国家不断增长，移民们成为强调多元文化的主要群体。移民们来到新的国家，大多会主动融入同乡的移民群体之中，以达到互助的目的："因为他们可借着集体力量对抗来自外界的敌意，至少可在当地构成一支有力的选举力量。"① 组织化的移民构成了强大的社会力量，选举冲破主流社会的束缚，使得国家放弃了文化同化的模式："从 20 世纪 70 年代开始，在移民群体的压力下，美国、加拿大和澳大利亚三国都放弃了同化主义模式，而采取了更为宽容和多元化的政策，允许并实际上支持移民维持他们的各种族裔传统。"② 社会的多元化因政策的支持而不断加深。

　　20 世纪后期，各级政府鼓励移民保持原籍语言、文化和民族特性。维护社会文化的多样性，是其社会史的本性使然，在某种意义上也是对中世纪欧洲的复归。这种趋势的加剧，不可避免地导致了社会的分裂，甚至威胁了政治的稳定。早期实施多元文化主义的美国、加拿大都面临种族差别扩大、民族和文化群体之间隔阂加深的困扰。20 世纪 90 年代美国一所中学的调查显示："在 3 年中学教育以后，将自己身份定为'美国人'的学生比例下降了 50%，自定为归化入美国国籍的外国人的学生比例下降了 30%，自定为外国人（绝大部分是墨西哥人）的学生比例上升了52%。"③ 美国民族特性的淡化和国家认同的减弱，成为亨廷顿大声疾呼的社会问题。国家认同的减弱又进一步导致了民主的合法性危机："到了20 世纪后期，西方社会从同质社会迅速转变为多元社会，越来越多的社会成员开始认识到，效用主义原则是与他们的信念不符的，因而，如果他

---

① 霍布斯鲍姆. 民族与民族主义. 李金梅，译. 上海：上海人民出版社，2000：183.

② 金里卡. 少数的权利：民族主义、多元文化主义和公民. 邓红风，译. 上海：上海译文出版社，2005：160.

③ 亨廷顿. 谁是美国人？：美国国民特性面临的挑战. 程克雄，译. 北京：新华出版社，2010：149.

们坚持理性的标准——在这里表现为坚持对自己具有真理性的东西，那他们就不可能认同民主公民角色。"① 在彻底多元化的社会里，没有人愿意成为利益冲突的牺牲者，没有人相信这样的牺牲会换来社会总体效益的最大化。他们固守自己群体的独特利益，并以此为根基，放弃作为公民角色的国家认同。因此亨廷顿认为，在 20 世纪末，"美国的共同文化以及'美国信念'的两条主要原则，即平等和个人主义原则，受到了美国社会中许多个人和团体的攻击"②。共同的文化和信念被连根拔起，多元社会借助于身份政治的"政治正确"，不断加剧着社会的撕裂。

身份政治与多元社会相伴而生，是少数群体反抗社会不平等、追求主流社会文化承认的一种政治现象，多聚焦于性别、种族、宗教、文化、语言等议题。然而这种追求主流承认的政治现象，却拉大了他们与主流社会的距离，使得他们固化、被隔绝于主流社会之外，进而一步步肢解了主流社会的文化认同："身份政治的实践指向是反对不平等与群体压迫，但反而在某种程度上固化了这一局面，这是因为身份政治的实践具有一种自我分裂的趋向。"③ 这种自我分裂的趋向使得多元社会更加碎片化，人们开始放弃民主社会的公民身份，躲进小群体的自我认同之中，以伸张自我利益的名义消解着国家认同："身份政治导致欧美社会呈现碎片化趋势，削弱了欧美国家的民主政治与国家认同。"④ 尤其对于数量急剧增长的移民群体来说，成为"种族"的一员是非常容易的事情："在现代美国，要想成为'种族'（除了并无差别的白人种族之外），必须首先成为'少数者'

① 张乾友. 民主的合法性危机. 江苏行政学院学报，2016（4）：95.

② 亨廷顿. 谁是美国人？：美国国民特性面临的挑战. 程克雄，译. 北京：新华出版社，2010：9.

③ 涂锋. 身份政治第三波与西方国家的政治衰败：基于国家建构视角的分析. 政治学研究，2021（3）：154.

④ 王军，黄鹏. 欧美身份政治的历史演进与治理困境. 民族研究，2020（4）：59.

(minority)，成为非优势的和受歧视的群体。也就是说，人口数量的多少表示是否受歧视，被认定为'种族'类别所强调的是受歧视与否。"① 芬顿也谈及，族性不仅仅是文化差异，而"往往与不公平的社会关系联系在一起"②。这些饱受社会不公的少数群体一旦转向种族的自我认知，就要求通过政治手段提高自己的社会地位，因此亨廷顿谈道："就移民而言，少数群体的政治已经取代了政党政治。"③ 民主的政治模式呈现出一种"种族化"的特征："美国政治的'种族化'意味着多数政治议题都可能被转化成种族问题，任何政治人士都可以变为种族性的人物。选民更多地透过种族棱镜形成对政党、精英、政府和公共政策的看法，并选择政党联盟。"④ 政治议题甚至政党的种族化，不可避免地导致了旧有民主议程的扭曲，政党为获得少数群体的支持，反过来又加剧了社会的极化。从这个意义上来说，多元社会与民主政治形成了一个恶性循环，多元社会破坏了民主政治，而被扭曲的民主政治进一步强化了社会的多元。

从本质上来讲，多元社会之所以导致身份政治的产生，是因为经济地位的不平等。哈贝马斯认为，资本主义科学和技术的发展，将导致无产者被机器替代，并失去劳动者地位。无产阶级丧失了被剥削的资格，旧有的阶级冲突因此消失。但这并不意味着由经济不平等所导致的社会冲突的消失，这些没有经济特权的集团将紧密地联合在一起，成为社会的潜在破坏力量。哈贝马斯谈道："因为这些没有特权的集团不是社会阶级，而且，它们所表现出来的潜力，也从来不是人民群众的潜力；它们的权力被剥夺和生活贫困化，同剥削不再是一回事，因为这个社会制度不依靠它们的劳

① 芬顿.族性.劳焕强，等译.北京：中央民族大学出版社，2009：44.
② 同①144.
③ 亨廷顿.谁是美国人?：美国国民特性面临的挑战.程克雄，译.北京：新华出版社，2010：148.
④ 陈迹.当代美国政治的"种族化"现象探析.美国研究，2019，33（4）：37.

动而生存。"① 阶级冲突被碎片化为不同的非特权集团与特权集团的冲突，也就是不同的少数群体以身份政治的逻辑，与主流社会展开斗争。但这样的冲突并不会像阶级冲突一样，直接产生颠覆政治体制的效果，实际的政治作用往往也十分有限，因此马克·里拉认为身份政治是一种"伪政治"："它既无法提出一种能够吸引大多数人的政治愿景，从而凝聚社会的团结与共识；又偏离了权力这个政治的核心问题，沉迷于空洞的自我表演与缺乏建设意义的抗议运动。"② 无法凝聚社会共识的身份政治，只能是一种政治社会的破坏性因素，不断加剧着社会的多元化和碎片化。西方社会的多元化根植于经济地位的不平等，经济地位不平等的社会群体互相联合，以身份政治的面貌扭曲了政治平等，政治平等的扭曲进一步又导致了合法性危机："由西方国家内部民族与民族之间、国家公民和民族成员身份之间的矛盾和冲突，以及由这种冲突所导致的国家同一性的危机等，在向现代国家合法性提出挑战，也向西方文化政治观念提出挑战。"③ 现代国家所面临的合法性挑战，昭示着多元主义政策的失败。

多元社会是西方社会史发展的必然结果，现代国家又建立在对多元社会相当程度的统一上。对多元社会的过度统一，将丧失民主政治的基础；对多元社会的过度放纵，则会使得公民丧失国家认同。如何平衡多元社会与现代国家之间的矛盾，是西方国家所要面对的重大问题。

（二）暴力国家

社会多元导致的权力分散意味着没有任何一个权力主体可以实现对社

---

① 哈贝马斯. 作为"意识形态"的技术与科学. 李黎，郭官义，译. 上海：学林出版社，1999：67.

② 何涛. 极端个人主义的"伪政治"：马克·里拉对美国当代身份政治的批判. 国外理论动态，2020（6）：83.

③ 常士誾. 异中求和：当代西方多元文化主义政治思想研究. 北京：人民出版社，2009：12.

会秩序的整合。尤其在中世纪的欧洲，不同权力主体为了维护自己的权益纷纷主张自身暴力的"合法性"，在普遍暴力的威胁之下，每个人既有权利也有必要携带武器。个体与个体之间、群体与群体之间形成了一种普遍的敌对倾向，这事实上构成了西方社会"一切人对一切人"的战争状态。一些声称维护秩序的权力主体，如家族、教会、封建领主可以随意地使用暴力。这种无秩序的暴力并不总是以维护自身利益的面目出现，暴力的法则是"强者通吃"，所以暴力常常溢出其本来的诉求并威胁着每一个人的生命和财产。因此布洛赫说，战争和谋杀是封建时代的基本底色。①

暴力在欧洲蔓延，西方现代国家正是在对合法性暴力的争夺中诞生的。中世纪晚期，一些欧洲国家开始转向绝对主义，以强大的国家力量实现对地域性多统暴力的控制和整合。英国较早开启强化国家权力的进程，这一进程更多是社会多统力量对国家权力的反抗，并在这种反抗中实现国家权力的稳定与统一。16 世纪时的英国就采取了一系列措施想要将地方贵族纳入国家秩序，但地方贵族并没有完全臣服于国王，而是与国王达成了一个心照不宣的协议，即下议院在政治和宗教上支持国王，但代价是国王要依靠他们来统治乡村和城镇。因此，这一时期的英国地方特殊主义"非但没有被逐渐削弱，反而随着中央政府的发展而逐步成长"②。这也就为后来议会所代表的地方多统力量与国王所代表的国家权力的斗争埋下了伏笔。17 世纪中叶，这一矛盾终于爆发并展开了旷日持久的内战。保皇派和议会之间的战争十分残酷，在短短四年时间内就有十万英国人被杀。③ 而且这一混乱的局面蔓延至整个 17 世纪，蒂利谈道："在英国，两次主要的内战加上一些叛乱和地区斗争，使得 17 世纪充满了政治暴力……

---

① 布洛赫. 封建社会. 张绪山，李增洪，侯树栋，译. 北京：商务印书馆，2004：656.
② 斯通. 英国革命之起因：1529—1642. 舒丽萍，译. 北京：北京师范大学出版社，2018：81.
③ 布里格斯. 英国社会史. 陈叔平，陈小惠，刘幼勤，等译. 北京：商务印书馆，2015：178.

此外，在欧洲其他地方，群众反抗和血腥镇压在整个 17 世纪仍然不断地发生。"① 同一时期的欧陆国家也充斥着多统权力之间的战争。当英国的军队人数从 1470 年的 25 000 增加至 1710 年的 87 000 时，法国的军队人数从 40 000 剧增至 400 000。② 军队人数的增加意味着战争残酷性的增加，也正是在这种残酷的战争之中，国家发展出了一系列高效的组织技术和军事技术，如蒂利所说："战争编织起欧洲民族国家之网，而准备战争则在国家内部创造出国家的内部结构。"③ 西方的官僚组织等一系列理性化的政治制度可以说都与战争密不可分。

欧洲国家不仅要面临国家内部的权力纷争，还要应对外部多统力量的战争，可以说，西方的国际秩序就是极端暴力的产物。威斯特伐利亚体系的确立标志着现代国际体系的诞生，然而这一体系却以无数的人命为代价：1618—1648 年的 30 年战争使得神圣罗马帝国的人口由 2 100 万锐减到 1 350 万，而波西米亚的人口从 300 万锐减到 80 万。④ 现代西方所标榜的一切秩序似乎都建立在残酷的暴力之上。多统的欧洲同时也是一个暴力泛滥的欧洲，各个权力主体以摧毁他者来保全自身成为国家与社会中的普遍逻辑。这也使得欧洲国家间的战争十分频繁。有学者总结了 16 世纪到 20 世纪大国之间发生战争的年份占比：16 世纪为 95%，17 世纪为 94%，18 世纪为 78%，19 世纪为 40%，20 世纪（截至 1975 年）为 53%；战争死亡数的净值从 16 世纪的每年 9 400 人增加到 20 世纪的 290 000 人。⑤ 在

① 蒂利. 集体暴力的政治. 谢岳，译. 上海：上海人民出版社，2006：56.

② PARKER G. The "military revolution," 1560—1660—a myth? . The journal of modern history, 1976, 48（2）：195 - 214.

③ 蒂利. 强制、资本和欧洲国家：公元 990—1992 年. 2 版. 魏洪钟，译. 上海：上海人民出版社，2012：91 - 92.

④ 马莱斯维奇. 战争与暴力的社会学. 田宏杰，等译. 北京：中国社会科学出版社，2021：93.

⑤ LEVY J S. War in the modern great power system：1495—1975. Lexington：The University Press of Kentucky，1983：139.

西方现代国家逐渐成形的 16、17 世纪，战争的年份占比高达 95%，可以说几乎无时无刻不在爆发战争。虽然随着历史的发展战争频率有所下降，但战争的毁灭性却显著上升。正是由于常态化的暴力体验，西方才会宣扬19 世纪英国主导之下的所谓"百年和平"。虽然他们所宣扬的"百年和平"并不是真正的和平，但这种和平也在暴力充斥的西方历史中显得弥足珍贵。

为了应对多统社会的暴力，西方在近代提出了民族国家的概念以进行权力整合。欧洲国家内部的多统力量内蕴着政治分裂，不仅各种自治性的独立地方会有分裂的可能性，宗教信仰的差异也会为内部的分裂战争提供意识形态支持。当内部分裂与外部国际战争同时发生的时候，国家就偏向于对外开展战争以加强内部的团结，例如，英国独特的民族意识就是在与法国的战争中逐渐产生的。[①] 战争的一个重要意义在于塑造他者，并在塑造一个敌对的他者的同时强化自己的民族特性。将国与国之间的外在冲突内化为内部的政治团结，这就促使了民族意识的产生。因此，在当时最为分裂并面临最多国际战争的德国，产生了强烈的民族意识。当赫尔德呼唤德国的民族精神的时候，黑格尔也在通过哲学论证民族意识对国家制度的重要意义："一个民族的国家制度必须体现这一民族对自己权利和地位的感情，否则国家制度只能在外部存在着，而没有任何意义和价值。"[②] 即使是 19 世纪号称以科学方法研究历史的兰克，也要强调国家的精神属性，而这种精神属性正从属于其民族。[③] 19 世纪末期，这种因战争开启的单一民族国家理论开始通过欧洲的殖民地以及对东方世界的征服传播至整个世界，旧有的文明国家被肢解并造成了更大范围内的国家分裂和国际战争。

---

① 科利. 英国人：国家的形成，1707—1837 年. 周玉鹏，刘耀辉，译. 北京：商务印书馆，2017：31.

② 黑格尔. 法哲学原理. 范扬，张企泰，译. 北京：商务印书馆，1961：331.

③ 萨拜因. 政治学说史：下卷. 邓正来，译. 上海：上海人民出版社，2010：338.

多统社会产生了暴力国家，这正是西方意义上"战争制造国家、国家发动战争"的逻辑延伸。暴力成为国家的底色，也使得西方习惯于将战争作为解决政治问题的主要手段。正是基于这样的社会政治背景，克劳塞维茨谈道："战争无非是政治通过另一种手段的延续。"① 从西方的历史来看，战争的确已经成了一种常态化的冲突解决方式："从 1480 年到 1800年，每两年或三年在某地就会出现一个新的大的国际冲突；从 1800 年到1944 年，则每一年到两年，自从第二次世界大战，每 14 个月左右。"② 国际冲突在现代社会越来越频繁，尤其是以美国为首的一些西方国家频频干涉别国内政，企图以战争的方式获取自身的超额利益，这些西方国家参与的战争、制造的暴力可谓罄竹难书，即使在第二次世界大战之后仍制造了诸如朝鲜战争、越南战争、中东战争、科索沃战争、阿富汗战争等一系列暴力的悲剧。除了国际冲突，一旦国家内部发生矛盾，多统社会所引发的暴力冲突也不容小觑。这也是美国近些年来枪战频发、国内暴力死亡人数大量增加的历史基因。可以预见的是，随着社会史所塑造的代议制政府转变为党争民主，社会本身的多元性会进一步加大，彼时的社会撕裂将大概率采取暴力的解决方式。

（三）权力制衡

由于社会史的影响，西方社会在大多数的历史时期中，都处在多元权力的斗争之中。从古希腊、古罗马所提倡的混合政体，到英美建立起三权分立的宪政，都是多元社会权力斗争的产物。英国代议制政府的发展历程，鲜明地展现了这一多元权力斗争的历史变化。作为一种经验性政治理

---

① 克劳塞维茨.战争论全集：第 1 卷.陈川，译.北京：商务印书馆，2019：46.
② 蒂利.强制、资本和欧洲国家：公元 990—1992 年.2 版.魏洪钟，译.上海：上海人民出版社，2012：81.

论的分权制衡学说，在近代以来，又进一步被宣扬为一种普遍性的政治理论。

对于古希腊时期的城邦而言，所有人民聚集在一起实行直接民主，只是一种政治神话。真实的情况是，在城邦内部，人民被分为穷人和富人、公民和奴隶、本邦人和外邦人。其内部的政治权力，也往往处于君主、贵族和平民的斗争之中。正是因为这样的历史现实，亚里士多德才呼吁建立一个均势、中庸的政体。在这种政体之中，中产阶级发达，成为社会的主导；贵族和平民互相妥协，组成共和政府；政府内部按照议事、行政、审判等权力分立的原则，处理城邦事务。这样的制度安排，是为了尽可能地调和多元权力的冲突和斗争。到了罗马时期，执政官、元老院和保民官共同掌握国家权力，也形成了一种混合政体。然而这种混合政体未能阻止多元权力的斗争，贵族和平民之间的冲突最终导致了罗马共和国的灭亡。到了洛克那里，开始明确地对政府职能进行划分。洛克将政府职能划分为三个方面——立法权、行政权和联盟权，并特别强调立法权的重要地位。这一时期洛克的思想，主要是为了解决国王和议会之间的现实斗争："洛克对立法机构与行政机构间关系的论述的每个细节，都反映了国王与议会间纠纷的某个方面。"① 到了 18 世纪，孟德斯鸠以一种公认的理论形式，提出了现代的三权分立学说。他将政府的权力分为立法、执行和司法三个方面，政府职能的这三个方面穷尽了政府可能拥有的一切权力。这三种职能也对应了政府的三个实体机构，这三个机构只在自己的职能范围内行使权力，其部门人员也不重合。三种权力在施行的过程中互相制约、互相平衡，以至于没有任何一种权力可以占据优势地位。孟德斯鸠以一种抽象的理论形式，阐述了三权分立的政治理论，而其理论的现实参照是英国政治。

---

① 萨拜因.政治学说史：下卷.邓正来，译.上海：上海人民出版社，2010：220.

英国权力分立制衡的政治，有着深远的社会史根源。在中世纪早期，英格兰像大多数日耳曼国家一样，有着古老的国民议会，这种国民议会随着时间的推移，在中世纪中期逐渐变得贵族化："盎格鲁-撒克逊的全体代表大会，像大多数日耳曼国家的一样，在德国时是由所有自由民组成的，在征服后，其成员只有地主；而邻近君主制末期，只有最富有的土地所有者才能够出席。"① 封建制的盛行使得社会权力分化，国王并不能实现权力的统一，领主、骑士、自治城市等都拥有或大或小的自治权。这些自治的社会力量借助议会与国王抗衡，并在 13 世纪的时候取得了里程碑式的胜利——国王被迫签署《自由大宪章》。然而在这一时期，议会的掌控者主要是领主或大贵族。司法和立法也尚未分开，法官既要遵循成文法，同时其判决也可以创制新的规则。直到 14 世纪，郡和自治城市的力量逐渐壮大，议会开始分成两院："一个由单独召集的领主或大贵族组成，另一个则由所有当选的郡和自治市的代表组成；这两个议院对所有事务都进行共同协商和投票。"② 下院的出现，正是自治城市力量日益壮大的结果，自治城市的崛起意味着平民在政治生活中的地位日益凸显。国王虽然仍然处在权力的中心，但是由于社会权力的多元分立，不得不在贵族和平民中周旋，借助他们的力量达成自己的政治目标。正是在这三种权力的斗争、妥协之中，代议制政府逐渐发展起来："虽然王权自身仍很强大，但它不得不有时候借助于贵族，有时候借助于平民。从这三种重大社会力量的一致性上，在他们的联盟和命运的变迁中，代议制政府实现了进步。"③

中世纪晚期，贵族地位下降，工商业者和自治城市的力量愈加强大，下院逐渐开始主导国家权力。英国贵族在 16、17 世纪迅速衰落："一个贵

---

① 基佐. 欧洲代议制政府的历史起源. 张清津，袁淑娟，译. 上海：复旦大学出版社，2008：47.

② 同①371－372.

③ 同①449.

族在 1559 年收入 2 000 镑，到 1602 年仅为 1 630 镑，考虑到价格变动的因素，其实际收入下降了 26%。从 1561 年至 1640 年，英格兰七个郡的乡绅拥有的庄园数目增加了 17.8%，而王室、贵族和教会的庄园所占的百分比则相对下降。从 1558 年至 1602 年，贵族占有的土地减少 1/4，到 1641 年又减少了 1/5。此外，贵族还日渐丧失了从军征战的能力。在 16 世纪 40 年代，每个成年贵族都可以在战时为国王服役，但到 1576 年，只有 1/4 的贵族有军事经验，到 17 世纪这个比例下降为 1/5。"[①] 贵族势力下降，地方乡绅的势力大大增强。社会多元分层因新兴资本主义经济的发展而愈加清晰，这样的社会变化也展现在议会之中："社会分层一直体现在议会之中，它是议会议员分离的真正原因。"[②] 骑士阶层由于经济地位的变化，成为下院的组成部分："骑士和工商业者的联系越来越紧，成为下院的成员。"[③] 自治城市和乡绅平民力量增强，开始展开与贵族和国王的斗争，要求新的权力安排。

英国内战表面上是议会与国王之间的战斗，实际上是新形势下多元社会权力斗争的必然结果。平民力量的崛起，使得旧有的混合政府已经不再有效："在英国内战的动荡中，当时的基于国王、贵族和平民之混合的政府制度看起来已不再适用，而需要有一种新的政制理论；作为其回应，分权学说应运而生。"[④] 多元权力从斗争到妥协的过程，就是三权分立制度建立的过程。17 世纪中期，英国对分权学说的讨论十分激烈，立法权、司法权和行政权的分立对应着社会中的三种政治力量。正如 1649 年约翰·萨德勒所说："原初权是给予平民院的，司法权是给予贵族院的，而

① 沈汉. 世界史的结构和形式. 北京：生活·读书·新知三联书店，2013：88.
② 基佐. 欧洲代议制政府的历史起源. 张清津，袁淑娟，译. 上海：复旦大学出版社，2008：374.
③ 马克垚. 英国封建社会研究. 2 版. 北京：北京大学出版社，2005：297.
④ 维尔. 宪政与分权. 苏力，译. 北京：生活·读书·新知三联书店，1997：3.

行政权是给予国王的。"① 由于没有任何一种政治力量能够占据绝对的优势地位，加之现代资本主义经济对专业分工的要求，三权分立的政府体系在英国确立了下来："在英国，政府体系中三个分立部门的成长部分地反映了劳动分工和专业化的需要，也部分地反映了这样一种要求，即不同的价值应体现在不同机构的程序中，体现在代表了不同利益的分立部门中。"② 不同的分立部门代表着不同的社会利益主体，随着历史的发展，三种权力的细节有所变化，但是由于多元社会的根基没有改变，其大框架也没有变。

在达尔看来，现代社会的民主，就是一种多元主义民主。这种多元主义民主根植于西方社会史。近代以来，精英统治的消失没有导致人民统治出现，而是呈现出一种多元主义民主："在一个世纪内，一个由具有凝聚力的领导者团体主导的政治系统已经让位于一个由许多不同阶层的领导者主导的系统，每个人都能以各自不同的方式将政治资源组合起来。简言之，它是一种多元主义政体。"③ 多元主义民主国家的核心意义在于，重要的组织都相对自治。各种各样的组织，包括政府组织、政治组织、经济组织，成为社会中的独立力量。④ 这种多元的组织力量，主导着民主社会的政治程序："在传统的政治科学中，多元论通常被理解为一种政治程序的理论，在这种程序中，公共政策表现为某种类型的利益集团施加'压力'的结果，而国家则表现为各利益集团之间的'中间人'。"⑤ 这种政治

① "原初权"即立法权。参见：维尔. 宪政与分权. 苏力，译. 北京：生活·读书·新知三联书店，1997：29.

② 维尔. 宪政与分权. 苏力，译. 北京：生活·读书·新知三联书店，1997：14.

③ 达尔. 谁统治：一个美国城市的民主和权力. 范春辉，张宇，译. 南京：江苏人民出版社，2011：96.

④ 达尔. 多元主义民主的困境：自治与控制. 2版. 周军华，译. 长春：吉林人民出版社，2011：23－24.

⑤ 埃尔金，索乌坦. 新宪政论：为美好的社会设计政治制度. 周叶谦，译. 北京：生活·读书·新知三联书店，1997：126.

模式也被称作多头政治：掌握政治权力的是人民中的不同集团，每一个集团都在追求掌握政治权力，因此民主政治是国家权力在不同的集团之间的制度化交替。^① 不同的集团代表着不同的社会力量，它们通过民主的程序在政治场域中角逐，最终达到某种政治平衡。

分权制衡的理念在世界范围内产生了极大的影响。美国联邦党人在立国之初，就以三权分立为模板。^② 由于近代以来欧美国家力量的强大，人们为分权制衡赋予了普遍意义的政治价值，认为只有分权制衡的政治逻辑才能够维护个体的自由。并且，人们将分权制衡与古典的宪政传统联系起来："保护社会成员彼此不受侵害……同时将政府侵害其公民的机会降至最低程度。"^③ 殊不知，权力制衡只是西方社会史发展的产物，只有在多元社会的基础之上，才能有分权制衡的政治制度："那种在一个多样化的社会中，必须用冲突利益的多元性（如果不是以任何其他办法）来制约和平衡权力的思想，仍然是一种坚定的、可以为今天的立宪主义者所掌握的思想。"^④ 分权制衡之所以成为西方宪政主义的永恒主题，是因为多元社会不断生产着对抗性的力量，个体在不同的社会组织和群体中找到自己的位置，并以此为依托，参与社会权力的斗争。在这种斗争之中，个体自由的高扬往往以他者自由的沉寂为代价。利益冲突总是以一种激烈的方式在社会中呈现出来，而所谓的平衡，只是我们看到的"尸体清扫后的权力战场"。

（四）民族独立

以民族国家为权力主体的欧洲的分裂，是欧洲社会史发展的结果。在

---

① 达尔. 多头政体：参与和反对. 谭君久，刘惠荣，译. 北京：商务印书馆，2003.
② 汉密尔顿，杰伊，麦迪逊. 联邦党人文集. 程逢如，在汉，舒逊，译. 北京：商务印书馆，2015：290-296.
③ 埃尔金，索乌坦. 新宪政论：为美好的社会设计政治制度. 周叶谦，译. 北京：生活·读书·新知三联书店，1997：27.
④ 维尔. 宪政与分权. 苏力，译. 北京：生活·读书·新知三联书店，1997：274.

绝对主义国家诞生之后，欧洲社会的多统权力展开了一系列残酷的战争，正是在这一时期，不同地域范围内的社会力量开始借助民族主义的概念实现内部团结。正如霍布斯鲍姆所说："民族主义早于民族的建立。并不是民族创造了国家和民族主义，而是国家和民族主义创造了民族。"① 作为主权者的国家利用民族主义巩固统治，借助"印刷资本主义"宣扬民族主义思想，最终发明了民族。② 国家和民族主义创造了民族，意味着民族主义必须依附于一定的领土和主权者才能存在。对于一个民族来说，"如果没有它自身的政治躯壳即国家，它通常是不能生存的"③。社会史的多统权力为民族主义的生长提供了土壤，那些多统权力斗争最为激烈的地区，也最容易诞生民族主义的思潮。因此，民族主义诞生于封建势力极为复杂的德国就不奇怪了。一般认为，民族主义从哲学上来源于康德的"自决"概念，由个体自决，延展到民族自决。赫尔德则在理论上对民族主义进行了阐发："真正和持久的国家是这样的国家，在这样的国家中，一个民族通过自然的亲疏关系和感情形成。相反，存在着不止一个民族的国家则是非自然的、压迫性的，最终注定是要垮掉的。"④ 赫尔德呼唤德意志民族的统一，并以一种极端的态度认为民族乃自生自成，一个国家只能有一个民族。这种将民族和国家联系起来的观点影响深远："欧洲历史上民族思想影响最突出、最根本的方面在于，用连字符号将民族和国家两个概念合二为一，形成了'民族国家'的概念。它是一种源自赫尔德文化思想和卢梭社会思想的理想，并在19世纪的进程中上升成了主导思想。"⑤ 法国大

---

① 霍布斯鲍姆. 民族与民族主义. 李金梅，译. 上海：上海人民出版社，2000：10.

② 安德森. 想象的共同体：民族主义的起源与散布. 吴叡人，译. 上海：上海人民出版社，2005：43.

③ 盖尔纳. 民族与民族主义. 韩红，译. 北京：中央编译出版社，2002：187.

④ 凯杜里. 民族主义. 张明明，译. 北京：中央编译出版社，2002：52.

⑤ 列尔森. 欧洲民族思想变迁：一部文化史. 周明圣，骆海辉，译. 上海：上海三联书店，2013：281.

革命之后，民族主义的观念蔓延至整个欧洲，开启了两个世纪的民族独立的潮流。

赫尔德宣称民族是天然产生的，事实上这是一种为国家建构服务的民族主义神话。民族只有与一定的领土和主权者结合在一起，才能获得其实体的存在。更为关键的是，民族主义以设定"他者"来确证自我，脱离多元权力的民族主义是不存在的。黑格尔的民族国家，也只有在创造一个异质性的敌人的情况下才能得到澄清和认知："国家是个体，而个体性本质上是含有否定性的。纵使一批国家组成一个家庭，作为个体性，这种结合必然会产生一个对立面和创造一个敌人。由于战争的结果，不但人民加强起来，而且本身争吵不休的各民族，通过对外战争也获得了内部安宁。"① 换言之，民族国家必须通过斗争来获得稳定的存在，因此，建立在多统权力基础之上的民族主义，向外展现为民族国家的国际战争，向内展现为族群团体的社会撕裂。凯杜里认为，民族主义作为一种意识形态，是一种普遍意义上的"抹净画布的尝试"："这种抹净画布的尝试必然以惊人的程度引起专断、非法和暴力，以致永久和平幸福的意识形态幻象必然越来越回落到地平线上。因此，意识形态的政治将不可避免地陷入目的和手段之间出现的具有永久灾难性和自我破坏性的紧张状态之中。"② 民族主义的狂热是使国际生活出现无序状态的主要因素。

同时，民族主义的伦理内含民族歧视。民族主义本意是追求民族之间的平等和认同，但这种追求本身就预设了民族不平等，就现实历史的层面来说，民族主义也往往导致民族的不平等。张凤阳通过词源学的研究，发现"民族"的概念本身就蕴含着道德贬损的意涵："在今日西方语境中，'nation'是指代'民族'的规范化用词。尽管该词的源头可以溯及拉丁

---

① 黑格尔. 法哲学原理. 范扬，张企泰，译. 北京：商务印书馆，1961：342.
② 凯杜里. 民族主义. 张明明，译. 北京：中央编译出版社，2002：第四版导言6.

文'natio'，但是，按古罗马的习惯表达，'natio'事实上是一个专指'外邦人'的词汇，且有着道德贬损的负面意涵。……直到今天，这场话语战争的经典修辞手法仍然被运用，只是其'区隔—歧视—排斥'策略裹上了一层现代外衣罢了。"[①] 这种民族贬损的伦理到了黑格尔那里，就变得更加清晰："文明民族可以把那些在国家的实体性环节方面是落后的民族看作野蛮人。"[②] 文明和野蛮的区分，实质上是在重复罗马时期民族概念的原始内涵。民族优劣成为判断文明的标准，在此逻辑之下，作为一个民族主义者的韦伯，甚至走向了"人种帝国主义"。[③]

历史中的民族主义首先展现为民族国家建构的努力。19 世纪是欧洲民族国家广泛建立的时期，这一时期自由主义理论家对民族和民族主义的讨论十分含混。[④] 因为对他们来说，民族问题显而易见，不需要刻意地思考和论述。例如，俄罗斯的民族认同和国家认同几乎是同一的："神圣的俄罗斯之地，乃是根据圣像、信仰、沙皇以及莫斯科政权而划定的。"[⑤] 无论是德国和意大利的统一运动，还是波兰境内的两次暴动，都要求依照民族原则划分领土。甚至奥斯曼土耳其帝国也主张基于民族原则建立主权国家。对于它们来说，族群就是民族，民族国家的建立是无可争辩的："在 1908 年之前，'民族'的意义跟所谓族群单位几乎是重合的，不过之后则愈来愈强调民族'作为一政治实体及独立主权的含义'。"[⑥] 民族的现代意涵明确区分了民族和族群："民族不是族群，因为尽管两者有某种重

---

① 张凤阳，罗宇维，于京东. 民族主义之前的"民族"：一项基于西方情境的概念史考察. 中国社会科学，2017（7）：48.

② 黑格尔. 法哲学原理. 范扬，张企泰，译. 北京：商务印书馆，1961：403.

③ 杨光斌. 历史社会学视野下的"新教伦理与资本主义精神". 中国政治学，2018（2）：115 - 136.

④ 霍布斯鲍姆. 民族与民族主义. 李金梅，译. 上海：上海人民出版社，2000：26.

⑤ 同④58 - 59.

⑥ 同④20 - 21.

合并都属于同一类现象（拥有集体文化认同），但是族群通常没有政治目标，并且在很多情况下没有公共文化；且由于族群并不一定要有形地拥有其历史疆域，因此它甚至没有疆域空间。……民族并不一定要拥有一个自己的主权国家，但需要在对自己故乡有形地占有的同时，立志争取自治。"①

民族概念的现代区分事实上是想要遏制族群和国家的绝对关联，因为"族裔民族（ethnic nation）的思想往往孕育着悲惨事件诸如人口迁徙、领土瓜分和种族清洗的种子"。遗憾的是，"主流政治理论只为民族主义者提供了僵硬的选择：或者在他们企图离开的国家中实现某种形式的自治，或者建立一个独立的国家"②。20 世纪初，以语言来划分民族成为潮流，民族运动呈现出燎原之势："活跃于 1914 年的无数种民族运动，在 1870 年之前，根本未见踪影。"③ 亚美尼亚人、格鲁吉亚人、立陶宛人、加泰罗尼亚人等都以民族为旗帜要求建立主权国家。这一状况也受到社会环境和国际形势的影响："它是当时社会与政治变迁的自然产物，而当时国际政坛上一片高涨的仇外情绪，更发挥了推波助澜的功用。"④ 原本主张民族原则的奥斯曼土耳其帝国也被分裂为希腊、塞尔维亚、罗马尼亚和保加利亚。

在 20 世纪中后期，世界局势逐渐稳固之后，民族主义活跃的场域从国际转向国内。紧接着民族独立的热潮、民族分离主义运动开始在许多国家上演。国内的边缘群体借助"民族主义"的政治正确，反抗中央政府，谋求独立："在西方工业社会中出现了所谓的'族群复兴'——在魁北克

① 史密斯. 民族主义：理论、意识形态、历史. 2 版. 叶江，译. 上海：上海人民出版社，2011：12.

② 戈特利布. 在联合与分离之间：调和之道//莫迪默，法恩. 人民·民族·国家：族性与民族主义的含义. 刘泓，黄海慧，译. 北京：中央民族大学出版社，2009：145.

③ 霍布斯鲍姆. 民族与民族主义. 李金梅，译. 上海：上海人民出版社，2000：126.

④ 同③129.

和佛兰德斯、苏格兰和加泰罗尼亚、布列塔尼和巴斯克地区（Euzkadi）、科西嘉和威尔士都出现了类似的运动。在这些地区，大部分为'边缘化少数群体'的中产阶级反抗过去建立的国家中占统治地位的多数族群，并且反对他们的中央政府。"① 民族分离主义延续了民族国家的逻辑，也就是"民族与国家的关系存在着这样的一种模式，即语言集团发展成为民族，随之而来的是多民族国家的解体"②。民族概念的过分模糊，使得"民族"的认定变得异乎寻常的容易，不同的讲述者甚至可以借助地方语言的差异，从无到有地建构一个民族："民族认同不需要集体同意的目标，因为它不必被提交讨论和不断地进行重新界定，它也不会带来关于国家历史的统一的观点，因为它的历史一定是很复杂的和充满争论的，对不同的讲述者是开放的，如果压缩成民族的自吹自擂，那一定是严重对立的。"③ 民族界定和民族认同的泛滥，对于现代的多民族国家，尤其是移民国家来说，是一种不可避免的内部分裂因素。一部分煽动家以民族文化、民族利益和民族前途为借口，为建立民族国家而进行广泛的政治动员："他们不顾历史上毫无具体前例的事实，便一味想要重现马志尼模式，创造一种族群、语言与国家领土一致重合的民族国家（所有的民族都是国家，一个民族只有一个国家）。"④ 这种形式的分离主义和族群民族主义已经威胁到了现代西方国家的存续，成为多元社会的内在病症。

总的来说，民族主义诞生于社会的多统权力，而又在多元化的世界中被放大、被加剧。一方面，民族主义为现代欧洲国家奠定了合法性基础：

---

① 史密斯.民族主义：理论、意识形态、历史.2版.叶江，译.上海：上海人民出版社，2011：133.

② 沃森.民族与国家：对民族起源与民族主义政治的探讨.吴洪英，黄群，译.北京：中央民族大学出版社，2009：619.

③ 派瑞克.多元文化中社会民族身份的界定//莫迪默，法恩.人民·民族·国家：族性与民族主义的含义.刘泓，黄海慧，译.北京：中央民族大学出版社，2009：91.

④ 霍布斯鲍姆.民族与民族主义.李金梅，译.上海：上海人民出版社，2000：203.

"人类自然地划分为不同的民族，这些民族由于某些可以证实的特征而能被人认识，政府的唯一合法形式是民族自治政府。"① 另一方面，民族主义又使民族国家陷入现代危机："在一个政治及文化多元化的世界，国家和各族体以敌对的民族和疆域概念运作着，民族冲突成为地方病。"② 由于民族主义的威胁日渐加大，关于民族主义的反思也日益增多。列尔森认为，正是这种多元民族观念限制了欧洲的发展，导致了诸多国际冲突："当代欧洲的确深受多元的民族世界的限制，但我们应该清醒地认识到，这种限制正是欧洲自我设定的单元式的民族国家组合，以及每个国家都应当是单一的民族共同体这样的假设导致的，它既是对世界的误导，也是一种对自我的迷惑。"③ 沃森斥责对"民族"（nation）和"国家"（state）的混淆滥用，想要把两者的最初联结分开："一个国家是一个法律上的政治性组织，拥有要求公民对其顺从和忠诚的权力。一个民族则是某类人群的共同体，其成员依靠团结观念、共同文化和民族意识联结在一起。"④ 将"民族"和"国家"区分之后，民族将丧失建构国家的合法性。20 世纪中叶以来，随着社会文化和种族的多元化进程加快，这一呼声也日益高涨。列尔森认为，需要放弃将民族性作为立国根基，抛弃民族国家的概念，提倡公民国家（civic state）："只有当一个国家进入了后民族主义阶段，成了公民国家，国家才能以此为基础，赢得新的可信度，才能期望并宣称在公民中建立起'宪法维系的爱国主义'。"⑤

---

① 凯杜里. 民族主义. 张明明，译. 北京：中央编译出版社，2002：1.

② 史密斯. 民族：是真实的还是想象的//莫迪默，法恩. 人民·民族·国家：族性与民族主义的含义. 刘泓，黄海慧，译. 北京：中央民族大学出版社，2009：63.

③ 列尔森. 欧洲民族思想变迁：一部文化史. 周明圣，骆海辉，译. 上海：上海三联书店，2013：引言14.

④ 沃森. 民族与国家：对民族起源与民族主义政治的探讨. 吴洪英，黄群，译. 北京：中央民族大学出版社，2009：1.

⑤ 同③285.

就我们的观点来看，虽然民族国家的概念不断被反思和批判，然而其生存的土壤——多统社会仍在不断为民族主义者提供着养分和支持。民族分离主义根植于西方社会史的发展，对概念的批判并不会导致现实产生根本性的变化。

（五）地方自治

西方社会权力的多统性的最直接表现是地方自治。各种各样的社会力量盘根错节，在地方的区域性空间之内掌握统治权，在建构地方性秩序的同时，生成一种对抗统一的力量。从古希腊的城邦分立开始，虽然分治的主体和观念随着历史的发展不断转变，但是这一地方分治的历史事实始终未有本质改变。

作为西方文明的源头，古希腊从诞生之初就呈现出政治分裂的历史面貌。众多地域狭小的城邦各自为政，即使是它们的殖民地，也会逐渐脱离与主城邦的联系，成为一个独立的政治实体。这一时期的人们将城邦生活当作最高善业，城邦的独立自治成了一种天然的理想。虽然有着共同的文化和地域，古希腊却没有统一的意识和努力。汤因比说："在我们拥有文字记录的希腊史的肇始阶段，希腊世界在文化上的统一与政治上的分裂形成鲜明的对照。"[①] 政治分裂的直接结果有两个：第一个是内部的政治斗争，第二个是对外的贫弱。古希腊城邦之间的斗争无时不有，大的城邦如雅典、斯巴达、科林斯之间互相敌对，它们以自己的政治制度为最优制度，并以此为借口不断插手弱小城邦的内部政治。弱小城邦在这种形势下不得不选边站队，最终促成了以雅典为首的提洛同盟与以斯巴达为首的伯罗奔尼撒联盟之间的战争。残酷而持久的内部战争使得古希腊城邦日益凋

---

① 汤因比.历史研究.插图本.刘北成，郭小凌，译.上海：上海人民出版社，2005：33.

敝，最终难以对抗马其顿和罗马的入侵，丧失了其珍视的生活。罗马的统一是联盟式的统一，各个行省无论是在政治上还是在行政上，都享有相当程度的独立。罗马帝国的中央权威不断被独立的地方挑战，在帝国晚期，皇位在强势地方总督的手中流转，并最终导致了罗马的灭亡。罗马留给中世纪和近代欧洲最重要的历史遗产，就是地方自治，正如基佐所说："在地方自治这个制度中，我们看到了古罗马文明留给近代欧洲的遗产。"①

中世纪是地方自治最为显著的历史时期，领主、教会和自治城市瓜分了社会权力，在自己独特的领地内实现自治。在蛮族彻底破坏了罗马的统一之后，整个社会被肢解为碎片化的权力主体。社会的极度凋敝使得各地区的人民不得不寻求大领主的军事庇护，蛮族凭借强大的军事力量改换了罗马文明的整体面貌。与此同时，基督教会开始寻求宗教的一统秩序，与封建领主争夺统治权。自治城市在保持独立性的同时，不断受到蛮族习俗和神圣力量的强大影响。到中世纪中晚期，社会逐渐从凋敝中恢复，经济发达的自治城市也变得越来越完善。12世纪的自治城市是"一个由武装市民防守的、有防御设施的地方。这里的市民自定税赋，自选行政长官，自行审判和惩罚，并召开大会商讨自己的事务。全体市民出席大会，他们为了自己的利益向他们的领主宣战，他们有民兵组织。总而言之，他们自我管理，自为主宰"②。在中世纪历史发展的过程中，随着教会力量的增强，主教和教士逐渐成为自治城市的主要官员，封建领主强大的军事力量也常常威胁城市的自治。但是，这并没有损害自治城市的独立性，反而促进了城市法律制度的建构："11、12世纪多元化的政治格局表现为多元化

---

① 基佐. 欧洲文明史：自罗马帝国败落起到法国革命. 程洪逵，沅芷，译. 北京：商务印书馆，2005：34.

② 同①133.

的法律体系，这种多元化的法律体系把封建体制和教会法中的一些法律制度、法律原则和法律观念融入城市法当中，有力地推动了城市法律制度的构建。"① 自治城市在这样的融合中不断完善，并使得多元化的权力体系在欧洲大地上根深蒂固。领主、教会和自治城市在不同的体系之下建构着区域的自治权力，这种封建性的权力逻辑不断发展，成为近代欧洲不得不面临的重大问题。

中世纪晚期，以封建制度为核心的自治地方逐渐被纳入更大范围内的一统权力之中，这就是绝对主义国家建立的过程。这一过程开启于中世纪晚期，并经历了不断的失败："封建制度一向反对建立一般秩序也反对扩大一般自由。……在不同的时代，人们试图调整它并从中创造出一个多少是合法的、政令统一的国家：在英国，征服者威廉和他的儿子们做了这种尝试；在法国，有圣·路易；在德国，有许多皇帝做了这种尝试。一切尝试、一切努力都失败了。封建社会的本质是跟秩序和合法性相敌对的。"② 封建社会的自治地方在走向近代的几个世纪中不断被摧毁、被同化，同时它们也不断地反抗统一，巩固自己的地方性统治。因此，17 世纪的欧洲呈现出一幅绝对主义国家和自治地方共存的历史景象："17 世纪欧洲政体共同的历史条件，处于威权政府（相对较高的政府能力，与少得可怜的受保护协商结合在一起）与碎片化的暴政（既无高的政府能力，也无受保护协商，很多地方上的个人和组织都在行使强制力量）之间，程度不一。"③ 近代资本主义经济的发展要求一统的市场，而从中世纪继承的自治地方又

---

① 雷勇. 西欧中世纪的城市自治：西方法治传统形成因素的社会学分析. 现代法学，2006（1）：18.

② 基佐. 欧洲文明史：自罗马帝国败落起到法国革命. 程洪逵，沅芷，译. 北京：商务印书馆，2005：85-86.

③ 蒂利. 欧洲的抗争与民主：1650—2000. 陈周旺，李辉，熊易寒，译. 上海：格致出版社，2015：28.

不断反抗着中央权力的建构。这样矛盾的两种历史力量在不断对抗和磨合中，塑造了现代西方的代议制民主国家。

以议会为核心的代议制民主，是解决政治集权和地方自治之间冲突的制度性创造。在英国现代国家建立的过程中，下院最初的核心力量是自治地方。城市和郡代表在议会中一面维持着市场的统一，一面追求自己的利益。而英国地方上的陪审制、集会自由权、持有武器、行政独立、司法独立，都成了英国自由的根基。因此，即使在势力遍布全球的时候，英国也仍然保持着地方自治的制度。直到 19 世纪，英国都没有统一的警察制度："英格兰作为一个整体并无一支统一的警察部队，而是众多不同的地方警察力量。"① 英国的地方治理也一直是治安法官和地方绅士主导的。当 1855 年地方治安法官的薪酬被取消之后，"英格兰的地方治理就逐渐变成了郡绅士们的治理"②。托克维尔认为，美国民主的基础正是新英格兰的乡镇自治制度。美国的乡镇自治制度在 17 世纪形成："乡镇各自任命自己的各种行政官员，规定自己的税则，分配和征收自己的税款。"③ 地方自治为中央和地方分权的制度奠定了基础。

在长期社会史的影响下，多统权力的自治地方成为西方走向现代国家的基础，在自治地方的基础上，西方又发明了普遍主义的宪政理论：代议制民主和联邦制。达尔认识到，对于民主国家来说，自治组织是民主得以生存的基础："在民主国家当中，至少在大规模的民主国家当中，独立的组织十分必要。只要民主程序在像民族国家那样大规模的国家当中被采用，自治的组织就一定会产生。"④ 多统社会必然产生自治组织，自治组

---

① 梅特兰. 英格兰宪政史. 李红海，译. 北京：中国政法大学出版社，2010：313.
② 同①318.
③ 托克维尔. 论美国的民主：上卷. 董果良，译. 北京：商务印书馆，1989：50.
④ 达尔. 多元主义民主的困境：自治与控制. 2 版. 周军华，译. 长春：吉林人民出版社，2011：1.

织通过民主制度参与国家权力，维护自己的利益。当自治组织的利益与国家利益产生冲突的时候，就会使得自治组织产生分离的因素，因此在承认自治组织的同时还需要强调国家的控制。达尔用林肯的话来谈中央控制的重要性："如果有一个少数派……放弃支持政府而执意脱离联邦，那么他们便开创了先例，这必然也将导致他们内部的分裂并且葬送他们。因为每当他们内部的多数派拒绝接受少数派的支配时，少数派就又会脱离他们。"[①] 协调中央与地方自治的制度就是联邦制："联邦制政体的特点是非集权制的，也就是说，政府的权力是分散在各个中心的，而不是集中于一个单一的中心。而这些中心及其权限的存在得到了最高宪法的保护。"[②] 建立在西方社会史基础上的联邦制成了最具合法性的制度，这种合法性甚至可以追溯到《圣经》那里："经典的《圣经》共和国是一个完全系统的部落联邦，是由契约使之建立和重新确定的，以使在一个共同的宪法和法律的框架下发生作用。"[③] 由于英美国家掌握了政治话语的主导权，以地方自治为基础的联邦制逐渐成为理论家所宣扬的最优制度。

近代西方的国家建构事实上是一个矛盾的过程，中央集权和地方自治共同发展。现代民族国家要求权力的统一，并在绝对主义国家时期努力消除地方性的多统权力。然而由于长期社会史的影响，这样的地方性权力并没有被彻底消灭，而是以一种现代化的形式继续存在于西方的政治社会之中。联邦制成为调和两者矛盾的制度，但这一制度却天然地蕴含着分离的因子："正如早些时候在英格兰民族概念中的那样，分离主义的冲动是联邦这一概念所固有的，只是它的合法性更为明晰。联邦长期面临着瓦解的危险，两次差点成为现实，只是由于侥幸解决了军事冲突（其结果有利于

---

① 达尔. 多元主义民主的困境：自治与控制. 2版. 周军华，译. 长春：吉林人民出版社，2011：73-74.

② 伊拉扎. 联邦主义探索. 彭利平，译. 上海：上海三联书店，2004：41.

③ 同②141.

维护联邦）才化险为夷。"① 英国内部两次分离的尝试，都是因为地方觉得自己利益受损而起了脱离出去的念头。共同利益是地方自治团体联合的纽带，若要防止地方的分离，就要实现某种程度的平等化："如果要维护非集权化，联邦制度中的立宪政体必须在人口和财富上相当平等，或者至少在他们的不平等中达到地理上或者是数值上的平衡。美国得以克服其内在的不平等，原因在于每一块地理上的区域都包括大的和小的州。"② 然而随着自治地方对团体利益的追求，区域利益的相对不平等将会是常态。因此，虽然在英美历史中的分离被军事力量压制，但是只要这一制度仍然存在，只要地方自治的基础未变，分离就将是联邦制度永恒的话题。

三、一统与多统的国家形态

历史的差异导致国家形态的差异。历史作为一种强大的"纠偏"力量，规范着中西方国家发展的方向。政治史的一统属性所形成的国家形态及其历史性沉淀，形成了以一统秩序为核心的大一统国家。社会史的封建属性所形成的国家形态，在现代转型中塑造了调和多统权力的代议制国家。两者立基于不同的历史观念，虽然有共同的现代价值，但必将塑造迥异的制度结构和制度安排。

不同的史观呼唤着不同的政治理论。著名历史学家斯金纳谈道："没有人会在一个政治真空中来撰写政治理论。倘若没有人怀着任何政治动机来致力于政治话语的话，就根本不会有任何政治话语的存在了。"③ 要想理解中国政治的现实、大一统国家的现代重建，进而创造中国化的政治理

---

① 格林菲尔德. 民族主义：走向现代的五条道路. 王春华，祖国霞，魏万磊，等译. 上海：上海三联书店，2010：543.
② 伊拉扎. 联邦主义探索. 彭利平，译. 上海：上海三联书店，2004：206.
③ 伯克. 新史学：自白与对话. 彭刚，译. 北京：北京大学出版社，2006：292.

论，我们就必须要立基于政治史的史观。正如多统的国家形态创造了代议制的政治理论体系，一统的国家形态必然追求大一统的政治理论体系。

在这一部分，我们将对中西方不同国家形态所导致的政治特性进行对比，并探讨两者可能建构的政治理论的差异。

（一）两种国家形态的对比

在前文中，我们将中国一统的国家形态分为文化融合、制度一体、民族凝成、地域一统等四个主要方面，将西方多统的国家形态分为社会多元、暴力国家、权力制衡、民族分立、地方自治等方面，虽然两者在具体内容上并不是绝对的——对应，但我们仍可以将两种国家形态进行简单的对比，以期从中挖掘出中西方政治的一些特点和内涵。笔者认为，一统国家和多统国家至少有三方面的不同：社会的平等性-等级性，政治的和谐性-对抗性，治理的整全性-特殊性（个体性）。

一统国家立基于社会的平等性，多统国家立基于社会的等级性。春秋战国是中国实现政治一统的关键历史时期，也正是在这一历史时期，秦国、楚国等纷纷开始对贵族进行限制。要么规定以军功授爵，要么剥夺贵族世袭的权力，荀子则以不"属于礼义"来否定世袭贵族的合法性。对贵族统治的否定也就意味着对社会普遍平等的要求，这也就是钱穆所称的古代中国的"平民社会"。社会的平等性要求关照最底层的社会成员，正是他们构成了国家的基础。因此，一统国家的社会理想就是"鳏、寡、孤、独、废疾者皆有所养"，这一理念贯穿政治史的始终。同时，社会的平等性一旦被破坏，一统国家就会崩溃。比如东汉末年"累世公卿"的门阀贵族崛起，国家从此走向分裂。

西方多统国家建立在社会的等级性基础之上。多元社会中存在着各种各样的统治权力，这种统治权力从来都不属于底层人民。在古希腊的城邦里，奴隶和外邦人被排除在外；在罗马的城市里，人民按照不同的族群和地域被划分为不同的等级；中世纪的无产者甚至被排除在贵族的认知之外，他们只是"人形动物"。勒高夫谈及中世纪早期的农民时说："中世纪早期的农民就是重新出现的几乎还不算是人的怪物，后来中世纪文学继续让他出现于在森林中迷路的青年贵族和骑士们面前，农民——樵夫重新处于晦暗而粗犷的氛围中，他是长着野猪头两眼远离的贱民，目光如兽，出现在奥卡辛或者朗斯洛面前。"① 到了现代资本主义社会，他们所宣扬的自由也只是有产者的自由，资产阶级和无产阶级显然属于两个隔绝的等级。马克思正是有着彻底的人民立场，才会否定私有财产："无产阶级要求否定私有财产，只不过是把社会已经提升为无产阶级的原则的东西，把未经无产阶级的协助就已作为社会的否定结果而体现在它身上的东西提升为社会的原则。"② 人民对"打碎锁链"的要求时刻冲击着西方多统国家的合法性。

　　一统国家追求政治的和谐性，多统国家追求政治的对抗性。政治的统一使得个体或团体的权力统一于中央权力，个体或团体的利益统一于国家整体。在这种逻辑下，地方性的、民族性的、部门性的利益，都可以在国家整体中找到自己的位置，而不必采取对抗性的措施来宣扬自己。这种对和谐的追求不仅表现在"君君臣臣"的政治主体之间的关系上，而且展现在政府的制度上："在一个大一统的政府之下，则必然有其相通合一的统一性的制度。制度有多方面，有法律、经济、军事等一切。但既是在一个统一的政府之下，它必然得彼此相通。中国古人称此为一王大法，可见此非枝枝节节的，而实有一共通大道存在。"③ 这种和谐共通的制度逻辑，

　　① 勒高夫.试谈另一个中世纪：西方的时间、劳动和文化.周莽，译.北京：商务印书馆，2014：169.

　　② 中共中央马克思恩格斯列宁斯大林著作编译局.马克思恩格斯文集：第1卷.北京：人民出版社，2009：17.

　　③ 钱穆.中国史学名著.2版.北京：生活·读书·新知三联书店，2005：166.

就是政治的和谐性，任锋称之为"系统与古今两个维度上的通贯性"①。

对于西方来说，社会的多统权力必然要追求自己的特殊利益。因此，政治主体之间就常常处于对抗性的状态，例如在罗马帝国时期："政治活动家们陷入对彼此焦虑的猜忌和持续的伪善中，个人活动最大程度地关注个人的死活和安危，而国家的利益却退到了后面。皇帝这位最重要的政治决策者，对罗马帝国的职责毫无概念。"② 多元的社会主体纷纷追求自己的特殊利益，而这种特殊利益的伸张反而受到了西方理论家的褒扬，因为正是这种权力的对抗斗争，最终塑造了西方的代议制民主制度。例如，权力分立的逻辑就在国王与国会的斗争中变得逐渐清晰："在 17 世纪国王和国会之间激战的背景下，立法和执行'权力'之间的区别被更加明确地提出来了，随着政府的基本司法职能的再划分，人们看见了这两种权力。"③同时，也正是君主和市民阶层在对抗领主、贵族和教士的间接统治的过程中，创造了现代政治："君主与市民阶层的利害关系的结合，成为促进法之形式——理性化的最重要动力之一。"④ 在解决国家多统权力斗争的过程中，西方诞生了分权制衡的制度逻辑，并着重调和各种对抗性的权力关系。正是在这样的历史基础上，西方将这种以权力制衡为核心的制度逻辑当作宪政的普遍准则。

一统国家要求治理的整全性，多统国家要求治理的特殊性。一统国家在治理层面更多地考虑国家的整体情况，以国家的整体发展为首要目标，并在国家的整体发展中协调各方。追求国家的整体发展，是一种普惠式的

---

① 任锋. 大国礼治何以重要？：政制崇拜、治体论与儒学社会科学刍议. 孔子研究，2021（6）：91.

② 穆启乐. 古代希腊罗马和古代中国史学：比较视野下的探究. 黄洋，编校. 北京：北京大学出版社，2018：74.

③ 维尔. 宪政与分权. 苏力，译. 北京：生活·读书·新知三联书店，1997：24.

④ 韦伯. 法律社会学. 康乐，简惠美，译. 桂林：广西师范大学出版社，2005：273.

治理优势。荀悦谈中国的"政体"是"天下国家一体也，君为元首，臣为股肱，民为手足"（《申鉴·政体》）。君臣民一体，四方与中央一体，这就是一统国家的治理逻辑。整全性的国家治理所追求的善政，是要"通过审慎的治理来构建一个和谐的'天下'"①。整全性的治理摒弃地方与中央的对立，钱穆说："故言地方自治，此非在上者对下开放政权以谋妥协；亦非在下者对上争取权利以获自由。若仅此之为意，则自治亦终不过为上下争衡之一局耳。"② 整全性治理不认可"上下争衡"的合法性，但这并不意味着不顾及地方利益。整全性治理的另一个优势，就在于可以集全国之力，帮助遭受灾难的地方，这就是中国人常说的"一方有难，八方支援"。

对于西方来说，多元社会要求格外关注个体和团体的利益，因此其治理也往往多具有个体性和特殊性。个人、地方和组织作为权力的主体，本能地要为自己的利益发声，同时也会在治理的过程中不断宣扬自己利益的重要性。这一点与多元权力社会相辅相成，也是社会史发展的结果。沙伊德尔对比了罗马与汉朝的税收系统，认为罗马独立行省的贵族掌握着收税权力，"罗马制度在榨取与分配上都保留了更大的距离。在征税过程中，国家更为抽离：在极其薄弱的上层政府监管过程中，应税财产通常由地方贵胄估值且许多税收都落入其囊中"③；而中国则以完善的官僚体系施行普惠的治理："财政机构以正规国家官僚机构的方式运作，从而能更深地介入地方事务。……比之在更为狭小且陡直的层级化罗马行政机构中，汉朝国家职员（对立于相互协作却在形式上更为自治的地方精英）的福利可能被更广泛地分配。"④ 罗马的治理基础是特殊的地方，基佐谈道："罗马

---

① 穆启乐. 古代希腊罗马和古代中国史学：比较视野下的探究. 黄洋, 编校. 北京：北京大学出版社, 2018：131-132.
② 钱穆. 政学私言. 北京：九州出版社, 2016：59.
③ 沙伊德尔. 汉朝与罗马帝国的国家收支//沙伊德尔. 古代中国与罗马的国家权力. 杨砚, 等译. 北京：生活·读书·新知三联书店, 2020：277.
④ 同③278.

帝国除了地方自治制度，没有留下任何东西。"① 自治地方组成了国家，当然要以实现地方的利益为第一目标。

这种对地方独特利益的强调，将导致国家治理的斗争性和片面性。而国家在面对多元权力斗争的时候，只能关注到那些最恶劣也最迫切的治理问题，或者呼声最高的问题。这种治理逻辑能够在一定时期和一定条件下关注到部分人群的利益，并使得其他群体保有享受治理红利的可能性。但也正是这种制度，使得弱势群体永远停留在享受治理红利的希冀之中，因为弱势群体的声音几乎不会被政府听到。巴特尔斯曾研究过"新镀金时代谁在影响美国政府的政策"，得出的结论是："富人有着相当大的影响，而处于收入分布后 1/3 位置者的偏好，则对其选任官员的行为，没有任何明显的影响。"② 这一结论证明，多元民主本质上是少数人的民主。同时，为了照顾地方或组织的特殊利益，这种治理逻辑也将使得国家丧失统筹全局的能力，进而在国际竞争中处于劣势。

（二）大一统政治理论的现代意义

对于一些西方政治理论家来说，市民社会是现代资本主义生产方式的创造，是家庭被大生产的社会分工破坏后，个体不得不走入社会的产物。原子化的个体由于职业、社会阶层等的差别，自然地从属于一定的群体性组织或社会团体，而各种各样的社会团体共同构成了西方的多元社会。多元社会中的社会团体依靠代议制民主实现其利益诉求。就这样，个体以多元社会为中介，间接地与国家权力发生联系。然而，我们考察历史就会发现，这种多元社会的理论不过是对社会史所建构的政治秩序的理论再造。

---

① 基佐. 欧洲文明史：自罗马帝国败落起到法国革命. 程洪逵，沅芷，译. 北京：商务印书馆，2005：37.

② 巴特尔斯. 不平等的民主：新镀金时代的政治经济学分析. 方卿，译，上海：上海人民出版社，2012：295.

这种再造的目的是创造出一种普遍性的政治理论，以科学技术的历史必然性论证西方多元社会和民主体制的历史必然性。然而，当我们将目光投向中国历史的时候，这种理论就会面临根本性的颠覆。

1924 年，留美归国的陈茹玄说："吾国今日中央政府不死不生，号令不越京门一步。各省长吏，负固拥兵，擅作威福。军队可以任招，纸币可以滥发，外债可以自借，关税可以截留，和战可以自主，尊号可以自称，名位可以私相授受，虽周之七国，无此专横，唐之藩镇，逊其跋扈。割据之局，久成事实，而犹靦颜自谓大一统国，毋亦掩耳盗铃之尤乎。"① 陈茹玄在写作《联邦政治》时，面对中国问题的立足点仍然是"大一统"，这是几千年政治史影响的必然结果。姜义华在谈到现代民主时，则特别强调大一统下的平等色彩："大一统国家体系和现代民主的有机结合是具有决定性意义的环节，应当是在社会化大生产基础上真正重建个人所有制，谋求真正做到每个人自由而全面的发展。……这种个人所有制的建立，在制度设计和程序设计上，最根本的一点，就是用什么方法保障每个人，特别是处于社会下层无权无势的广大'草根'，能够实实在在地享有同等的经济、政治、文化权利。"② 类似的论述都与西方现代国家的逻辑形成了鲜明的对比。

对于西方而言，多统的国家形态创造了代议制的政治理论体系，这种理论体系既承接了社会史，又是其现代政治合法性的来源。而对中国来说，必须要突破西方的藩篱，在政治史的基础上创造真正历史的、现实的政治理论。就本章的论述来说，一统的国家形态必然要求大一统的政治理论体系。因此，我们需要从大一统的政治价值、大一统的制度构成、大一

---

① 陈茹玄. 联邦政治. 北京：商务印书馆，2013：168.
② 姜义华. 辛亥革命以来中国大一统国家体制再造中的承续：下. 学术月刊，2011，43（2）：119.

统的治理逻辑等方面重塑中国的政治理论体系，这是历史的任务，也是历史的必然。

（三）余论

汤因比认为，新中国成立之后，面临着两种形式的"西方问题"："共产党中国既有一个俄式马克思主义的'西方问题'，又有一个西方式的'西方问题'。"① 这一论述为大多数学者所承认，中国政治学的发展也长期在这两种"西方问题"中徘徊。但他们却忽略了，在这两种"西方问题"之上，还有一个政治史所塑造的、更为根本的"中国问题"，即大一统的问题。对大一统政治理论的阐明，并不是要像西方一样创造"普适的"政治神话，而是要在澄清自己的过程中，为人类政治的发展提供独特的中国智慧和中国经验。

在汤因比看来，中国独特的历史观所塑造的长久的政治统一，必将为西方、为世界提供安定的基因："他们的历史'世界观'既反映了他们的历史成就，又给他们指派了促成统一和安定的角色。如果人类要想顺利地进入 21 世纪，就需要有一部分人承担这种角色。"②

---

① 汤因比. 历史研究. 插图本. 刘北成，郭小凌，译. 上海：上海人民出版社，2005：365.
② 同①394.

第四章　中西方的权力体系

　　政治史的传统使得中国在历史中展现为大一统国家，而社会史的传统使得西方在历史中展现为多统国家。当我们将这种国家形态的研究进一步深化，就会触及两者之间权力体系的重大差异。权力体系即国家权力的构成逻辑及其制度载体。从社会史向政治史的历史性转变塑造了稳定的权力体系，这一转变过程是封建性多统权力逐渐受到约束的过程。对于中国来说，这一转变在先秦时期就已经开始；对于西方来说，这一转变在中世纪晚期展开。西方社会史的传统使其在向政治史转变的时候呈现出与中国不同的样貌。

　　质言之，中国是以皇权为核心的单一中心权力体系，郡县制与官僚制是其根基，礼制与科举制为其提供支持与动力；西方是多统的分权性权力体系，行政权、立法权、司法权相对独立，地方形成自治主体。西方权力体系的典型国家是英国，国家权力的早期发展使其能够实现向政治史的平稳过渡，建立起以议会主权为基础的分权体系。与之相对的波兰则由于多统力量的极端发展，没能实现社会史的转变，走向了国家的整体性崩溃。

中西方的权力体系皆有其独特的起源、演化和定型的历史过程，这一历史过程与其历史属性紧密相关，本章我们将沿此逻辑，对中西方政治的差异做更加深入的探讨。

一、以皇权为核心的单一中心权力体系

从权力的角度来说，大一统国家的中心是皇权，皇权作为权力的中心维持着国家的统一，确保政治秩序的稳定。皇权的载体是皇帝制度，皇帝制度并非一个孤立的制度，而是要与郡县制和官僚制紧密配合才能发挥作用。郡县制克服了独立的地方权力，能保证中央权力相对地方的优势地位；官僚制摆脱了世卿世禄的束缚，使得权力得以脱离大家族的掌控，皇权成为统治权的唯一来源。然而，中央相对地方的权力优势并不意味着地方对统一皇权的绝对认同，对于底层百姓来说"帝力于我何有哉"，对于边疆地区来说"天高皇帝远"，这些都是侵蚀权力秩序的隐患。而礼制的作用，就在于以礼的形式，把皇权渗透到基层地方，一方面建立起统一的政治行为逻辑，另一方面加强百姓对"君父"的政治认同。科举在中国古代被称为"选举"，是选拔科层官僚的重要制度。科举既能破除世家大族对权力的垄断，选拔贤能的官员，又能以考试内容实现教化、统合社会，加强各地区大一统的国家意识。因此，从历史的角度来看，郡县制与官僚制是单一中心权力体系的根基，在秦朝已经基本确立；而礼制和科举制则是此权力体系的支持和动力，保障并维持了单一中心权力体系的完整和运转。这一权力体系在汉唐之际逐步完善。

（一）从天子到皇帝：单一中心权力体系的形成

先秦时期，中国由社会史逐步走向政治史，也正是在这一时期，单一

中心权力体系逐步建立。这一权力体系的建立经历了漫长的过程，从中国古史传说时代的部落联盟，到西周时期初步确立天子的中心地位，再到皇权的彻底确立，历时逾千年之久。中国古史的写作大多会从三皇五帝讲起，这一时期的历史大多是神话传说。然而这并不意味着我们要放弃对中国政治文明起源的探讨，正如张光直所说："史学家们曾一度认为，整个传说时代都是汉代哲学家的臆造。随着近年来考古资料（其中有部分文献材料）的问世，我们越来越相信古文献基本是可靠的，许多传说具有历史价值。"[1] 我们虽然不能对中国政治的起源做准确的描述，但仍可以依稀从考古学中推究这些传说的可能事实及其象征意义。

上古时期的中国部落林立，随着人口的发展与交通范围的扩大，一些较大的部落迫于生存压力，纷纷开始扩张。到了考古学的龙山时期，在渭水上游和陕北姬水附近形成了两个强大的部落，分别为炎帝部落和黄帝部落。这一时期即国史中的"传说时代"[2]。在炎帝与黄帝战于"阪泉之野"的传说中，黄帝部落战胜了炎帝部落，黄帝成了炎黄集团部落联盟的领袖。这种部落联盟只是初级的联合，并未产生明晰的政治组织。炎黄集团继续沿着黄河向中下游发展，但是这一时期中国还没有凿井技术，因此"人民居住的地方不能离水边太远"[3]。由于黄河中下游地区经常河水泛滥，治水问题就成了一个影响全体中原部族的大问题。[4] 李济谈道："在这个阶段出现一个巨人大禹的形象是不足为奇的。"[5] 在这样的情势下，大禹治水的说法就应运而生，并广为流传。由于治水是一个巨大且复杂的

---

① 张光直. 美术、神话与祭祀. 郭净，译. 北京：生活·读书·新知三联书店，2013：113.

② 何炳棣说："龙山时代已进入国史中的传说时代。"参见：何炳棣. 华夏人本主义文化：渊源、特征及意义：下. 史前研究，1998：498.

③ 徐旭生. 中国古史的传说时代. 桂林：广西师范大学出版社，2003：149.

④ 《庄子·秋水》："禹之时，十年九潦，而水弗为加益。"《管子·山权数》："禹五年水。"《荀子·富国》："禹十年水。"《淮南子·齐俗训》："禹之时，天下大雨。"

⑤ 李济. 安阳. 上海：上海人民出版社，2007：132.

工程，需要获得所有相关部族的支持，这就间接导致了黄河中下游地区部族的团结。与此同时，这一事业的成功也使大禹获得了极高的政治声望，因此在大禹治水结束后，中原地区成千上万的部族臣服于大禹："禹合诸侯于涂山，执玉帛者万国。"（《左传·哀公七年》）这进而导致了中国第一个王朝——夏的诞生。

然而彼时的统一仍然是十分松散的，集中的中央权力也远未出现："所谓的夏朝，实际上是以夏后氏为盟主，由众多族邦组成的族邦联盟。"① 夏王只是族邦联盟的共主，周边还有许多独立的氏族小国，"这些小王国对他可以有朝聘会贺的往来，却没有臣属的关系，夏王有作为的时候可以取得像春秋时代盟主的地位，除了这个时候，就仅仅为群王中的一王"②。到了商朝，情况也没有改变多少。陈梦家说："卜辞中侯、伯常受殷王之命征伐方国，如王从'多田与多白'伐盂方伯；但侯、伯之间亦互有征伐，王亦有征伐某伯或杀某伯以为人牲的。"③ 可以看出，虽然侯伯承认殷王天下共主的身份，会奉命征伐方国，但殷王仍不能很好地控制周边地区的侯伯，侯伯反抗殷王、侯伯互相征伐的情况时有发生。虽然这一时期没有稳定的中央政权，但不可否认的是当时已经有了共主产生，"它就是分离状态中的统一象征，也就是天下一家思想赖以萌芽的最初土壤"④。到了西周时期，由于宗法制、封建制的实施，周王作为天子的权力核心地位愈加清晰。

基于宗法制对王族大宗、小宗的划分，周朝的分封制使得血缘与地缘紧密地联系在了一起，天子的政治权力有了实质性的加强。周公"二次东

---

① 周苏平. 夏代族邦考. 中国史研究，1993（4）：131.
② 徐旭生. 中国古史的传说时代. 桂林：广西师范大学出版社，2003：10.
③ 陈梦家. 殷墟卜辞综述. 北京：中华书局，2013：639.
④ 刘家和. 史学、经学与思想：在世界史背景下对于中国古代历史文化的思考. 北京：北京师范大学出版社，2005：309.

征"之后，新建的东都洛阳作为统治东部诸侯的政治枢纽，标志着周朝对邦国控制能力的极大深化以及周朝一统体系的建立。与此同时，周朝以宗法为基础，分封诸侯，重新整合天下的政治力量。正如李峰所说："西周诸国的建立并不是一个王室随意赐予其亲属和地方首领以土地的过程，而是西周国家精心构建其地缘空间，并从而巩固其政治基础的过程。"[①] 分封的过程即建立血缘与地缘统一体的过程，也是对"大宗周"的权力集中极大加强的过程。王国维说："新建之国皆其功臣昆弟甥舅，本周之臣子，而鲁卫晋齐四国又以王室至亲，为东方大藩，夏殷以来古国方之蔑矣。由是天子之尊非复诸侯之长，而为诸侯之君。"[②] 分封之后的周天子已经从"诸侯之长"变为了"诸侯之君"，由部落联盟的共主，变成了享有大宗地位的天子。在中央政治权力加强的同时，尊君意识也逐渐出现："天佑下民，作之君，作之师。"（《周书·泰誓上》）周王成为权力的唯一合法来源："在周人的国家理念中，文王（西周中期开始武王也列入其中）是周王朝主权的唯一持有者，也是所有的职权的来源。"[③] 周王对天下邦国影响的广度和深度，已远非商朝可比。

虽然宗周一直保持着天命所归的天子地位，但由于宗法血缘纽带的脆弱性以及封建诸侯的高度自治，周王虽作为天下共主，但事实上并不能够真正地控制地方。诸侯国只在名义上尊崇周天子的权威，随着地方邦国的不断扩张以及时间的推移，宗法逐渐失去效力，诸侯之间相互征伐甚至直接挑战周王的权威。这一状况正如李斯所言："古之帝者，地不过千里，诸侯各守其封域，或朝或否，相侵暴乱，残伐不止。"（《史记·秦始皇本

---

① 李峰. 西周的灭亡：中国早期国家的地理和政治危机. 增订本. 徐峰，译. 上海：上海古籍出版社，2016：96.

② 王国维. 观堂集林：上卷. 北京：中华书局，2017：467.

③ 李峰. 西周的政体：中国早期的官僚制度和国家. 吴敏娜，胡晓军，许景昭，等译. 北京：生活·读书·新知三联书店，2010：298.

纪》）各诸侯国充分的自治权导致了春秋战国时期的混乱，战国时期征伐之残酷前古无匹："万乘之国七，千乘之国五，敌侔争权，盖为战国，贪饕无耻，竞进无厌；国异政教，各自制断；上无天子，下无方伯；力功争强，胜者为右；兵革不休，诈伪并起。"（《战国策》）残酷的诸侯战争一方面彻底破坏了旧秩序，另一方面也是建立新秩序的契机。

为应对因中央权威衰落而导致的诸侯侵伐的无序状态，春秋时期的思想家纷纷起来呼吁"尊天子"。孔子曾激烈地批评道："天下有道，则礼乐征伐自天子出；天下无道，则礼乐征伐自诸侯出。"（《论语·季氏》）人们将这一时期混乱的主要原因归结为诸侯对中央权力的侵夺，而"克己复礼"的呼吁，也更多是在礼的框架下重新树立天子的权威，恢复稳定的社会秩序。然而由于"礼崩乐坏"，旧有的礼制和宗法已难以维系社会。一方面旧秩序的解体已经无可避免，另一方面人们又迫切呼唤新的统一秩序的出现，历史的经验使他们认定，只有集中的中央权力才能保持天下的稳定，而这一中央权力的载体就是君主。[①] 于是在春秋战国之际，尊君的呼声就越来越强烈。法家提出了最强有力的尊君思想，例如"人主虽不肖，臣不敢侵也"（《韩非子·忠孝》）、"能独断者，故可以为天下主"（《韩非子·外储说右上》）。在法家看来，君主权威的树立对天下重新"定于一"有着至关重要的意义。这一思想也几乎是当时社会的共识，例如《吕氏春秋》谈道"国必有君，所以一之也"（《吕氏春秋·执一》），荀子倡言"君者，国之隆也；父者，家之隆也。隆一而治，二而乱。自古及今，未有二隆争重而能长久者"（《荀子·致士》）、"权出一者强，权出二者弱"（《荀子·议兵》）。

伴随着尊君意识的高涨，诸侯国纷纷开始实行法家式的改革。这一改

---

① 《左传·文公十三年》："天生民而树之君。"

革最重要的两个方面是以郡县取代分封、以官僚取代世卿。改革的目的是将被地方和贵族占据的权力收归君主，强大的君权既能维持国内的秩序稳定，同时又可以极大地调动社会资源以应对残酷的战争。各诸侯国改革的程度不同，因而其中央集权的统一程度也不同，诸侯国的稳定和国力的强弱也不同。秦国由于偏居边陲，国内贵族势力较弱，国君势力本来就强，因此能够实行最为彻底的改革。改革使得秦国国力大为提升，一跃成为当时最强大的国家，最终一举灭了六国，在"天下"范围内建立起了绝对的中央权力，即李斯所说："主独制于天下而无所制也。"（《史记·李斯列传》）这一中央权力的建立，在当时的人看来，其实是接续了周朝的天下，重新为天下赋予了政治秩序。即使是强烈批判秦国暴政的贾谊，也不得不承认："近古之无王者久矣。……今秦南面而王天下，是上有天子也。"（《过秦论》）

皇权的建立是单一中心权力体系建立的标志。秦王统一天下之后，认为自己德兼三皇、功过五帝，因而采用上古名号，自命为"皇帝"（《史记·秦始皇本纪》）。这里要注意的是，秦王这个称谓并非自夸，"皇帝"也并非仅仅形式上的改变，而是昭示着权力体系的深刻变化。虽然周朝号称一切政治权力都来自作为"大宗"的天子，但这种权力关系以宗法为基础，更多是宗教性、伦理性的，各地的诸侯在事实上拥有巨大的自治权。因而，周朝实质上实行的是一种多中心的权力体系，正是这种多中心的权力体系决定了周朝分裂战乱的结局。从天子到皇帝的转变，意味着宗法约束的天下共主彻底转向了政治集权的皇权体系，自此之后，一切权力出自中央，以皇权为核心的单一中心权力体系成为后世维系社会团结稳定的基础。

单一中心权力体系被汉代继承，并成为后世两千年中华文明传承和壮大的制度基础。古人常言"汉承秦制"，其中最为重要的，就是继承了秦朝所建立的单一中心权力体系。皇权已经成了不可改易的政治基础，汉初大儒董仲舒说："君人者，国之元，发言动作，万物之枢机。"（《春秋繁露·立元神》）这一体系延续到清朝，从未受到过根本性的挑战，即使是激烈批判君主的黄宗羲，事实上也并未否认皇权的重要意义。在程农看来，黄宗羲对皇权做了减法，消除了对皇帝的道德期待，"剩下的就是中国皇帝制度最基本的功能，即维系大一统中央集权秩序的枢纽作用"[1]。可以说，这种单一中心权力体系已经成为中国政治文明的根基，因此张传玺认为，自秦开始的中央集权制度是比四大发明更伟大的发明，"此制度的创行和存在、发展、完善，是中国古代政治文明的标志；也应当说，是世界古代政治文明的重要标志之一"。这种中央集权制度的现实展现就是"大一统国家的元首制度，称'皇帝'"[2]。当然，皇帝制度并非孤立的，其确立离不开两个重要的制度——郡县制和官僚制。

（二）从封建到郡县：地方与中央的权力关系

郡县制的出现与皇权的加强同步发生，是单一中心权力体系的重要支撑。郡县制从周代的封建制发展而来，是封建制逐渐解体的产物。从大一统的角度来讲，郡县制并非封建制的绝对对立面，而是中央与地方联系不断加深的结果。这种联系的加深，是对周代多中心权力体系的突破，意味着地方从在宗法层面上对中央政权的服从转变为政治和行政意义上的彻底归属。

从历史的连续性来讲，西周封建制是对商代方国联盟的进一步强化和加深。这种以宗法为核心的封邦建国，突破了旧有联盟的脆弱联结，使得

---

① 程农.皇帝制与儒家士大夫政治：以《明夷待访录》为中心的考察.政治思想史，2021，12（2）：53.

② 张传玺.中国古代政治文明讲略.北京：北京出版社，2019：93，96.

当时的"天下"有了确切的宗族共同体，这种以血缘统筹地缘的制度无疑对"天下"一统程度的加深有着重要的意义。正如吕思勉所说："其中同姓、外戚、功臣、故旧之分封，实与我国之统一关系极大。盖古者车未同轨，书未同文，行未同伦，所恃以团结异族，树统一之基者，实赖开化较早民族，将其文明，移植各地也。"① 分封诸国，不仅可以团结旧族，还可以安抚功臣，并以血缘纽带使大家承认周天子作为"大宗"的政治权威。对异族地区的分封，也有利于将先进的周文明传到国家的每个角落，加强各地区之间的文化同一性。然而由于宗法联结的脆弱性，当血缘关系随着时间的推移不断淡化之后，内部的分裂战争就不可避免。李斯对这一弊端有清晰的描述："周文武所封子弟同姓甚众，然后属疏远，相攻击如仇雠，诸侯更相诛伐，周天子弗能禁止。"（《史记·秦始皇本纪》）春秋战国时期，崩溃的分封制逐渐让位于郡县制。

在吕思勉看来，封建制建立的社会原因在于当时地广人稀、交通不便，各诸侯国之间的接触较少，王室自然没有什么控制力。但随着历史的发展，"及其户口日繁，土地日辟，交通日便，则制驭之势既易，接触之事亦多。制驭易，则宅中图治者，务求指臂之相联。接触多，则狁焉思启者，不容弱小之存在。封建至此，遂不能不废矣"②。人口增加和列国之间荒地的开辟不仅加深了各国之间的联系，也提高了中央对地方的控制力。各地区的诸侯国都想追求对基层的直接统治，即"务求指臂之相联"，因此封建制也就不得不废除了。在春秋战国之际，郡县制就已经在秦、晋、楚等国出现并不断加强，甚至取代了封建制的主导地位。何兹全谈及，正是郡县制实现了各诸侯国内部的"区域性小统一"，这种区域性的统一与君主权力的加强是一致的："这种小统一，有两方面的含义。一是

---

① 吕思勉. 中国社会史. 上海：上海古籍出版社，2007：300.
② 同①310.

领土的统一，一个区域内的领土属于一个国君；二是行政的统一，一个区域内属于国君的郡县制逐渐代替贵族的封邑制。"① 郡县制的发展，使得各国国君彻底掌握了地方权力，褫夺了本来属于地方贵族的官员任命权和地方军事力量。伴随着郡县制的发展，官僚统治机构深入基层，"各诸侯国的统治机构，从国到郡，从郡到县，从县到乡，已是有系统地分布到每一个角落，层层控制着整个国家"②。因此我们可以说，正是郡县制的建立，使得地方彻底被纳入中央权力的控制之下，多元的地方权力也逐渐被收归于一元的中央政府。

在郡县制所构成的单一中心权力体系之下，一切地方权力都来自以皇权为核心的中央。这种权力归属所显示的中央与地方关系与周代分封制有着本质的不同。在周振鹤看来，"如果勉强将周王的朝廷与诸侯国的朝廷看成中央与地方的关系的话，那么两者之间至多保持有政治关系而不是行政关系"③。直到郡县制出现，行政层面的中央与地方关系才出现："新出现的地方组织——县，由诸侯国的国君亲自管理，并不分封给大夫，这一新制度标志着中央集权方式的出现。"④ 郡县制之下的地方不仅在权力来源上从属于中央，在行政层面也彻底丧失了自治权。瞿同祖在谈到清代地方政府的时候，清晰地说明了郡县的性质："所有地方官员，包括州县长官，都是中央政府的代表。州、县或组成州县的市镇、乡村，都没有自治权。"⑤ 毫无疑问，郡县制构成了单一中心权力体系的重要支撑。正如张传玺所说："郡县制是多民族、大一统的中央集权国家形成发展的重要基础和动力。"⑥

---

① 何兹全. 中国古代社会. 北京：北京师范大学出版社，2001：277.
② 杨宽. 战国史. 2版. 上海：上海人民出版社，1980：249.
③④ 周振鹤. 长治与久安. 上海：复旦大学出版社，2020：4.
⑤ 瞿同祖. 清代地方政府. 范忠信，何鹏，晏锋，译. 北京：新星出版社，2022：5.
⑥ 张传玺. 中国古代政治文明讲略. 北京：北京出版社，2019：27.

　　虽然郡县制构成了以皇权为核心的单一中心权力体系，但由于中国地域广大、地区情况各异，治理的困境使得历史上的中央与地方关系变得更加复杂。一方面地方仍有脱离中央的可能，另一方面也要根据历史情况调整两者的权力关系。由于各地区社会风俗不同，基层的治理往往有不同程度脱离中央的倾向。睡虎地秦简中的《语书》曾记载秦国在楚地推行秦法时的状况。《语书》谈到了地方风俗对秦法的抵制，展现了地方吏民因乡俗而无视秦法的治理困境："尽管有郡守的命令，官吏们面对原有习俗根深蒂固的社会，在乡俗面前束手无策，法律的实施被歪曲，或被公然无视。"[①] 维持地方秩序的立法也往往会与中央的立法产生抵触。[②] 古代中国制定了一系列制度，以避免地方对中央的离心趋势，例如地方行政长官回避本籍的规定在汉代就已建立，甚至有更加严格的"三互法"[③]。但这仍然不能彻底阻止地方的分裂倾向，张纯明提到，中央对地方的控制力度也会根据国家力量的强弱发生变化："当一个朝代正盛的时候尚可维持表面上的统一，就是说地方上的官吏中央可以任免，重要的政令还可通行，虽然免不了阳奉阴违。但在衰微的时候地方大员可以横行自恣，中央不敢过问。"[④] 地方独立的情况在各个朝代的晚期都曾出现。

　　另外，对于古代国家来说，往往会面临外部入侵的压力，此时便不得不赋予边疆政治一定程度的自治权，用以提高地方的军事能力，但这往往又会瓦解中央的权威。例如，唐代赋予了地方极大的权力，但难以处理地方的军事危机，从而导致了地方对中央的反叛。而在安史之乱后，中央政

---

　　① 工藤元男. 睡虎地秦简所见秦代国家与社会. 广濑薰雄，曹峰，译. 上海：上海古籍出版社，2018：366.

　　② 同①360.

　　③ "'三互法'规定，如甲州人士在乙州为官，同时乙州人士又在丙州为官，则丙州人士不但不能到乙州为官，也不能到甲州为官。"参见：王子今. 秦汉社会史论考. 北京：商务印书馆，2006：77.

　　④ 张纯明. 中国政治二千年. 北京：当代中国出版社，2014：18.

府与藩镇几乎分裂成了两个不同的区域，"非仅政治军事不能统一，即社会文化亦完全成为互不关涉之集团"①。因此，虽然从制度层面来说，必须要维持中央皇权相对地方的绝对地位，但在具体的历史情境中，也要适当调整中央和地方的关系。周振鹤在谈到古代中国时，就提到了"轻重相维"的中央地方关系："在总结前代或历代中央地方关系的得失时，中国史学家常用内外、轻重、干枝、首尾等关系做比喻。所谓'内'，指的是中央政府及中央集权，'外'则是地方政府或地方分权。……因此古代政治家所追求的理想目标是轻重相维，也就是在中央集权的前提下，使地方有适度的分权。"② 对于良好的治理而言，适当的分权是必要的，但我们必须明白的是，这种分权一定是在保持单一中心权力体系稳定基础上的分权，而这种分权的目的也是维系这个权力体系。所谓的分权，也只是调整中央对地方的控制程度，而不是颠倒中央与地方的关系，不是重新走入混乱。

（三）从世卿世禄到科层官僚

郡县制与官僚制紧密相连。封建制的崩溃也就意味着世卿世禄制的消失，郡县制的形成需要科层官僚作为支持，正如周振鹤所说："地方行政制度的形成并不单是地方一头的事，同时也是中央集权已经产生的标志。只有中央对地方有强大的控制力，才有任命非世袭地方官员的可能，否则即使有新领土也必然要走封建的老路。"③ 中央对地方强大的控制力依赖于以行政官僚替代世袭贵族，以此将统一的中央权力贯穿于政治的各个层级。

官僚制的确立源于世卿世禄制的取消。西周时期，与封建制相互配合

---

① 陈寅恪. 隋唐制度渊源略论稿·唐代政治史述论稿. 北京：商务印书馆，2011：203.
② 周振鹤. 长治与久安. 上海：复旦大学出版社，2020：23.
③ 周振鹤. 中国地方行政制度史. 上海：上海人民出版社，2019：31.

的重要制度就是世卿世禄制，即由世袭贵族"公侯伯子男"掌握政治权力、担任行政职务。傅斯年认为，这种"公侯伯子男"的世袭爵位是与封建宗法制度紧密相连的："公伯子男，皆一家之内所称名号，初义并非官爵，亦非班列。侯则武士之义，此两类皆宗法封建制度下之当然结果。"① 这种模式事实上是以家族伦理代替政治伦理，"盖封建宗法下之政治组织，制则家族，政则戎事，官属犹且世及，何况邦君？如其成盟，非宗盟而何？周室与诸国之关系，非同族则姻戚，非姻戚则'夷狄'。盖家族伦理即政治伦理，家族称谓即政治称谓"②。西周的官职与贵族爵制紧密相连，爵制可以世袭，并成为分享天子权力的重要凭证。贵族的权威又因青铜器和礼制的象征仪式而不断得到确认和加强。③ 这种制度事实上就是承认了各诸侯国、各宗族所控制的地方是贵族的私人财产，而世袭贵族自然也在其地区享有高度的自治权。

地方贵族高度自治的结果，是"天下"的分崩离析，是春秋战国的礼崩乐坏。当旧有的政治秩序不断崩解，世袭贵族自然也开始丧失其地位。例如，春秋时期叔向所说晋国旧的贵族："栾、郤、胥、原、狐、续、庆、伯，降在皂隶。"（《左传·昭公三年》）旧贵族几乎全都变成了奴隶，也丧失了军事能力，"戎马不驾，卿无军行。公乘无人，卒列无长"，最终"晋之公族尽矣"（《左传·昭公三年》）！类似的情况各国都在上演。到了春秋晚期，楚国大多数官职已不再世袭，楚国贵族也不可避免地衰落了。④ 这样的情况到了战国时期更加常见。战国时期，"由于当时社会的不断分化，有些无爵或低爵的人经济地位也会超过有较高爵级的人"。睡虎地秦简曾记录一个有二级爵位的人，因贫困而去偷羊。⑤ 由于贵族的衰落，社会治

① ② 傅斯年 . 民族与古代中国史 . 郑州：中州古籍出版社，2017：110.
③ 杨宽 . 西周史 . 上海：上海人民出版社，1999：498.
④ 顾德融，朱顺龙 . 春秋史 . 上海：上海人民出版社，2001：284.
⑤ 李学勤 . 东周与秦代文明 . 上海：上海人民出版社，2016：194.

理的主体出现缺失，官僚开始进入国家政权体系。此时的社会舆论，也开始主张以贤能的官僚代替基于血缘的贵族："虽王公士大夫之子孙，不能属于礼义，则归之庶人。虽庶人之子孙也，积文学，正身行，能属于礼义，则归之卿相士大夫。"(《荀子·王制》)没有治理才能的贵族在战国时期大量被淘汰，代之以科层官僚。王亚南谈道："到了战国之世，一切改观了；在诸侯相互长期战争过程中，封建贵族的政治支配权，逐渐转移到封建官僚手中了。"① 秦制统一天下之后，官僚彻底取代贵族，成为权力主体。

官僚成为权力主体，一方面意味着国家对基层统治的深入，另一方面也意味着皇权核心地位的确立。卜宪群根据对"云梦秦简"的研究，发现春秋战国时期的国家权力已经深入乡里社会："春秋战国的三老、里父老在参与国家基层社会管理时主要是受国家权力支配的。"② 国家权力对基层的渗透依赖于官僚，正是这种从上到下一贯的官僚体系的建立，使得福山认为，秦朝时期中国已经建立起了符合韦伯定义的现代国家："中国成功发展了统一的中央官僚政府，管理众多人口和广阔疆域，尤其是与地中海的欧洲相比。"③ 庞大的官僚网络直接与基层相联结，而中央对民众的联系也转变为皇权与官僚的联系："明主治吏不治民。"(《韩非子·外储说右下》)与高度自治的世袭贵族不同，官僚是依附于皇权的，是统一的中央权力的延伸，赵鼎新谈道："在中华帝国，皇帝是统一的象征，也是官僚权威的根本来源。如果没有皇帝所赋予的合法性，官僚制绝不可能很好地运行。"④可以说，正是非世袭的行政官僚保障了单一中心权力体系的结构稳定。

---

① 王亚南. 中国官僚政治研究. 北京：商务印书馆，2017：30.
② 卜宪群. 春秋战国乡里社会的变化与国家基层权力的建立. 清华大学学报（哲学社会科学版），2007（2）：75.
③ 福山. 政治秩序的起源：从前人类时代到法国大革命. 2版. 毛俊杰，译. 桂林：广西师范大学出版社，2014：25-26.
④ 赵鼎新. 汉代官僚制度的起源、性质与发展//沙伊德尔. 古代中国与罗马的国家权力. 杨砚，等译. 北京：生活·读书·新知三联书店，2020：121.

　　秦制所确立的科层官僚是单一中心权力体系的重要支柱，并成了两千年中国的重要政治传统。阎步克说："中国古代王朝行政之中，存在着大量由于传统因素、贵族因素、封建因素和专制因素造成的非理性现象，但自秦以来，理性行政毕竟已经成了重要政治传统之一。"① 虽然官僚的权力来自中央，但相较于皇帝，理性官僚会更加熟悉具体的政治实务，因而在进行政治实践的过程中，往往会以其专业素养对皇帝进行一定的约束。几乎在官僚制确立的同时，官僚体系就衍生出了制约皇权的机制——宰相。虽然宰相的权力会因为皇帝的强势与否而有所改变，但不可否认的是，宰相所领导的朝廷在秦汉时期都不同程度地对皇权进行了制约。到了唐朝，三省制成为制约皇权的重要制度："三省制以中书主出命，门下主审议，尚书主执行，是统治权力之分；就其静态观之，是将权力析而为三；就行政实施的动态观之，则不过行政过程中之三个程序而已，对于大小庶政，仍无不关管。……而在此行政过程中，宰臣与君主又俱不可得而专擅。"② 防止专擅，事实上是为了保障理性行政。

　　虽然皇权是权力体系的唯一中心，但这并不意味着皇帝可以肆意使用权力。例如，龙朔二年唐高宗全面掌握政权之后，仍然会面临政策推行的失败。当时唐高宗想要推行"沙门致拜君亲"的政策，即要求僧尼道士也要拜君主和父母，却遭到了有司的反对，最后不得不召集大会，文武官员九品以上共上千人进行"集议"，并将每个人署名的"议状"上交尚书省进行统计。最后得出 539 人建议不拜，354 人建议拜。皇帝当然要服从多数，最终下达新的诏书，言明出家人只需拜双亲，而不必拜人主。类似的事情还有很多，因此孟宪实说："皇帝并不总是皇权的主人。"③ 这里我们

① 阎步克. 察举制度变迁史稿. 北京：北京师范大学出版社，2021：299.
② 孙国栋. 唐宋史论丛. 上海：上海古籍出版社，2010：152.
③ 孟宪实. 皇帝制度的另一面：以高宗龙朔二年的两道制敕为中心. 北京大学学报（哲学社会科学版），2021，58（1）：116.

有必要把皇帝和皇权进行一定意义上的区分。我们必须认识到，官僚对皇帝的制约，更多是行政层面的制约，大多是为了达到理性行政的目的，只有理性行政才能保障大一统国家的秩序稳定。这也就是说，制约皇帝，不是要威胁作为权力中心的皇权，而是要维系皇权。

因此，当我们理解中国古代政治的时候，要明确作为单一中心权力体系核心的皇权是一向不受威胁的，但皇帝本身却可以不断被官僚制约。基于类似的逻辑，祝总斌认为中国历史上的君主专制权力是逐渐被削弱的，皇帝所受到的制度尤其是宰相制度、儒家思想和舆论的约束在不断加深。虽然偶尔有一些强势君主可以摆脱制度的约束，"可是就历代王朝绝大多数一般君主而言，还是遵守远多于摆脱"①。一些学者认为明代宰相制度被废除之后，皇帝专制达到了顶峰，但祝总斌认为历史的事实并非那么简单："内阁拥有'票拟'之权。这就使它对皇帝权力的限制，超过了过去的宰相。……表面上宰相废去，皇帝直接指挥六部、百司政务；实际上多半依靠'票拟'定夺，皇帝的意志和权力受到内阁诸臣极大的左右限制。"② 皇帝受限，是官僚体制发展的必然结果，但与此同时，皇权的中心地位也是不可撼动的。官僚权力来自皇权，也只有统一的皇权，才能保证官僚体系的稳定。

（四）礼制与皇权的深入

虽然郡县制和官僚制共同构成了单一中心权力体系的重要组成部分，但事实上，这种外在的制度设施并不能够彻底地改造基层。因此，在秦朝灭亡之后，汉朝在秦制的基础上尊崇儒家，实际上是把礼制重新纳入了统

---

① 祝总斌.材不材斋文集：祝总斌学术研究论文集：下编：中国古代政治制度研究.西安：三秦出版社，2006：19.

② 同①31-32.

治的逻辑之中。正是通过礼制，"自天子以至于庶人"建立了一种深刻的权力关系。

礼的诞生与宗教有着密切的联系。许慎《说文》言："礼，履也，所以事神致福也。"周朝以前，礼以其超越宗教的内涵，对整个社会政治发挥着统摄作用。此时的礼更多以神秘的宗教仪式为表征，而政治权力与宗教权力常常是合一的，政治领袖也往往是宗教领袖，因此张光直说："王本身常是巫。"① 然而到了周朝，礼的功用和内涵都发生了巨大变化。宗教意识淡薄的周王朝对商朝的礼制进行了"理性化"的改革②，为礼赋予了更多道德的和政治的内涵，并使得礼制成为周朝政治制度和社会制度的代名词——周礼。对于大一统的中国来说，疆域的庞大也意味着民族、文化、风俗的多样。分封也伴随着礼制的传播，并借助礼制从文化层面对地方风俗进行整合。周朝在推行分封和礼制之后，就不断实现了对"夷俗"的同化。③ 国家权力对地缘边界的政治整合体现为文物制度的一致化。例如伯禽受封鲁国之后，"变其俗，革其礼，丧三年然后除之"（《史记·鲁周公世家》），而"淮夷蛮貊，及彼南夷，莫不率从"（《诗·鲁颂·闷宫》）。太公分封到齐国，"修政，因其俗，简其礼"（《史记·齐太公世家》），在照顾地方风俗的同时推行周礼。可以说，正是礼制的推行，使得周朝在多中心的权力体系下，仍能实现地方对中央权威的承认，并在较长的历史时期维持秩序的稳定。

周礼的政治秩序随着秦朝的建立而彻底失效，但立基于郡县制和官僚

---

① 张光直. 中国青铜时代. 北京：生活·读书·新知三联书店，2013：480.

② 董楚平认为，商文化和周文化分为中国史前文化的两大系统，商代表东方系统，宗教意识浓厚；周代表西方系统，宗教意识淡薄。参见：董楚平. 中国上古创世神话钩沉：楚帛书甲篇解读兼谈中国神话的若干问题. 中国社会科学，2002（5）.

③ 李峰. 西周的政体：中国早期的官僚制度和国家. 吴敏娜，胡晓军，许景昭，等译. 北京：生活·读书·新知三联书店，2010：302.

制的秦制事实上并不能实现彻底的政治统合，一统皇权也难以贯彻到底层。这导致地方从一开始就游离在中央政治的控制之外。例如，项梁身为一个杀人的罪犯"杀人，与籍避仇于吴中"，逍遥法外，甚至主持地方性的公共事务，"每吴中有大徭役及丧，项梁常为主办，阴以兵法部勒宾客及子弟"（《史记·项羽本纪》）。而张良作为刺杀秦始皇的刺客，虽然"大索天下，求贼甚急"（《史记·留侯世家》），却求而不得。国家对地方控制力的弱势意味着地方统治的失败。与此同时，虽然秦始皇试图以郡县制、官僚制统治六国，但事实上关东六国仍然有着根深蒂固的宗法联系，血缘纽带维系着社会生活的各个方面。在这样的情况下，地方对中央的抗拒和脱离是不可避免的。也正因此，陈胜吴广起义之后，代表旧贵族势力的六国纷纷起兵。吕思勉说："豪族者，盖古君卿大夫之遗。……亡秦者盖犹豪族矣。"[1] 可以说，秦国的灭亡与其社会整合的失败密切相关。

制度的成功并不意味着文化思想的优势，秦制虽然确立了单一中心权力体系，但却不能以适当的形式使其深入人心。当时的主流思想仍然是封建的，因此在秦统一六国之后，士人纷纷指责秦国灭国灭祀而不分封是无道的："当时之人，盖视秦之灭六国，为无道之举，而视列国并立，为当然之事。其诋秦曰'暴'，曰'无道'，曰'强虎狼'，非必以其虐民，亦以其尽灭六国，又不封建子弟，为专有前人之功，又背兴灭、继绝之义也。"[2] 国家认同的失败，也就意味着思想意识层面对皇权的背离。因此一旦有人揭竿而起，儒生以及各地旧贵族就纷纷倒戈，投奔起义军。何兹全说："陈涉、吴广一起兵，齐之诸田、楚之项、景、燕、赵、魏之强族都出来了。张耳、陈馀奉陈涉之命到了河北……他所号召的就是六国旧贵

---

① 吕思勉. 中国社会史. 上海：上海古籍出版社，2007：276.
② 同①311.

族和士。"① 秦制虽然统一了国家，但是并没有实现社会的彻底改造，皇权也没能伴随郡县制、官僚制深入社会底层，因此才会一遇危机便土崩瓦解。

面对秦制的困境，汉代重新恢复了儒家和礼制的重要地位。汉高祖时期，叔孙通就开始系统地为汉代建立完整的礼制体系，司马迁称赞他说："叔孙通希世度务制礼，进退与时变化，卒为汉家儒宗。"（《史记·刘敬叔孙通列传》）先秦时期的礼呈现出一副神秘的样貌，主要在世家贵族中流行，而随着礼的下移②，礼制逐渐成为国家治理的核心内容，不断将各个阶层、各个地域的人们纳入一统皇权之下。礼制的这一功能与其特性密不可分，礼一方面立基于人类的基本情感，另一方面又强调对君父权威的认同。孔子在谈及"礼之本"时说："礼，与其奢也，宁俭。丧，与其易也，宁戚。"（《论语·八佾》）这意味着礼的核心是真诚的人伦情感而非虚浮的外在形式，其外在的形式约束应当依从于内在的文化价值。这种对礼的人伦本义的强调使得礼成为一种可变通的、广泛适用的规范，因此能够较为容易地推行到国家的各个地区，具有渗透的广泛性。这种立基于家庭情感的礼制，在儒家的理论中延伸到了对君主的尊重，即孔子所说："君君，臣臣，父父，子子。"（《论语·颜渊》）君臣之间的伦理与父子之间的伦理具有一致性，政治伦理与自然伦理在这里达成了一致，并成为礼制的重要内容。通过礼制来"化成天下"，即刘丰所谈的"具有弥散性的文化模式"："礼作为一种具有弥散性的文化模式，不但表现为政治制度、法律规范，而且深入人的性情以及道德意识当中，表现为日常生活中普遍通行的伦理规范。"③ 礼制所透出的文化和价值长久地影响着中国的国家建构，

---

①　何兹全. 中国古代社会. 北京：北京师范大学出版社，2001：289.

②　晁福林. 春秋时期礼的发展与社会观念的变迁. 北京师范大学学报（社会科学版），1994
(5).

③　刘丰. 先秦礼学思想与社会的整合. 北京：中国人民大学出版社，2003：101-102.

并通过一系列的政治制度和治理方式不断地影响着中国人的生存和生活方式，塑造和强化着人们对皇权核心地位的认同。正是通过礼制，皇权的中心权威才在整个社会树立起来，皇权的影响也才能渗透到基层地方，因此甘怀真说中国皇权的运作方式是"礼制式"[①] 的。

（五）公天下与天子门生：科举制的政治整合

科举考试在古代从属于礼部，可以说是礼制的延伸。科举制不但有效地支持了官僚制，同时也是皇权公天下的重要体现。这里有两个重要的问题：如果全国范围内的官僚制是单一中心权力体系的重要支撑，那么如何选拔官僚才能更好地维持权力体系的稳定？另外，当人们喊出"天下，非一人之天下也，天下之天下也"（《吕氏春秋·贵公》）的时候，什么样的制度能够将人们凝聚在皇权的周围？答案就是科举制。

科举制是中国政治史上的一大创举，但其起源和演变却有一个漫长的历史过程。中国自传说时代就有举贤的传统，孟子曾谈到古人不拘宗族举荐贤人的例子："舜发于畎亩之中，傅说举于版筑之间，胶鬲举于鱼盐之中，管夷吾举于士，孙叔敖举于海，百里奚举于市。"（《孟子·告子下》）但在注重血缘关系的商周时期，统治阶层一般都是血缘贵族。李峰认为西周时已经出现了不依赖血缘的官僚化："西周政府存在一定程度的官僚化自由——官员有规律地被晋升到更高职位，而且有时可以跨越行政界线进行调任。"[②] 但事实上，贵族身份仍然是进入西周政府的前提。直到春秋战国时期，宗法封建逐渐解体，政府官员的选拔才有了质的变化。《韩非子》中曾记载楚国依照才能选拔官员的原因："大臣太重，封君太众。若

---

① 甘怀真. 皇权、礼仪与经典诠释：中国古代政治史研究. 台北：台湾大学出版中心，2004：543.

② 李峰. 西周的政体：中国早期的官僚制度和国家. 吴敏娜，胡晓军，许景昭，等译. 北京：生活·读书·新知三联书店，2010：193.

此，则上逼主而下虐民，此贫国弱兵之道也。"（《韩非子·和氏篇》）封臣
太多，世族权力太大，既会侵蚀中央权力，又会残虐百姓，最终导致"贫
国弱兵"。吴起提出的解决之道是："不如使封君之子孙三世而收爵禄，绝
减百吏之禄秩，损不急之枝官，以奉选练之士。"①（《韩非子·和氏篇》）
所谓"三世而收爵禄"是要破除世卿世禄，将政府的职位让给具有军事才
能的"选练之士"。与官僚制的出现一致，春秋战国时期各国纷纷改变了
官员选拔模式。商鞅在秦国变法的关键措施也是"宗室非有军功论，不得
为属籍"②（《史记·商君列传》）。朱绍侯解释道："凡是没有立过军功的
旧贵族，就要开除他们的贵族籍，不能得到封爵。"③ 为了加强国家的军
事力量，这一时期选拔官员的主要依据是军功，即"军功爵制"。

　　汉朝时期，国家政权趋于稳定，仅仅依赖军事官僚已经远远不能满足
国家治理的需要，因此官僚的选拔开始转向察举、征辟制度。察举制允许
地方官员推举贤能的人才，通过中央考核之后方可再任官职。中央着重考
察人才的文化水平，因此钱穆称汉以后的政府是"文治政府"或"士人政
府"④。而征辟制则分为两部分，"征"是皇帝可以向天下广征贤良，"辟"
为高级官僚可以辟除署吏。西汉的官员人数相对较少，更多的是吏，这就
导致了两者比例的失衡："由于吏的数量远远超过了官，选吏的辟署系统，
也就很自然地成了整套仕途中选取量最大的一个。西汉鼎盛时全国官吏的
总数为 12 万余人，其中由朝廷直接任用的正式官员不到万人。"⑤ 由于辟
署的吏更多服从于长官，其与皇权并没有建立一种直接的联系，因而导致

---

　　① 另外吴起在楚国变法首先是要抑制世族："吴起惧得罪，遂去（魏），即之楚。楚悼王素闻起
贤，至则相楚。明法审令，捐不急之官，废公族疏远者，以抚养战斗之士。"（《史记·吴起列传》）
　　② 在漫长的政治大一统建立过程中，贵族的沉沦令贾谊感慨不已："王、侯、三公之贵，皆天
子之改容而礼也……今与众庶、徒隶同黥、劓、髡、笞、伤、弃市之法。"（《汉书·贾谊传》）
　　③ 朱绍侯. 军功爵制研究. 增订本. 北京：商务印书馆，2017：21.
　　④ 钱穆. 中国文化史导论. 北京：九州出版社，2011：87 - 106.
　　⑤ 楼劲，刘光华. 中国古代文官制度. 增订本. 北京：中华书局，2009：105.

了官吏的地方化。即使是通过察举选出的官员也有此弊。余英时谈及东汉时期门生和举主之间甚至有约定俗成的"君臣之义"："一般士人之于皇帝最多只有一种间接的君臣观念，但并不必然有实质的君臣关系。"① 这无疑会形成以高级官僚为核心的利益团体，这一团体又依赖社会地方的宗族力量得以强化。门生故吏之间相互推举，没有世袭胜似世袭，如此则必然会导致官员对皇权的疏离，最终使单一中心权力体系解体。而汉代的灭亡也与社会层面世家大族的崛起有着密切的关系，并演化为魏晋时期的门阀政治。

九品中正制从本质上来讲，是察举制的继续发展。九品中正制最早称作"九品官人之法"②，意即按照九品选任官员的办法，"实行九品官人法的最初意图，是准备在可以预见的汉魏革命时，把东汉朝廷崩溃后的官吏吸收进魏朝。要言之，就是将取代东汉的魏朝的百官，根据职务重要性相应地分为九品；官吏及候补官吏也由出生地的郡中正根据其品德才能区分出九品"③。九品中正制的出现，是为了方便夺取政权的曹魏政府任命官员，但事实上，这一权力仍然掌握在作为官僚的"中正"手中。官员的出身没有变，地方大族掌握权力的社会结构没有变，中央仍然依据门阀大族来品评人物、选拔官员。这一制度与汉代所不同的是，汉末选举虽然已经被大族操控，但并未在制度上将名士与大族相连，然而"九品中正制之设立便以家世、才德并列，而综合二者定品，这是汉末乡间评定习惯之制度化"④。到了北魏后期，九品中正制变得日益混乱，"中正卖望于下里，主按舞笔于上台，真伪混淆，知而不纠"（《魏书·孙绍传》）。在这一时期，

---

① 余英时. 士与中国文化. 2 版. 上海：上海人民出版社，2013：359.
② 宫崎市定. 九品官人法研究：科举前史. 韩昇，刘建英，译. 北京：生活·读书·新知三联书店，2020：60.
③ 同②8.
④ 唐长孺. 魏晋南北朝史论丛. 武汉：武汉大学出版社，2013：100.

九品中正制彻底丧失了选贤的能力，打破门第对政治的把控成了社会的共同愿望。

科举在人才选拔制度中占据主导地位要到隋唐时期，但无疑在南北朝时已经有所表征。九品中正制的衰败反映了当时的社会变革，即少数民族的军事力量入侵中原，逐渐摧毁了门阀势力。阎步克谈道："正是北方少数民族的军事部族制度与组织的力量的巨大冲击，以及由此而来的不同文化的碰撞融合，才使中古士族制度趋于衰微，使官僚政治恢复了活力。"①士族门阀的衰微意味着九品中正制丧失了社会基础，新的人才选拔制度也因此萌生。唐长孺谈及，在南北朝后期官吏任用过程中，考试的重要性凸显，门第限制开始废除："南北朝后期北朝的举秀、孝和南朝的明经射策从考试内容上特别是从放宽门第限制上说已经为唐代科举制度开辟了道路。"② 这一转变的趋势从北魏末年开始，到北齐已经颇具规模。向科举制的转变不仅仅是为了选贤，正如陈寅恪所说："其事悉废汉以来州郡辟署僚佐之制，改归吏部铨授，乃中国政治史上中央集权之一大变革也。"③察举制把选拔人才的权力给了地方乡议，但科举制则把考试权和任官权归到中央的礼部和吏部，因此，从察举到科举的过程，即中央权力加强和稳固的过程。

虽然唐代确立了科举制在官员选拔中的主导地位，但科举制真正走向平民政治却是在北宋之后。姜士彬统计了从西晋到唐时期高级官员出自大族的比例，可见 50% 以上的高级官员出身于大族，虽然唐前半期因为打击大族而导致大族占比从隋朝的 76.7% 回落到 56.4%，但后半期又回升

---

① 阎步克. 察举制度变迁史稿. 北京：北京师范大学出版社，2021：276.

② 唐长孺. 南北朝后期科举制度的萌芽//唐长孺. 魏晋南北朝史论丛续编：魏晋南北朝史论拾遗. 北京：中华书局，2011：148.

③ 陈寅恪. 隋唐制度渊源略论稿·唐代政治史述论稿. 北京：商务印书馆，2011：95.

到 62.3%。① 姜士彬总结道："有唐一代，大族参政的程度（平均来看），相对两晋南朝而言，确有某种滑落，但是，不言而喻，旧族门阀仍然是政治上的统治阶层。"② 从历史事实中我们可以看到，虽然允许寒门参与科举，但由于世家大族在社会上仍然根深蒂固，因此唐代的高级官员主要还是出身于大族。导致这一局面的另外一个原因是：除科举和吏道之外，唐代的军功、门荫和方伎也是重要的官员来源。③ 虽然非科举出身的一般都是低级官员或者署吏，但由于他们数量巨大，其升迁进入高层的总人数就不一定比科举士人少。据孙国栋推测，唐代内外官员，由贡举出身的只占6%。④ 而这一局面直到北宋时期，才彻底改变。唐代的名门贵族在唐末五代时期受到了致命打击，维系士族的谱牒也逐渐散落，寒人开始成为政治人才的中坚力量。通过对比晚唐五代北宋人物家世，孙国栋精辟地描述了这一转变过程："唐代以名族贵胄为政治、社会之中坚，五代以由军校出身之寒人为中坚，北宋则以由科举上进之寒人为中坚。"⑤ 宋代以后，面向全体人民的官员选拔制度才成为主导，才真正建立起士人政府。

从古至今，中国一直有着"天下为公，选贤与能"（《礼记·礼运》）的政治理想，汉人明确表达了对贤能官员的渴望："五帝官天下，三王家天下，家以传子，官以传贤。"（《汉书》）科举制显然是实现公天下政治理想的制度设计，并将公天下理想与维系皇权的核心地位达成了统一。总结来说，科举制共有三个重要的影响：第一，选拔贤能，提高官僚的理性行政能力。也就是何炳棣所说："科举考试的科目集中于经书、文学、历史

① 姜士彬. 中古中国的寡头政治. 范兆飞，秦伊，译. 上海：中西书局，2016：137.
② 同①185.
③ 楼劲，刘光华. 中国古代文官制度. 增订本. 北京：中华书局，2009：129.
④ 孙国栋. 唐宋史论丛. 上海：上海古籍出版社，2010：301.
⑤ 同④337.

与行政难题，能培育出具备健全常识与判断力的人才，甚至是政治家。"①
第二，扩大政治基础，提高公共意识。科举制向寒门开放，使全社会都有
了参与政治的机会，同时也使士人摆脱了狭隘的地方主义，面向整个国
家："八股文取士，首重经义，必然推动全国学习孔孟之道与程朱理学，
进而一定程度上推动士人克服'私心'，树立以整个王朝统治利益为重的
'公心'，培养、提高道德品质。"② 第三，加强皇权的核心地位，维护单
一中心权力体系。阎步克谈到从察举到科举的转变时说："在科举制下，
地方长官贡士举人，仅仅是一种例行公事；而士人亦由牧守'故吏'，一
变而为'天子门生'了。"③ 科举制实行之后，官员全由中央选拔任免，
成了"天子门生"，自然会增强对中央的政治认同。

　　虽然近代以来对科举制有过十分激烈的批判，但其对中国政治的巨大
意义是不容忽视的，正如何炳棣所说："中国历史上的确没有一个时代完
全实现儒家理想，但将竞争性的科举考试制度化，把它作为社会官僚流动
的主要途径，及大量公私立学校的存在，这在产业革命与国家义务教育制
度建立之前的世界各主要社会中，可能是绝无仅有的。"④ 可以说正是科
举制的出现，推动着我国官僚政治达到了极高的水平，并最大可能地使社
会人才团结在中央周围，削弱了地方的离心力量，保障了单一中心权力体
系的稳固。

（六）总结

　　对于大一统国家来说，单一中心权力体系是其命脉所在，随着政治史

---

① 何炳棣. 明清社会史论. 北京：中华书局，2019：327.
② 祝总斌. 材不材斋文集：祝总斌学术研究论文集：下编：中国古代政治制度研究. 西安：三秦出版社，2006：426.
③ 阎步克. 察举制度变迁史稿. 北京：北京师范大学出版社，2021：305.
④ 同①323－324.

的发展，这一体系不断得到巩固和加强。从商周到秦，是单一中心权力体系逐渐确立的过程，也是君权渐重的过程："古代君权，盖甚微薄。然至后世则渐重。果以何因缘而至是乎？曰：其故有三：（一）君脱离亲族之关系，而成其为君。（二）臣子之权渐削。（三）君与教务渐疏，政务日亲。"① 这一时期，君权逐渐摆脱血缘和宗教，转变为一个纯粹的权力中央——皇权。皇权的独尊与郡县制和官僚制密不可分，虽然历史上的地方享有不同程度的行政自主，但其政治权力来自中央："中国地方政府的行政是高度集权的。在一省之内，每一级政府都在上司控制下；所有层级都在省级最高长官的统一管理监督之下。"② 然而，政治制度的确立并不能保证政治实践的合目的性，秦制确立之后的地方仍然拥有强大的实力，并以此为根基颠覆了秦朝。甚至汉高祖得了天下，六国旧贵族仍然强大，娄敬曾对刘邦说："诸侯初起时，非齐诸田，楚昭、屈、景莫能兴。今陛下虽都关中，实少人。北近胡寇，东有六国之族，宗强，一日有变，陛下亦未得高枕而卧也。"（《史记·刘敬叔孙通列传》）破除豪族对地方的控制，是政治史发展逻辑的必然结果，也是稳固单一中心权力体系的必然要求。因此到了汉代，其重新采取源自周朝的儒家礼制，以期加强皇权对地方的渗透，同时改革选举制度，以期达到公天下与皇权的统一。选举制度经历了从察举到科举的演变，科举制在宋代之后成为维系大一统国家的重要制度。虽然科举制由于注重辞赋和文章遭到许多非议，但其历史成就是毋庸置疑的。③ 备受诟病的八股文，在祝总斌看来也具有伟大的政治价值："其立法意图，绝不是实行愚民政策，陷士人于愚昧无知，恰恰相反，正是力图以此培养、选拔能掌握孔孟之道、程朱理学，合乎规格的统治人

---

① 吕思勉. 中国社会史. 上海：上海古籍出版社，2007：323.

② 瞿同祖. 清代地方政府. 范忠信，何鹏，晏锋，译. 北京：新星出版社，2022：8.

③ 苏轼曾高扬诗赋考试的意义："自唐至今，以诗赋为名臣者，不可胜数，何负于天下，而必欲废之？"（《宋史·志·卷一百零八》）

才，作为官员，以巩固自己的江山。"① 总而言之，正是郡县制、官僚制、礼制与科举制的相互配合，构成了中国以皇权为核心的单一中心权力体系，保障了中国大一统政治的不断发展和完善。

二、西方多统的分权性权力体系

相较于中国，封建性是西方社会史的核心属性，由此产生了分权性权力体系。现代西方分权性权力体系的诞生有两个层面的内涵：一方面分权体系是多统权力斗争的产物，另一方面分权体系是多统权力构建一统性的结果。换句话说，正是从社会史向政治史的转变，导致了现代西方分权性权力体系的诞生；西方的现代国家，事实上突出的是建立在权力封建性基础上的一统性。这种从多统向一统的转向并不是一帆风顺的，而是有着多重曲折的过程，不同国家由于社会史发展的程度不同，其分权性体制建立的结果也不同。本节我们将考察前现代欧洲向现代国家的转变，并以英国和波兰为例，阐明不同社会史发展状态对现代西方国家建构的重大影响。英国由于较早地确立了王权的统治地位，控制了多统权力的无序发展，得以较早地建立以议会主权为核心的分权体系；波兰由于强大的封建势力导致多统权力纵横泛滥，统一的权力中心构建失败导致了国家崩溃，因而没能实现从社会史向政治史的转变。

（一）走向政治史：西方多统权力的转向

西方社会史的历史表征及其导向的国家形态我们不再赘述，这里进一步要探讨的是，社会史的走向如何影响西方分权性权力体系的建构。封建

---

① 祝总斌. 材不材斋文集：祝总斌学术研究论文集：下编：中国古代政治制度研究. 西安：三秦出版社，2006：414.

社会有着多种多样的权力实体，在支离破碎的多统权力背后，是一个充斥着无序与暴力的社会。绝对主义国家的出现提高了王权的地位，但强调王权并不是说强调国王的个人权力，而是要在多统社会中确立唯一主权，即建构国家的统一秩序并转向政治史。社会史的属性使得国王权力的确立不得不依赖多统权力的配合，同时又不得不面临多统权力的激烈斗争，国家的王权传统越强大，集权过程就相对越顺利，并能够建立主权明晰的分权性体系，反之则会面临整体性国家崩溃的结局。

前现代的欧洲社会是一个多统权力横行的社会，封建主义造就了暴力和分裂，并成为分权逻辑的社会土壤。福山谈及封建主义的政治内涵时说："从政治发展的角度看，欧洲封建主义的关键不是领主和属臣之间的经济关系，而是隐含的权力分散。"① 权力分散指向秩序的解体，当不同的权力实体在共同的领域进行自我主张的时候，暴力就不可避免。权力极端分散的结果是每一个人、每一个团体都可以"合法"地主张暴力，这也就导致封建时代的暴力泛滥："无时不在的威胁是一种使每个人不胜负担的威胁。它影响到每个人的财产，也的确危及每个人的生命。战争、谋杀、权力的滥用——这一切在我们所做的研究的每一页上几乎都投下了阴影。"② 一旦多统权力带来的暴力成为一种常态，法律体系也将成为暴力合法化的工具："暴力也进入了法律领域，部分原因是习惯法的原则，这种原则最终几乎把一切篡夺行为合法化；也是一种根深蒂固的传统，这种传统承认个人或小集团自行行使司法的权利，甚至使行使这种权利成为义务。"③ 社会史的发展使得西方法律体系倾向于主张个体和小集团的权利，这一方面成为西方个体自由的法律根底；另一方面又侵夺国家权力，不断

---

① 福山. 政治秩序的起源：从前人类时代到法国大革命. 2版. 毛俊杰，译. 桂林：广西师范大学出版社，2014：100.

② 布洛赫. 封建社会. 张绪山，李增洪，侯树栋，译. 北京：商务印书馆，2004：656.

③ 同②657.

阻碍着统一秩序的产生。

多统社会的内部冲突所造就的暴力底色，成为欧洲走向现代的前提。在 16 世纪之前的欧洲，不仅国家之间的冲突十分剧烈，阶级之间、各市民集团之间的暴力冲突也十分常见。国家之间的冲突加剧了国家的整体危机，国家内部的暴力冲突虽然不是有计划地针对国家，但事实上也在削弱国家的统治地位。① 无所不在的冲突进而导致了欧洲内部的分裂，这种分裂不仅是国与国之间的分裂，更是国家内部各阶层、各团体之间的分裂。虽然资本主义的发展呼吁统一的市场，但迟至 18 世纪，欧洲甚至都没有一个国家拥有统一的度量衡。② 在社会史造就的暴力与分裂的前提下，西方现代国家的形成，就是多统权力整合、地方习俗衰落的过程，正如梅因所说："小群体被更彻底地打破，并入了较大的群体，较大的群体又被更大群体吞并，而这些更大的群体最终也被比它们规模还要大的群体吞并。……一旦现代国家形成，它便是较之组成早期帝国并且彼此相似的群体更小的零散群体的联合。"③ 现代国家是整合多统社会的核心力量，要么由君主主导，要么由议会主导。

对于欧洲而言，舍弃多统权力的一统是不可想象的。虽然社会史终将走向政治史，但封建的底色使得欧洲在走向一统的时候仍保留着多元权力的传统。对于大多数的欧洲国家来说，为了克服多统的封建宗主权，它们在建立一统权力的时候必须寻求宗主体系的合作："在四分五裂的封建宗主权体系之内，超宗主权的君权只有在特殊的属臣会议的支撑下才得以维持。"④ 一统性的制度必须要有多统权力斗争和妥协的机制，因此现代西

---

① 曼. 社会权力的来源：第 1 卷：从开端到 1760 年的权力史. 刘北成，李少军，译. 上海：上海人民出版社，2015：534.

② 同①522.

③ 梅因. 早期制度史讲义. 冯克利，吴其亮，译. 上海：复旦大学出版社，2012：189.

④ 安德森. 绝对主义国家的系谱. 刘北成，龚晓庄，译. 上海：上海人民出版社，2016：79.

方政治的封建传统一方面体现在议会作为权力冲突场所的中心地位，另一方面体现在分权制衡思想的广泛流行。议会是封建贵族进行斗争和妥协的场所，其地位的高扬既是对传统社会制度的传承，也是对中世纪教会制度的发掘再造。雅利安种族的原始状态中就有对应立法机关的"村民议事会"，这种村民议事会是议会制度的萌芽：世界上所有最著名的立法机构都是从这种胚芽中生长出来的，或者换句话说，这种村民议事会是所有主权权力由人民行使或由人民和国王共享的政制的原型和鼻祖。① 即使是历史较短的美国，也在建国之初有着广泛的乡镇居民大会，因此托克维尔说："乡镇却是自由人民的力量所在。"② 这也是美国政制能够与欧洲相对同质的社会缘由。议会的重要地位不仅在于其是历史的传承，还在于其是中世纪教会体制的思想再造。西方的宗教改革在相当程度上破除了多统社会中宗教权力的统治，大大加强了封建君主的权力。与此同时，中世纪后期的政治理论也借助教会会议至上的制度传统宣扬立宪主义，反抗绝对主义王权。教会会议至上是指中世纪晚期，教会的最高统治权掌握在由信徒组成的教会会议手中，教皇表面上的极大权力由教会会议赋予，只是为了行政上的方便。这种思想成为 15、16 世纪社会多统权力反抗王权的重要理论武器，15 世纪的热尔松就以这种教会制度类比国家制度说道："一个世俗国家的最高立法权力必须始终掌握在全体公民的代议制机构手中。"③ 既有多统斗争的社会基础，又有传统和教会的思想基础，议会至上自然成为欧洲近代政治思想的主流之一。

多统权力的斗争产生了强大的议会政治，同时也产生了三权分立的分权体系。分权体系是一统权力之下的多统妥协机制，因此其出现并不是社

① 梅因. 早期制度史讲义. 冯克利，吴其亮，译. 上海：复旦大学出版社，2012：189.
② 托克维尔. 论美国的民主：上卷. 董果良，译. 北京：商务印书馆，1989：74.
③ 斯金纳. 现代政治思想的基础：下卷：宗教改革. 奚瑞森，亚方，译. 南京：译林出版社，2011：124.

会史的极端发展，而是社会史转向政治史的结构保留。三权分立最早产生于英国，与封建的欧洲有着共同的历史和思想背景。多统权力制约与平衡的思想起源于罗马，罗马的阶级分裂和阶级对抗产生了平民院与贵族院的对立，这种制衡的思想延续到现代国家成为权力分立的来源之一。[①] 相较于混合政体的罗马政制，现代西方的权力分立又有着职能分工的意味。英国的三权分立是多统权力斗争的结果，也是社会权力融合的结果，可以说多统权力的斗争，恰恰使得英国走向了政治史。这一转向之所以首先在英国产生，是因为中世纪晚期的英国比欧洲大陆有着更为强大的集权化传统。

对于英国走向现代国家的原因，学者们有诸多理论阐发，如资产阶级的发展、独特的地缘条件、宗教体系的差异、国际战争的影响等。这些理论无疑都有相当的解释力，但从社会史向政治史的转变而言，我们需要认识到英国与其他国家的重要差异。走向现代的英国首先是诺曼征服之后的英国，诺曼征服使英国被纳入欧陆的封建体系，同时又造就了英国相对更强的集中王权。迈克尔·曼谈及英国国家对地方更强的控制力时说："与英国被诺曼人征服后的相对统一的国家相比，其他的国家对自己在地方上的代理人和领主的控制就差得多了。在英国之外的地方，大多数司法职能不是由国家而是由各地领主和教士掌握着。"[②] 相较于欧洲大陆国家，英国的多统势力更加弱小，集权程度也更高："当德国地区形成许多处于分裂状态的准自治单位，而法国仍在致力于克服封建权力领域的扩展时，英国已经享受到了诺曼征服之后理性化和中央集权化的种种好处。"[③] 英国

---

① 麦基文. 宪政古今. 2版. 翟小波，译. 贵阳：贵州人民出版社，2004：119.

② 曼. 社会权力的来源：第1卷：从开端到1760年的权力史. 刘北成，李少军，译. 上海：上海人民出版社，2015：520.

③ 沃格林. 政治观念史稿：卷5：宗教与现代性的兴起. 霍伟岸，译. 上海：华东师范大学出版社，2019：24.

中央集权的特征使得它能够在面对多统权力的强势竞争的同时保证国家的统一和相对稳定，能够在三权分立的同时保证议会主权的实现。在阿尔都塞看来，孟德斯鸠对英国三权分立的建构事实上是对国家内在统一性的承认："他在事实中发现和验证了这样的假设，即国家是一个现实的总体，其立法、制度和习惯法的所有细节，只是其内在统一性的必然后果和表现。"[①] 英国的集权传统使得它在向现代国家转变的时候能够克服多统势力，自成一总体。特权团体和组织化的地方群体对于国家整体来说，从对抗性、分裂性的权力实体转变成"使整个人体得以形成的细胞"[②]。

在大多数现代国家建构的理论体系中，英国和法国是两个不同类型的代表，两国现代国家建构的不同路径也体现了前现代社会史发展程度的差异。法国是欧洲大陆封建国家的典型代表，其内在的多统力量比英国更加复杂和稳固，因此也导致一统性权力的建构更加困难。中世纪英国的王权力量就显示出巨大的优势："中世纪英国封建君主政体的势力比法国强大许多。"[③] 王权力量的发展也使得英国可以凭借较小的体量与大陆强国——法国相抗衡。法国表面上有一个强大的专制君主，但事实上法国的绝对主义体制更多的是保护封建贵族的权力，封建体制下的多统势力因此更加庞大，多统体制也在不断侵蚀国王的一统地位。与英国相比，法国的法律承认臣下有义务为领主战斗，哪怕是对抗国王；而英国虽然也有大量的私人战争，但就法律层面而言却不承认单纯地为领主而战。[④]

诺曼征服为英国带来了高度的中央集权和较为统一的法律体系："在英格兰，一种高度中央集权的国家和一种独特的统一法律体系带来的必然结果是一种独特的'自由'人，他只臣属于国王而非次级领主。……相比

① 阿尔都塞.孟德斯鸠：政治与历史.霍炬，陈越，译.西安：西北大学出版社，2020：52.
② 梅因.早期制度史讲义.冯克利，吴其亮，译.上海：复旦大学出版社，2012：193.
③ 安德森.绝对主义国家的系谱.刘北成，龚晓庄，译.上海：上海人民出版社，2016：78.
④ 梅特兰.英格兰宪政史.李红海，译.北京：中国政法大学出版社，2010：106.

之下，在法兰西，自由身份是较为模糊的。在一个即使绝对主义极盛时期也被成百上千的地方法律法规、习俗和碎片化司法权统治的社会中，自由宪章并没有消解领主义务，而且，即使拥有土地且能够得到国王保护的农民，仍要接受领主司法权及其相伴的义务。"[1] 为了应对国际战争和国内不可调和的多统斗争，法国往往呈现出形式上的一统，但其社会的根源仍是极不稳定的。领主司法权的泛滥造成了地方与地方之间、地方与中央之间的频繁战争，16 世纪的大屠杀就是这一多统权力斗争的结果。因此，沃勒斯坦在谈及 17 世纪的欧洲时认为，英国统治阶级的妥协更加稳固："英国的稳定比法国更有效。"[2] 但我们要注意的是，法国虽然封建势力强大，但仍能够建立统一的权力中心，而东欧的匈牙利和波兰则面临着更加严峻的困境。匈牙利和波兰的封建势力更加强大，多统的社会权力对国家的侵蚀也更加严重。波兰是多统社会的极端代表，其国家力量最终被封建势力瓜分殆尽，不可避免地走向了崩溃。

英国较早的集权进程塑造了欧洲现代政治制度的典范，议会主权与分权制衡的代议制模式甚至成为唯一的制度路径，密尔夸耀道："理想上最好的政府形式是代议制政府。"[3] 英国通过议会主权实现了多统力量的统一，欧洲大陆各国也开始纷纷效仿，以至于形成了一种不顾本国国情的奇特政治景观，马克思批评说："1848 年以来，在全欧洲大陆上流行着一种特殊的病症，即议会迷，染有这种病症的人就变成幻想世界的俘虏，失去一切理智，失去一切记忆，失去对外界世俗事物的一切理解。"[4] 英国

---

① 伍德. 西方政治思想的社会史：公民到领主. 曹帅，译. 南京：译林出版社，2019：212.

② 沃勒斯坦. 现代世界体系：第 2 卷：重商主义与欧洲世界经济体的巩固：1600—1750. 郭方，吴必康，钟伟云，译. 北京：社会科学文献出版社，2013：127.

③ 密尔. 代议制政府. 汪瑄，译. 北京：商务印书馆，1982：35.

④ 马克思. 路易·波拿巴的雾月十八日. 中共中央马克思恩格斯列宁斯大林著作编译局，译. 北京：人民出版社，2018：78.

立宪政体由于有较弱的社会史基因，可以促成有产阶级的联合，而欧洲大陆多统势力的强大更倾向于产生维护封建主义社会结构的绝对主义政体。[①] 从西方社会史的传统出发，我们可以发现现代西方政治理论对有限政府的主张、对社会与国家对立的强调、对民主宪政的提倡等，事实上并不是来源于底层或者作为整体的人民的抗争，而更多是源于多统权力对自身的捍卫与实现权力诉求的争斗。我们可以说，这就是现代民主的封建起源。

（二）英国的三权分立与议会主权的诞生

社会史的基本面造就了英国的三权分立，而强君主的传统导致了议会主权的诞生。多统权力的斗争被一统的主权约束，主权又在多统权力妥协的基础上生成，英国社会史的独特性就体现在这两个方面。

11 世纪之前的英国存在着许多区域性、地方性的权力实体，但没有发展出像法国一样有着广泛联系的封建制。诺曼征服向英国输入了法国的封建主义，由于征服者对旧贵族的打压，在英国建立的封建制比欧陆国家自然发展出来的封建制更为系统化。英国的封建体系自上而下渗透到整个社会之中，基于完善的封建关系，国王的统治力开始影响到各个地方的领主："所有土地都为领主所持有，而且这种持有关系链各处均无间断，直到国王。所以，每一位附庸不仅是作为属臣与国君联系在一起，而且被从下及上的人际关系纽带联系起来。"[②] 国王成为所有领主的领主，这无疑提高了王权的威望。这种系统封建制达到的效果，就是使原有的割裂地方被政治和经济的纽带彻底地联系为一个整体，国王也就成了约束多统权力的重要力量。在当时，征服者威廉备受史家称赞的一个重要原因就是，他

---

① 曼．社会权力的来源：第1卷：从开端到1760年的权力史．刘北成，李少军，译．上海：上海人民出版社，2015：590.

② 布洛赫．封建社会．张绪山，李增洪，侯树栋，译．北京：商务印书馆，2004：311.

在多统权力盛行的社会中建立了秩序中心，制止了泛滥的暴力，私人复仇和赤裸裸的劫掠大大减少。[①] 可以说，诺曼征服使英国前所未有地形成了一个统一体，国王和贵族都受益于国家秩序带来的稳定，这也为英国奠定了集权化的传统。

中世纪晚期，英国的中央权力比欧陆封建国家的要大，国家的整合也因此较强，但由于社会权力的基本面是封建领主，多统权力的竞争仍然十分剧烈。直至 15 世纪，虽然国家的统一网络逐渐扩大，但是国家与地方依靠特殊的封建关系维系在一起，地方仍保留着很大程度的自主权。而君主所代表的国家也缺乏公共职能，更多地带有私人属性："君主是最大的富翁，个人收入和开销都比其他人多；国家虽然独立于'市民社会'，但几乎无权控制市民社会。"[②] 国王与地方领主的封建关系也无疑赋予了地方领主相当程度的司法审判权："通过领主与下属关系的形成及国王赏赐这两条途径，封建主对其领地上的农民取得了某种程度的司法审判权力，遂使农民落入封建主的强力控制之下，这成为西欧、英国封建制度的一个特色。"[③] 封建贵族因此可以建构一个地域性的权力领域，以摆脱国家权力的束缚，贵族之间的冲突、贵族与国王的冲突都在这种封建关系的基础上展开。英国的许多城市内部也充斥着各种各样的斗争："有行会之间的斗争，有行会反对城市当局的斗争，有帮工、学徒反对师傅的斗争，也有城市在农民起义时反对王权的斗争。"[④] 英国的多统力量虽然较欧陆弱，但斗争仍然是常态。

英国的三权分立是多统斗争的结果，在内战中初步确立。资本主义的

---

① 布洛赫. 封建社会. 张绪山，李增洪，侯树栋，译. 北京：商务印书馆，2004：658.

② 曼. 社会权力的来源：第 1 卷：从开端到 1760 年的权力史. 刘北成，李少军，译. 上海：上海人民出版社，2015：516.

③ 马克垚. 英国封建社会研究. 2 版. 北京：北京大学出版社，2005：26.

④ 同③326.

发展以及国际竞争的日益激烈都在不同程度上催化了英国社会内部的撕裂，多统力量的博弈终于在 17 世纪爆发。戈德斯通谈道："主宰 17 世纪英国政治的，并非阶级冲突，而是国王与各郡精英之间的冲突。……精英们分裂为许多相互冲突的集团，他们在各个地方展开的多种多样的争斗，交织于并汇入国会与国王间的首要冲突之中。"[①] 地方精英之间纷繁复杂的斗争逐渐合流，转变为多统权力针对国王的斗争。1640 年左右，英格兰爆发了严重的内部危机，地域之间的矛盾显现，苏格兰贵族拒斥英王的统治并击退英格兰军队，英王在苏格兰的权威难以维持。英格兰内部的地方贵族也趁势反叛，许多郡领导人拒绝加入皇家军队，转而支持作为多统力量调节器的国会。这一斗争的结果是分权的初步实现："在 17 世纪国王和国会之间激战的背景下，立法和执行'权力'之间的区别更明确地提出来了。"[②] 这一时期，英国对分权学说的讨论空前热烈。

由于没有一种政治力量能够占据主导地位，所以罗马时期混合政体的思想资源又被挖出来。混合政体与多统权力的平衡构成了三权分立的基本思想结构："对大多数英国思想家来说，权力分立本质上是他们的政制原则的一个从属方面，它对于维持对政府的三个部分——国王、贵族和平民——的权力的限制来说是必不可少的，但其重要性不如三个部门分享立法职能所维持的政府'各权力'的总体平衡。"[③] 作为总体的政府是多统权力的联合，而分立的三个权力机构则表明其代表了不同政治力量的利益和价值。正如 1649 年约翰·萨德勒所说："原初权是给予平民院的，司法权是给予贵族院的；而行政权是给予国王的。"[④] 不同权力主体之间的

① 戈德斯通. 早期现代世界的革命与反抗. 章延杰，黄立志，章璇，译. 上海：上海人民出版社，2013：66.

② 维尔. 宪政与分权. 苏力，译. 北京：生活·读书·新知三联书店，1997：24.

③ 同②94.

④ "原初权"即立法权. 参见：维尔. 宪政与分权. 苏力，译. 北京：生活·读书·新知三联书店，1997：29.

对抗促成了它们之间的平衡与联合，并成为民主政治的典型。① 随着英国资本主义的发展，三权分立的政府体系既适应了专业化分工的需求，又成为新生的资产阶级宣扬自身利益的制度武器，并最终在 18 世纪确立了下来。

如果说三种权力代表着不同类型的社会力量，那么它们的体系建构也表明了三者在相当程度上的妥协与联合。这种妥协与联合的意义在于承认统一主权的重要性，正是这一逻辑塑造了英国的议会主权。在中世纪的英国，封建君主作为多统权力的调节者，对社会的稳定有着根本性的价值。在历史的政治实践中，正是君主和贵族议会的相互配合，实现了英国国力的增强："正是在议会的支持下，君主在稳定国内统治和对外征服战争中不仅有所作为，而且大有作为。"一旦君主作为统一主权的代言人变得弱势，议会就会成为多统贵族争权夺利的核心场域："而在君权较弱和'实力对比'失衡下，议会必然成为贵族实现政治阴谋的遮羞布，'法治'在这一政治平台上则成为武力篡权的婢女。"② 多统力量的增长逐渐侵蚀王权，并最终威胁到了国王的主权地位，在 17 世纪爆发了议会与国王之间的战争。议会作为贵族权力斗争与妥协的核心场所，成为主权政治的代表。戴雪将议会主权作为英国宪制的根本，在他看来这种议会主权其实是"君主、贵族院与众民院的合体"，这种形式的议会被称为"议会中的君主"③。三权分立所象征的多统分裂在议会主权中重新实现统一，因此可以说"'议会主权'的诞生，胜利的不仅是'议会'，还有'主权'；它意味着君权神授的失败，但同时也是'主权政治'对于'根本法至上'的古

---

① "我认为，所有的民主国家都是建立在对抗性原则的基础上的。"参见：戈登. 控制国家：从古代雅典到今天的宪政史. 2 版. 应奇，陈丽微，孟军，等译. 南京：江苏人民出版社，2005：404.

② 孟广林. "王在法下"的浪漫想象：中世纪英国"法治传统"再认识. 中国社会科学，2014(4)：203.

③ 戴雪. 英宪精义. 雷宾南，译. 北京：中国法制出版社，2001：116.

代宪制的胜利"①。

议会作为多统力量斗争的场域由贵族构成，主要是为了保护贵族的利益。虽然议会也偶尔回应视野之外的下层民众，但真实的历史却是"在 18 世纪，历届政府和议会都是由大地主贵族所控制"②。贵族既是地方多统权力的保有者，又是国家权力的参与者。贵族的数量是极少的，1800 年左右，英国所有的贵族、准男爵和骑士加在一起也只占总人口的 0.000 085 7％，这些贵族大量联姻，不仅主导着上院，而且在相当程度上控制着下议院的选举。③ 因此，孟德斯鸠在宣扬三权分立的同时也确立了贵族维持世袭特权的正当性，并声称"立法权应该委托给贵族集团和由选举产生的、代表人民的集团"④。但所谓的平民院也并非由普通平民选举产生的，此时的"人民"指的是有产者，按照 1690 年的标准，年收入至少 100 镑才算选民，选民占总人口的比例大约为 3％。⑤ 贵族的特权最初由不言自明的、不可追忆的"根本法"确立，并在 17 世纪的时候转向对议会主权的高扬。⑥ 来源于习惯的根本法其实是对多统力量不言自明的统治地位的确认，从根本法到议会主权的变化事实上并没有改变法律作为贵族特权保卫者的角色。

英国现代国家的建构表现为三权分立和议会主权的确立，中世纪多统

---

① 于明. 议会主权的"国家理由"英国现代宪制生成史的再解读（1642—1696）. 中外法学，2017，29 (4)：893.

② 狄金森. 十八世纪英国的大众政治. 陈晓律，等译. 北京：商务印书馆，2015：61.

③ 科利. 英国人：国家的形成：1707—1837 年. 周玉鹏，刘耀辉，译. 北京：商务印书馆，2017：196.

④ 孟德斯鸠. 论法的精神. 许明龙，译. 北京：商务印书馆，2012：190.

⑤ 曼. 社会权力的来源：第 1 卷：从开端到 1760 年的权力史. 刘北成，李少军，译. 上海：上海人民出版社，2015：577.

⑥ "随着事态的发展，普通法是不可追忆的断言，逐渐被议会尤其是代表财产所有者的平民院是不可追忆的断言所取代。17 世纪政治思想史背后的基本主题之一是，从宣称存在着根本法（议会是其守护者）到宣称议会是主权者。"参见：波考克. 古代宪法与封建法：英格兰 17 世纪历史思想研究. 翟小波，译. 南京：译林出版社，2014：46.

权力的斗争开始以统一的主权为首要条件。一统性权力的建立淡化了贵族之间的冲突和差异，促进了贵族之间的融合。18 世纪末 19 世纪初，"以前英格兰、苏格兰和爱尔兰各自为政的地主阶级当权者逐渐融合，他们的成员相互通婚、获得分散在整个王国内的土地、竞争国内和帝国的职位、采取相似的生活方式和消费模式，并宣称自己是'国家'——从英国这种意义上讲的国家——文化的保卫者"[①]。从社会史向政治史的转变加速了英国社会力量的内在融合，并塑造了作为"民族国家"的英国。

（三）多统的极致：波兰的全面崩溃

英国的成功在于，在多统权力肆虐斗争的时候，实现了由社会史向政治史的转变。而波兰的失败在于，没有统一的权力中心来约束多统的社会权力，最终导致了国家的整体性崩溃。相较于英国的国家主义，前现代的波兰贵族控制了地方组织，私人几乎分割了所有的国家功能，虽然波兰也曾有过集权化的努力，但全都被地方的多统力量摧毁，胎死腹中。地方自治力量越发展，主权的统一就越不可能，最终只能导致国家的彻底失败。

14 世纪立陶宛大公亚盖洛成为波兰国王，两个王国实现了形式上的统一；立陶宛贵族日益被波兰同化，在 16 世纪两个王国融合成一个政治体，即波兰第一共和国。14—16 世纪，波兰由于相对偏远和人口稀少，很大程度上躲过了西欧暴发的黑死病和相关破坏，同时粮食价格的上涨使其相对国力得到极大提升。然而，这并没有带来一个持续强盛的波兰。强力君主的缺失和封建联系的松弛，使得整个国家呈现出一幅秩序散乱的景象。地方贵族各自统治着私人领地，并在与国王的斗争中持续不断地攫取

---

① 科利.英国人：国家的形成：1707—1837 年.周玉鹏，刘耀辉，译.北京：商务印书馆，2017：241.

国家权力：1374 年国王颁布"科希策特许状"（Privilege of Kosice），贵族获得新税免税权和地方自治权；1454 年颁布"涅沙瓦特许状"（Privilege of Nieszawa），国家未经乡绅议会同意不得征集军队或征税；1573 年国王签署"亨利王约"（Henrician Articles）放弃君主继承制，明确构建选举君主制；1613 年征税评估权下放地方议会，国家逐步丧失征税能力；1652 年"自由否决权"（liberum veto）第一次实施，地方贵族可以一票否决国会。多统力量的极端发展造成了一系列恶劣的影响：国家丧失立法能力，改革久拖不决；贵族权力增加，地方暴力泛滥；农民丧失国家保护，农奴化日益严重；内部贵族斗争激烈，政府被邻国任意操控。波兰贵族标榜的"高贵的自由"扼杀了国家一统的可能性，国家能力极度弱化最终导致了波兰在 1772 年、1793 年和 1795 年分别被俄国、普鲁士和奥地利瓜分。[①] 最后一次瓜分直接将波兰共和国从欧洲版图上抹去。

波兰前现代的历史可以说是贵族体系发展膨胀的历史。14 世纪亚盖洛本身就是以外国人的身份成了波兰的国王，与波兰内部贵族的联系较弱，为了维护王权的稳定，国王不得不讨好地方贵族。15 世纪中期之后，地方贵族一方面侵犯国王的权力以提高自身的政治影响力，另一方面加大对农民的控制以提高自身的经济实力。地方贵族掌控的土地不断扩大："截至 1596 年，贵族拥有全联邦 60％的土地，相对地，教会和国王分别只拥有 25％和 15％的土地。实际上，许多教会和国王的地产也受控于世俗权贵之手。"[②] 庞大的土地拥有量供养了地方政权，为贵族提供了数量庞大的私人武装和相当的行政规模，以致地方政府组织完全落入权贵手中。"到 17 世纪早期为止，最大贵族的自留地逐渐类似于小型的国家，完

① 勒贵弗. 瓜分波兰：不理性共谋、地缘争霸、欧洲革命与民族消亡. 王静，译. 北京：中国画报出版社，2018.

② 拜德勒克斯，杰弗里斯. 东欧史：上册. 韩炯，等译. 上海：东方出版中心，2013：295.

全具有重要城市、司法体制、数百名官员和侍从，还有多达数千家丁的私人武装。"① 地方贵族以其庞大的自留地与统一的王权相抗衡，形成了顽固的地方分权势力。

在不断壮大的以地方贵族为代表的多统力量与统一王权的斗争过程中，产生了两个影响深远的制度：选举君主制、自由否决制。选举君主制意味着国王不能继承，只能由贵族选举产生。贵族们的君主选举权名义上在 14 世纪已经确立，但直到 16 世纪末亚盖洛王朝王祚中断，贵族们才真正开始选举国王。选举君主制既是王权衰弱的结果，也加速削弱了王权的权威。非继承制的王权给国家权力带来了巨大的不稳定性，国王选举成为大贵族们争权夺利的场所。贵族们为了维护自己的利益也拒绝选择有能力的君主，他们"往往更会注重短期内的战略得失，保卫自己区域内的利益、特权和崇高地位，而不会那么关心整个联邦的利益。因此他们往往会选择能力比较弱的君主"②。为了保证君主的弱势，地方贵族有意识地选择法国、匈牙利、瑞典和萨克森的王公做国王，并立法限定国王的财政权和军事力量，一些地方显贵的财政收入和军队实力甚至胜过君主。③ 由于没有王位继承权，这种来自外国的国王大多无意改善波兰的政治状况，即使偶尔有加强集权的意愿，也被庞大的多统力量摧毁。

波兰极端多统社会的另一项制度是自由否决制，大贵族们拥有国会的自由否决权，一票就能否决任何国会议案并解散国会，使国家陷入瘫痪。安德森谈道："1652 年，一名代表第一次对国会使用自由否决权，以后，自由否决权使用得越来越频繁，而且扩大到省级议会，多达 70 次以上。

---

① 埃特曼. 利维坦的诞生：中世纪及现代早期欧洲的国家与政权建设. 2 版. 郭台辉，译. 上海：上海人民出版社，2016：344 - 345.

② 拜德勒克斯，杰弗里斯. 东欧史：上册. 韩炯，等译. 上海：东方出版中心，2013：285.

③ 安德森. 绝对主义国家的系谱. 刘北成，龚晓庄，译. 上海：上海人民出版社，2016：212.

地主阶级本来已经使行政权无所作为，现在又使立法权形同虚设。"① 多统权力所创造的"自由否决权"象征着国家整合的彻底破裂，国家力量被地方权贵"自由地摧毁"，丧失了一切统一的可能性。埃特曼将波兰的这种治理模式称为"世袭宪政主义"："他们只是在结构上加速弱化君主在国家政权和国家权威中发挥的一系列作用，进而把权威转移到自治的地方政治共同体和国家代议机关即议会。"② 波兰的议会成员是清一色的世袭贵族，由于没有像英国一样强大的君主传统和紧密的封建联系，波兰贵族之间的斗争也激烈到无法调和的程度，这也使得贵族议会呈现出原始而无效的状态。直至 1768 年，波兰仍没有投票立法的正式机构，议会保持着原始的、以鼓掌欢呼表示通过的模式，"全国议会的首要功能根本不是审议、通过法律，而是保护贵族的自由"③。贵族的自由意味着国家的不自由，多统权力在自由的迷雾中争斗不休，造就了一个破败软弱的波兰共和国。

国家的疲弱给了邻国入侵的可乘之机，被邻国不断瓜分领土的残酷现实刺激着多统贵族的神经并促使他们进行一统化的改革。现实是残酷的，1791 年波兰的新宪法终于放弃了自由否决权和自由选王制，但为时已晚。新宪法还没来得及真正实现对王权的强化，波兰就被愤怒的俄国再次入侵，仅存的领土也在 1795 年被瓜分殆尽。波兰的历史也是多统权力极端发展的历史。国家能力被地方武装套上枷锁，软弱的国王被贵族议会支配，最终使得波兰丧失了国家的独立地位。④ 在安德森看来，波兰的贵族

---

① 安德森. 绝对主义国家的系谱. 刘北成，龚晓庄，译. 上海：上海人民出版社，2016：216.
② 埃特曼. 利维坦的诞生：中世纪及现代早期欧洲的国家与政权建设. 2 版. 郭台辉，译. 上海：上海人民出版社，2016：313.
③ 卢克瓦斯基，扎瓦德斯基. 波兰史. 常程，译. 上海：东方出版中心，2011：89.
④ 福山. 政治秩序的起源：从前人类时代到法国大革命. 2 版. 毛俊杰，译. 桂林：广西师范大学出版社，2014：345.

制度只是"一幅自我毁灭的代议制漫画"："任何一个贵族都无须放弃自己的权力，任何一个地主都能解散省级议会，任何一个省级议会的代表都能解散国会。非正式的庇护关系不能为统一提供一个充分的建设性原则。无政府状态、软弱无力和任人宰割乃是不可避免的结果。"①

三、从权力体系看中西之别

前现代的欧洲国家都面临着从社会史向政治史的转变，这种转变以建构一统制度、加强国家主权为表征。由于欧洲不同国家多统力量的发展程度不同，向政治史的转变也就产生了不同的制度性结果。英国由于王权发展较早，其集权化的进程也较为平稳。内部多统权力的斗争产生了三权分立的分权体系，一统力量的发展塑造了议会主权，可以说英国向政治史的转变是一种内含多统的一统性。这种一统性所导向的社会整合致力于消除多统社会的内在分裂，这也指向了民族国家的诞生："在一个由不同的民族构成的国家，自由制度简直是不可能的。"② 欧洲大陆的波兰则走向了另一极端。由于多统力量的过度发展，波兰国王的力量被极大削弱，议会成为彻底的斗争场所而鲜有妥协，弱小的国家力量也不能调停和约束地方大贵族之间的斗争。内部斗争加剧了农业生产的萧条，多统贵族为了维护自己的利益而为邻国入侵者大开方便之门。与英国成为"日不落"帝国相对，波兰在进入 19 世纪前彻底崩溃，国土完全被邻国瓜分。

英国的制度逻辑是封建性多统权力斗争平衡的逻辑，因此可以说西方

① 安德森. 绝对主义国家的系谱. 刘北成，龚晓庄，译. 上海：上海人民出版社，2016：219-220.

② 密尔给出的理由是："在一个缺乏共同感情，特别是语言不同的人民中，不可能存在实行代议制政府所必要的统一的舆论。"参见：密尔. 代议制政府. 汪瑄，译. 北京：商务印书馆，1982：222.

民主自诞生之初，就有着"封建制民主"的色彩。① 19 世纪英国的国力强盛，其分权性体制被抽象化为西方民主宪政的模板。欧洲的封建社会形态与英国类似，可以不同程度地移植英国政制，但这种移植也应当以主权的建立为主，以实现对多统权力的制约和束缚。早期的美国继承了欧洲的多统社会，因此其制度建构可以在相当程度上移植英国政制，这种移植的首要问题也是建立统一主权。纳尔逊研究发现，美国在独立时期有明晰的"王权爱国主义"，对王权的强调赋予了美国总统巨大的权力，纳尔逊将这种政制称为"没有国王的君主制"："美国总统可以将英国国王只能在理论上去做的事情付诸实践，而这正是王权主义革命的伟大胜利。"② 美国的王权主义革命在相当程度上实现了对多统社会力量的整合。而对于其他多统社会不发达的国家来说，若要实现英国式宪政则需培育社会中的多统力量，而这种后天的培育与一统的要求相悖，往往会造成畸形的权贵阶层并加剧向现代政治转变的阵痛。

中国两千年前已经建立起大一统政治，形成了单一中心权力体系。这也使得清末民初的中国人对西方宪政有着较为明晰的认知。章太炎可谓一语中的："代议政体者，封建之变相。其上置贵族院，非承封建者弗为也。"③ 代议政体是由封建社会发展而来的，但中国早早就消灭了封建贵族。当时的中国如果想要像西方一样发展代议制民主，则必须重新发展出一个贫富不等、贵贱有差的封建贵族阶级，这对于中国自古以来的平等政治理念来说是不可接受的。因此章太炎说道："君主之国有代议则贵贱不

---

① 何家丞.论封建制民主：菲律宾的民主模式及其在发展中国家的普遍性.世界经济与政治，2020（1）.

② 纳尔逊.王权派的革命：美国建国的一种解读.吴景键，译.北京：中国政法大学出版社，2019：282，276.

③ 章太炎.代议然否论//姜义华.中国近代思想家文库：章太炎卷.北京：中国人民大学出版社，2015：76.

相齿，民主之国有代议则贫富不相齿，横于无阶级中增之阶级，使中国清风素气，因以摧伤，虽得宰制全球，犹弗为也。"① 且不论这种民主模式是否能实现国家富强的愿望，即使能实现也"犹弗为也"。可以说，正是中国早早发达的政治史拒斥了宪政民主的道路，中国的单一中心权力体系最终通过以民主集中制为核心的模式实现了现代转换，重建了现代中国大一统政治。

---

① 章太炎.代议然否论//姜义华.中国近代思想家文库：章太炎卷.北京：中国人民大学出版社，2015：80.

第五章　中西方的国家社会关系

　　政治史与社会史的本质区别，造就了中西方国家社会关系的差异。正如钱穆所说："中国传统，政府、社会本属一体。而西方则政府、社会常为敌对之两体。"[①] 由于政治史的影响，中国的国家社会关系常常表现为相互渗透、相互统一；而西方的国家社会关系则在社会史的影响下，表现为相互对立、相互斗争。史观的差异使得中国学者在借用西方理论的时候面临着巨大的困境，例如黄宗智就极力反对西方国家与社会二元对立、非此即彼的理论思维，认为"历史演变中，中国的'国家'和'社会'无疑是紧密缠结、互动和相互塑造的既'二元'又'合一'的体系"[②]。基于中国的历史现实，学者们常常用"家国同构""家国一体"等概念来描述中国的国家与社会关系。[③]

---

　　① 钱穆.晚学盲言.北京：生活·读书·新知三联书店，2018：276.

　　② 黄宗智.国家与社会的二元合一：中国历史回顾与前瞻.桂林：广西师范大学出版社，2022：192.

　　③ 俞可平.孝忠一体与家国同构：从丁忧看传统中国的政治形态.天津社会科学，2021（5）；黄振华."家国同构"底色下的家户产权治理与国家治理：基于"深度中国调查"材料的认识.政治学研究，2018（4）；周飞舟.从脱贫攻坚到乡村振兴：迈向"家国一体"的国家与农民关系.社会学研究，2021，36（6）；周飞舟.一本与一体：中国社会理论的基础.社会，2021，41（4）.

这种概念描述无疑是恰当的，但由于缺少政治史的分析，其对于传统家国关系的论述稍显模糊。西方社会史发展至今也显现了新的面貌，身份政治、认同政治成为现代西方社会撕裂的突出特征，只有深入西方社会政治二元对立的历史之中才能更加精准地把握现代西方所出现的种种异象。

本章我们将立足中西方史观的差异，尝试分析中西方国家社会关系的不同之处。中国自先秦开始，就形成了家国一体的政治社会结构，随着政治史的发展，经历了从"家-国"到"国-家"的转变；宋代之后，随着礼制的下移与科举制的完善，家国关系日益深化并形成了稳定的联结机制。社会史的传统使得自中世纪开始，西方的多统权力主体就不断与象征国家的王权抗衡：教权自西罗马帝国晚期开始膨胀，并在 11 世纪左右凌驾于王权之上；封建领主是地方性的统治力量，其自我利益的主张往往导向对王权的反抗；贸易的繁荣造就了强大的自治城市，市民为了在混乱的中世纪自保也不断地反抗王权；随着近代西方工商业的发展，资产阶级出现并寻求成为国家的统治力量；当资本成为国家的主导力量而社会逐渐衰弱之时，"身份政治"出现并成为西方社会撕裂的象征。

一、家国一体与中国的国家社会关系

至少自西周开始，中国的国家社会关系就呈现出"家国一体"的特征。但我们却不能笼统地将古代中国看成铁板一块，而应在历史的话语中理解家、国的内涵，依据中国政治史的发展，对先秦以来的传统国家社会关系进行阶段分析，并阐明家国一体的内在运行机制。概括言之，家国一体的发展可以分为三个阶段：西周是家国一体的开端，其历史特征表现为"以家为国"；秦汉是家国一体的结构转变，呈现出"以国为家"的样态；北宋以后是"家国再造"，宗法伦理深入底层并最终展现为现代所理解的一般意义上的家国一体。

"家国一体"相较于"家国同构"更为精准地表达出了传统中国的国家社会关系。"体"是一个具有丰富内涵的传统词语，古人习惯于以"体"为论，例如郑玄在《礼序》中谈"礼"时说："礼者，体也。"吴飞解释道："体则既有作为部分的各肢体之义，又由这些肢体连络而为整体、全体，故分中有合，合中有分，这是'体'字最微妙的地方。"[1] 因此，"家国一体"绝不是家国之间僵化的同一，而有着深刻的互动与联结。一般而言，家更多带有私人属性，个体从属于家；国更多带有公共属性，政权集中于国。但我们深入历史就会发现，家的概念是不断变化的，"家-国"关系也会随之呈现出不同的样态。通过对中国政治史的梳理以及对家国概念的澄清，我们将更加清晰地看到"家国一体"对传统中国政治的独特意涵。家国一体，既不是说国为皇帝私家的扩大，也不是说个体被作为大家长的无限皇权束缚，而是说整个的社会政治结构是一体的，即个体与群体互嵌，社会与国家互嵌。从分析的角度来讲，我们虽然可以认为古代中国有着国家和社会的独特领域，但却不能将其截然区分。对于中国而言，没有脱离社会的国家，也没有脱离国家的社会，社会依靠国家赋予秩序，而这种秩序又内生于社会。

（一）一体与一统：周礼与家国的奠基

周礼的确立，使得西周时期已经形成了家国一体的格局，但由于当时社会史的属性，这种家国一体的形式往往展现为"以家为国"，即在以"家"的血缘实现政治联结的同时，贵族之家仍是较为独立的权力实体。周礼的核心在于封建制和宗法制。[2] 正是封建制和宗法制的相互配合，造就了西周

[1] 吴飞. 郑玄"礼者体也"释义. 励耘语言学刊，2020（1）：47.
[2] 如杨志刚所说："分封制、宗法制是西周礼制中的根本性的大礼。"参见：杨志刚. 中国礼仪制度研究. 上海：华东师范大学出版社，2001：81.

时期的家国一体，并为中国从多统的社会史转向一统的政治史奠定了根基。

夏商时期没有所谓的家国一体，因为彼时既没有作为整体性权力实体的国，也没有内含政治关系的规范性的家族伦理。虽然夏王可以称王，但当时的政治模式更类似于部族之间的联盟，而没有统一的国家权力。正如徐旭生所说："夏王有作为的时候可以取得像春秋时代盟主的地位，除了这个时候，就仅仅为群王中的一王。"① 到了殷商时期，地域之间的整合加强，方国之间的互动也大大增加。虽然商王已经可以在军事行动中调遣宗族军事武装，但各宗族的军事武装仍"在组织上保持着自己的独立性"②。各个"侯""伯"仍然作为多元权力主体而存在，并在相当程度上可以反抗作为"共主"的商王。此时的天下仍然是松散的部落联盟，作为权力中心的"国"仍未出现。这一局面到了西周时期开始改变。

西周时期的封建制使得周天子成为政治权力的唯一来源，初步形成了作为整体性权力实体的国。西周时期的封建制与西方的封建社会有着质的差别："盖西洋中古时期之所谓封建，乃罗马帝国崩溃以后之一种社会形态。而中国西周初期周公之封建，则属一种政治制度，中国历史实凭此制度而始趋于一统也。"③ 西方前现代的封建展现出了多统的社会形态，而西周的封建则预示着统一中央权力的出现。封建制指的是西周初年的封邦建国，即由周天子将血亲和功臣等分封到"天下"的各个地区。这种分封不是随意的，而是对殷商时期松散地缘权力的克服，有着明确的政治目的。分封的过程正如李峰所说："是西周国家精心构建其地缘空间，并从而巩固其政治基础的过程。"④ 分封制明确了周天子政权核心的地位，而

---

① 徐旭生. 中国古史的传说时代. 桂林：广西师范大学出版社，2003：10.
② 朱凤瀚. 商周家族形态研究. 2版. 增订本. 天津：天津古籍出版社，2004：195.
③ 钱穆. 中国学术思想史论丛：第1卷. 台北：东大图书有限公司，1976：86.
④ 李峰. 西周的灭亡：中国早期国家的地理和政治危机. 增订本. 徐峰，译. 上海：上海古籍出版社，2016：96.

分封的诸侯只是周天子权力的延伸。正是通过分封制，周天子相较于夏王、商王发生了质的变化，即"夏、殷两朝多由诸侯承认天子，而在周代则转换成天子封立诸侯"①。由诸侯之长的"共主"变成诸侯之君的"天子"，松散联结的部落联盟转变为统一权力中心的国家。封建制的确立，也就意味着周天子与诸侯国之间权力关系的确立，周天子成为"天下"唯一的合法性来源。这种政治联结在当时的历史条件下之所以能实现，则依赖于宗法制。

如果说分封制着重于作为权力关系的"国"的确立，那么宗法制则突出了这一权力关系内在"家"的原理。宗法是一种血缘联系："'宗'即宗族，是指同姓（姓族）之下有明确父系祖先的一级亲属组织，其下辖有若干'族'，即若干个较小的家族。"② 这种宗族关系在商朝时期已经出现，并在一定程度上形成了制度化的宗法体系，因此不能说仅仅宗周有宗法。③ 我们之所以将宗法制的确立归于西周，是因为西周实现了宗法制的重大改革：一是确定了大宗小宗之别，二是确定了同姓不婚、吸纳异姓的制度。

西周宗法改革的关键，就是在宗族之内区分出大宗小宗，周天子为"百世不迁"之大宗。只有周天子才能祭一族的始祖，不许卿大夫祭，周天子因为享有始祖祭祀的特权而被认为是唯一合法的权力中心。卿大夫尊周天子为大宗，是认可周天子作为宗族之主的身份。因此钱穆谈道："盖必有百世不迁之大宗，而天下始可统于一。"④ 周天子作为大宗，事实上就是其他所有贵族的大家长，在分封制的配合下，宗族的血缘联结与政治联结融合为一。西周宗法又确立了"同姓不婚"的制度，这一制度塑造了

---

① 钱穆．中国文化史导论．北京：九州出版社，2011：29．
② 朱凤瀚．商周家族形态研究．2 版．增订本．天津：天津古籍出版社，2004：11．
③ 杨向奎．宗周社会与礼乐文明．北京：北京出版社，2022：86．
④ 钱穆．中国学术思想史论丛：第 1 卷．台北：东大图书有限公司，1976：89．

实质性的"天下一家"。朱凤瀚说，正是姬姓和姜姓的通婚促成了周族的发展壮大，并造就了与殷商截然不同的民族关系："周族自形成之时起即与其他姓族组成民族共同体，以姬姓族为核心所建立起来的西周王朝统治下的社会，更可以说是一个典型的多民族杂居共处的社会。"[1] 这种开放的宗法制度促使周族与其他族姓广泛通婚，异姓异族也逐渐被纳入西周的宗法体系，成了周天子的"兄弟之国""甥舅之国"。因此钱穆说："周公之定宗法，则固兼存天下之万民百氏，而同纳于此一礼之中，固不限于为一姓一宗之私而已也。"[2] 宗法的框架于是不断扩展至整个天下，最终达到"王者天下之大宗"的境地，即"整个'天下'，也就是天下人的总体，被视为一个无远弗届的最大化宗法组织，在这个基于天命的'天下'大宗族中，所有个人都是这个大宗族的成员"[3]。既然每个个体都是以天子为大宗的宗族体系的一部分，那么我们就可以说整个天下为一个血缘联结的团体，即"天下一家"。

若单从西周礼制的理想状态来讲，周天子的政权中心地位与其大宗的宗法地位互为表里，作为政治实体的"国"与作为血缘联结的"家"可谓融凝一体。但事实上，就当时人们的观念而言，由祖先崇拜继承下来的族权在相当程度上要高于政权："文王（西周中期开始武王也列入其中）是周王朝主权的唯一持有者，也是所有的职权的来源。"[4] 周天子需要祖先赋权，其对天下诸侯的主导地位也主要由大宗的宗法身份决定。因此可以说，西周的家国关系是以天子之"家"为基础的"以家为国"，国在某种

① 朱凤瀚．商周家族形态研究．2版．增订本．天津：天津古籍出版社，2004：227.

② 钱穆．中国学术思想史论丛：第1卷．台北：东大图书有限公司，1976：93.

③ 陈赟．周礼与"家天下"的王制：以《殷周制度论》为中心．北京：中国人民大学出版社，2019：277.

④ 李峰．西周的政体：中国早期的官僚制度和国家．吴敏娜，胡晓军，许景昭，等译．北京：生活·读书·新知三联书店，2010：298.

程度上是家的逻辑扩展。正是在这种意义上，有了西周的"国-家"概念："家即是国，国即是家。家指人之众，国指土之疆。有人斯有土，实一事耳。"①

这种"以家为国"的家国一体模式弱化了作为政治实体的国的地位，"家"的血缘关系的淡漠也将导致"国"的政治联结的断裂。宗法制以周天子的宗亲血缘为基础，因此西周的"家"事实上指的是贵族之"家"。在分封制的配合下，血缘组织的贵族之"家"虽然承认周天子的大宗地位，但自己同时也是地方宗族的大宗。这种区域性的大宗地位也赋予了他们"建国"的合法地位，并事实上构成了相对独立的政治实体，即诸侯国。朱凤瀚在谈到西周、春秋时期的贵族时说："作为贵族家族之'氏'，虽本身是血缘组织，但其往往不是以单纯的血缘组织形式而是以一种政治、军事、经济共同体的形式存在，其自身只作为这一共同体的核心。"②古人常言"大夫有家"，不仅诸侯之家可以成为独立的政治实体，卿大夫也能够拥有独立于诸侯的军事和经济地位。随着诸侯之家或者卿大夫之家的实力不断壮大，以"文化与政治象征意味的礼乐"所维持的国家结构就会面临崩溃。③这种"以家为国"的模式也最终发展为春秋战国时期"礼乐征伐自诸侯出""陪臣执国命"的混乱局面。

虽然西周时期的家国一体格局在春秋战国时期遭到了破坏，但毫无疑问，正是西周的封建制和宗法制奠定了后世家国关系的基础，家国关系深化的趋势并没有改变。西周的家国一体形成了以宗法为核心的一统模式，并在礼崩乐坏的时期维系了天下的一体联结，促进了秦汉政治史的形成。

---

① 傅斯年. 民族与古代中国史. 郑州：中州古籍出版社，2017：111.
② 朱凤瀚. 商周家族形态研究. 2版. 增订本. 天津：天津古籍出版社，2004：12.
③ 陈赟. 周礼与"家天下"的王制：以《殷周制度论》为中心. 北京：中国人民大学出版社，2019：303.

（二）从家国到国家：秦汉与家国关系的重塑

秦制的诞生并不是否定了家国一体，而是家国一体的另一种形态。周秦之变的关键是政治权超越宗族权："政治否定了原有的权力基础，使政治组织跟血缘组织渐渐脱离关系，而原有的血缘组织也在这些因素的冲击下渐渐解体。"① 春秋战国之际，以封建贵族为主干的宗法血缘逐渐消解，天下之间的血缘纽带减弱，国家政权的主导力量凸显。皇帝作为单一权力中心出现在天下之中，旧有的封建贵族被改造为相对平等化的编户齐民，形成了一种自上而下的"国-家"关系。但这并不是说社会层面的"家"因此就消失了，而是成了国家政权建构的一分子，齐民的小家庭在摆脱宗法约束的情况下，彻底实现了与国的政治联结，即"以国为家"。

随着血缘关系逐渐淡漠，春秋时期社会基本的家族形态发生了转变，卿大夫家族内部的小宗分支开始成为相对独立的经济单位："春秋列国中主要依靠从事农事为生的庶民至士下层家族，一般采取包含两三代近亲的小型伸展家庭或核心家族形式存在。"② 小家庭逐渐脱离贵族家族，意味着贵族宗法权力的支配能力减弱。这一趋势不断发展，春秋时期仍有兵权和隶民的世族到了战国时期已经被国家权力吸收："这些世族所拥有的兵权以及对耕民的支配权，被统一的国家权力吸收，这正是春秋末年到战国时期的发展动向。"③ 那些旧世族，要么成为官僚，要么成为庶民，都被纳入国家的权力体系之中。此时我们谈论的"家"，就指向了皇帝之家与平民之家。

皇帝之家是皇帝制度的组成部分，同时也是家国一体、以国为家的突

---

① 管东贵. 从宗法封建制到皇帝郡县制的演变：以血缘解纽为脉络. 北京：中华书局，2010：110.

② 朱凤瀚. 商周家族形态研究. 2版. 增订本. 天津：天津古籍出版社，2004：543.

③ 增渊龙夫. 中国古代的社会与国家. 吕静，译. 上海：上海古籍出版社，2017：167.

出表现。在作为封建权力主体的旧贵族覆灭之后，作为国家权力中心的皇帝之家自然就显现出来："皇帝制度建立之后，就政体而言，各级的封建贵族之家皆遭取消，天下成为一家，即只有皇帝之'家'，亦即皇帝的'国家'。"① 皇帝成为大一统国家权力的象征，也是国家权力的现实载体。而皇帝权力的合法来源仍然延续了西周时期的模式，即皇权依赖祖先赋权。这一模式意味着皇权的传递只能在皇帝之家内部进行。采取这种制度模式一方面是西周时期意识形态的延续，另一方面也有维持政权稳定的考量。王国维在《殷周制度论》中就阐明了政权的家族延续对政治稳定的重大意义："古人非不知'官天下'之名美于'家天下'，立贤之利过于立嫡，人才之用优于资格，而终不以此易彼者，盖惧夫名之可借而争之易生，其敝将不可胜穷，而民将无时或息也。"虽然作为个体生命的皇帝会死亡，但个体皇帝的死亡并不意味着作为大一统权力中心的皇帝制度的崩溃，单一权力中心的体制在皇帝之家的父死子继中得到保障。因此，历史记述中常有"天下者，高祖天下"②（《史记·魏其武安侯列传》）这样的说法。从这个意义上讲，可以说皇帝之家与国家融合为一，国家即皇帝之家。然而，将皇帝之家凌驾于作为个体的皇帝之上，事实上是在突出国家政权的主导地位，即如甘怀真所说："皇帝个人权力的位阶之上还有国家。我们说皇权是绝对的，这是对的，但不是指皇帝个人。"③ 国家政权相对皇帝之家而言，有着逻辑在先的地位，因此古人常常会说"天子以四海为家"，换句话说，就是"天子以国为家"。

世族解体之后，与国相对的还有平民之家。从秦国开始的政治改革将

---

① 甘怀真. 皇权、礼仪与经典诠释：中国古代政治史研究. 台北：台湾大学出版中心，2004：219-220.

② 另有：《后汉书·樊宏阴识列传》："天下高帝天下，非陛下之天下也。"《晋书·列传》："天下者，世祖皇帝之天下也。"《旧唐书·列传》："况天下者，高祖、太宗二圣之天下，非陛下之天下也。"

③ 同①252.

大族解体之后形成的小家庭纳入政权体系，最终实现了编户齐民的社会政治建构。平民从世族的束缚中摆脱出来，成为国家政权的组成部分。在编户齐民的同时，商鞅变法施行军功爵制，平民也可以通过军功获得原本属于贵族的爵位，加入国家权力机关。军功爵制的出现，意味着国家权力向平民放开，普通百姓可以通过"贤贤"而不是"亲亲"进入国家体系之内。增渊龙夫评价道："受爵的对象从贵族扩展至庶民的变化，表明了庶民也包括在天子一家之中的意识。"[①] 一方面，平民之家通过成为国家政权的基层触角嵌入以皇权为核心的国家；另一方面，平民可以通过特定的自我努力进入国家的官僚组织。这就形成了一种以国为主导的、突破了血缘束缚的家国一体模式，因此柳宗元在《封建论》中说："公天下之端自秦始。"秦制所开启的家国一体模式，事实上就预示了现代一些学者所谈的"国家组织社会并高于社会"[②] 的国家建构逻辑。

秦制的诞生意味着政治权力的重塑，把地方性、区域性的"以家为国"转变为"以国为家"的全国性政治权力。然而，国先于家并不是有国无家，社会层面的家仍然存在，家国之间的伦理体系仍然存在。秦制的"以国为家"更多是外在政权支配形式上的"国-家"关系，缺少内在的社会联结。旧有的宗法伦理不会突然消失，而是潜存在社会之中等待着被重新唤起。在秦统一之后，关东六国保留着浓厚的宗法意识，由周礼所塑造的政治文化模式仍然维系着中国大部分地区的社会联结。[③] 社会联结的缺

---

① 增渊龙夫. 中国古代的社会与国家. 吕静，译. 上海：上海古籍出版社，2017：157 - 158.

② 徐勇，王美娜. 族与群：中国社会与国家关系的底色与当代价值：以关系叠加为视角. 政治学研究，2022（2）.

③ 上一章亦有相关论述。阎步克谈到秦政的法治与旧有三统相维的差别时说："法家与秦政之'法治'所谓的'法'，只是一种'官僚制的法'。就是说，这个体制是个缺乏自我调节能力的系统。进之，在政统、亲统和道统因社会分化而各自主性大为增加的时候，秦政吏道的片面发达伴之以对父道、师道的强力压抑，三统相维的整合秩序与调节机制，被吏道的独尊取代了；而这个三统相维的政治文化模式，却依然是这个社会，至少依然是关东列国的根深蒂固的传统，秦之法治与之格格不入，而难以有机地整合为一体。"参见：阎步克. 士大夫政治演生史稿. 北京：北京大学出版社，1996：241.

失导致秦制遭到"无道"的指责，并成为贾谊批判秦政"仁义不施"的重要原因。因此在秦朝解体之后，汉朝一方面继承了秦制的家国逻辑，另一方面又在官僚体系中唤起儒家的政治伦理。这种政治伦理以礼制为载体，成为约束皇帝和官僚并联结皇帝和官僚的重要制度。到了西汉后期，这种礼制所代表的儒家伦理甚至超越王命，成为政治制度与行为的正当性来源。[①]

汉朝礼制的建立仍然没有脱离"以国为家"的逻辑，儒家伦理的联结也局限于上层的官僚士人。汉朝的平民家庭继承了秦朝，通常是五口以内的小家庭。[②] 这种小家庭既不需要，也没有条件接触到礼制的儒家伦理，其与国家的关系更多是单向的政治组织关系。礼制及其所代表的儒家伦理只有在国家层面或者由官僚权力所发展出的世家大族之中才能存在。因此陈寅恪说："自汉以来史官所记礼制止用于郊庙朝廷，皆有司之事，欧阳永叔谓之为空名，诚是也。"[③] 儒家伦理一方面实现了皇帝与官僚集团之间的团结，另一方面又循着"以国为家"的逻辑，借助国家权力发展自己的私家，最终使得官僚重新成长为世族，并在汉朝解体之后，塑造了魏晋之后门阀统治的局面。这一局面直到唐宋之际才发生了根本性的变化，平民之家开始被纳入家国伦理，这被称为"家国再造"。

（三）礼的下移与"家国再造"

家国之间，一方面是政治组织的联系，另一方面是家国伦理的联系，

---

① 甘怀真提及，西汉后期到东汉前期，确立了以郊祀与宗庙礼为核心的国家宗教制度，"当所谓儒教国家在汉代确立后，政治制度与行为的正当性来自儒家经典。……中古礼制的正当性主要来自其对礼经诠释的正确性，而此正确性的获得是借儒家官僚、礼学家持礼经集议而成。王命不具备优位性，更不被认为是儒教教义的制定者"。参见：甘怀真. 皇权、礼仪与经典诠释：中国古代政治史研究. 台北：台湾大学出版中心，2004：117.

② 杜正胜通过对出土简牍的研究，将这种家庭结构称为"汉型家庭"："汉代的家庭结构似多承袭秦制，虽不见得限于父子两代的核心家庭，兄弟通常是分居的，平均家庭人口数不超过五口，我们称之为'汉型家庭'。"参见：杜正胜. 传统家族试论//黄宽重，刘增贵. 家族与社会. 北京：中国大百科全书出版社，2005：18.

③ 陈寅恪. 隋唐制度渊源略论稿·唐代政治史述论稿. 北京：商务印书馆，2011：7.

两者互构互通塑造了传统中国的家国一体。但在宋代以前，平民之家与国之间的伦理联系较弱，且由于科举选官的比重较低，所谓的家国一体，更多指的是大的政治家族与国家的一体。科举士人的家国中介作用仍然较小，家国伦理也没能彻底改造基层。宋代之后，这一局面才有了根本性的变化，旧有的官僚大族被摧毁殆尽，家国伦理开始深入底层，并以礼治的形式改造底层的社会秩序。正是这一"家国再造"的历史过程，形成了我们现代所理解的家国一体，即社会层面的地方性家族组织与以皇帝为核心的士人官僚所代表的国家之间的一体。

宋以后对基层的伦理改造与社会结构的变化密切相关。唐宋之际的政局混乱导致了大族的消亡："唐代自僖、昭以后，政局极度混乱，先有黄巢之乱，继有五代之纷争。五代仅五十三年，而经历八姓，国史易代之速，无过于此，而社会战乱灾荒之甚，亦无过于此。在此政治、社会之大动乱中，最受摧残者当为衣冠旧族。"[①] 隋唐时期的衣冠旧族在唐末的时候不断受到摧残，与大族相伴而生的礼治伦理也渐渐减弱，正如张载所说："宗子法废，后世尚谱牒，犹有遗风。谱牒又废，人家不知来处，无百年之家，骨肉无统，虽至亲，恩亦薄。"[②] 这一态势配合宋朝时期较为彻底的科举官僚制度，旧有的官僚大族彻底丧失了存在的社会土壤。因此日本学者井上徹在谈到宋代基层社会宗法主义的兴起时说："在开放式的官僚制度与家产均分惯例下，子孙没落、家系断绝已成常态。"为了维系"世臣""世家"的名门家系，宋以后开始提倡宗法主义。[③] 这种宗法主义的提倡，就体现为礼治秩序的下移。

礼制下移的另一个基础是宋代普通百姓家庭结构的改变。杜正胜谈

---

① 孙国栋．唐宋史论丛．上海：上海古籍出版社，2010：286 - 287.
② 张载．张载集．北京：中华书局，1978：259.
③ 井上徹．中国的宗族与国家礼制：从宗法主义角度所作的分析．钱杭，译．上海：上海书店出版社，2008：72.

到，虽然隋唐时期祖孙三代共同生活的家庭已经十分普遍，但到了宋代，才真正出现宗族通财、共祖的底层社会："新式宗族是由许多核心家庭、主干家庭或共祖家庭组成的，共财单位很少超出同祖父的成员，但通声气、济有无的范围却可以远过于五服。它的基础至少有四：族谱、义田、祠堂和族长。"① 这种形式的宗族形态，有族谱可以收拢同族，有义田可以实现族人的救助、举办宗族活动，有祠堂可以建立共祖的实体信仰，有族长可以维系宗族的现实秩序。这样功能完善的宗族表面上似乎是一种地方性的、脱离国家政权的自治组织，但事实上，随着礼制的下移以及士人社会的出现，一方面礼制成为底层社会"族规""乡约"等社会规范的主导因素，另一方面儒家伦理成为新型宗族形态的核心信仰。正是借助于礼制和儒家伦理，个体的小家庭、地方性的宗族组织、国家政权之间，形成了一个连贯的、逐级递进的政治伦理体系。正是在这样的逻辑之下，从个体到天下的伦理推衍才真正实现，因此周飞舟特别点出家的核心地位："以天下国家、天地万物为一体，都根源于父子、母子之一体。"② 也正是在宋代之后，底层社会开始融入国家整体的礼制秩序，平民家庭与国家政权之间也产生了深刻的伦理联结，这一过程的深化，就是"家国再造"。

伴随着礼制下移而开始的"家国再造"发端于北宋、兴盛于明清。宋代以前可谓是"礼不下庶人"，直到宋代《政和五礼新仪》颁行，才有了针对庶人的礼文，真正实现了"礼下庶人"③。礼制对底层的渗透，意味着宋以后的基层家族开始成为重塑国家社会关系的主体。以礼制所内含的家国伦理改造基层，其结果是在将基层制度礼仪化的同时，也把平等化的

---

① 杜正胜.传统家族试论//黄宽重，刘增贵.家族与社会.北京：中国大百科全书出版社，2005：83.

② 周飞舟.一本与一体：中国社会理论的基础.社会，2021，41（4）：27.

③ 杨志刚.中国礼仪制度研究.上海：华东师范大学出版社，2001：197-201.

个体吸纳到了家国一体的秩序之中。从宋到明的这一过程即郑振满所说的"宗法伦理的庶民化"①。在刘志伟看来，正是这一"家国再造"的过程，"在更为稳固的基础上延续着君主国家与齐民社会的同构性"②。礼制秩序与儒家伦理的推行有赖于士人主体的努力。明清时期的士大夫有着推行教化的极高热忱，儒家礼仪就是他们伦理教化的载体，并以此实现国家与社会的一体同构。例如在当时的华南地区，士大夫们"采取的一种主要途径就是在地方上推行种种儒家的'礼仪'，并同时打击僧、道、巫觋的法术"，并以此"建立起正统性的国家秩序"③。礼仪在地方家族的推行，彻底造就了传统中国的家国一体结构。

　　然而，礼的地方化并非国家礼仪的一贯到底，而是有着互动调适的过程。刘永华在考察明代闽西地区的礼仪变革之后，谈到儒家礼仪与风俗仪式的复杂互动："实际上，纯粹的儒家礼仪只存在于纸面上。因此，在付诸实践的过程中，儒家礼仪总是以某种地方版本的形态存在：在调适自身并在地域社会扎根的过程中，儒家礼仪几乎总是被地方性仪式实践改变和补充。"④ 可见，礼在下移的过程中也会不断被地方改造。但地方风俗对国家礼仪的改造多是形式上的，也根本不会增加地方对国家的分离倾向。担任乡村治理主体的士人，是沟通国家与社会的桥梁。这些士人一般接受过儒家的系统教育，并在科举考试中获得过官方认证，这使得他们拥有组织地方礼仪事务的道德和政治权威。这些士人有可能一生都生活在地方宗族之中，但其所继承的儒家统系，使他们"更多以天下为其想象和思考的

　　① 郑振满. 明清福建家族组织与社会变迁. 北京：中国人民大学出版社，2009：172 - 182.
　　② 刘志伟. 溪畔灯微：社会经济史研究杂谈. 北京：北京师范大学出版社，2020：214.
　　③ 科大卫，刘志伟. 宗族与地方社会的国家认同：明清华南地区宗族发展的意识形态基础. 历史研究，2000（3）：3.
　　④ 刘永华. 礼仪下乡：明代以降闽西四保的礼仪变革与社会转型. 北京：生活·读书·新知三联书店，2019：16.

空间，未曾改变其'天下士'的自定位"①。地方性的治理思虑和国家性的天下意识在士人之中实现统一，通过他们的现实努力，最底层的百姓也被整合到礼所塑造的家国一体结构之中。

（四）家国关系的中介：科举与乡绅

科举制是一种将政治与社会融为一体、将国家政权与社会伦理互通为一的重要制度。科举制实现了广泛的社会流动，不仅保证了国家官僚的素质与更新，也打开了平民进入国家政权体系的大门。宋明之后，科举制塑造的士人既得到了国家权力的认证，又是儒家伦理的天然权威，他们一方面将自我定位为国家政权组织和伦理体系的捍卫者，另一方面作为乡绅又在地方宗族治理中扮演着领导者的角色，成为沟通国家与社会的桥梁。

唐宋之前，国家官僚仍然主要来源于贵族。对于单一权力中心的皇帝制度而言，世家大族无疑会分割国家权力，威胁大一统政权的稳定。因此皇权必须借助有着充分流动性的官僚制度维持政治秩序，一方面官僚的流动性可以克服世家大族权力固化对中央政权的冲击，另一方面地方人才进入中央也可以加强中央和底层的交流。正如阎步克所说："维持社会流动，对皇权更为有利。因为这不但保证了官僚的素质与更新，而且能够抑制门阀化、贵族化与封建化倾向可能对皇帝权势的过分分夺，从而维护了集权专制。"② 秦制通过军功爵制打开了平民进入政权体系的大门，想要实现家国之间彻底的政治联结，但事实上随着国家的安定以及汉代儒学主导地位的确立，平民进入官僚集团的机会并不多。虽然汉代开始的察举制在制度上容纳了掌握儒家经典的平民，但由于当时书籍流通的不便以及知识传

---

① 罗志田. 地方的近世史："郡县空虚"时代的礼下庶人与乡里社会//罗志田，徐秀丽，李德英. 地方的近代史：州县士庶的思想与生活. 北京：社会科学文献出版社，2015：60-61.
② 阎步克. 察举制度变迁史稿. 北京：北京师范大学出版社，2021：303.

播的局限，往往只有官僚大族才能获取相应的教育资源，因此汉人会说"遗子黄金满籝，不如一经"（《汉书·韦贤传》）。

汉代制度造就的官僚贵族在六朝时期转变为门阀贵族，他们一方面褫夺了部分国家权力，造成了国家的动荡不安；另一方面又以国家政权代理人的身份维持着地方乡党的秩序稳定，充当着联系国家与地方乡党的中介："乡党共同体具有与国家共同体相连续的性质，因此，贵族阶层的治者理念也从乡党到天下国家自然地呈同心圆展开。"① 六朝时期贵族们固守的门阀利益造成了大一统政权的分裂动荡，同时他们所赖以生存的儒家伦理又促进了大一统政权的重建。隋唐时期科举制的出现在相当程度上破坏了门阀贵族的势力，并努力将官僚组织的触角深入平民之家。但就史实而言，贵族世家垄断知识和权力的局面仍未发生大的改观，贵族子弟进入官僚体系仍是主流。据孙国栋推测，唐代内外官员，由贡举出身的只占6%。② 唐宋之际，随着大族家学被战乱摧毁，私人讲学的兴起使得平民子弟有了获取儒家知识的可能："然经唐末五代之大乱，大族之私庄尽被摧残。于是家门之私学，渐为带有社会性之私人讲学与寺观教育所代替，知识教育之权衡既转移于社会，寒人抬头之机会益多。"③ 私人讲学的普及与科举制度相配合，在人才充分流动的基础上实现了国家与社会的紧密联结。一些学者虽然批判古代的皇帝制度，但也不得不赞叹道："事实上，在近代以前，相对于其他主要的文明或国家，中国大概是世界上一个少有的阶级色彩较淡的最为开放流动的社会。'公'与'私'的巧妙配合，是中国皇帝制度延续两千年的关键。"④

明清时期，科举制所造就的社会流动进一步加强。在祝总斌看来，明

---

① 谷川道雄. 隋唐帝国形成史论. 李济沧，译. 上海：上海古籍出版社，2011：14.

② 孙国栋. 唐宋史论丛. 上海：上海古籍出版社，2010：301.

③ 同②309.

④ 邢义田. 天下一家：皇帝、官僚与社会. 北京：中华书局，2011：47.

清时期盛行的八股取士，大大方便了平民参加科举考试。八股主要考《四书》，相较于《五经》的艰深晦涩，《四书》的分量更少，朱熹的注释也浅显易懂，对于平民子弟来说极大减轻了应试的负担。[①] 这种制度化的措施赋予了社会高度的竞争性，鼓励了寒门子弟向上流动，以至于在整个明清时期，来自平民家庭的举子占科举总人数的比重高达 42.7%。[②] 通过科举产生的士人可以进入国家官僚体系，并充当地方与国家之间沟通的中介。罗志田谈道："科举制本具有'通上下'这一重要的社会功能。……概言之，科举制在中国社会结构中实起着重要的联系和中介作用，它上及官方之政教，下系士人之耕读，使整个社会处于一种循环的流动之中。"[③] "通上下"的功能也激励了地方宗族对科考的支持，因为一旦宗族子弟获得了科考的成功，就能够为宗族带来相应的政治利益与荣誉。因此，明代之后的地方宗族不仅以族产大力支持同族子弟进入学校学习，甚至还要在地方上为举人与进士立牌坊，以彰显其家族荣耀。[④]

科举制与礼制下移相互配合，造就了大量存在于地方宗族的乡绅，并重塑了基层社会与国家之间的联系。对于大一统的中国而言，地方与中央之间无论是行政距离还是空间距离都较远，这就导致即使具有相当统治能力的朝代也难以彻底实现对地方社会的直接统治。[⑤] 由于当时异地为官的

① 祝总斌. 材不材斋文集：祝总斌学术研究论文集：下编：中国古代政治制度研究. 西安：三秦出版社，2006：388.

② 何炳棣. 明清社会史论. 北京：中华书局，2019：144.

③ 罗志田. 近代中国社会权势的转移：知识分子的边缘化与边缘知识分子的兴起. 开放时代，1999（4）：13-14.

④ "在明代建文、永乐（1400）以后不久，各地兴起一种社会风气，为登举人与进士的在地子弟立牌坊，以彰显其成就，并激励地方子弟上进，使当地一直维持或增进科举与社会的成功。"参见：何炳棣. 明清社会史论. 北京：中华书局，2019：116.

⑤ 例如："明朝作为一个发达的国家，有着相当的统治和干预能力；然而，明朝也是一个容易受到社会权力反向影响的国家，不得不与精英们、地方社区争夺资源，并且被排除在由社会行为构建的许多空间之外，包括宗教信仰允许的非正常行为、遵从宗法族规等社会行为构建的空间。"参见：卜正民. 明代的社会与国家. 陈时龙，译. 北京：商务印书馆，2014：222.

制度安排，地方长官往往不是本地人，因此有效的治理需要依赖精通当地事务的乡绅，与此同时，官员退休后也会回到自己的家乡成为乡绅。乡绅与本地乡族有着紧密的情感归附："士绅似乎都感到他们有责任捍卫和促进家乡本地社区福利，而这种责任感是作为外乡人的州县官一般并不具有的。"①乡绅成为地方政治的主导者，与地方百姓休戚与共，因此费孝通说："地方上的事是素王统治，衙门里是皇权的统治。皇权向来是不干涉人民生活的，除了少数暴君，才在额定的赋役之外扰乱地方社会的传统秩序。"②地方不受皇权所代表的官僚政治束缚，而所谓的"素王统治"就是以孔子所代表的儒家伦理建构地方秩序，这也是费孝通论述"双轨政治"的核心所在。若我们换个角度，"双轨政治"的另一面，则是地方与国家的"双轨一体"——乡绅作为中介，消解了国家与地方之间的张力。

　　一般而言，乡绅要么是考取了功名但尚未取得政治职务的士人，要么是退休回乡的国家官员，即所谓"进而为官，退而为绅"。这意味着乡绅的身份具有两重性：乡绅一方面依赖国家承认并代表国家权力主导地方，另一方面又代表地方利益与国家对立，正是这种两重性使得乡绅成为家国一体的中介。傅衣凌谈道："乡绅一方面被国家利用控制基层社会，另一方面又作为乡族利益的代表或代言人与政府抗衡，并协调、组织乡族的各项活动。……虽然乡绅作为一个阶层一直掌握着直接统治乡族社会的权力，但哪些人可以进入这一阶层和这一阶层中哪些人可以合法地履行这些权力，却取决于政府的授权和承认。"③这里要注意的是，由于经受过儒家经典教育的洗礼，乡绅们对家国伦理有着强烈的认同感，并持续地以国

---

① 瞿同祖．清代地方政府．范忠信，何鹏，晏锋，译．北京：新星出版社，2022：245.
② 费孝通．论"知识阶级"//费孝通，吴晗，等．皇权与绅权．上海：华东师范大学出版社，2015：12.
③ 傅衣凌．中国传统社会：多元的结构．中国社会经济史研究，1988（3）：3.

家礼治重塑地方秩序。乡绅对地方的礼治改造使得地方宗族成为稳定的秩序团体嵌入"家—国—天下"的家国伦理之内。家国伦理成为地方乡约的制定标准，同时也形成了地方家族与国家权力的共生关系。因此可以说，作为一种制度象征的乡绅，不仅是国家权力与地方利益的统一体，也是地方伦理秩序与国家礼治的统一体。

总的来说，家国一体是中国国家社会关系的整体表达，然而这种家国一体的模式却有着历史时期的差异，从先秦至清朝，中国的家国一体模式经历了"以家为国""以国为家""家国再造"的三重变化。西周时期的"以家为国"是说血缘宗族成为政治联系的根基，分封的大宗之家亦是独立的政治实体；秦汉开启的"以国为家"阐明了秦汉的变化，政治权力占据了国家社会关系的主导地位，地方小家依附于国家组织体系；"家国再造"是指随着贵族的崩溃与礼制的下移，平民之家被纳入家国礼治体系之中，科举士人代替贵族成为家国之间的中介。这里我们要强调的是，家国一体不仅意味着政治层面的一体，也意味着伦理层面的一体。国之政治体系下渗至地方家族，家之伦理体系上达至国家天下，两者的同构使得中国的政治体系像一块浸泡在家国伦理之中的海绵——在官僚行政中渗透着宗族伦理，在宗族生活中透露着政治关怀。家国一体转向忠孝一体，传统中国的丁忧制度就是家国伦理的政治展现。

二、二元对立与西方的国家社会关系

由于社会史的影响，西方国家与社会呈现出二元对立的状态，尤其在前现代的欧洲，象征国家的王权希望消灭社会中的多统力量以实现政权的统一，社会中的多统力量又不断对抗王权以寻求权力的独立。这种二元对抗是西方社会史发展的鲜明特征，西方式的现代国家也正是在这种对抗过程中孕育出来的。罗马帝国之后，教会、封建领主、城市和资产阶级依次登上历史舞台，成为与国家对立的社会力量。这几种多统力量往往渗透交织，有时会合作以对抗王权，有时又互相斗争，就具体的历史而言并没有一个清晰的边界。但由于其出现在不同的历史时期，且与王权的斗争历史也较为集中，我们仍可以将这几种多统力量的发展梳理出来，以展示西方社会与国家二元对立的历史。

教权与王权自中世纪以来就争斗不休，宗教甚至在今天也仍是社会力量的重要一极；封建领主与王权的对抗在 11 世纪之后逐渐显现出来，并借助议会与王权展开斗争；伴随着贸易的发展，中世纪的城市发展成为不可忽视的自治主体，城市中的市民阶级成为后来对抗王权的重要力量。二元对立的国家社会关系发展到今天，随着以封建贵族和资本贵族为核心的封建制民主转向以身份和意识形态为核心的大众民主，国家与社会的对立逐渐从阶级冲突转变为社会的内在分裂。

（一）教权与王权的历史浮沉

作为西罗马帝国晚期兴起的社会力量，教权的提升与其经济实力的增强密不可分。公元 312 年，君士坦丁宣称自己依赖基督教神明的帮助获得了夺权战争的胜利，并皈依基督教。从此基督教徒摆脱了异端的身份，开始享有特权。随着基督教义的传播普及，越来越多的人改信基督教，教会的财富也开始逐渐增加。尤其在西罗马帝国衰亡之后，教会开始成为秩序的维护者、社会财产的保存者。基督教宣称把钱分给穷人是进入天堂的途径，社会中大量的贵族和中产阶级开始将自己的财富捐给教会，以实现未来在天堂的永生。在 6 世纪和 7 世纪，宗教捐赠导致教会本身产生了重大变化："作为捐赠者，平信徒开始强调神职人员应该和普通人完全不同。如果神职人员不这么做的话，给教会的捐赠就不会对减免捐赠者的罪孽有效果。"① 自此之后，削发节欲的修士成为主流，基督教会开始成为一个"纯粹的"信仰世界的掌控者。经济实力的增强、道德地位的提高，使得基督教会成为可以匹敌王权的重要势力。

在基督教看来，世俗权力与宗教权力本身就是相互交织的，因此教会也应当享有一定的世俗权力。奥古斯丁在反驳埃及、罗马的异教徒的时候，发扬了古代的观念，认为人的本性是双重的，人的精神性从属于天上之城，人的肉体性从属于地上之城。因此，人是一种双城公民，同时从属于地上和天上两个城，即"在这个尘世中，两个城的居民相互交织混杂"②。这种双城逻辑也就意味着人们需要面对世俗政权和基督教会的双重统治，其结果必然导向基督教国家的出现："一个真正的共和国必定是基督教国家。"③ 世俗政权和基督教会由于权力形式的差异，不可能实现真正的统一，而两者统治范围的重叠也就预示着两者之间纷繁复杂的关系模式。中世纪早期的基督教会不断将一些世俗事务纳入自己的司法管辖权，例如遗嘱继承、婚姻事务，甚至私通、乱伦、诽谤等，都归教会法院管理。④ 教会力量在壮大之后，开始了与王权进行合作与斗争的历史。

由于罗马帝国灭亡之后社会秩序的解体，教权与王权都需要对方来维持自身的权威，因此这一时期两者之间更多是合作关系。公元 8 世纪，在清除了墨洛温王朝的大贵族之后，丕平需要教皇确认自己王位的合法性；与此同时，教宗受到了伦巴第的威胁，需要法兰克国王的保护。两者一拍即合，造就了历史上著名的"丕平献土"：在教宗西行亲自为丕平加冕之后，丕平率兵平定伦巴第，并将意大利北部中部的大片土地献给教宗。查

---

① 布朗. 穿过针眼：财富、西罗马帝国的衰亡和基督教会的形成，350—550 年. 刘寅，包倩怡，等译. 北京：社会科学文献出版社，2021：891.

② 奥古斯丁. 上帝之城：驳异教徒：中册. 吴飞，译. 上海：上海三联书店，2016：78.

③ 萨拜因. 政治学说史：上卷. 邓正来，译. 上海：上海人民出版社，2008：240.

④ 梅特兰. 英格兰宪政史. 李红海，译. 北京：中国政法大学出版社，2010：326.

理曼时期也同样寻求了教宗的加冕，教宗的加冕意味着上帝对世俗王权的承认。① 教会和王权的交错变成了中世纪通行的做法："它们借用和交换彼此的标章、政治象征、特权及声望，一直以来，这在基督教社会的属灵领袖和世俗领袖中间成了通行做法。……教皇权拥有了帝王的排场，而王权则烙上了圣职的印记。"② 希腊化时期的国王本身已经具有了相当的神性③，但在基督教兴起之后，王权的神圣性开始需要从教会中重新获得，这也就为两者的冲突埋下了伏笔。

由于王权需要教宗的加冕来确立合法性，因此在中世纪的臣民看来，国王是在分享教会的神圣权威。而随着教会财产的增加和统治力的加强，教权的超现实地位被提了出来，并凌驾于王权之上："在一个天主教徒看来，教士职位带有显而易见的超现世秩序的特权，这些特权只能由圣职授任礼所授予。中世纪的君主，不管多么傲慢或强大，都不会自认为能够举行神圣的弥撒祭献礼，圣化面包和酒，让上帝降临圣坛。格里高利七世曾尖锐地提醒皇帝们，因为他们不能驱魔，所以必须甘居于驱魔师之下。"④ 王权虽然神圣，却不能举行弥撒，不能进行对普通臣民来说重要的驱魔仪式，这就意味着教会要彻底褫夺国王的神圣属性，将国王的神圣性排除在宗教系统之外。传统意义上模糊的神圣王权只能通过教会获得承认，两者的关系正如芬纳所说："如同贵族曾一度成为君主制的支持和制约一样，教会也是如此；如同贵族与国王基于领地来分享权力和司法一样，教会也基于职能和国王分享了权力。"⑤ 由于对自我权力的强势主张，本来互相

---

① "教宗需要保护。查理曼需要神圣的认可。"参见：雪莱. 基督教会史. 3 版. 刘平，译. 上海：上海人民出版社，2012：178.

② 坎托洛维奇. 国王的两个身体：中世纪政治神学研究. 尹景旺，译. 上海：上海社会科学院出版社，2020：299.

③ 布洛赫. 国王神迹：英法王权所谓超自然性研究. 张绪山，译. 北京：商务印书馆，2018：195.

④ 同③160.

⑤ 芬纳. 统治史：第 2 卷：中世纪的帝国统治和代议制的兴起：从拜占庭到威尼斯. 王震，译. 上海：华东师范大学出版社，2014：302.

支持的教会和国王开始了漫长而激烈的冲突。

到了 11 世纪，双城统治的逻辑得到了普遍认可，人类社会以神法和自然法为标尺接受宗教和世俗王权的双重统治，然而这一局面逐渐被教权的崛起打破。教会财产的增多使得它不仅作为教会对人们实行宗教统治，而且作为封建领主对臣民进行世俗统治。中世纪教会不仅在王权合法性上威胁到了王权，同时也在实际的统治中侵夺了王权："它到处行使的不仅限于宗教的统治，而且行使政治、行政、经济和社会的权力。它的管辖权推及'基督教国家'中的每个王国；它不仅是每个国家中的一个国家，而且也是一个'超国家'。"① 此时，教会与国王的关系已经颠倒了过来，本来需要王权保护的教宗开始成为王权的仲裁者，并不断干涉世俗王权的斗争以增强自己的政治影响力。正如萨拜因所说："教皇与皇帝之间的争论在相当的程度上是由这样一个事实所导致的，即教皇现在实际上已成了教会的首脑而且不再感到自己要依附皇帝才能顺利进行统治了。"② 教会统治的增强使得教皇的欲望膨胀，并与世俗王权产生了一系列冲突。

教皇格里高利七世时期，教权在理论上对世俗王权形成了彻底的压制，这种对抗关系展现在《教宗敕令》（*Dictatus Papae*）的诸多原则之中③：如第 8 条，"在所有的圣职人员当中只有教宗可以使用统治者（'皇帝'）的象征"；第 9 条，"受一切国王亲吻的只有教宗的脚"；第 12 条，"他可以弹劾皇帝们"；第 27 条，"他可以解除臣民对于暴君所发的服从之誓言"。这一系列将教权凌驾于王权之上的宣言使得两者的矛盾不断加剧。1111 年，德意志国王与教会发生了重大的冲突，国王希望德意志的教会上交一切从国王处得来的财产和权利，只能接受什一税和私人赠予。这一

---

① 汤普逊 . 中世纪经济社会史：300—1300 年：下册 . 耿淡如，译 . 北京：商务印书馆，2009：304.

② 萨拜因 . 政治学说史：上卷 . 邓正来，译 . 上海：上海人民出版社，2008：280.

③ 毕尔麦尔，等 . 中世纪教会史 . 雷立柏，译 . 北京：宗教文化出版社，2010：138.

决定受到了教会的激烈反对，以至于教宗拒绝给国王加冕，国王逮捕了教宗和 13 个枢机主教，僵持两个月后才达成新的协议，教皇也最终为国王进行了加冕。[①] 类似的冲突在 12、13 世纪时有发生，这使得教会在世俗权力的斗争之中越陷越深。

教权不断染指世俗权力也给教会的权威带来了一系列不良的影响。世俗统治的加强导致教会腐败丛生，破坏了神职人员的声誉；对世俗权力的争夺使得教会陷入阴谋和政治斗争中，极大地损害了教会的纯洁性。由于教会没有庞大的军事实力，其权力的实现往往不得不借助于世俗王权。不同地区的国王在互相斗争的同时，开始利用教会内部的分裂，裹挟教会力量以达成现实目标，教皇也从王权的仲裁者变成了王权的猎物。到了 14 世纪末，教会重新沦为各个世俗王权的附庸并产生了教会的大分裂："同时出现的两个有时是三个分庭抗礼的教皇往往只是王朝野心和民族野心的附庸，而且由于他们使用各种各样的神学诅咒和政治诡辩相互攻讦，因此也必然大大损毁了教皇这一职位在过去一直享有的尊崇。"[②] 教皇权力的衰落并不意味着教权与王权斗争的消失，事实上，两者仍处于剧烈的冲突之中，尤其在宗教改革之后，两者的冲突甚至左右了西方现代国家的命运。

在近代英国，王权和教权处在激烈的斗争之中，并影响了英国现代国家的建立。16 世纪，英王亨利八世因为没有儿子作为王位继承人想要再娶，但由于皇后与教宗的亲缘关系，教宗不允许亨利八世离婚再娶。两者的矛盾不断激化，最终导致亨利八世公开宣称与罗马教廷决裂，1534 年的《至尊法案》（*Act of Supremacy*）宣布："国王的王权是公正和正当的，且应当被认为是英国国教即圣公会（Anglican Churches）在世唯一

① 毕尔麦尔，等. 中世纪教会史. 雷立柏，译. 北京：宗教文化出版社，2010：147.
② 萨拜因. 政治学说史：上卷. 邓正来，译. 上海：上海人民出版社，2008：369.

最高元首。"① 相对于天主教，新教更加支持世俗国王的权力，英国国教会的建立使得绝对主义王权大大加强。但因宗教而产生的政治斗争并没有就此平息，英国内战也受其影响："宗教处于英国政治的最前沿，……在导致 17 世纪 40 年代内战的事件中，一个重要的因素是怀疑查理一世心怀叵测地想要恢复天主教的信仰和教皇的权威。"② 新教和天主教之间的斗争在英国就展现为新兴资产阶级与封建王权的斗争，教权因教义产生的内在分裂与社会政治力量合流。新教以反对天主教的名义反对王权，王权以维护天主教权威的名义反对新兴阶级，这样的形式在欧洲近代史上屡见不鲜。

17 世纪，王权开始将教权从世俗统治中驱逐出去。在波考克看来，反抗教会的权威是大西洋共和主义得以实现的关键步骤："世俗君主和反奥古斯丁的异端可以携起手来，他们都想否认尘世的教会拥有任何源于不变的天国秩序，并被有着超越时间的'永恒的当下'之视野的上帝授予的权威；他们都想把人类的得救与人类的历史统一起来，以便否定教皇拥有这种权威，并且解释他主张有这种权威为何是错误的。"③ 从路德开始，对教会权威的否定就与对国家主权的宣扬同步进行。霍布斯在极力宣扬"利维坦"的时候，就用了大量篇幅揭露教会的腐败无能，直斥其为"黑暗王国"，并澄清教会与国家主权的不同地位："使徒和其他传福音的教士都是我们的教师而不是我们的管辖者，他们的戒条都不是法律而只是有益劝谕。"④ 将教士当作教师而不是管辖者，将戒条当作劝谕而不是法律，

① 雪莱 . 基督教会史 . 3 版 . 刘平，译 . 上海：上海人民出版社，2012：269.

② 戈登 . 控制国家：从古代雅典到今天的宪政史 . 2 版 . 应奇，陈丽微，孟军，等译 . 南京：江苏人民出版社，2005：290.

③ 波考克 . 马基雅维里时刻：佛里伦萨政治思想和大西洋共和主义传统 . 2 版 . 冯克利，傅乾，译 . 南京：译林出版社，2013：358.

④ 霍布斯 . 利维坦 . 黎思复，黎廷弼，译 . 北京：商务印书馆，1985：398.

事实上就是为教权划定界限，将教权排除在世俗统治之外。然而，虽然政教分离消除了教会对国家权力的竞争，但作为一种以信仰为标志的社会权力，教会对今天的国家仍有强大的影响力。

（二）封建领主：分割国家

西罗马帝国灭亡之后，大规模的政治单位不复存在，"蛮族入侵"导致欧洲各地处于长期的混乱之中。当中央政府无力保障生命财产安全时，人们就开始寻求更强大的政治单位庇护。在这个过程中，区域性的大地主、大贵族、主教转变为封建领主，小地主则成为领主或教会的附庸。西方社会的封建制度就是在这样一种地方性自卫中产生的："中央既无有力之君主，国内又无强盛之军队，各地之安危，无人顾及。国内之伯、边防使、主教及大地主辈，群起而谋自卫。"[1] 由此形成的封建权力关系，自然是相对疏散的、多统的，如芬纳所说："封建王权和封建国家都具有分权性和多元化特征。"[2] 这种分散的地方权力又被封建法律体系承认加固："司法管辖权、军事义务和财税义务也是封建保有的结果；议会、法庭和军队的组建，一切看起来都附属于不动产法。"[3] 封建领主作为社会中多统的权力主体，为了维护和扩大自身利益，不仅与其他领主发生战争，也会经常性地对抗国王。

封建领主与王权的对抗蕴含在封建体系之中。对于罗马帝国灭亡之后的大混乱而言，封建至少是在混乱的地方权力之间建立起一种政治上、经济上、军事上的联系，虽然这种联系比较微弱，但法兰西和英格兰的君主可以利用这种制度实现君权的扩大。因此冈绍夫说："封土法中存在着可

---

① 何炳松.中古欧洲史.上海：上海古籍出版社，2015：56.

② 芬纳.统治史：第2卷：中世纪的帝国统治和代议制的兴起：从拜占庭到威尼斯.王震，译.上海：华东师范大学出版社，2014：282.

③ 梅特兰.英格兰宪政史.李红海，译.北京：中国政法大学出版社，2010：102.

以发展国王权威的因素。"① 但与此同时，这种封建关系中本身就蕴含着重大的对抗性、分裂性的基因："连接封臣和封君的诸关系纽带，是直接的、感官可直觉感知的关系纽带，其强度远过于连接臣民和国王的关系纽带。当这两种忠诚发生冲突时，封臣几乎总是坚持源自他对封君所做的效忠誓言的忠诚。"② 封建义务的链条从形式上来看可以从最低级的骑士延展至国王，但事实上这种对更高层级封建关系的效忠是很薄弱的。封臣忠于直接联系的封君，这就意味着大封建主可以调动足够的资源对抗国王，附庸也可以调动自己的资源对抗大封建主。这种封建关系产生的中世纪公法是十分贫乏和模糊的，王权的不清晰为君主和封建领主都留下了突破封建秩序的空间："君主缺乏明确的限制，虽然存在一些约束，但是一方面过于含混与宽泛，另一方面却狭隘、琐碎地将君主限于法律。这种状况既鼓励了统治者的绝对主义倾向，也同样鼓励了纷乱的抵抗权导致的无政府状态。"③ 当封建领主和王权都寻求扩大自身利益的时候，这种对抗就不可避免了。

封建领主与王权的对抗源于中世纪治理的地方性。封建时期的欧洲交通不便，区域之间没有畅通的联系，各地的治理主要依赖于封建主。尤其对于欧洲广大的农村地区来说，外部精英是指望不上的："欧洲的农村地区几乎是由不通阡陌的小岛所组成的群岛。……无论国王、教宗，还是大贵族、大主教，他们对臣民的工作、婚姻、斗争、思想和祈祷等日常生活都没有深刻的影响。"④ 臣民的生活依赖于作为地方精英的封建领主，王权几乎不能对他们产生任何影响。地方的治理依靠封建领主，地方的特殊性又使得他们在封建体制下寻求自身利益的扩大。封建义务一旦与现实利

---

① 冈绍夫.何为封建主义.张绪山，卢兆瑜，译.北京：商务印书馆，2016：208.
② 同①74.
③ 科恩.中世纪的王权与抵抗权.戴鹏飞，译.北京：商务印书馆，2021：160.
④ 拉克曼.国家与权力.郦菁，张昕，译.上海：上海人民出版社，2013：14.

益发生冲突，就变得无足轻重，这就是封建社会暴力盛行、斗争不断的根本原因："大封建主对国王的斗争，大封建主手下附庸的反叛，对封建义务的漠视，从很早起就无力抵御侵略者的附庸军队的软弱无能，所有这些特点在封建主义的历史上俯拾即是、随处可见。"① 封建领主对治理地方性的追求与王权的全面统治形成矛盾，这一矛盾由于军事力量的分散而加剧。

封建军队分散在各个领主的采邑之中，为地方领主对抗王权提供了军事支持。附庸对于领主而言不仅是经济和治理层面的关系，而且有着在军事上保卫领主的义务："附庸曾经是所有武装侍从的共同标签，由于表示一种赞美性的亲密关系，所以最终专门用来指示武装侍从中的自由人。"② 无处不在的私人武装导致暴力盛行，一些大领主的武装力量甚至超过国王。脆弱的封建联系并不能束缚实力强大的领主，英格兰的贵族们甚至为合法地抗争国王创造出一套合理化的理论："在 14 世纪，英格兰的贵族们认为，他们的效忠誓约是向王权（Crown）而非王权实际的拥有者做出的，即效忠誓约是向永不改变的合法官职（magistracy）而非向多变的某个特定的国王做出的。"③ 既然效忠的不是特定的国王，那么领主也就有充分的理由反抗国王，甚至以维系封建关系的名义发起与国王的战争。封建的分权性军事组织依托于城堡，需要贵族提供重甲武装，因此能够直接对抗王权。然而随着"步兵的引入、火药的使用以及大型军队的出现"，封建军队组织逐渐消亡，其对抗王权的方式也发生了变化。④

封建体系蕴含着分裂国家的潜能，领主与王权的对抗实际上是多统与

---

① 布洛赫. 封建社会. 张绪山，李增洪，侯树栋，译. 北京：商务印书馆，2004：377.
② 同①265.
③ 科恩. 中世纪的王权与抵抗权. 戴鹏飞，译. 北京：商务印书馆，2021：121.
④ 唐宁. 军事革命与政治变革：近代早期欧洲的民主与专制之起源. 赵信敏，译. 上海：复旦大学出版社，2015：73.

一统的对抗，一旦多统势力战胜王权就将不可避免地分裂国家，波兰就是一个明显的例子。但对于仍然能够维持表面统一的国家而言，没有一家独大的封建势力能够统一国家，王权也不得不与领主贵族达成一定的妥协。在两者实力相对稳定的情形下，就会形成既斗争又合作的关系，这一斗争和合作的场域就是议会："封臣为封君提供建议的职责，以及要求封君做任何重要决定时征询封臣意见的习惯，在中世纪最后三个世纪中，对'三级会议'以及其他代表特定社会等级的组织的形成，起到了重要的作用。英国议会本身的起源尤其与此直接有关。"① 一部分封建大公国也在与王权的对抗中成为领地政权，并为自己的存在取得了合法地位，将这种依赖忠诚联结的封建关系转变为依靠法律维系的联邦关系："在12世纪末的德国，这些领地政权利用王权不断衰弱之机，已经牢固地确立起来，最重要的是，它们在13世纪最终形成了一直持续到本世纪的联邦国家。"② 因此我们可以说，议会与联邦都是封建权力体系发展的结果，是地方领主与王权对抗的结果。

近代以来西方政治的发展就是要以一统性克服封建性。这其实就是寻求主权统一的王权与期望保存多统权力的封建领主的斗争，芬纳对此有着明确的论述："这个统一的过程是一场竞争，竞争的一方是国王与其官僚机构和新式军队，另一方是一些权贵与其专业化的官吏和领薪饷的士兵。国王会努力扩张领土，使其连成一片，让境内的权贵承认自己的最高权威，而权贵本人也同样会为了相同的目的竭力扩张自己的领地。"③ 但这个过程并非一帆风顺的，王权与地方权贵的斗争不仅有可能导致国家力量的整体下降，甚至有可能导致国家崩溃或国家革命。在一些学者看来，法

① 冈绍夫.何为封建主义.张绪山，卢兆瑜，译.北京：商务印书馆，2016：211.
② 布洛赫.封建社会.张绪山，李增洪，侯树栋，译.北京：商务印书馆，2004：640.
③ 芬纳.统治史：第3卷：早期现代政府和西方的突破：从民族国家到工业革命.马百亮，译.上海：华东师范大学出版社，2014：223.

国大革命就是国家与封建贵族之间矛盾的产物："引发 1789 年大革命的财政危机，究其原因，正是君主政体无力向它代表的阶级征税，而国家与贵族之间僵硬的关系最终加速了他们的共同灭亡。"① 对于封建的权力关系来说，王权与封建领主之间的矛盾既是社会秩序的核心所在，也是决定国家发展方向的关键因素，两者力量的不同对比、不同的组织形式、不同的历史境遇，都代表着走向现代国家的不同路途。

虽然现代国家将主权收归一统，但地方与国家的斗争仍在继续。对于前现代的欧洲而言，国王法律对地方法律的克服是王权对封建领主的胜利，同时象征着国家一统性的建立。法律的变化也是对权力斗争结果的认证，早期英格兰国王与地方的斗争就以这样的形式展现出来："我们可以明显看到，国王的法律和国王的法庭与地方法律和地方法庭不停地斗争着；国王的法律胜利，便会有一连串以它的原则作为基础的议会法案。整个过程只能被描述为立法日益活跃，直到地方各种古老的法律几乎全部废除、独立共同体的古老习俗沦为庄园习俗或无须法律批准的纯粹惯例。"② 国家对社会的胜利并非一蹴而就的，英国的地方自治权也并没有因议会主权的确立而消失。甚至到了 19 世纪，地方仍被教会和贵族掌控："在1835 年以前英国的地方行政组织仍带有中世纪的遗迹，地方行政组织由 155 000 个教区和 200 个王室特许的选区构成，地方官员以治安法官为主，中央难以控制。"③ 20 世纪，科层官僚体系扩大，将多统的自治力量收拢中央，但对于西方联邦制国家而言，地方政权仍然有着相当大的自主权，地方不仅可以自制法律，还能在议会上与国家抗衡。"领主"与"王权"各自披上了现代的外衣，以一种新的形式展开斗争。

---

① 安德森. 绝对主义国家的系谱. 刘北成，龚晓庄，译. 上海：上海人民出版社，2016：75.
② 梅因. 早期制度史讲义. 冯克利，吴其亮，译. 上海：复旦大学出版社，2012：190.
③ 沈汉. 世界史的结构和形式. 北京：生活·读书·新知三联书店，2013：179.

（三）城市的兴起：自救与抗争

中世纪商业的发展塑造了一种新的多统力量——城市。尤其在意大利北部，一些依赖商业贸易的自治城市发展起来，并成为反抗王权的重要社会力量。西罗马帝国灭亡之后，整体性的社会秩序崩坏，商业的发展也遭到了致命打击。直到11世纪，商业才有了复苏的迹象。对于中世纪的商人来说，他们面临着一个严酷的社会境况，不仅仅地方贵族会利用私人武装劫掠商人，当时具有精神上统治地位的教会也对商业行为极度仇视。中世纪地方秩序的中心是城堡，流浪的商人为了寻求庇护，开始在封建城堡外围居住："在十一世纪，当商业开始兴起的时候，我们看到很多关于行商和外地人定居在一个郊区的事例，这郊区后来用墙垣围绕起来。所以真正的城市，是'新'堡；它不是在十一世纪前诞生的，它也不是'老'堡或城堡。"① 大量商人在旧城堡外围聚集，并在其外围构筑新的防御工事，这就扩大了旧城堡的范围，形成"新城堡"。这里最初只是作为商人贩卖货物的转运地而存在，因此在中世纪他们也被称作"商埠人"："用'商埠人'一词来形容居住在商埠的人比用'市民'一词更为适当，因为其最初的市民完全是依靠商业为生的。"② 随着商人的聚集，工匠也因为生活的便利开始加入其中，大量逃脱封建土地束缚的农奴也开始在商人们所创造的新城堡中讨生活，于是就形成了中世纪的城市。

中世纪典型的城市是一个脱离封建关系的权力实体。城市自诞生之日起，就在封建领主与王权的夹缝中自救。商人们在混乱的社会中聚集于此，并形成了独具特色的城市团体。为了自身的利益，他们一直在寻求剥

---

① 汤普逊 . 中世纪经济社会史：300—1300 年：下册 . 耿淡如，译 . 北京：商务印书馆，2009：493.

② 皮朗 . 中世纪欧洲经济社会史 . 2 版 . 乐文，译 . 上海：上海人民出版社，2014：30.

夺领主和君王的管辖权。随着城市的发展，市民们能够调动的资源日益增多，开始在领主和君王的统治缝隙中求取自治，如拉克曼所说："当城市商业精英能占有并调动充足的资源，以便利用封建领主和君王之间的分裂（扩展自身权力）时，城市就能获得自治权。"① 当然，自治权的获得是十分艰难的，不仅需要大量的金钱和卓越的策略，甚至需要军事斗争才能实现。② 中世纪的这些城镇力量为了寻求自治和独立，不仅会接受国王的保护，也会与其他封建性的权力（如教会或领主）一起反抗国王的权力。不同城市获得自治的历史都是不同的，这在很多时候与其议价能力密切相关。对于英国的自治市来说，城市的财富决定了它们能够从国王或领主那里购买何种特许状："特许状的大方程度则有赖于其市民准备为此支付多少钱，城市特权只有在支付了相应的对价后才能获得。"③ 特许状可以使城市获得地方法庭司法管辖的豁免权，甚至选官和收税都可以由城市自己决定。

城市自治权的获得进一步促进了城市力量的壮大，甚至形成了能够与王权抗衡的力量。一方面，财富的增加使城市具备建立武装的能力；另一方面，封建秩序的混乱使它们不得不寻求自保，集中了流动资本的城市开始建立自己的武装力量并积极参与封建的政治生活，以寻求自身势力范围的扩大。当自治城市的军事力量日渐强大时，封建社会的基本局面也开始出现变化。皮雷纳谈道："有些城市由于财富日益增长，影响越来越大，并且在需要时可以建立一支由成千上万装备精良的士兵所组成的军队，对

---

① 拉克曼. 不由自主的资产阶级：近代早期欧洲的精英斗争与经济转型. 郦菁，维舟，徐丹，译. 上海：复旦大学出版社，2013：84-85.

② "城镇和任何城主或边疆区领主一样，通过逼迫、推挤甚至战争等方式把自己建成了一块'自由地'；它们也因此而成为封建网络上的另一个自治权力点。"参见：芬纳. 统治史：第2卷：中世纪的帝国统治和代议制的兴起：从拜占庭到威尼斯. 王震，译. 上海：华东师范大学出版社，2014：304.

③ 梅特兰. 英格兰宪政史. 李红海，译. 北京：中国政法大学出版社，2010：36.

于这些城市不予以重视是不可能的。"① 1176 年，自治城市迎来了对抗王权的辉煌时刻：当不可一世的神圣罗马帝国的皇帝腓特烈再次入侵意大利时，伦巴第的城市联盟英勇反抗并取得了战争的胜利。城市作为一个独立的权力实体与地方领主有着类似的诉求，即都希望能够维持自身的自治权力，因此两者往往合作反对王权的统治。城市与贵族合作的情况在英格兰尤其突出："城市不是支持王权，而是站在贵族一边起来反对王权。"② 城市不仅与贵族合作，还会与教会合作以反抗王权。自治城市以各种策略对抗王权也就成了前现代自治城市常见的情景。

由于自治城市各自独立，难以实现较大范围内的团结，在欧洲诸国向现代集权国家转向的时候，它们往往容易成为政治斗争的牺牲品。因此，当马基雅维利呼吁建立一个强大的意大利的时候，不得不寻求策略以期能够破除各自分立的城市特权，实现权力的集中。但自治城市的性质使它们天然地要反抗王权，反抗统一的力量，它们希望自成一国家而非成为大国的一部分："每一个城市都可以称为一个小的国家，热衷于自己的特权，敌视它的一切邻人。"③ 加之教皇统治的干扰，自治城市林立的意大利更难实现统一。因此安德森感慨道："正是意大利北部城市商业资本的过早发展使在全国范围内建立强大的、经过改组的封建国家成为不可能的事。"④ 正是商业资本的发展形成了自治城市，而自治城市又以其自身的利益反对统一政权的形成。

（四）从阶级到身份：政治社会的内在撕裂

随着商业以及工业化的发展，欧洲出现了一种不参与生产的新群

① 皮雷纳. 中世纪的城市：经济和社会史评论. 2 版. 陈国樑，译. 北京：商务印书馆，2006：142.
② 同①143.
③ 皮朗. 中世纪欧洲经济社会史. 2 版. 乐文，译. 上海：上海人民出版社，2014：39.
④ 安德森. 绝对主义国家的系谱. 刘北成，龚晓庄，译. 上海：上海人民出版社，2016：101.

体——资产阶级。但这个新群体并未以一种清晰的面貌出现在历史之中，而是有着复杂的面向。资产阶级作为一种新生事物，既要求统一市场的建立，因而反对封建贵族；也追求自我权力的扩大，因而反对王权；又恐惧社会动荡和底层反抗，因而要求国家主权的保护。① 资产阶级不像城市居民一样有明确的共同体意识，他们处在旧有的社会团体之中。一些小地主变成乡绅而具有了资产阶级的性质，另一些大贵族则被资本的高额利润吸引，摇身一变从大地主变成了大金融家，那些从城市发展中获益的新兴资产阶级则不断追求贵族的头衔和地位。18 世纪，法国的贵族"资产阶级化"十分常见，贵族仍然是最富有的集团："成功的中产阶级花钱买贵族头衔使自己成为贵族，把女儿嫁给贵族家庭"。② 当土地成为资本，资本贵族就取代旧有的土地贵族成为社会力量中的重要一极。

　　资本家以资本置换权力，凭借其雄厚的经济实力与王权对抗。由于资产阶级本身是在封建社会中生长出来的，其利益的表达也不得不借助于旧制度。对于英国的资产阶级而言，下院成为他们伸张自我权利的聚集地。戈登谈道："下院对上院的政治优势反映了英国的经济和社会组织从封建主义让位于资本主义的变迁。"③ 英国的资产阶级可以通过下院来反抗王权，他们反抗的深层逻辑是以资本置换权力。资本与权力的互通关系自古希腊就存在，但在近代西方呈现出一种新的样态："现代国家由于税收而逐渐被私有者所操纵，由于国债而完全归他们掌握；现代国家的存在既然

---

　　① 法国的资产阶级就呈现出一种复杂的面貌："法国资产阶级的阶级地位就迫使它一方面要根本破坏一切议会权力、包括它自己的议会权力的生存条件，另一方面则使得与它相敌对的行政权成为不可抗拒的权力。"参见：马克思．路易·波拿巴的雾月十八日．中共中央马克思恩格斯列宁斯大林著作编译局，译．北京：人民出版社，2018：52.

　　② 里奇，威尔逊．剑桥欧洲经济史：第 5 卷：近代早期的欧洲经济组织．高德步，蔡挺，张林，等译．北京：经济科学出版社，2002：530 - 531.

　　③ 戈登．控制国家：从古代雅典到今天的宪政史．2 版．应奇，陈丽微，孟军，等译．南京：江苏人民出版社，2005：296.

受到交易所内国家证券行市涨落的调节，所以它完全依赖于私有者即资产者提供给它的商业信贷。"① 当封建王权被资产阶级革命消灭之后，封建的土地关系就转变为资本关系，现代国家依托于资本并成为资本的俘虏。

资本主义国家的建立象征着资产阶级反抗王权的胜利。资本与政权的彻底合流在美国政治中有突出的体现："在这个国家里，轮流执政的两大政党中的每一个政党，又是由这样一些人操纵的，这些人把政治变成一种生意，拿联邦国会和各州议会的议席来投机牟利，或是以替本党鼓动为生，在本党胜利后取得职位作为报酬。"② 当封建贵族转变为资本贵族，封建制的议会也就转变为资产阶级的议会，旧有的"封建制民主"也就换了一副皮囊存续下来。虽然一些学者呼吁国家自主性，但那也只是为了以国家力量克服资本的内部矛盾，换句话说，"找回国家"是调节资本内部矛盾的产物。当国家被资本俘获，资产阶级与封建王权的矛盾就转变为底层无产阶级与资产阶级的矛盾，无产阶级对国家政权的反抗也就是对资产阶级剥削的反抗。19 世纪无产阶级的抗争愈演愈烈，这种新的二元对立导致大众选举民主的产生。

"封建制民主"转变为大众民主，意味着资本置换权力的逻辑转变为舆论置换权力。人们基于自己能够获得的信息投票，因此控制舆论就等于间接地控制政权。当信息流通不发达的时候，资本可以通过控制媒体进而控制舆论，从而变相地实现资本与权力的联结。但随着现代通信技术的发展，舆论开始展现出多样化的特征，网络社会的形成更是扩大了舆论场中个体化表达的空间。由于阶级话语被官方压制，人们为了寻求自我的团体认同开始形成各种各样显而易见的标签（如黑人等）。不同的党派为了争

---

① 马克思，恩格斯. 德意志意识形态（节选本）. 中共中央马克思恩格斯列宁斯大林著作编译局，译. 北京：人民出版社，2018：78.

② 马克思. 法兰西内战. 中共中央马克思恩格斯列宁斯大林著作编译局，译. 北京：人民出版社，2016：14.

夺民众则"商品化"地贩卖这些标签，并大肆宣扬这些细枝末节的政治态度来突出自己的特色。[①] 选举政治将民众自然形成的差异政治化，各种标签所代表的身份认同也就成为"禁忌式"的政治正确。身份政治在宣扬这种政治正确的同时也在不同身份群体之间建起了高墙："身份自由主义既拒绝接触这个国家的大部分地区，也拒绝接触许多在所有议题上观点都跟我们自己截然不同的人们。"[②] 政党为了选举的成功主动地创造差异，这无疑加剧了标签化社会的内在撕裂。当身份政治变为禁忌政治，整个社会的共识也就越来越难以达成了。

身份政治所带来的社会内在撕裂还有更加深层的原因：市民社会的个体化、排他性自我诉求导致人们被困在"信息茧房"之中，生产方式的变化导致基层民众丧失了抗争的现实能力。资本主义社会的突出特点是其个体性，如黑格尔所说："市民社会是私利的战场，是一切人反对一切人的战场，同样，市民社会也是私人利益跟特殊公共事务冲突的舞台，并且是它们二者共同跟国家的最高观点和制度冲突的舞台。"[③] 在资本主义市场体系之下，每一个原子化的个体都有着特殊的个人诉求，这些诉求不仅可能与公共事务冲突，更会与其他个体冲突。对排他性诉求的强调使得他们着重自我表达，并在这种自我表达的过程中寻求同类、拒斥异类。现代网络的发达也没能实现个体之间的相互承认，而是塑造了更加顽固的"信息茧房"，标签化的身份也就成为原子化个体的价值归宿。

与此同时，科技的发展使许多人脱离了现实的生产，进而丧失了变革社会的现实能力。对于原来的无产阶级来说，机器化大生产仍需借助他们的力量才能实现，因此无产阶级的抗争可以形成对资产阶级现实的、致命

---

① 渡边靖.逆说美国的民主.米彦军，译.北京：新星出版社，2019：72.
② 里拉.分裂的美国.马华灵，顾霄容，译.上海：上海人民出版社，2022：127.
③ 黑格尔.法哲学原理.范扬，张企泰，译.北京：商务印书馆，1961：351.

的打击，从而获取自身权利。但随着自动化、智能化生产的发展，底层贫困人口逐渐丧失了在资本主义经济链条中的地位，正如哈贝马斯所说："他们的权力被剥夺和生活贫困化，同剥削不再是一回事，因为这个社会制度不依靠他们的劳动而生存。"① 一旦社会不依赖他们的劳动而生存，他们的抗争就只能以意识形态的形式出现。这是一种无力的抗争，也是一种无可奈何的选择，当美国的黑人喊出"黑命贵"（Black Lives Matter）的口号时，就注定他们没有办法实现社会制度的变革，他们的诉求也会一如既往地被搁置。

随着国家与社会的二元对立转变为由身份政治所引发的社会内部分裂，社会对国家的反抗力量也日益减弱，精英们可以利用社会的分裂攫取自己的政治经济利益。政治精英可以利用选举民主的形式推销各种形式的意识形态，并在煽动社会对立的过程中收割选民的选票，从而达成自己的政治目标。② 社会割裂状态下的多元主义民主也就难以实现真正有利于公共福利的政策，反而更可能会"固化不正义、扭曲公民意识、歪曲公共议程并且让渡对议程的最后控制权"③。当民众的诉求长期被搁置，当社会的不公与撕裂日益积累，社会与国家的冲突就将重新登上历史舞台。在可预见的未来，社会与政治的撕裂将愈演愈烈并最终导致社会群体与政治精英的严酷冲突。

① 哈贝马斯. 作为"意识形态"的技术与科学. 李黎，郭官义，译. 上海：学林出版社，1999：67.

② 斯奈德认为精英们为了政治经济利益，利用选举民主的形式推销民族主义的情形："民主化催生民族主义，因为它服务于一个民族内部权势集团的利益，后者寻求利用人民的热情进行战争和经济发展而无须让政治当局向普通选民低头。"参见：斯奈德. 从投票到暴力：民主化和民族主义冲突. 吴强，译. 北京：中央编译出版社，2017：27.

③ 达尔. 多元主义民主的困境：自治与控制. 2版. 周军华，译. 长春：吉林人民出版社，2011：33.

第六章　基于历史传统的对外关系

　　由于历史传统的不同，中西方关于世界秩序的理论有着明显的差异。这种差异在钱穆先生看来，是"天下观"与"国际观"的差异："西方人仅知有国际，不知有天下。"[①]"天下"处理的是基于权力一统性的整体秩序，"国际"处理的是基于权力多统性的国家间秩序。天下观与政治史的形成密不可分：大一统的天下观为政治史的发展提供了思想条件，政治史的发展又巩固了大一统的天下观。国际观与社会史的发展密切相关：欧洲多统社会中多元权力的斗争呼唤民族性的支持，民族分化产生的民族国家塑造了国家分立的国际观。

　　本章我们将从不同的历史传统出发，探讨以"大一统国家"为核心的天下观与以"民族国家"为核心的国际观的历史根源及其理论差异。中国的天下观，以共生逻辑为基础，构建出一个相互依存、具有亲疏等级的家庭化的世界秩序；西方的国际观，以竞争逻辑为基础，构建出一个相互斗

---

　　① 钱穆. 现代中国学术论衡. 北京：九州出版社，2011：209.

争、具有平等主权的丛林化的世界秩序。本章包括三个部分的内容，首先论述大一统国家的天下秩序：伦理化的天下、治理论的天下、过程性的天下及天下观的理论与现实；其次论述民族国家的国际秩序：民族化的国际、竞争性的国际、帝国论的国际；最后将大一统国家的天下秩序与民族国家的国际秩序进行对比。

一、大一统国家的天下秩序

从历史的传说时代到秦朝建立的这一段时间，是中国从封建性的社会史走向一统性的政治史的过程。也正是在这段时间，中国人的天下观不断完善，并为大一统国家的出现奠定了观念基础。随后，在漫长的政治史发展过程中，天下观仍然发挥了重要作用，既促进了大一统国家的融合延展，又为处理与其他政权的关系提供了实践原则。

天下观最初产生于中国人对宇宙的神秘想象。葛兆光认为，天地四方的神秘感觉和思想是中国古代思想的原初起点："它通过一系列的隐喻，在思维中由此推彼，人们会产生在空间关系上中央统辖四方、时间顺序上中央早于四方、价值等级上中央优先于四方的想法……当这种观念延伸到社会领域，就会成为中央帝王领属四方藩臣的政治结构的神圣性与合理性依据。"① 天地四方的想象构成了中国人对"天下"的最初认知，然而在生产力不发达的上古时代，不同的部落被荒野隔绝，人们对现实"天下"的认知十分有限。生产力的发展，使得不同部落（诸侯国）之间的草莱和森林被开垦，土地连成一片，人们的经济生活也日益相连。当《禹贡》中类似"九州"的说法出现之后，人们对天下的认知也从神秘的宇宙走向了

---

① 葛兆光. 中国思想史：第1卷：七世纪前中国的知识、思想与信仰世界. 2版. 上海：复旦大学出版社，2013：18.

现实的疆域。周朝的建立，使这种天下认知彻底地延伸到社会政治领域，《诗经·北山》中出现了"溥天之下，莫非王土"的诗句，人们开始拥有关于天下的政治文化认同。春秋战国时期，铁器的使用使得荒地大量开辟，人们的联系更加紧密，"天下一统"因此成了现实可欲的目标："新的统一国家是在耕地大量开辟和交换渐趋发达的基础之上形成的。"① 在秦汉大一统之后，天下就拥有了明显的政治、疆域内涵。

周朝的建立是"天下"从神秘走向现实的关键，正是在这一时期，"天下"作为一种文化政治认知深入人心。周朝的天下以宗法制为根基，一方面，周王作为天下的"大宗"，构成了伦理的天下；另一方面，周天子作为诸侯的"共主"，构成了政治的天下。伦理与政治的合一，即"家国天下"。这种家国天下的认知成为后世大一统崩溃之后重构的不竭动力，因此李峰说："应该从西周国家植入周人世界每个角落的同一文化因素中去寻找中国日后统一的基础。"② 这一观念在战国时期成为"人有恒言"的社会常识，孟子说："人有恒言，皆曰：'天下国家。'天下之本在国，国之本在家，家之本在身。"（《孟子·离娄上》）孟子所说的国和家，主要是指诸侯国和世家大族。但是战国时期各国的变法逐渐破坏了家族体系，世家大族变成了小家庭；秦国的统一消灭了诸侯国，秦国即天下。此后的"天下国家"，就意味着普通百姓的小家庭与天下的直接联结。司马迁认为，蛮夷戎狄甚至匈奴都是炎黄子孙，天下无疑就是一个大家庭。因此，若要处理家庭关系，只能依靠儒家的等级伦理原则。

天下一家同时也意味着天下的强关联性，即："一夫不耕，天下受其饥；一妇不织，天下受其寒。"（《后汉书·王符传》）个体或小家庭的生存

---

① 汪篯．汪篯汉唐史论稿．北京：北京大学出版社，2017：4.
② 李峰．西周的灭亡：中国早期国家的地理和政治危机．增订本．徐峰，译．上海：上海古籍出版社，2016：316.

与天下的生存密切相关，这种逻辑从哲学的角度来讲，就是赵汀阳所说的"共在存在论"①；从现实历史的角度来讲，就是"天地之大德曰生"的共生逻辑。② 天下内部各单元的生存，构成了天下的前提，而天下又为各单元的生存提供了支持和保障。以共生为根基的家庭伦理，塑造了一个饱满的天下观。这种观念延展到世界秩序中，即以共生逻辑为基础，相互依存、具有亲疏等级的家庭化的世界秩序。

天下秩序在历史的发展过程中呈现出不同的面向：从本质上看，是伦理化的天下，内含"孝""仁"的伦理观念；从实践中看，是治理论的天下，是国内治理方式的向外延伸；历史地看，是过程性的天下，天下不是一个结果，而是一个长期塑造的历史过程。

（一）伦理化的天下

天下之所以能够成为一家，是因为人与人之间伦理的认同。这种伦理的内涵，有着更为普遍和更为基础的对天下之"人"的论述。先秦时期的中国，以最为根本性的孝、仁，来建构人与人的认同，来建构自己与"他者"共在的联系，即天下。

周朝的天下，以宗法制为联结，宗法制的伦理根基是"孝"。《礼记·中庸》讲："舟车所至，人力所通，天之所覆，地之所载，日月所照，霜露所队，凡有血气者，莫不尊亲。故曰配天。"人类最根本的情感，就是"尊亲"。家庭构成了人类最初的共同体意识，离开了家庭，个体就不能自

---

① "天下体系也是一个基于存在论由而与价值观无关的世界，是以共在存在论（ontology of coexistence）为基础的世界体系，它能够满足孔子的兼容性标准或者莱布尼兹的共可能性标准。"参见：赵汀阳.以天下重新定义政治概念：问题、条件和方法.世界经济与政治，2015（6）.

② 共生理论在现代国际关系领域有许多人谈，然而却较少历史的纵深。参见：任晓.论东亚"共生体系"原理：对外关系思想和制度研究之一.世界经济与政治，2013（7）；任晓.从世界政府到"共生和平".国际观察，2019（1）；苏长和.从关系到共生：中国大国外交理论的文化和制度阐释.世界经济与政治，2016（1）.

存。这种"尊亲"的感情，即"孝"，也就成了判断天下之"人"的标准。凡"孝"者，皆在天下之内，因此"声名洋溢乎中国，施及蛮貊"（《礼记·中庸》）。边缘的"蛮貊"，也必然拥有"尊亲"的情感，因此也就与当时的"中国"（地理上的中原）共同构成了天下之民。

家庭共同体有了孝的概念，孝的延伸就是天下共同体之"仁"。郑玄讲"仁"，说是"相人偶"，即两个人才是仁。仁不是与他者的对立，而是与他者的共生共通，梁启超说："人也者，通彼我而始得名者也。彼我通，斯为仁，故'仁'之字从二人。"① "仁"是处理人与人关系的概念，处理人与人之间的关系，逻辑上首先要处理与亲人的关系。因为人在家庭中生长起来，随后才要处理与社会中其他人的关系。这种面向家庭之外的人际关系的处理，就成了家庭关系的逻辑延伸，即"仁者，人也，亲亲为大"（《礼记·中庸》）。只有实现家庭内部的"亲亲"，才能实现向外的"爱人"。人与家庭共生，通过"仁"的概念转向了人与天下共生，因此理想的天下就是"不独亲其亲，不独子其子"（《礼记·礼运》）。天下大同，是仁孝概念的逻辑必然，也是伦理化天下的根本内涵。换句话说，天下其实就是人类的伦理共同体，因此在这个共同体之内，就不可能有民族歧视。例如春秋时期，郑国太子叫"夷"，郑灵公字"子蛮"，齐侯的儿子叫"戎子"，王柯说："先秦时代的'中国'人并没有认为'蛮''夷''戎'等字就是带有民族歧视意识的表现。"② 由仁孝概念所延展出来的"天下一家"，共生共在，自然也极端地反对战争。孟子说："善战者服上刑。"（《孟子·离娄上》）③ 而对于"王者"来说，也只有坚持仁孝之道，才能

---

① 梁启超. 先秦政治思想史. 北京：商务印书馆，2014：82.
② 王柯. 从"天下"国家到民族国家：历史中国的认知与实践. 上海：上海人民出版社，2020：39.
③ 反战言论在先秦十分丰富，如《老子》中的"战胜，以丧礼处之"和"兵者，不祥之器"等。

"合天下于一"，即荀子所说："取天下者，非负其土地而从之之谓也，道足以壹人而已矣。"（《荀子·王霸》）

周朝基于礼制的天下秩序，处处渗透着家庭的伦理。天子与诸侯之间，就是亲人的关系。这种关系体现在天子对诸侯的称呼上，例如《曲礼》讲："天子同姓，谓之'叔父'；异姓，谓之'叔舅'。"（《礼记·曲礼下》）① 《觐礼》讲得更为细致："同姓大国则曰伯父，其异姓则曰伯舅。同姓小邦则曰叔父，其异姓小邦则曰叔舅。"（《仪礼·觐礼》）因此，我们会在《左传》中看到，周天子称呼齐国为"甥舅之国"（《左传·成公二年》）。而这种天下的伦理关系影响深远，例如唐朝也称吐蕃为"甥舅之国"（《旧唐书》）。现代中国也曾称呼苏联为"老大哥"。天下一家，意味着"他者"的消失，即不以国家或民族区分敌我，而是在伦理关系中确证对方的独立性，并与对方共生共在。这种共生共在的天下，就其伦理性来说是"四海之内皆兄弟也"（《论语·颜渊》）；就其人民性来说是"天下非一人之天下也，天下之天下也"（《吕氏春秋·贵公》）。

天下一家的秩序体现在现实中，就是以伦理关系为核心的礼制。凡天下之人，皆需仁孝，而仁孝就要服从礼制，服从礼制就要服从天子。因此，家与天下就在政治秩序层面实现了同构，尾形勇说："所谓'天下一家'这句话，实际通常理解为暗示了性质与'家'内秩序相同的国家秩序以及'家'内的统治构造，被拟制地扩大而建立起国家机构。"② 随着大一统的实现，天下之内没有了其他的国，国家秩序也就成了天下秩序。这种伦理化的天下秩序不断将边缘的地域和人民纳入天下，荀子说："四海之内若一家，通达之属莫不从服。"（《荀子·儒效》）

伦理化的天下在政治层面自然而然地要追求以仁为核心的"王道"。

---

① 《诗·伐木》篇毛传曰："天子谓同姓诸侯，诸侯谓同姓大夫，皆曰父，异姓则称舅。"

② 尾形勇. 中国古代的"家"与国家. 张鹤泉，译. 北京：中华书局，2010：182.

作为个体的人力量弱小，只能依赖群体的力量生存，因此荀子说"人生不能无群"，而君主的主要任务，就是要能够团结群体，即"君者，善群也"（《荀子·王制》）。群体延展的极致，就是天下，其政治领袖，就是天子。天子的首要目的是维持天下的共生，其方法是发挥伦理天下的共同精神——孝、仁，即王道。能够彰扬王道的人，也被称为圣人，圣人也是为了共生的天下，即："圣人深虑天下，莫贵于生。"（《吕氏春秋·贵生》）圣人有着超拔的人性，天下受其感召，自然而然地围绕圣人凝聚为一："汤武非取天下也……而天下归之也。"（《荀子·正论》）以这种形式取得天下，才是王道："以德兼人者王。"（《荀子·议兵》）王者的人格凝聚力要远远重要于其外在的军事力量："以力服人者，非心服也，力不赡也。以德服人者，中心悦而诚服也。"（《孟子·公孙丑上》）天下根植于人类的伦理情感，人们也只有在这种情感的感召下，才能实现真正的团结。同时，这种"德"的影响力无远弗届，正对应了天下的广大无边："言忠信，行笃敬，虽蛮貊之邦，行矣。"（《论语·卫灵公》）凡有人类生存的地方，只要受到这种伦理情感的影响，就可以被纳入天下，因此天下的边界无限扩展。这种王道的形式，就是后世儒家所提倡的"德治"："季康子问政于孔子曰：'如杀无道，以就有道，何如？'孔子对曰：'子为政，焉用杀？子欲善而民善矣。君子之德风，小人之德草。草上之风，必偃。'"（《论语·颜渊》）统治者以人格感召百姓，是一种更为恰当的治理模式。

伦理关系与王道的长期互动，形成了独特的天下认同。后世的中国人，往往不是以民族或者国家来定义中国，而是以文化或文明来定义中国。葛兆光说："古代中国人的'中国'常常是一个文明的空间观念，而不是一个有明确国界的地理观念。"① 正是中国概念的文明内涵，才使得

---

① 葛兆光.古代中国文化讲义.上海：复旦大学出版社，2006：9.

中国可以消弭地理边界，逐渐与天下趋同。天下以天子为中心，囊括了整个世界："'天下思想'，无疑是一种以自我为中心的思想。但是应该注意的是，这个'中心'不是与'四夷'相对的'中国'，而是与包括'中国'在内的全世界相对的'天下'，而'天下'的结合原理是一个以'礼'为中心的文化的结合原理。"① 中国与四夷的对立是一个伪命题，因为就天下的概念来说，中国和四夷都在天下之内，所谓"天下无外"，这种"无外"主要是一种文化、文明的无外，不是政权或治理的无外。钱穆先生谈道："中国人常把'民族'观念消融在'人类'观念里，也常把'国家'观念消融在'天下'或'世界'的观念里。他们只把民族和国家当作一个文化机体，并不存有狭义的民族观与狭义的国家观，'民族'与'国家'都只为文化而存在。"② 这种天下的文化和价值长久地影响着中国的国家建构，并通过一系列的政治制度和治理方式不断地影响着中国人的生存和生活方式，塑造和强化着人们对天下的整体认知："天下代表了至真、至美、至善的最高价值，这一价值要在人间实现，必须通过宗法家族和王朝国家的制度肉身，这些制度由将伦理与政治合为一体的名教、典章制度和风俗组成，由此，天下价值不远人，就在人间的礼法秩序与日常生活之中。"③

这种伦理的、文化的天下观念在宋朝受到了挑战。宋朝之前的知识精英普遍认为："他们从属于一个超越个别王朝的实体；理想情况下，这一实体应由同一个皇帝、同一个朝廷统治。……这一实体更多的是指'文明'本身，而不是'华夏'国家。天子统治着整个文明世界，这一观念甚至延续到二十世纪初。"④ 然而由于地域偏狭，为了与北方政权争夺话语

① 王柯. 从"天下"国家到民族国家：历史中国的认知与实践. 上海：上海人民出版社，2020：323-324.

② 钱穆. 中国文化史导论. 北京：九州出版社，2011：21-22.

③ 许纪霖. 家国天下：现代中国的个人、国家与世界认同. 上海：上海人民出版社，2017：4.

④ 谭凯. 肇造区夏：宋代中国与东亚国际秩序的建立. 殷守甫，译. 北京：社会科学文献出版社，2020：171.

权，宋朝形成了一种新的民族认同："进入宋代以后，人们形成了一种新的'中国'认同：它有自己的族群文化，还有固定的地理范围；这种观念与过往的种种天下观并存。"① 由于宋朝儒家文化的巨大影响力，这种民族认同强化了中国后来的"正统论""华夷之辨"等一系列论述。在王赓武看来，虽然宋朝的民族感日益强烈，"但士大夫、思想家的理念中仍旧维持着、发展着天下观。所以变成天下、民族两层。天下观可能影响了民族感的发展，限制它只能发展到某个程度"②。几千年的天下观仍然是中国人国家认同的主流，并持续约束和限制着民族偏见的发展。

（二）治理论的天下

天下观念在先秦时期成为古代中国的普遍共识，使得人们天然地将政治共同体与天下对等起来。《诗经·皇矣》讲："皇矣上帝，临下有赫，监观四方，求民之莫。""上帝"即"上天"，四方之民都在其"监观"之下，政治秩序的现实空间，就是"天下"。周天子曾建立过一个弱势的天下秩序，随着周天子权威的衰落，邦国林立。虽然许多诸侯国的实力十分强大，甚至称霸一方，成为"方伯"，但是"没有任何一个知名的思想家或政治家，认为多国制度是合法的、值得追求的"③。这种要消灭多国政权的理想，就被称为"王天下"。钱穆说："当时所谓'王天下'，实际等于现代人理想中的创建世界政府。凡属世界人类文化照耀的地方，都统属于唯一政府之下，受同一的统治。"④ 在实现统一的"王天下"之后，就要高扬人道的伦理秩序，使天下成为理想的天下，即"平天下"："中国政治

① 谭凯. 肇造区夏：宋代中国与东亚国际秩序的建立. 殷守甫，译. 北京：社会科学文献出版社，2020：171.
② 王赓武. 更新中国：国家与新全球史. 黄涛，译. 杭州：浙江人民出版社，2018：131-132.
③ 尤锐. 展望永恒帝国：战国时代的中国政治思想. 孙英刚，译. 上海：上海古籍出版社，2013：37.
④ 钱穆. 中国文化史导论. 北京：九州出版社，2011：35.

不专为治国，亦求平天下。同此人，能尽人道，同为一国，斯其国治，同在天下，斯天下亦自平矣。"① "王天下""平天下"意味着天下的概念本身就蕴含着两层政治逻辑：第一，维持天下一统；第二，对天下进行人道治理。维持天下一统，是天下所以为天下的现实基础；对天下进行人道治理，是天下所以为天下的价值追求。

这种天下观使得中国形成了极具特色的政治概念："中国政治概念是社会性的而不是国家性的，中国哲学家普遍相信政治的目标是形成'治世'而避免'乱世'。"② 这种人道天下的主要表征，就是对暴力和战争的厌弃。例如，秦国在一统秩序建立后，"大酺。收天下兵，聚之咸阳，销以为钟鐻，金人十二，重各千石，置廷宫中"（《史记·秦始皇本纪》）。"收天下兵"意味着天下的初步形成，也是历史上所有一统王朝的基本国策。然而这样一种对天下的秩序追求，却蕴含着崩解的因素，雷海宗痛斥之为"无兵文化"："太平时代，一般所谓好人都不肯当兵；一旦天下混乱，少数流氓与多数饥民就成为土匪，只能扰乱社会秩序，并不能卫国卫民。"③ 天下之和平，反而造就了天下之衰弱。广大如唐，繁荣如宋，都难逃被武力击垮的结局。为应对天下的外部挑战，传统中国形成了"守在四夷"的政治策略。

所谓守在四夷，即在四夷边境布置防守力量，并将四夷纳入天下的治理范围之内。守在四夷的说法起源很早，如"古者，天子守在四夷"（《左传·昭公二十三年》），"天子得道，守在四夷"（《淮南子·泰族训》）。"四夷"构成了天下的边境防御阵地。天下是一个内在自足的共同体，因此其对外多呈现防守的态势。这一点在中国的历史上多有体现。例如，王赓

---

① 钱穆. 现代中国学术论衡. 北京：九州出版社，2011：202.
② 赵汀阳. 天下体系的一个简要表述. 世界经济与政治，2008（10）：59.
③ 雷海宗. 中国文化与中国的兵. 北京：商务印书馆，2014：41.

武认为班固是第一个实际地构建中国对外关系理论的人，班固认为：
"把匈奴当作'客'（客臣）对待，同时常备不懈，做好准备以应付他们的
袭扰。……中国与'外'夷之间不存在正常的关系，也不应该对他们发动
侵略战争。应在这些夷狄接近中国边疆时设法控制他们，当他们离去时，
保持警戒就可以了。"① 所谓等级制度的天下体系的最根本目标是保证天
下的安全，因而多是防守政策。也就是，"来则惩而御之，去则备而守之。
其慕义而贡献，则接之以礼让，羁縻不绝，使曲在彼，盖圣王制御蛮夷之
常道也"（《汉书·匈奴传》）。这种以防御为主的"守在四夷"思想在唐代
体现得尤为明显："唐的羁縻地带中，内附民族形成部落而生活，其君长
屡屡从唐获得身份保障，并作为武将担当了唐朝军事力量的重要一翼。"②
天下边缘的羁縻地带是保卫中国安全的防护带，这一地区往往夷夏杂处，
同时也是天下治理所能延展的最远地区。但这并不是说要对羁縻地区分而
治之，而是要把它们纳入天下的治理系统之内：羁縻州可以升格为正州，
羁縻州的居民也需要纳税，并逐渐被编入户籍之内。③ 羁縻州被升格为正
州，其实也是天下不断容纳新的民族、向外扩展的过程。

明清时期，这种守在四夷的策略转变成了以礼制为内核的朝贡体系。
朝贡体系的首要目标仍然是防御性的，是保障中国的内部安全，而不是向
外殖民掠夺。朱元璋说："海外蛮夷之国，有为患于中国者，不可不讨；
不为中国患者，不可辄自用兵。古人有言：'地广非久安之计，民劳乃易
乱之源。'……彼不为中国患者，朕决不伐之。"（《明太祖实录·卷六十
八》）向外兴兵只针对特殊的"为患"中国的情况，基本策略仍然是以防
御为主。因此，朝贡体系也会被认为是在建构一个地缘防御体系的政治联

---

① 王赓武．明初中国与东南亚的关系：背景分析//费正清．中国的世界秩序：传统中国的对外
关系．杜继东，译．北京：中国社会科学出版社，2010：35．

② 石见清裕．唐代北方问题与国际秩序．胡鸿，译．上海：复旦大学出版社，2019：427．

③ 同②121．

盟，清朝就是典型的代表："与周边国家建立了松散的政治联盟，确立了'以琉球守东南，以高丽守东北，以蒙古守西北，以越南守西南'的所谓'天子守在四夷'的地缘防御体系。"① 但事实上，所谓的守在四夷也好，朝贡体系也好，都是天下治理逻辑的向外延伸，正如费正清所说："帝国政府的对外关系只不过是中国内政的外延，因此每一个同中国接触的国家，都在中国的世界秩序中占有一席之地。这种观点以文化为根据，以政治为指针。"② 将所有同中国接触的国家纳入中国的世界秩序，这本就是天下概念的应有之义。滨下武志认为，朝贡体系其实就是把周边国家纳入国内统治逻辑的产物："它是国内基本统治关系即地方分权在对外关系上的延续和应用。将中央—各省的关系延续扩大到外国和周边，将中央—各省—藩部（土司、土官）—朝贡诸国—互市诸国作为一个有机的体制来把握。"③ 就历史现实来说，对国内和朝贡国进行治理的具体方式肯定是不同的，但"天下"特有的治理精神或者说治理观念却是贯穿始终的。

朝贡体系体现着礼制治理的精神内涵，即"王者无求"。王者为天下之主，为公而不为私，因此不应当向诸侯国求取私财。这一观念突出体现在春秋时期，有一次天子派"家父"到鲁国去索要车马，《左传·桓公十五年》评价说："非礼也。诸侯不贡车服，天子不私求财。"《公羊传》评价说："王者无求，求车非礼也。"（《春秋公羊传注疏·桓公十五年》）后世儒者大多也以此要求统治者，这一观念延续到清朝，就是雍正所说："天朝岂宜与小邦争利？"（《清世宗实录·卷三十一》）天子为天下之主，其主要的作用在于道德的感召，使百姓向化，而不是向人民和邦国求取私

---

① 叶自成，等. 地缘政治与中国外交. 北京：北京出版社，1998：264.
② 费正清. 中国的世界秩序：传统中国的对外关系. 杜继东，译. 北京：中国社会科学出版社，2010：10.
③ 滨下武志. 近代中国的国际契机：朝贡贸易体系与近代亚洲经济圈. 朱荫贵，欧阳菲，译. 北京：中国社会科学出版社，1999：31.

利。而周边的国家也应当怀抱一种人道的、向化的态度："在天下秩序中，中国和周边的国家之间的关系应该是以臣事君、以小事大的关系，对中华文明抱持一种'向化'心理。说到底，朝贡关系是国内秩序的一种扩展，而并非对异类的征服。"① 朝贡关系将周边国家纳入天下，其实也是完善了天下一家的治理体系。

天下的伦理认同需要中央国家担负起伦理的责任。荀悦说"天下国家一体也"（《申鉴·政体》），朝贡各国共成一家，那么中央国家自然要担负起"大家长"的责任，为周边小国提供公共物品，如安全保障、经济利益和文化提升。中国需要在周边国家受到入侵的时候无偿提供安全保障，因此，明朝时期中国协助朝鲜击退日本的入侵，清朝时期协助安南反抗殖民统治。在进行朝贡贸易的时候，中央国家也是坚持"厚往薄来"的原则，嘉庆奉太上皇敕谕："国家厚往薄来，字小柔远，自有定制。"（《清仁宗实录·卷二十六》）较少的朝贡物品往往能够换来大量的经济回报。这种伦理化的天下逻辑，自然也会形成不同的亲缘等级。尚会鹏引入与"个人"相对的"伦人"，即伦理化的人的概念，以"角色原理"来阐述东亚朝贡体系的基本逻辑。中央王朝基于行为体亲属集团内角色的自然差别，而发展出适用于国际行为体之间关系的三种文化，即亲人文化、熟人文化、生人文化。② 这种等级秩序并不意味着对边缘国家的疏离，而正是将边缘国家纳入天下的表现；也不意味着国家之间的不平等，因为在家庭秩序中，没有剥削和索取，只有共生和帮助。

（三）过程性的天下

作为王朝核心统治区域的天下和无限延展的伦理天下是共同存在的。

---

① 干春松. 重回王道：儒家与世界秩序. 上海：华东师范大学出版社，2012：44.
② 尚会鹏. "伦人"与"天下"：解读以朝贡体系为核心的古代东亚国际秩序. 国际政治研究，2009，30（2）.

核心统治区域一般有着高度发达的文化、繁荣的经济，并不断地向外辐射其影响力。周边国家或地区在其影响下，不断内化。它们只要承认"仁孝"这种最低限度的天下认同，就可以变成天下的一分子，所以《周易》讲"观乎人文，以化成天下"。而天下的概念也永远呈现出一种过程性的样态，即天下始终在形成的过程之中，没有边界，没有终结。这就是《礼记》所说的："柔远人则四方归之。"（《礼记·中庸》）不是对周边民族的征服创造了多民族国家，而是周边多种民族的华夏化创造了天下国家。

天下的文化（伦理）认同，是天下过程性的根基。天下首先是伦理化的天下，而非种族的、疆域的、政治的天下。因此，只要接受仁爱的人性观念，就可以成为伦理天下的一分子。这种天下国家的构成形态，使得边缘地区和民族很容易形成文化和伦理认同。许倬云谈道："中国是个天下国家，所以没有什么认同的问题，只有等到另一种文化到来时，才会产生认同的观念。中国人的忠贞是对于文化而言的。……中国文化的差序格局可以扩大，所以'民吾同胞，物吾与也'超越了差序格局，而与宇宙合一，是个体与全体之间的关系，这更没有认同的问题了。"① 所谓"民吾同胞，物吾与也"，其实就表明了伦理天下的广泛包容性，这种包容性在历史的发展中，就呈现为过程性，即天下永远在形成之中。

天下的过程性体现在民族观念上。古代中国很少以血统来区分民族，而更多以文化来区分，因此古代中国不同民族之间可以转换、融合。春秋以前，由于交通不便以及生产方式的区别，"各农业居民区的居民就共同自称为华夏人，而把山林、草莱地带过游牧或是渔猎生活的居民称为'蛮''夷''戎''狄'。农业居民区和山林、草莱地带是错综地分布着的，

---

① 许倬云. 中国古代文化的特质. 厦门：鹭江出版社，2016：49.

因而华夏人和'蛮''夷''戎''狄'人也是交织地居住着的"①。随着生产力的发展，山林、草莱被开垦打通，不同族群紧密地联结起来，华夏人也逐渐与蛮夷戎狄融为一体。这种多民族融合为天下的历史事实，使得中国天然地具有多民族统一体的国家认知。正如王柯所说："'天下思想'中关于多民族国家、多民族天下的思想，不过是忠实地反映了中国从先秦时代就是一个多民族国家的历史事实；而构成'天下'的主体民族——'华夏'自身，就是在'中国'从部族联合体社会向初期国家社会过渡的过程中，由众多的部族和民族通过'中原化''华夏化'而共同形成的。"② 这种开放的民族观念大大促进了后世的民族融合，也在不断重塑着作为天下核心的"汉民族"："汉民族通过与其他民族接触、交流而受到异文化的刺激，或者通过吸收异文化而创造出新的文化，进而民族本身产生融合，汉民族自身得以重构再生，像这样的文化、民族融合的场面在中国历史上始终存在着。"③ 正是在这种民族的重构过程中，天下的范围不断扩大，新的"天下"也日益形成。

传统中国各个王朝的统治者对待周边民族或邦国，一般也都采用文化同化的政策。这种文化同化的政策体现在两个方面：首先是承认其独立性，其次是非暴力的文化吸引。王朝的统治者大多不会追求对周边民族或邦国的直接统治，即"王者不治夷狄，录戎来者不拒，去者不追也"（《春秋公羊传注疏·隐公二年》）。承认周边邦国的独立性，并不意味着把它们排斥在"天下"之外，而是将它们当作天下的一部分："中国历代王朝和政权都将周边民族视为'天下'不可或缺的部分，几乎所有的王朝都采取'羁縻政策'，欢迎周边民族与'中国'的政治、经济、文化交流，欢迎并

---

① 汪篯. 汪篯汉唐史论稿. 北京：北京大学出版社，2017：130.
② 王柯. 从"天下"国家到民族国家：历史中国的认知与实践. 上海：上海人民出版社，2020：66.
③ 石见清裕. 唐代北方问题与国际秩序. 胡鸿，译. 上海：复旦大学出版社，2019：114.

承认它的'中国化'。"① 各个王朝欢迎并承认周边民族中国化的原则，就是孔子所说的"远人不服，则修文德以来之"（《论语·季氏》）。"文德"本身就是一种文化、文明的吸引，王朝的君主也往往以能够做到"修文德以来之"而自傲，如唐太宗说："魏徵劝朕'偃革兴文，布德施惠，中国既安，远人自服'。朕从其语，天下大宁。"（《旧唐书·魏徵传》）所谓"偃革兴文"就是放弃暴力征服，采取文化影响的方式治理天下，只有这样，才能够达到"天下大宁"。文化的广泛影响，进一步促进了大唐盛世"天下"之形成，扩大了中国人对天下的现实认知。

这种非暴力的同化方式，反映在实际政治上，形成了一整套完善的制度："国内的中央—地方关系中以地方统治为核心，在周边通过土司、土官使异族秩序化，以羁縻、朝贡等方式统治其他地区，通过互市关系维持着与他国的交往关系，进而再通过以上这些形态把周围世界包容进来。"② 异质性的周边邦国在系统的文化治理政策下，不断被纳入天下，成为天下的一部分。以中朝关系为例，我们可以看到这种文化认同政策广泛而深远的影响。中国和朝鲜在明朝时就依照礼制原则，建立了宗藩封贡关系："它在政治上，表现为两国地位具有宗藩、君臣之别；在经济上，表现为经贸活动成为中国羁縻朝鲜的主要方略；在军事上，中国则具有保护属国的义务；在司法地位和外交主权上，表现出朝鲜既受制于中国又相对独立的两重性。"③ 这种礼制关系，既保障了两国之间的和平，同时也增强了朝鲜的文化自觉。朝鲜在接受以明朝为中心的天下体系之后，一直以"小

---

① 王柯. 从"天下"国家到民族国家：历史中国的认知与实践. 上海：上海人民出版社，2020：36.

② 滨下武志. 近代中国的国际契机：朝贡贸易体系与近代亚洲经济圈. 朱荫贵，欧阳菲，译. 北京：中国社会科学出版社，1999：35.

③ 徐东日. 朝鲜朝使臣眼中的中国形象：以《燕行录》《朝天录》为中心. 北京：中华书局，2010：246.

中华"自居，并在明亡之后设坛祭祀明朝皇帝，祭坛直到 1908 年才被迫撤销："建于朝鲜昌德宫后苑的大报坛自 1704 年设立以后，一直到 1908 年迫于日本人的压力被迫撤祀之前，几百年来，朝鲜国王风雨无阻，虔诚地祭奠着明朝三位皇帝（明太祖、明神宗、明毅宗），既报答壬辰战争时，明朝出兵拯救朝鲜于水火、'再造藩邦'的恩情，又从中寻找着民族的归依。"① 可以说，正是对中华文化的认同，使朝鲜产生了天下的自觉意识。

这种自觉的天下观念，成了中国国家认同的核心内容。姚大力认为，中国的国家认同早在民族国家意识出现之前就已经有了。对于中国来说，"王朝总是有兴有灭。但它们在时间上前后相连续，于是出现了超越这个或那个具体王朝而始终存在的一个政治共同体的观念。这个历时性的政治共同体就叫作'中国'。王朝可能结束，中国却没有结束"②。这种超越具体王朝的政治共同体，就是天下。正因为天下是一个边界模糊的概念，所以它才能够不断向外延展，容纳新的族群和疆域。尤其是在汉唐全盛时期，统一的政治体系几乎囊括了整个东亚，这时的天下思想更占主导地位。直到地域偏狭的宋朝，才出现了以民族为特征的中国意识："宋朝以前对种族关系的理解更接近于'天下'观念，不太突出'中国'的含义。因为在不同族群的眼里，华夏的边界一直在不断游移迁徙，不一定总是处于一个固定地点。统治者只是在无法形成疆域一统的情况下，才会强调'中国'与汉人在诸民族中的核心位置，并对种族界限严加区隔。"③ 宋朝产生的以汉人为中心的国家意识并没有成为主流。

由于天下意识的强大影响，在宋朝之后，对民族的认同又被压抑下

---

① 孙卫国. 大明旗号与小中华意识：朝鲜王朝尊周思明问题研究：1637—1800. 北京：商务印书馆，2007：12.

② 姚大力. 追寻"我们"的根源：中国历史上的民族与国家意识. 北京：生活·读书·新知三联书店，2018：18.

③ 杨念群. "大一统"与"中国""天下"观比较论纲. 史学理论研究，2021（2）：80.

去。尤其在"异族"统治的元朝和清朝更是如此："中原王朝的天下观以华夏—汉民族的文明与空间为中心，但在元代和清朝这些征服王朝那里，天下的内涵发生了相当大的变化，排斥了以中原为尺度的夷夏之别，突出了以王朝认同为核心的疆域大一统。"① 排斥夷夏之别，其实正是回归天下认同的本义。人们对天下的认同，更多的是疆域和文化的认同，而不是狭隘的民族认同。钱穆曾读明初士大夫的诗文，发现当时的士大夫有着很强的对元朝的怀念："知当时士大夫，方以元之一统与汉、唐、宋争盛；至于其为胡虏入主，非我族类，则似已浑焉忘之矣。"② 若以现代的民族观念来看，"明初诸臣之不忘胡元，真属不可思议之尤矣"③。钱穆所感到不可思议的事情，正是天下认同的本义。天下观使他们不在乎民族的差异，而关注天下秩序的建构与维持。而中国历史上出现的夷夏之别的呼声，多出于临时性的政治目的。例如朱元璋在反元的时候，喊出的口号是："驱除胡虏，恢复中华；立纲陈纪，救济斯民。"④ 但是在建立明朝之后，他又说："元虽夷狄，然君主中国且将百年，君与卿等父母皆赖其生养。元之兴亡，自是气运，于朕何预？"⑤ 近代革命党人在推翻了清朝统治之后，也将"驱除鞑虏"变成了"五族共和"。在姚大力看来，这证明了中国的政治认同的支配地位："在传统中国，与族裔认同相比，政治认同更占支配地位。二者之间可能存在张力，但并不相互颠覆。其中占第一位的是政治认同，也就是王朝国家认同。"⑥ 这种王朝国家的政治认同，

---

① 许纪霖. 家国天下：现代中国的个人、国家与世界认同. 上海：上海人民出版社，2017：28.

② 钱穆. 读明初开国诸臣诗文集//钱穆. 钱宾四先生全集：第20册. 台北：联经出版事业公司，1998：107.

③ 同②131.

④ 姚大力. 追寻"我们"的根源：中国历史上的民族与国家意识. 北京：生活·读书·新知三联书店，2018：40.

⑤⑥ 同④43.

其实就是对建构天下秩序的认同。凡能够建构统一秩序、维持天下稳定的王朝，都能获得合法性认同。而由于作为过程性的"天下"的不断扩展，人们对一统疆域的要求也越来越高。

（四）天下观的理论与现实

虽然伦理化的天下强调德治和礼治，但这种伦理化的治理模式需要强大的武力支撑。一旦丧失武力的威慑力，天下秩序就有可能受到挑战，天下的中心也将面临转移的危机。对待周边国家和民族的朝贡体系，其实也是考虑治理成本的结果。理论上的天下是没有边界的，但在历史中我们往往将拥有特定疆域的大一统的国家与天下对等起来。事实上，理想中的天下秩序在历史中从未实现。

天下秩序的实现和维持需要一个统治者，即天子。理论上天子应该是圣人，具有完满的人性，并作为道德化的统治者贯彻王道。天子不应该执着于权势，即"天下神器，不可为也。为者败之，执者失之"（《老子》）；而应该以其德行贯彻天下："修之于国，其德乃丰；修之于天下，其德乃普。"（《老子》）但在现实中总会出现德治不能解决的问题，要想解决这些问题，有时要使用权术，有时则必须诉诸武力。德治往往要与权术并用，才能发挥其最大的效果："夫欲用天下之权者，必先布德诸侯。是故先王有所取，有所与，有所诎，有所信，然后能用天下之权。"（《管子·霸言》）权术仍不能解决的问题，就需要武力讨伐。孟子说："为天吏，则可以伐之。"（《孟子·公孙丑下》）"为天吏"是要具备道德合法性，"伐无道"背后则是强大的军事实力。因此我们可以看到，现实的天下秩序的实现和维持不仅需要仁义，更需要实力支撑。荀子说："仁眇天下，义眇天下，威眇天下。仁眇天下，故天下莫不亲也；义眇天下，故天下莫不贵也；威眇天下，故天下莫敢敌也。以不敌之威，辅服人之道，故不战而胜……

是知王道者也。"（《荀子·王制》）对于荀子来说，所谓的"王道"首先要有"不敌之威"，才能行仁义之事。周天子统治力下降的一个重要拐点，就是周昭王南征失败，丧失了"西六师"的军事主力部队。① 这也意味着，一旦天子丧失军事实力的绝对优势，天下的中心也就随之转移。例如西汉初期，由于国家羸弱，与匈奴的贸易关系实质就是向匈奴"朝贡"；北宋时期，宋辽以兄弟相称；南宋由于军事力量弱小，更称金帝为叔。

历史地看，天下并非一个单纯依赖伦理道德联结的共同体，这种既强调天下的伦理内涵，又关注军事力量的政治思想在先秦时期十分丰富。当时的政治家和思想家面对天下秩序崩解的困境，往往强调道义与实力的结合，阎学通称之为"道义现实主义"②。与之类似，江忆恩通过对《武经七书》的研究，揭露了中国传统战略文化中极具现实性的一面。他认为《武经七书》展现了一种权变的、不被政治道德束缚的战略文化，与西方的权力思想没什么不同："《武经七书》的深层结构反映了备战性战略文化。但是居于这一深层结构之上并笼罩它的是与孔孟战略文化相一致的另外一套语言、逻辑与决策原则。"③ 通过对明朝战略选择的历史事实分析，江忆恩认为道德化的符号性语言只是"用来赋予战略选择以优先的合法性"④。虽然江忆恩对孔孟文化的忽视无疑是一种西方式的偏见，但不可否认的是，他点出了温情脉脉的天下秩序的现实性特征。

理论上天下可以无限延展，但历史中的天下总是有界限的，人们也往

---

① 李峰. 西周的灭亡：中国早期国家的地理和政治危机. 增订本. 徐峰，译. 上海：上海古籍出版社，2016：101.

② 阎学通. 先秦国家间政治思想的异同及其启示. 中国社会科学，2009（3）.

③ 江忆恩. 文化现实主义：中国历史上的战略文化与大战略. 朱中博，郭树勇，译. 北京：人民出版社，2015：151.

④ 同③238.

往把大一统国家的边界当作天下的界限："如果将天下理解为无限延展的世界，那这是完全错误的。至少古代中国的人们并不如此认为。天下是对一定的有限领域施行实体统治的国家，是在基于郡县制对百姓（齐民）的实际支配的贯彻之中，拥有所谓帝国型面貌与国民国家型面貌两张面孔且相互转化的政治社会。"① 对大一统国家的实体统治依赖以儒家文化为内核的意识形态："传统中国只能作为一个国家-文化统一实体加以统治。换言之，政治权力在相当大的程度上是依靠文化手段来维持的；社会-政治秩序主要依赖意识形态——如通过能够塑造地方精英或'士绅'的科举考试而被不断强调的儒家学说等——来维持。"② 在这种儒家的伦理意识形态中，中国处于天下的中心地位。而中国之所以能够保持这样以自我为中心的天下观念，现实的原因在于没有受到其他文明大国的挑战："在整个历史长河中，中国没有遭到周边任何一个普天大国的挑战，没有任何一个国家的主张让中国感到有必要在文化方面给予严肃对待。"③ 到了近代，一旦受到文明大国的挑战，这样的天下秩序就会全面崩溃。

从"守在四夷"到"朝贡制度"的转变，不仅是道德治理的体现，更是兼顾现实统治成本的策略选择。苏轼的《王者不治夷狄论》写道："夷狄不可以中国之治治也。譬若禽兽然，求其大治，必至于大乱。先王知其然，是故以不治治之。治之以不治者，乃所以深治之也。"（《苏轼文集·卷二》）夷狄多生活在大一统王朝的边缘地区，若要对其进行直接统治，将极大地增加治理成本，而所获得的经济收益相比之下就小得多。因此只要不威胁到中央王朝的统治，一般都可以实行以金钱换和平的策略。"朝

---

① 渡边信一郎. 中国古代的王权与天下秩序：从日中比较史的视角出发. 徐冲，译. 北京：中华书局，2008：65.

② 费正清. 中国的世界秩序：传统中国的对外关系. 杜继东，译. 北京：中国社会科学出版社，2010：292.

③ 史华慈. 中国的世界秩序观：过去与现在//费正清. 中国的世界秩序：传统中国的对外关系. 杜继东，译. 北京：中国社会科学出版社，2010：298.

贡制度"虽然是被创造出来的概念①，但却很好地描述了儒家社会对边疆地区治理的现实思路。朝贡体系的首要目标是实现"四夷"的稳定，防止周边国家和民族对中央王朝的侵扰。朝贡体系所设定的藩部—朝贡国—互市国的等级化秩序，也正对应着不同的统治成本。藩部在中央政府统治之下，由地方土司进行具体治理，享有相当的自治权，构成了中央王朝的边防屏障。朝贡国则是脱离中央统治、承认中央政府权威的小邦国，有可能威胁边疆的稳定。中央以"厚往薄来"的朝贡策略，换取他们不侵犯中央王朝的承诺。互市国一般距离中央较远，不会直接威胁到王朝统治，因此与中央之间仅仅是通商交易的关系。这种等级化的秩序，以文化道德的名义，在实现边疆稳定的同时，最大限度地节约了统治成本。现实中的朝贡体系也不是一成不变的，而是随着时势的变化，在中国和周边国家呈现多变的动机和策略。② 这种兼顾现实统治成本的、防御型的策略在现实中呈现出一种文化主义的样貌："中国的进贡体制具有大国主义倾向，但它主要是一种文化上的大国主义，在地缘政治中体现为对周边国家的和平、友好，给以优惠，不以扩张土地为目的。"③

在思想家的论述中，"天下体系"被认为是一种有现实可能性的理想："作为理想的现实主义或现实的理想主义，天下体系试图发现对于政治冲突的一个理性化最优解，但不能许诺人人幸福的终极世界，只是设想了一个和平、普遍安全、有着文明活力的可能世界"。④ 然而，有现实可能性并不代表必然能够实现，也并不是说这个天下曾经实现过。因此，思想家

① "'朝贡制度'这个概念是为便于描述而创设的一个词。中国的士大夫不认为朝贡制度（汉语中原本没有对应词）是自成一体或者有别于儒家社会其他制度的一种综合性制度。"参见：曼考尔. 清代朝贡制度新解//费正清. 中国的世界秩序：传统中国的对外关系. 杜继东，译. 北京：中国社会科学出版社，2010：58.

② 张锋. 解构朝贡体系. 国际政治科学，2010（2）.

③ 叶自成，等. 地缘政治与中国外交. 北京：北京出版社，1998：254.

④ 赵汀阳. 天下：在理想主义和现实主义之间. 探索与争鸣，2019（9）：101.

们所展现的伦理天下，往往被指责为乌托邦。葛兆光认为，儒家所谓和谐平等的天下秩序从未在历史中实现，只是儒家的想象，维护天下稳定的关键从来都是"血与火"的武力，在武力之下又隐藏着"华夷之分、内外之别、尊卑之异"等不平等的因素。① 美国的柯岚安甚至认为，所谓的天下体系是将中国特定的世界观普遍化，是一种基于爱国主义的理论表达："中国内部有一种以中国方式解决世界问题的渴望，特别是当他们提倡一种爱国主义形式的普世主义时尤为如此。"②

然而，我们若对天下做全面的考察，就可以发现这些指责不尽合理。首先，天下的现实一统虽然需要铁血的武力，但它作为一种伦理观念，在儒家教育的长期影响下已经深入人心，这是一种比宗教、民主更具普遍性的人类认同基础。其次，天下作为一种治理方式，虽然常常以军事实力为后盾，但其制度仍是以德治为核心的礼制，策略目标是防御性的"守在四夷"，基于文化治理的逻辑，小国仍然可以产生天下层面的影响力，如"汤以七十里，文王以百里"（《孟子·公孙丑上》）；天下的过程性意味着天下永远处在生成之中，天下并非一个过去已经实现或未来将要实现的、有着明确形态的结果，而是一个不断向外扩展、不断实现人类融合的过程。正因如此，王赓武才认为现在联合国的理想秩序，"跟古代中国向来有的天下观有很多可以结合起来"③。

二、民族国家的国际秩序

西方的社会史属性塑造了以民族国家为主体的国际秩序。这种社会史

---

① 葛兆光. 对"天下"的想象：一个乌托邦想象背后的政治、思想与学术. 思想，2015（29）.
② 柯岚安，徐进. 中国视野下的世界秩序：天下、帝国和世界. 世界经济与政治，2008（10）：56.
③ 王赓武. 更新中国：国家与新全球史. 黄涛，译. 杭州：浙江人民出版社，2018：135.

属性表现为两个层面：就特定文化地域所形成的国家内部来说，多元社会权力需要进行有效的整合；就整个欧洲来说，更深层的权力割裂要求各国家进行残酷的国际竞争。这两个层面相互关联、相互促进：只有实现了国内多元社会权力的有效整合，才能更好地调动一切资源应对战争状态的国际竞争；正是在残酷的国际战争中，"他者"的视域产生并强化了国内共同体意识，形成了有效整合的政治认同和制度结构。国内多元社会权力整合的结果，就是建构了具有民族共同体意识的绝对主义国家，即民族国家；欧洲社会权力割裂斗争的结果，就是承认国家主权并追求势力均衡的国际秩序。因此我们说，欧洲社会史在近代的历史进程展现为，追求主权自治的民族国家和以民族国家为主体的国际秩序。

西方的国际观，以竞争逻辑为基础，构建出了一个相互斗争、具有平等主权的丛林化的世界秩序。在这样的世界秩序中，其主体是拥有主权的利益共同体的民族国家，其过程是国家间实力变化所导致的不同形式的竞争秩序，其结果是中心国家形成和衰亡的帝国变迁。因此，我们可以从三个方面对西方的国际观进行论述：民族化的国际、竞争性的国际、帝国论的国际。

（一）民族化的国际

欧洲的社会史属性，意味着权力自治是社会的常态，多元权力主体在社会中展开夺取稀缺资源的斗争，并在这种斗争中达成有限的统一，即形成中央集权化的绝对主义国家；绝对主义国家的诞生并没有摧毁社会多元权力，反而在一定程度上保护了土地贵族[①]，社会多元权力的斗争、平衡

---

① "绝对主义国家从来不是贵族与资产阶级的仲裁者，更不是新生资产阶级反对贵族的工具：它是受到威胁的贵族的新政治盾牌。"参见：安德森. 绝对主义国家的系谱. 刘北成，龚晓庄，译. 上海：上海人民出版社，2016：5.

和妥协，进一步完善了代议制国家的制度结构。在走向现代国家的过程中，实现国家内部多元权力的团结统一需要一种强有力的共同体意识，于是"民族"就被发明出来，并与"国家"相联结，成为民族-国家。民族概念的发明，依赖于外部战争或对外殖民，在这个过程中树立起一个"他者"，并在对"他者"的污蔑和摒弃过程中，达成民族的自我确证。

社会史的核心特性即社会权力的封建性，各种封建性权力拥有不同程度的自治权。多元社会权力普遍地要追求独立自治，"修昔底德的每一页都厚重地写满了关于城邦国家的'自治权'的斗争"①。从城邦到中世纪皆是如此。尤其在中世纪时，"欧洲是一片混乱，充满各种矛盾：各个国王之间的对峙和战争，国王与其贵族间的争吵，教会和国家间的争端，领主和其农夫间的冲突"②。不同的自治主体为获得更高的自治权，使整个社会陷入纷繁复杂的斗争之中。然而，各种自治权力并没有绝对的界限，往往相互纠缠，例如教会和国王都想争夺城市的统治权，而城市市民则又形成自治的主体，在城市中主张自治的贵族官员也往往同时是牧师。并且，随着经济的发展，中世纪晚期各地域的经济联系更加紧密，形成了相互依赖的经济共同体。平复共同体内部的纷争，促进共同体经济的发展，就需要一种更具号召力和感染力的共同体认同概念，来实现原子化个体和多元社会的团结，这个概念就是"民族"。

对于前现代国家来说，要达到现代意义上的民族认同极其困难，因为对于社会中的多元权力主体而言，它们都有各自独特的认同意识。尤其当面对多个封建邦国时，要达到共同的民族认同更是难上加难："在几百年的邦国分立时代中，各邦国已经形成了各自独特的政治民族特性。假如人

① 塔克．战争与和平的权利：从格劳秀斯到康德的政治思想与国际秩序．罗炯，等译．南京：译林出版社，2009：269.

② 帕尔默，科尔顿，克莱默．现代世界史：从文艺复兴到美伊战争．孙福生，陈敦全，周鸿临，等译．北京：世界图书出版公司北京公司，2013：42.

们没有将邦国民族特性同其他民族价值联系起来的话，那么他们必然否定这种根深蒂固的情感。"① 凸显本民族的特质就需要树立一个敌对的"他者"，使共同的民族特质不断得到认知和巩固："它如同个性那样，通过与邻人的争执与交流才能形成它的特质。"② 民族共同体的特质，就是在与"他者"的争执和交流中不断形成的。

因此，创造民族认同的关键，在于树立一个"他者"，依靠对"他者"的想象进行自我建构。正如科利所说："人们根据他们不是谁和什么，来决定他们是谁。一旦遇到一个显然异己的'他们'，一个在此前分歧很大的社群，就可以成为一个令人放心或纯粹不顾一切的'我们'。"③ 欧洲人对"他者"的想象最初是宗教性的，即异教徒："在中世纪范式中，救世的时间是作为内置的、合并的部分而被设想出来的：他者、异教徒和无信仰的人（而非野蛮人和原始人），都被视为可拯救的对象。"④ 这种对宗教性的"他者"的想象，也渗透到了民族想象之中，如新教的"他者"即天主教。近代欧洲国家一般通过两种方式树立"他者"：战争和殖民。

所谓"战争制造国家"，不仅是蒂利所说的制造现代国家的国家结构，同时也制造现代国家的民族认同。对于英国人来说，这个敌对的"他者"就是法国："英国国家的形成首先是通过战争。与法国的战争，一次又一次让英国人（不管来自威尔士、苏格兰还是英格兰）直接面对一个显然敌对的异己，并激励他们集体以反抗法国来界定自身。"⑤ 正是法国战争的威胁塑造了英国内部的民族认同，大不列颠和爱尔兰议会到 1800 年前后

① 梅尼克.世界主义与民族国家.孟钟捷，译.上海：上海三联书店，2007：224.

② 同①11.

③ 科利.英国人：国家的形成：1707—1837 年.周玉鹏，刘耀辉，译.北京：商务印书馆，2017：31.

④ 费边.时间与他者：人类学如何制作其对象.马健雄，林珠云，译.北京：北京师范大学出版社，2018：33.

⑤ 同③30.

最终实现了统一。1803 年，在拿破仑带领下的法国再次击败英国，并于次年建立了法兰西第一帝国。法国革命之后的拿破仑帝国推行所谓的普世性的世界主义观念，要求对其他欧洲国家进行所谓的普世性统治，正是在反抗这一普世性统治的过程中，国家的自决以及国家的民族性才显得格外重要："在自决过程中感觉受到威胁的国家便起来反对威胁自身的世界主义的统治与建构。它们在其特有的更深刻的民族基础上思考问题，在国家民族的基础上而不仅仅是在文化民族的基础上思考问题，寻求国家民族力量的援助。"[1] 与拿破仑帝国的战争，极大地刺激了欧洲各封建国家内部的危机感，使它们形成了超常的民族认同意识，并在这种认同中塑造和强化着民族概念。

这样的一种依赖对外战争塑造民族国家认同的过程，在黑格尔看来是不可避免的，因为这是由国家的个体性所决定的："国家是个体，而个体性本质上是含有否定性的。纵使一批国家组成一个家庭，作为个体性，这种结合必然会产生一个对立面和创造一个敌人。战争的结果是，不但人民加强起来，而且本身争吵不休的各民族，通过对外战争也获得了内部安宁。"[2] 国家只有创造一个敌人，才能实现内部多元权力的和谐稳定，才能最大限度地实现内部民族的认同。因此哈特等人直截了当地说民族国家就是"一部制造他者的机器"："它创造出种族差异，划定疆界，以支持主权的现代主体，去除统治的限制。"[3] "他者"的存在，是实现内部权力统一的绝佳理由，创造"他者"，也是西方长期以来促进自我认同的重要手段。

民族认同依赖于树立一个"他者"，这种民族认同的实现方式，就必

① 梅尼克.世界主义与民族国家.孟钟捷，译.上海：上海三联书店，2007：221.
② 黑格尔.法哲学原理.范扬，张企泰，译.北京：商务印书馆，1961：388.
③ 哈特，奈格里.帝国：全球化的政治秩序.杨建国，范一亭，译.南京：江苏人民出版社，2003：121.

然导致对"他者"的污名化，即民族歧视。所以，新教的英国人会认为天主教的法国人愚蠢、懒惰，希腊人会贬低亚洲人："野蛮民族比希腊民族富于奴性；亚洲蛮族又比欧洲蛮族富于奴性，所以他们常常忍受专制统治而不起来叛乱。"[①] 这种对其他民族或国家污名化的逻辑突出展现在殖民过程中。16 世纪的法国殖民者将殖民行为和宗教联系在一起，为殖民赋予了宗教的合法性："证明殖民之正当性的就是其教化作用，包括成功地使当地人民信仰基督教。"[②] 为了使人皈依基督教而进行的奴役在路易十三时期是合法的："宗教赋予传教者奴役不信教者的权力，为的是便于传教。"[③] 作为异教徒的"他者"在基督教的逻辑下"理应"被奴役，以利益为导向的殖民统治被披上了宗教的外衣。

殖民统治范围的扩大，使欧洲人认识到了越来越多的"他者"。非洲和亚洲的民族在文化、宗教、肤色等方面与欧洲人有着明显的差别，因此就成了天然的、绝对的"他者"。欧洲人就将被殖民者作为对立面，来界定自己的独特性："欧洲自我的同一性正是在这一辩证阶段中被制造出来的。一旦被殖民者被塑造成绝对的他者，它就能反过来融入更高一层的统一之中，绝对他者反射到自我之中。"[④] 面对这些非欧洲人的"他者"，殖民者展现出了巨大的力量优势，这成了欧洲民族优越论的重要证明：土著人因欧洲人带来的传染病大批死亡，被解释为低等民族不堪承受欧洲人的高贵血统；土著人的千奇百怪的传统文明，被解释为欧洲文明未开化的模样。生物进化论和文明进化论在被殖民者的身上获得灵感："无论在学术

---

① 亚里士多德 . 政治学 . 吴寿彭，译 . 北京：商务印书馆，1965：162.

② 塔克 . 战争与和平的权利：从格劳秀斯到康德的政治思想与国际秩序 . 罗炳，等译 . 南京：译林出版社，2009：56.

③ 孟德斯鸠 . 论法的精神 . 许明龙，译 . 北京：商务印书馆，2012：289.

④ 哈特，奈格里 . 帝国：全球化的政治秩序 . 杨建国，范一亭，译 . 南京：江苏人民出版社，2003：132.

意义还是在普及意义上，19 世纪人类学都把非欧洲民族和它们的文明展现为欧洲人和欧洲文明尚未开化时的模样。它们成了原始的象征，代表着欧洲在走向文明之途上经过的不同阶段。……人类学的文明进化论，以及它对非欧洲人的展示认证并加固了欧洲人的优越地位，从而使殖民主义整体工程获得了合法依据。"①

　　通过殖民所建构的"他者"，一方面为欧洲人的自我同一性提供了证明，另一方面也为殖民统治的合法性提供了支撑。对"低等民族"的生物学和文明论的认定，为欧洲国家的全球殖民提供了道德理由。对于这种以确立"他者"的种族差异来论证殖民合法性的逻辑，霍布森对此有过精彩的说明："为了这些商业政客，生物学家和社会学家编造浅薄的种族征服理论，以便于我们盎格鲁-撒克逊人可以攫取低等种族的土地并享用他们的劳动；同时经济学家竭力论证，我们对低等种族的征服和统治，其实是参与国际分工的表现；历史学家则想出过去帝国的教训不适用于我们国家的种种理由；而社会伦理学家将'帝国主义'的动机粉饰成挑起教导和提升'幼稚'种族'负担'的美好愿望。"② 以道德或种族的名义实施残酷的帝国侵略——这种欧洲人在殖民时期发明出来的帝国逻辑，终于使整个欧洲在二战时期尝到了恶果。

　　以种族征服理论为道德根基的殖民统治，在另一个层面上，又促进了殖民地民族国家观念的觉醒。在殖民者将被殖民者塑造成"他者"的同时，殖民者也成了被殖民者的"他者"。面对拥有强大军事实力的欧洲人，非洲和亚洲的各殖民地区也逐渐开始形成自己的民族认同，并进行自我建构，追求本土国家的独立主权。哈特等人认为，正是在殖民地人民的反抗

---

① 哈特，奈格里.帝国：全球化的政治秩序.杨建国，范一亭，译.南京：江苏人民出版社，2003：131.

② 霍布森.帝国主义.卢刚，译.北京：商务印书馆，2017：195－196.

中，主权成了一个世界范围内普遍认可的概念："尽管现代主权概念诞生于欧洲，但它在很大程度上是在欧洲与欧洲以外世界的交往中发展起来的，尤其是在欧洲的殖民工程和殖民地人民的反抗中发展起来。"① 这一过程在 20 世纪迅猛发展，发轫于欧洲的民族和主权国家，就此成了国际社会的主体要素。民族平等和主权平等的观念相互联结，使得每一个民族国家都成为理论上平等的主体，得以站上丛林化的国际舞台。

随着现代资本主义市场经济的发展，国家内部的经济不平等成了突出现象，并进一步导致了内部多元权力的不平衡。此时的民族主义就成了维持国内不均衡的意识形态，尤其对于世界经济体系的中心国家（欧洲国家）来说更是如此："在这些国家里，一个强大国家机器的创造随之而生成一种民族文化，这是一种通常被称为统合的现象，即作为一种保护了世界体系内兴起的不均衡现象的机制，又作为一种维持这种不均衡现象的意识形态掩护和辩护口实。"② 民族主义一面维持着国家内部的不均衡，另一面为国家的国际竞争提供动力，进一步加重了世界体系的不均衡。这在现代社会突出表现在跨国公司的民族性上："事实上，所有的跨国公司都有一个十分清楚的民族基础；每个公司在特定的国家都有历史的根源，并且在多数情况下，其最高层管理人员都是在其本国招募的，其绝大部分的资本和生产仍然位于那里。"③ 从这个意义上讲，民族国家的诞生和资本主义的国际竞争紧密相连，即"资本主义和民族国家一起成长起来"④。

西方社会史的逻辑告诉我们，民族国家的形成有两方面的原因：其一

① 哈特，奈格里. 帝国：全球化的政治秩序. 杨建国，范一亭，译. 南京：江苏人民出版社，2003：75.

② 沃勒斯坦. 现代世界体系：第 1 卷：16 世纪的资本主义农业和欧洲世界经济的起源. 郭方，刘新成，张文刚，译. 北京：社会科学文献出版社，2013：423.

③④ 布鲁厄. 马克思主义的帝国主义理论：一个批判性的考察. 陆俊，译. 重庆：重庆出版社，2003：268.

是国家内部多元权力的统合压力，其二是国际竞争的压力。这其实就构成了温特所说的国家属性的两个来源："个体主义者要使我们相信，国家的任何属性都不是由国际体系建构的，整体主义者则要使我们相信国家的一切属性都是由国际体系建构的。介于两者之间的某一点才是真实的表述。"[①] 民族国家的建构既是国内政治统一的要求，也是国外权力斗争的结果。主权国家的发展逻辑，使得创造"他者"与创造"敌人"成了同义词。赵汀阳总结道："现代政治为了保护一切边界而专注于寻找外部敌人，没有敌人也要创造敌人，这种分裂的政治处处可见，从异教徒意识到种族主义，从热战到冷战，从殖民主义到人权干涉，从经济和军事霸权到文化霸权，甚至在星球大战之类的幻想中也可以看出寻找敌人的冲动。"[②] 西方国家为了平衡内在多元权力的冲突和应对资本主义全球竞争，无时无刻不在寻找"他者"、寻找"敌人"，这是其社会史属性的宿命。

（二）竞争性的国际

民族国家内在的竞争性和外在的竞争性有着某种程度的一致，即都是自治性多元权力追求主体利益的结果。正如摩根索所说："国内政治和国际政治不过是权力斗争这一现象的两种不同表现。"[③] 因此，西方竞争性的国际秩序可以说是国内秩序的延伸，这种国际秩序的最好结果是均势，正如国内秩序的最好结果是分权制衡。然而民族国家之间力量的不确定性，使得稳定的均衡难以实现，竞争性的国际秩序往往导向霸权和帝国。

早在希腊时期，城邦间就展现出明晰的竞争性。雅典和斯巴达的竞争

---

① 温特. 国际政治的社会理论. 秦亚青，译. 上海：上海人民出版社，2014：238.
② 赵汀阳. 以天下重新定义政治概念：问题、条件和方法. 世界经济与政治，2015 (6)：12-13.
③ 摩根索. 国家间政治：权力斗争与和平. 简明版. 徐昕，郝望，李保平，译. 北京：北京大学出版社，2012：69.

尤为瞩目，两个地区性的霸权国家为争夺希腊世界的政治经济利益，最终爆发了伯罗奔尼撒战争。近代西方国际秩序起源于威斯特伐利亚体系的确立。《威斯特伐利亚合约》否定了神圣罗马帝国的政治权威和基督教的精神统一，因此教皇拒绝承认它的合法地位："是因为它肯定了由路德教开始的宗教分裂，它极大地削弱了神圣罗马帝国的政治权威和教皇所代表的基督教统一的象征。"[①] 对欧洲表面上统一的彻底否定，事实上证明了主权国家的合法性。主权国家的出现使得欧洲世界呈现出一对根本的矛盾："一方面是以制度密度、等级关系、共享利益和强有力的集体认同为特征的国内政治范围，另一方面则是以缺乏强有力的制度和规则、利益冲突、认同相悖为特征的国际政治范围。"[②] 尤其在拿破仑战争的威胁下，欧洲民族国家逐渐成形，国家主权和国家利益成为国民的普遍追求："拿破仑战争开始了国家外交政策和战争的时代；也就是说，国家众多的公民对国家权力和国家政策的认同取代了对王朝利益的认同。"[③] 国内政治的高度统一与国际政治的丛林状态形成了鲜明的对比。事实上，正是国内政治的高度统一，才导致了国际政治的丛林状态：国内政治的统一意味着利益的一致性以及国家力量的提高，利益一致的民族国家纷纷向外寻求个体性利益的扩张，并以其强大的武力造成了国际政治的丛林状态。

基于民族国家的普遍竞争，西方产生了不同类型的国际关系理论。温特提出了国际社会的三种文化：以战争、杀戮为特点的霍布斯文化，以规则、竞争为特点的洛克文化，以合作、友谊为特点的康德文化。[④] 这三种

---

① 霍尔斯蒂. 和平与战争：1648—1989 年的武装冲突与国际秩序. 王浦劬，等译. 北京：北京大学出版社，2005：23.

② 卡赞斯坦，基欧汉，克拉斯纳. 世界政治理论的探索与争鸣. 2 版. 秦亚青，等译. 上海：上海人民出版社，2018：362.

③ 摩根索. 国家间政治：权力斗争与和平. 简明版. 徐昕，郝望，李保平，译. 北京：北京大学出版社，2012：161.

④ 温特. 国际政治的社会理论. 秦亚青，译. 上海：上海人民出版社，2014：255 - 297.

文化意味着不同的发展次序："霍布斯文化的高死亡率使人们有了创造洛克文化的动机，洛克文化表现出来的持续暴力，尤其是当为了适应竞争逻辑的需要，毁灭性力量得以发展的时候，又使人们有了向康德文化发展的动机。"① 事实上，这三种文化在本质上是一致的，洛克文化和康德文化拥有共同的霍布斯文化预设。霍布斯文化强调人与人在丛林状态下的相互斗争，而洛克文化所表现出来的秩序只是斗争的短暂平衡。国家内的个体为应对来自国际的威胁，可以在民族的概念下团结起来。但是民族国家作为个体，拥有极强的主权原则，其力量的强大以及国际生存的需要使得它们只能够在斗争中求取短暂的均势和平。由于民族国家数量少且差异性极大，平衡和均势秩序是不稳定的，终将被打破，重回霍布斯文化状态。康德的著作也有着深刻的霍布斯文化背景，正如塔克所说："在康德所有成熟的著作中，他都强调霍布斯对自然状态的描述是正确的，并且认为人的基本道德责任就是离弃自然状态而进入公民社会。"② 在法国大革命之后，康德永久和平的观点在法国流行起来，法国的革命者认为："康德所设想的正是当革命越过莱茵河时，法国与其他共和国之间似乎就要出现的那种关系。"③ 然而现实是，革命带来了拿破仑帝国，而非欧洲的永久和平。

西方意义上的国际，是拥有主权的个体，在法理平等的意义上展开竞争。这种竞争最好的结果，是像国内政治一样达到权力平衡，并建构起一套竞争的体系框架。华尔兹为建构这种国际平衡体系做出了卓越的努力。华尔兹看到了以民族国家为主体的国内政治与国际政治之间的张力："国内政治是权威、管理和法律的领域，而国际政治则是权力、斗争与和解的

---

① 温特. 国际政治的社会理论. 秦亚青，译. 上海：上海人民出版社，2014：300 - 301.
② 塔克. 战争与和平的权利：从格劳秀斯到康德的政治思想与国际秩序. 罗炳，等译. 南京：译林出版社，2009：248.
③ 同②267.

领域。"① 国家间的斗争与和解将导致国际体系结构的产生，而每一个国家都会受到这种体系结构的限制。在这种结构的限制之中，国家追求的是制衡而非权力的最大化。② 国家为系统结构的单元，国家的力量是在不断变化的，每一个单元能力的变化都会导致结构的变化："系统的结构随着系统单元能力分配的变化而变化，并且结构的变化导致对系统单元的行为以及它们互动结果的预期也随之变化。"③ 系统单元能力的变化将导致结构的不确定性，在华尔兹看来，两个大国之间的均衡更容易避免结构的巨大变化，因此也是最具稳定性的，因为"如果彼此竞争的集团实力十分相近，而竞争又是围绕重大利益展开的，那么一方实力的衰落将可能导致自身的毁灭"④。两个竞争性的大国为了避免自身的毁灭，就会努力维系系统结构的稳定。

华尔兹虽然看到了主权国家竞争性的现实，但却建构了一个非现实性的国际政治体系。若我们将视野投入历史，就会发现华尔兹的国际政治结构从未实现。在现实的国际政治中，主权国家对权力的追求是国际社会的基本动力。在权力普遍竞争的状态下，和平只能通过两种方式维持："一方面是社会力量的自我调节机制，它表现为国际舞台上的权力角逐，即权力均衡。另一方面是以国际法、国际道德和世界舆论的形式对权力角逐加以规范性的限制。"⑤ 事实上，对权力限制的有效性根本上取决于权力的均衡，因为相对于国际法和舆论，强大的力量更具约束力。因此，和平的关键在于权力平衡："平衡系指若干独立存在力量构成的体系内部的稳定。"⑥

---

① 华尔兹. 国际政治理论. 信强，译. 上海：上海人民出版社，2008：119.

② 同①134.

③ 同①103.

④ 同①179.

⑤ 摩根索. 国家间政治：权力斗争与和平. 简明版. 徐昕，郝望，李保平，译. 北京：北京大学出版社，2012：36.

⑥ 同⑤246.

权力平衡并不能从根本上取消权力的多样性和对抗性。主权国家的力量并非一成不变的，尤其对于强大的国家来说，对权力和利益的追求使它们拥有强烈的破坏平衡的冲动。斯奈德说："均势是不起作用的，对于自己的对手而言，只有当它们的至关重要的利益受到威胁时，它们才会变得更为驯从。"① 均势的破坏往往意味着全球性霸权的诞生。所以，对于西方的国际社会来说，均势是短暂的，霸权是永恒的。亨廷顿说得一针见血："西方的文明史是一部兴起和衰落的国家之间的'霸权战争'史。"② 有鉴于此，笔者称华尔兹的理论为"去帝国主义化的非历史的国际政治理论"③。

随着资本主义世界市场的发展，主权国家间的竞争又与经济的竞争紧密联系起来。布哈林认为："资本的'国际化'和'民族化'，一方面是世界经济不断增加的相互依赖性，而另一方面是它分裂为各个国家集团。这两种相反趋势之间的矛盾促使体系陷入战争和崩溃。"④ 资本的国际化和民族化之间的张力，正对应了民族国家的矛盾状态。由于国际分工，民族国家前所未有地依赖其他国家，与此同时，它们又要追求自己经济利益的扩张。卢森堡指出，资本主义世界市场的扩张必然要依赖武力："武力是资本可以使用的解决问题的唯一方法：被视为一种历史过程的资本积累把武力不仅当作它的根源，而且当作一种永恒的武器来使用，几乎进一步延续到了今天。"⑤ 资本的矛盾需要武力解决，而武力的背后是具有强大力量的民族国家。因此我们经常会看到，宣扬自由市场的国家以武力开拓它

---

① 斯奈德. 帝国的迷思：国内政治与对外扩张. 于铁军，等译. 北京：北京大学出版社，2007：3.

② 亨廷顿. 文明的冲突与世界秩序的重建. 修订版. 周琪，等译. 北京：新华出版社，2010：185.

③ 杨光斌. 重新解释现实主义国际政治理论：历史本体论、国家性假设与弱理论禀赋. 中国人民大学学报，2018，32（4）.

④ 布鲁厄. 马克思主义的帝国主义理论：一个批判性的考察. 陆俊，译. 重庆：重庆出版社，2003：113.

⑤ 同④71.

们的"自由市场"。

那么，为什么西方国家之间可以实现长期的和平呢？民主和平论的根源是什么呢？小约瑟夫·奈和戴维·韦尔奇曾说："所有发达民主国家构成了霍布斯现实主义海洋中的自由和平群岛。"[①] 自由和平群岛的实现，本质上依赖经济上的高度关联性。这种关联性一方面表现为民主国家之间工业体系的相互补充，另一方面表现为霸权国家通过金融资本对其他民主国家实现一定程度的经济控制以达到利益一致。19 世纪的英国霸权很好地诠释了这一特征。由于国际市场的扩大和英国本土技术的提高，它需要欧洲第二个层次的工业化国家作为补充："鉴于边缘区市场的扩大，英国将需要紧随其后的工业化国家作为第二个层次，以弥补随着它的技术新发展将留下的空隙。"[②] 与此同时，英国成为欧洲的金融中心，通过对商业和金融的控制，它并不需要担心其他欧洲国家对自己经济利益的过度损害："通过控制商业和金融，英国现在开始赢得大量不显眼的存款，包括海上商人、商业代办的所得，海外专家和殖民官员的汇款、投资的利润。"[③] 这样的霸权逻辑被二战之后实行"马歇尔计划"的美国成功复制。因此，民主和平论本质上仍然是霸权和平论，这种霸权竞争的结果，就是帝国。

西方经常标榜其自由理论，美国著名政治思想史家塔克评价欧洲自由主义理论时说："它们最深层的主题是暴力，个人对个人、国家对国家的暴力。"[④] 自由意味着个体性的凸显，个体性与他者不可避免地会产生竞

---

① 奈，韦尔奇. 理解全球冲突与合作：理论与历史. 张小明，译. 上海：上海人民出版社，2012：313.

② 沃勒斯坦. 现代世界体系：第 3 卷：资本主义世界经济大扩张的第二时期：1730—1840 年代. 郭方，夏继果，顾宁，译. 北京：社会科学文献出版社，2013：112.

③ 同②110.

④ 塔克. 战争与和平的权利：从格劳秀斯到康德的政治思想与国际秩序. 罗炳，等译. 南京：译林出版社，2009：277.

争和冲突，而冲突的最终解决依靠暴力。因此对于西方国家而言，国内政治的核心是国家对合法性暴力的垄断，国际政治的核心是帝国对强制性暴力的垄断。自由主义的国内秩序，本质上是统治阶级的自由；自由主义的国际秩序，本质上是帝国的自由。

（三）帝国论的国际

基于民族国家的竞争性秩序，国家间理论上的平等反而导致了最大的不平等——帝国的诞生。社会史的发展逻辑构成了西方"国家性"的根基，作为主权个体的民族国家在丛林状态的国际体系中斗争求存，并最终发展为扩张性的帝国主义，正如哈特等人所说的："帝国主义是欧洲民族-国家的主权超出它们自身疆域的扩张。"[①] 以民族国家为基础的国际秩序因此展现为帝国秩序，笔者在考察了西方现实主义国际关系理论之后发现，其理论的历史本体论就是帝国主义。[②] 随着社会化大生产，或者说资本主义世界市场的发展，前现代区域性的帝国逐渐发展为全球性的帝国。现代帝国以普世性的文明话语为外衣，以强大的军事力量为后盾，追求其权力和利益的无限扩张。

古代帝国和现代帝国呈现出不同的样貌。古代帝国没有清晰的民族界限，追求区域性的统治权；现代帝国以民族国家为界限，追求个体权力利益的无限扩张。帝国的建立并非一蹴而就的，而是逐渐发展起来的。雅典帝国的前身是提洛同盟，随着雅典力量的不断加强，其对同盟的控制力也越来越强，最终使得同盟演变为一种帝国形态："在贡献和能力方面的事实不平等慢慢影响到了联盟的内部形态，联盟逐渐从一种霸权转变为一种

---

① 哈特，奈格里.帝国：全球化的政治秩序.杨建国，范一亭，译.南京：江苏人民出版社，2003：序言 2.

② 杨光斌.重新解释现实主义国际政治理论：历史本体论、国家性假设与弱理论禀赋.中国人民大学学报，2018，32（4）.

治权，制高权演变成了统治权。"① 以雅典为代表的古代帝国一般是区域性的，追求对边缘区域的政治统治权。多伊尔认为，罗马帝国在奥古斯都改革之后，逐步实现了对边缘区域的政治统治，保证了罗马帝国的长久的政治稳定。他称这样的一种帝国秩序为"奥古斯都门槛"，跨过这个门槛的国家才能够稳定地存续。明克勒对此进行了更加深入的论述："奥古斯都门槛的跨越特别体现在两大现象中：中心与边缘之间的政治与经济差距慢慢消失，从前的征战民族仅剩的胜利果实——法律特权——也被逐步取消。"② 实际上罗马帝国从未实现彻底的政治统一，中心和边缘的差异也一直存在，正是这种差异导致了罗马帝国的崩溃。摩根索提及帝国一般拥有三种层次的目标："帝国主义的目标可以是支配政治上组织起来的全球，即世界帝国；它也可以是基本上在大陆范围内的帝国或霸权；它还可以是严格区域化的权力优势。"③ 古代帝国寻求对边缘区域平等的统治权，而现代帝国则在民族主义的影响下，追求对边缘国家的政治压制和经济掠夺。这种帝国主义的形式展现为其价值观和行为准则的强制扩张："民族主义所要求的是一个民族建立一个国家，除此之外别无他求；而我们时代的民族主义化的普世主义却主张一个民族和一个国家有权把自己的价值观和行为标准强加给其他所有国家。"④ 现代帝国以此扩展其政治统治力，并为自己攫取全球性的经济利益服务。

民族国家的诞生伴随着资本主义全球市场的形成，在竞争性秩序和资本利益的诱惑下，拥有独立主权的民族国家必然要进行扩张，正如笔者曾

---

① 明克勒. 帝国统治世界的逻辑：从古罗马到美国. 阎振江，孟翰，译. 北京：中央编译出版社，2008：7.

② 同①71.

③ 摩根索. 国家间政治：权力斗争与和平. 简明版. 徐昕，郝望，李保平，译. 北京：北京大学出版社，2012：93.

④ 同③367.

说过的："民族国家是一种具有天然的民族主义诉求的现代国家，具有与生俱来的扩张性或帝国主义性。"① 这种扩张往往展现为暴力形式的资本扩张。随着资本主义世界市场的形成，对世界市场剩余产品的绝对占有，构成了资本主义现代帝国的基础："它的基础不是以贡赋（像在世界帝国发生的那样）或封建地租（像在欧洲封建制度下发生的那样）的形式直接占有农业剩余，而是在更加发达的生产力的基础上（首先是农业，然后是工业），在国家机构的'人为'（非市场性）帮助下，通过世界市场来占有剩余产品。"② 工业巨头作为民族国家经济利益的代表，成为帝国主义政策的主要推动者："帝国主义致力于为工业巨头寻求销售国内剩余产品的国外市场与增值国内剩余资本的国外投资场所，以便扩大能够容纳他们剩余财富洪流的渠道。"③ 英帝国的东印度公司就充当了这样一个开拓国际市场的角色，并对英国的国家政策有着重大影响。明克勒谈到帝国产生的两种方式时说："帝国的产生是通过扩张统治空间或者通过加强商业组织的方式实现的，这意味着帝国在边缘地区榨取增产价值时采取了不同的形式，即以武力手段为主的形式或者以商业手段为主的形式。"④ 事实上我们发现，现代帝国同时采取了这两种方式，即以武力的手段加强其商业统治。东印度公司就以其私有的武装力量摧毁了印度原有的统治秩序，彻底实现了对印度的殖民统治，并以印度为支撑，入侵东亚市场。因此列宁称帝国主义为资本主义发展的最高阶段："帝国主义是发展到垄断组织和金融资本的统治已经确立、资本输出具有突出意义、国际托拉斯开始瓜分世

---

① 杨光斌. 世界政治理论. 北京：中国社会科学出版社，2021：27.

② 沃勒斯坦. 现代世界体系：第1卷：16世纪的资本主义农业和欧洲世界经济的起源. 郭方，刘新成，张文刚，译. 北京：社会科学文献出版社，2013：27.

③ 霍布森. 帝国主义. 卢刚，译. 北京：商务印书馆，2017：82-83.

④ 明克勒. 帝国统治世界的逻辑：从古罗马到美国. 阎振江，孟翰，译. 北京：中央编译出版社，2008：48.

界、一些最大的资本主义国家已把世界全部领土瓜分完毕这一阶段的资本主义。"① 民族国家的性质，决定了其在资本主义世界体系中，要么成为帝国，要么成为被帝国剥削的对象。

现代帝国通过创造普世性的意识形态来维持其帝国统治。这种普世性的观念最开始是宗教，后来则是种族进化论、文明进化论、资本主义论等更为学理化的意识形态。宗教为早期的英帝国的对外侵略提供了合法性依据："对于大多数维多利亚时期的人而言，作为无数次成功战争之果实的庞大的海外帝国，是大不列颠幸运宿命最终和结论性的证据。他们相信，上帝把帝国托付给了英国人，是为了更加深入地把福音信仰向全世界传播，以证明他们这些新教徒是上帝选民的身份。"② 这种崇高的宗教精神后来又与种族优越论结合了起来，他们一边高喊着自由的政治口号，一边屠杀殖民地的"低等种族"。霍布森指出，英国的政治口号和帝国主义行径是同时出现的："大部分声称是自由主义者的人仍旧相信帝国主义与这些美德是相一致的。"③ 但这种观点却不符合帝国主义的事实："帝国主义长期以来发动了多次战争；这些战争大都是因为白种人侵略'低等种族'引起的，而且以强占领土而告终。"④ 在帝国主义者看来，白人对所谓"低等种族"的消灭，是种族进化论的自然结果。

与此同时，帝国也将其他非欧洲的国家当作文明进化论中的原始人，认为对他们的侵略意味着对他们文明水平的提升。这种所谓普世文明的概念影响深远，正如亨廷顿所说："普世文明的概念是西方文明的独特产物。

---

① 列宁 . 帝国主义是资本主义的最高阶段 . 中共中央马克思恩格斯列宁斯大林著作编译局，译 . 北京：人民出版社，2014：87.

② 科利 . 英国人：国家的形成：1707—1837 年 . 周玉鹏，刘耀辉，译 . 北京：商务印书馆，2017：442.

③④ 霍布森 . 帝国主义 . 卢刚，译 . 北京：商务印书馆，2017：115.

19 世纪，'白人的责任'的思想有助于为西方扩大对非西方社会的政治经济统治做辩护。20 世纪末，普世文明的概念有助于为西方对其他社会的文化统治和那些社会模仿西方的实践和体制的需要做辩护。普世主义是西方对付非西方社会的意识形态。"① 西方说的所谓的普世主义，或者说文明进化论的终点，当然是资本主义世界市场。而资本主义世界市场的实现，也就意味着帝国经济统治的实现。因此我们看到，在西方所宣扬的所谓普世主义观念背后，是血淋淋的种族屠杀和赤裸裸的利益追求："依靠驱使'低等种族'互相残杀，煽动种族仇恨，并利用那些我们对之负有传播基督教和文明使命的人们的野蛮倾向，来为我们想象的利益服务，新帝国主义之下的帝国扩张由此完成。"② 西方所谓普世主义的意识形态内含着帝国主义的扩张企图，"无论是资本主义还是'白人优越论'，都是典型的扩张性或为扩张鸣锣开道的历史与理论，具有经济和文化上的双重不平等性"③。

二战之后美国建构了新的帝国形式，明克勒称之为"民主帝国"。民主制度的约束，使得帝国在选择政策的时候，需要考虑其成本和收益的比例关系，以符合大众民主的要求。因此，帝国行动的成本问题凸显了出来："成本问题，即帝国政策的收益和付出在中期呈现的比例关系，构成了民主帝国的首要问题。"④ 但这并不意味着帝国侵略性的减少，帝国仍旧可以利用创造"他者"的方法，迫使民众承担帝国义务，认可帝国行动："正是民主帝国的结构迫使美国在动员民众承担帝国义务时，不得不

---

①　亨廷顿．文明的冲突与世界秩序的重建．修订版．周琪，等译．北京：新华出版社，2010：45.

②　霍布森．帝国主义．卢刚，译．北京：商务印书馆，2017：125.

③　杨光斌．世界政治理论．北京：中国社会科学出版社，2021：97.

④　明克勒．帝国统治世界的逻辑：从古罗马到美国．阎振江，孟翰，译．北京：中央编译出版社，2008：156.

编造威胁。'编造假象'政策，恰恰是用来填补民主与帝国之间鸿沟的一块补天石。"① 中东的恐怖主义就是美国编造的"他者"，以方便美国通过武力，获取其帝国利益。在这个过程中，作为统治阶级的利益集团和大公司是美国帝国政策的直接受益者。在资本主义世界市场已经形成的现代社会，大公司更是充当了帝国扩张的先锋角色。吉尔平谈道："尽管美国公司的利益和美国外交政策的目标在许多情况下是抵触的，但美国公司和美国政府之间已存在着利益的互补性。美国公司和政治领袖一般认为，美国公司的对外扩展是为美国重要的国家利益服务的。美国的政策鼓励公司向国外扩展，并且往往对公司加以保护。"② 美国强大的军事实力是大公司扩张的武力保障，暴力从根本上取消了美国公司全球扩张的边界。

现代帝国源起于民族国家的国际体系，民族国家是近代欧洲的产物，欧洲内部国家力量的变化，也就意味着世界帝国的变化。因此哈特等人说："帝国的谱系学是欧洲中心论的……在某种意义上，起源于欧洲和美国的规则逻辑现在在全球进行着统治的实践。"③ 这种帝国逻辑直到今天仍然发挥着强大的统治力。所谓的普世主义的意识形态是一项重大的发明，直到今天，仍然自觉或不自觉地发挥着其帝国统治的功能："提高进步水平、先进性和发展等项目计划的意识形态功能，都隐藏了帝国主义扩展所依附的当代条件。……为了维持和更新这些关系，一直以来都需要将同时间的他者视为权力和/或者知识的对象；将这些关系合理化并使之在意识形态上正当化，一直是异时性距离化策略必须做的。"④ 帝国强大的

① 明克勒. 帝国统治世界的逻辑：从古罗马到美国. 阎振江，孟翰，译. 北京：中央编译出版社，2008：152.

② 吉尔平. 国际关系政治经济学. 杨宇光，等译. 上海：上海人民出版社，2006：223.

③ 哈特，奈格里. 帝国：全球化的政治秩序. 杨建国，范一亭，译. 南京：江苏人民出版社，2003：序言5.

④ 费边. 时间与他者：人类学如何制作其对象. 马健雄，林珠云，译. 北京：北京师范大学出版社，2018：184.

意识形态力量，往往使得被创造出来的"他者"自我对象化，主动地将自己贬低为种族或文明的"原始人"，并热烈地迎接帝国主义对其的"解放"。所谓的普世主义像一个帝国主义的幽灵，仍然飘浮在人类社会上空。

三、中西比较

王柯谈道，"中国传统的多民族统一国家思想与来自西方的近代民族国家思想之间存在一个巨大的鸿沟"[①]。由于历史属性的差异，中西方国家形态有着重大的差别，由此延伸而来的世界秩序也有着明显的不同。中国的世界秩序主要体现为以大一统国家为主体的"天下观"，西方的世界秩序主要体现为以民族国家为主体的"国际观"。回顾历史我们会发现，"天下观"并非绝对的温情脉脉，而是有武力后盾；"国际观"也并非绝对的争强好斗，而是有契约平衡。但不同的是，"天下观"的武力多用于防御和治理，"国际观"的平衡总要被帝国打破。今天的中国既拥有"天下观"的传统禀赋，又身处"国际观"的竞争秩序中，只有认清两者的不同，才能更好地应对当下的世界。

前面我们已经从三个不同层面阐述了天下观和国际观的相关内容，接下来我们将从世界的根基、世界的行为、世界的未来三个方面对中西方的世界秩序进行对比。

（一）世界的根基：伦理与民族

伦理化的天下认为，人从根本上来说处于伦理关系之中，人因为其伦理的属性获得成为天下一员的资格。民族化的国际认为，人从根本上来说

---

① 王柯．从"天下"国家到民族国家：历史中国的认知与实践．上海：上海人民出版社，2020：4．

属于一定的民族国家，人首先是民族国家的一分子，才能在国际社会中找到自己的归属。伦理化的天下是比民族、民主、宗教更具基础性、团结性的内容。不论国家是否民主，不论宗教信仰如何，只要你是个"孝""仁"之人，就可以在中国的"天下"中找到自己的位置。仁孝的概念并非强求人们符合儒家的思想，而是其只要承认个体与家、社会的根本性联结，就可以被认为是"天下"的一员。

相较于伦理化的天下，前现代的西方将个体投入宗教之中："上帝就是人的本质，被看作最高的真理。"① 凡是不信仰基督教的，都是异教徒，都被排除在"上帝之城"之外。在近代宗教改革之后，基督教产生了实质性的分裂，这种宗教的自我认知有所减弱，民族精神成了新的"上帝"。为应对国内多元权力的不稳定和丛林化的国际竞争，民族与主权国家联结起来，构成了具有鲜明独特性和排他性的民族-国家。由于社会史属性的影响，西方国家内部的多元权力始终难以统一，即使到了 20 世纪初，梅尼克仍然担忧地说道："新建筑的外貌看上去是大一统式的，然而其核心却仍然隐藏着地方主义的权力。"② 而民族主义的出现，很好地弥合了国内多元权力的冲突，在一定程度上建构起了中央集权的现代国家："现代民族主义是建立在专制政体的中央集权论的、等级制的、国家主权论的原则的基础上的，并结合了以领土为基础的民族同一性的新趋势。"③ 民族化的自我认同意味着在国际社会中，人与人之间具有根本性的差异。民族的差异融入主权国家这个利益实体，为对抗性的国际秩序提供了强大的意识形态支持。

相较于对抗性的民族国家，伦理化的天下具有强包容性的特征。许倬

---

① 费尔巴哈. 基督教的本质. 荣震华，译. 北京：商务印书馆，1984：26.
② 梅尼克. 世界主义与民族国家. 孟钟捷，译. 上海：上海三联书店，2007：386.
③ 伊拉扎. 联邦主义探索. 彭利平，译. 上海：上海三联书店，2004：153.

云谈道："中国的历史，不是一个主权国家的历史而已；中国文化系统也不是单一文化系统的观念足以涵盖的。不论是作为政治性的共同体，抑或文化性的综合体，'中国'是不断变化的系统，不断发展的秩序。"① 伦理化的天下观念使得"中国"可以无碍地吸收"四夷"，不断地将所认知到的人类边界纳入一个整全的、和谐的秩序。也正是这种逻辑，使得中国在先秦时期就建构起了现实的天下："天下主义观念和大一统理论主导下的华夏文化的无限延伸与超地域扩展，为中国早期四土经营与民族整合奠定了广袤的地域基础。"② 可以说，伦理化的天下观念一直影响着中国，并奠定了现代中国多民族大一统国家的基础。

民族化的秩序天然地具有塑造敌对的"他者"的冲动。"他者"作为丑恶的对立面，既唤起了民族自豪，又加强了民族团结。这种民族认同的逻辑与宗教的分裂相结合，构成了现代西方基本的精神特质。首先，民族国家互为"他者"：英国在英法战争中确定了自己的民族性，并唤起了国民对新教国家的强烈认同；美国在建国之初将英国和欧洲视为"他者"，建立起"美国特殊论"的民族认同，并认为美国就是"千年王国"降临人间。其次，民族国家在塑造共同的"他者"的过程中，构建了一定限度的国家联盟：欧洲在长期对外殖民的过程中将非欧洲人确立为"他者"，非欧洲人"低劣的民族性"和"落后的文明"，确证了欧洲人种族和文明的优越，"白人至上论"也由此形成；在欧洲爆发大战的时期，民主国将专制国塑造为"他者"，协约国将同盟国塑造为"他者"。可以说，"他者"永远随着民族国家利益的变化而转变，并成为唤起国际战争的最佳意识形态。在民族化的国际社会中，几乎不可能形成具有建设性的人类认同。

---

① 许倬云. 我者与他者：中国历史上的内外分际. 北京：生活·读书·新知三联书店，2010：2.

② 周书灿. 文化认同在中国早期国家经略与民族整合过程中的功能. 河北师范大学学报（哲学社会科学版），2011，34（4）：128.

人们对伦理化天下的指责主要集中在它具有等级性的内涵。在他们看来，个体的家庭性-社会性的自我认知，不可避免地要区分关系的亲疏，因此也就带来了等级化的关系，这种等级化的关系若延展到"天下"，就意味着天下的不平等。但事实上，天下的等级秩序并不意味着不平等。我们要清楚的是，天下的等级秩序，主要是认同秩序、利益秩序，而不是纯粹的政治等级。伦理化的天下意味着每个主体都有其独特的亲疏关系，这种亲疏关系建立在个体认知能力的有限性和个体利益的独特性的基础之上。在伦理化的天下之中，个体不可能实现对每一个个体的彻底了解，也不可能与每一个个体的利益同等攸关，因而形成了等级化的秩序。可以说，伦理化的天下的等级化，反而证明其是一个充分考虑了现实的秩序。伦理化的天下不是理想主义的，而是极具现实性的。所谓的等级，不如说是信任的等级、团结的等级。这种等级，反而是对天下认同的明证，因为在现实考量中渗透了更加广泛的伦理认同。这种伦理认同的地位甚至高于具体的政府："言天下，即犹言社会，其地位尚远高于政府，而一士人一匹夫可以直接负其责，而政府之事，可置之于不问。"① 这就是古人讲的"天下兴亡，匹夫有责"。

伦理化的天下观念，使得中国作为一个文明国家具有极强的包容性，可以长久存续而不至于一朝灭亡，"因为它能经受与其他民族的融合"②；同时，它也使得中国可以与其他国家构建非侵略性的共生关系，人类命运共同体的提出正是这一逻辑的现代展现。相较而言，西方民族化的国际观，则一方面在国内肢解着多民族的国家统一体，形成国内社会的分裂力量；另一方面在国际上造成无序竞争，形成新的世界帝国，帝国以普世主义的名义干预他国内政、攫取全球利益。

---

① 钱穆. 现代中国学术论衡. 北京：九州出版社，2011：208.
② 凯杜里. 民族主义. 张明明，译. 北京：中央编译出版社，2002：52.

（二）世界的行为：治理与竞争

治理论的天下强调天下的可治理性，竞争性的国际则立基于剥削和战争。对于治理论的天下来说，治理的边界是防御性，即"守在四夷"，以防止边缘地区的战争为主。治理论的天下并非要否认其他国家的存在，而是坚持一种内在自足的观点，即非侵略性的观点。张载讲：．"吾道自足，何事旁求。"这种自足的特性被钱穆认为是中国农业文明的特色，也被汤因比称赞。天下的各个部分相互关联又保持着内在稳定，在一个整全的伦理框架内获得自己必要的生存条件，而不必向外侵略。对于西方来说，民族国家本身就是在竞争性的秩序中建构起来的，并在对外战争中确证自己的特殊性。民族国家之间的独立性、异质性，在资本主义世界市场的刺激下，发展为更加激烈的国家战争。这种竞争性的国际秩序最佳的出路是大国间的力量均衡，但这种均衡往往很容易就被打破，并导致世界性帝国的产生。

先秦时期对天下的论述大多与"王道"相连，以王道的方式治理天下，称为"王天下"。王道与霸道不同："霸诸侯是'完成国际联盟'的时期，王天下是'创建世界政府'的时期。"① "世界政府"意味着"可治理的天下"。只有施行王道，才能创建世界政府；创建世界政府，是为了施行王道。西周建立了最初的"天下"："西周诸侯国的建立并不是一个王室随意赐予其亲属和地方首领以土地的过程，而是西周国家精心建构其地缘空间，并从而巩固其政治基础的过程。"② 这种分封制的安排，事实上就是在维护周天子的权威，提高其对天下的治理能力。周天子治理天下的边

---

① 钱穆．中国文化史导论．北京：九州出版社，2011：31.
② 李峰．西周的灭亡：中国早期国家的地理和政治危机．增订本．徐峰，译．上海：上海古籍出版社，2016：98.

界，即防御性的"守在四夷"。这种治理论的天下在明清时期表现为"朝贡体系"，而当朝贡体系与西方民族国家所形成的竞争性国际秩序相遇时，两者的区别表现得更加明显："朝贡关系是一种保守型的国际秩序，其目的主要在于维护中国自身安全，而不是从他国攫取利益，尤其是与借助或诉诸暴力的巧取豪夺截然有别。与此不同，条约关系则是'进取'（侵略）型的国际秩序，其目的主要在于提供维护列强在华权益的法制保障。"[①]民族国家之间以契约维持秩序，这种表面上以主权国家为主体的契约关系，实质上是为剥削和极度的不平等提供合法性证明。因此冯维江说，天下体系是合作本位的制度遗产，相较于西方的竞争本位，是一个演化稳定策略。[②]

西方现代国家诞生于战争，蒂利讲"战争制造国家，国家发动战争"，战争制造了现代民族国家，现代民族国家在竞争性的国际秩序中成为发动战争的机器。对于现代西方国家来说，即使是好的制度，也要依靠战争的塑造："在大不列颠，民族国家比其他任何一样东西都更多地通过军事努力来打造，更为激进的宪制和社会改革的胜利同样也与战争的影响紧密相连。"[③]英国的女性投票权和男性普选权是在第一次世界大战结束的那一年实现的，残酷的第二次世界大战又直接形塑了战后的福利国家。对于西方国家来说，制度建构依赖民族国家间的战争，民族国家间的竞争性关系也必然会爆发战争。可以说，战争是竞争性国际秩序的最高体现，也是竞争性国际秩序的最终解决。雷海宗从中国历史的视角评价说："西洋现在正发展到中国古代战国中期的阶段。今日少数列强的激烈竞争与雄霸世

---

① 李育民.晚清中外条约关系与朝贡关系的主要区别.历史研究，2018（5）：61.

② 冯维江.试论"天下体系"的秩序特征、存亡原理及制度遗产.世界经济与政治，2011（8）.

③ 科利.英国人：国家的形成：1707—1837年.周玉鹏，刘耀辉，译.北京：商务印书馆，2017：433.

界，与多数弱小国家的完全失去自主的情形，显然是一个扩大的战国。"①
雷海宗基于中国政治史的发展，为西方设想的出路是统一，但是社会史的
史观使西方必然要坚持民族国家的独立性。对西方来说，多种自治主体所
构成的竞争性的世界，才是"合理的"世界；民族国家之间互相隔绝，并
为争夺资源展开竞争，才是国际社会的应有之义。这种竞争性的国际秩
序，在现实中就表现为少数大国的扩张和侵略。少数大国在扩张的过程中
产生利益冲突，并在进行一段时间的博弈之后达成某种程度的"均势"，
此时签订的契约就成为"国际法"，国际法象征着稳定的国际秩序。然而
由于民族国家扩张性的本质，大国力量的变化必然要突破旧有的均势格
局，形成全球性帝国。

治理论的天下与竞争性的国际之间的区别，在两千年前就有所展现。
诺瑞纳将罗马与汉朝的国家治理进行对比："作为其依赖城市及地方贵胄
的结果，罗马帝国既没有基础设施能力，也没有在全帝国规模内直接塑造
城市化和城市生活所必要的组织架构，相比于汉帝国对其帝国范围内社会
权力分配的控制，罗马帝国的控制较少。"② 在这里，诺瑞纳将汉朝称为
帝国是不恰当的，因为我们可以看到汉朝的国家结构，是要对其所统治的
"天下"实现平等的治理。而罗马帝国则没有均衡治理的能力，依赖地方
贵族的相当程度的自治，追求对地方资源的汲取。自治地方的强势贵族，
可以在拥有强大军事实力的情况下，角逐罗马帝国的统治权。帝国皇帝为
了证明自己资源掠夺能力的强大并扩充军事实力，开启了长期的对外侵略
战争。这一差别在双方同时期的历史中有着明确的记载。

德国汉学家穆启乐曾对罗马史学和《史记》做过一个有趣的对比。他

---

① 雷海宗 . 中国文化与中国的兵 . 北京：商务印书馆，2014：148.
② 诺瑞纳 . 汉朝和罗马帝国中的城市系统：国家权力与社会控制//沙伊德尔 . 古代中国与罗马
的国家权力 . 杨砚，等译 . 北京：生活·读书·新知三联书店，2020：312.

发现，相比于国家的日常治理，罗马史学家对冲突和权力结构的变化更感兴趣："罗马史学家确实记述了内政，尽管他们更感兴趣的似乎是内部冲突和社会权力结构的发展改变，而不是帝国的日常事务。"① 对帝国统治者的评价，也取决于帝国对外的征服和扩张："持续的对外军事征服以及帝国的建立与扩张都被看作积极面而用于衡量相关的事件。"② 这与《史记》的关注点有着根本性的区别："在《史记》中，记叙的兴趣点主要在内政，史家对政府的良好运行也极为关心。因此，对历史人物的评价也主要集中在内政实践的成就上。"③ 是否能够很好地治理国家，是《史记》对政治人物进行评价的核心标准。通过对比，我们可以很显然地看出来，对于中国来说，"善政的目标最终并不表现为通过军事征服以及武力维持来创造一个帝国，而是通过审慎的治理来构建一个和谐的'天下'"④。

治理论的天下观，要求中国通过"善治"的治理逻辑向外延展，最终达到"天下太平"的和谐秩序；竞争性的国际观，使得西方国家追求在竞争性世界中的生存和扩张，并通过战争和侵略最终成长为帝国。

（三）世界的未来：天下与帝国

作为一个过程性的概念，天下本身就意味着天下的不断生成。这种天下的不断生成，在古代展现为地域性的"中国"范围的不断扩大，以及将视域中新出现的边缘地域不断纳入天下的过程；在现代则展现为世界联结的不断扩大和深入，即人类命运共同体的不断生成。天下不是一个结果，而是一个我们可以不断促进其形成的过程。而帝国则是一个结果性的概念，是民族国家的国际秩序发展的终点。或者说，西方国际秩序的"历史

---

① 穆启乐. 古代希腊罗马和古代中国史学：比较视野下的探究. 黄洋，编校. 北京：北京大学出版社，2018：131-132.
②③④ 同①132.

的终结"，就是旧帝国的衰落和新帝国的兴起，即"大国政治的悲剧"。

　　一般而言，传统的大一统中国是"天下"的中心区域，而天下的过程性，就意味着天下之外的人们不断被吸纳到天下之内："各种原来是'他者'的外族，陆续为中国所系统吸纳。"① 由此而形成的天下体系，就呈现出一种外部区域不断内部化的过程。赵汀阳将理想的天下解释为"世界内部化"的体系："天下体系是世界内部化的体系，完全不同于帝国主义的支配性世界体系。"② 彻底的"世界内部化"在现代国际政治中只是一个理想，但我们仍能看到不同国家之间日益加深的强关联性，天下在不断地生成。天下不断生成的基础是伦理认同，在中国古代就是教化："天下揭示出的是一个教化领域，它被儒家思想家和官僚提升为一种普遍价值，作为区分文明与野蛮的标准。"③ 天下的教化，是一种伦理化的治理逻辑，这种治理模式保持了天下的开放性，可以不断吸纳边缘地域的"外族"。这种独特的治理方式，在地方上就显得较为散漫而没有强大的政府控制力，黄宗智称之为"集权的简约治理"④。这也与清末时期西方人对中国的观察相一致："中国从来不是一个大帝国，也从来不是西方人理解中的那种强大国家。中央政府通常是很软弱的，其实际的权力仅限于向地方政府征缴税款和任命高级官员。一般情况下，即使地方政府也很少干预群众的实际生活。"⑤ 中央政府的软弱，正是其伦理化的治理方式的展现。

　　作为民族国家间国际关系发展的结果，帝国一定要区分"我者"和"他者"，区分中心和边缘。他者和边缘，标识了征服和掠夺的对象；我者

---

　　① 许倬云.我者与他者：中国历史上的内外分际.北京：生活·读书·新知三联书店，2010：56.

　　② 赵汀阳.天下的当代性：世界秩序的实践与想象.北京：中信出版社，2016：129.

　　③ 王赓武.更新中国：国家与新全球史.黄涛，译.杭州：浙江人民出版社，2018：110.

　　④ 黄宗智.集权的简约治理：中国以准官员和纠纷解决为主的半正式基层行政.开放时代，2008（2）.

　　⑤ 霍布森.帝国主义.卢刚，译.北京：商务印书馆，2017：282.

和中心，则是帝国利益的核心。古代帝国一般都是区域性的，在一定的区域内，中心国家面对其他国家和民族展现出压倒性的力量优势，并以对外侵略的方式试图保持自己的帝国地位。帝国作为竞争性国际关系的终点，并不意味着帝国本身不会改变。每一个帝国的兴起，都面临着巨大的国际竞争的压力。竞争性的国际秩序意味着帝国"与世界为敌"，一切可能性的边缘都在试图瓦解旧的帝国秩序。而旧帝国则会不断地创造"他者"以团结国内国际力量，倾尽一切努力压制可能出现的帝国挑战者。而近代以来对世界市场的争夺，使得民族国家间的竞争更加白热化，并导致了数次西方国家之间的大规模战争。随着资本主义世界市场的形成，西方民族国家之间的战争又蔓延到世界的其他地区，形成世界大战。民族国家间发生的每一次大规模的战争，都表现为帝国与帝国挑战者之间的战争。

　　天下与帝国呈现出两种完全不同的历史面貌。中国早在秦朝时期就完成了天下一统，并在之后的历史中不断实现天下的重组和扩充。相较于秦国的统一，罗马帝国虽然统治着众多的民族，但是却没有共同的文化基础，而是完全建立在武力的征服之上。中国则早就实现了文化统一："在公元前221年政治统一之前，中国早已实现了文化统一。"① 对于中国人来说，这种文化统一就是基于伦理理念的天下认同，因此钱穆说："秦国的统一，只能算是当时中国人'天下太平''世界一统'的观念之实现，而并不是某一国家战胜而毁灭了另外的某几个国家。"② 天下的伦理观念导致了天下的不断生成，同时又塑造了和谐的世界秩序；帝国的竞争性观念则要求其持续地发动战争，在掠夺和侵略中保证自己的优势地位。这种差别在塔西佗和司马迁的描述中清晰可见："在塔西佗一面津津乐道于描述罗马帝国在德意志地区由日耳曼尼库斯领导的战役，一面指责提比略没有

―――――――――――――――

① 汤因比. 历史研究. 插图本. 刘北成，郭小凌，译. 上海：上海人民出版社，2005：37.
② 钱穆. 中国文化史导论. 北京：九州出版社，2011：47.

积极扩展罗马的统治版图时，司马迁的叙事却紧扣文帝即便是在与最凶残外敌反复的较量中，仍然试图保持与重建世界的和平与和谐的政策。"①作为过程性的天下，追求的是天下的和谐秩序；作为结果性的帝国，追求的是帝国统治力的永久保持。

（四）结论

为了便于理解，我们分别将天下观和国际观区分出了三个不同的层面，但事实上天下观和国际观是两个独立的、整全的概念，都由其独特的史观塑造。政治史的一统性权力塑造了天下观，社会史的封建性权力塑造了国际观。

在论述的过程中我们发现了一个吊诡的现象：西方民族国家的主权平等反而造成了帝国主义的剥削和侵略，中国大一统国家的伦理等级反而造就了天下主义的善治秩序；国际观理论上的平等对应着现实的不平等，天下观理论上的不平等对应着现实的平等。这事实上表明，天下观是一种更具现实性的世界秩序。现实中的世界永远都是不平等的："不仅古代社会都是等级制的，今天的世界在实质上也是等级制的。这说明，尽管等级制有悖平等之价值，却仍然是社会运作之所需。"② 尤其在资本主义世界市场已经形成的现代世界，每个国家都不可能摆脱其他国家的影响。由于经济结构或国家制度的不同，民族国家之间会产生不同程度的依赖关系："一国越是依赖其他国家，它对别国的权力就越小，它就必须更多地考虑其政策对获取国外供给和市场的影响，因为这将关系到它的国计民生。这表明，与他国相比，某些国家的生存状况是不平等的。"③ 这种不平等是

---

① 穆启乐. 古代希腊罗马和古代中国史学：比较视野下的探究. 黄洋，编校. 北京：北京大学出版社，2018：89.
② 赵汀阳. 天下的当代性：世界秩序的实践与想象. 北京：中信出版社，2016：70.
③ 华尔兹. 国际政治理论. 信强，译. 上海：上海人民出版社，2008：164.

切实存在的，而社会化大生产、世界市场的存在，以及资源、环境的全球影响，必然要在不同程度上侵蚀民族国家的独立性。天下观所内含的等级秩序，正是这样一种国家间关系的反映。毛泽东曾提出基于国际等级秩序的三个世界理论，从理论上确立了国际社会的联系原则，同时又有明晰的战略导向，可以说是天下观的现代转化。只有在等级化的天下秩序中，我们才明白自己所处的位置。与天下观相对，民族国家追求个体性权力和利益的扩张，这种扩张的终点是帝国。帝国为了给自己的侵略性行为赋予合法性，极力主张所谓普世性的价值观念，它们一边高扬主权平等的概念，一边以人权的名义干涉他国的主权。因此，民族国家在概念上的平等，在现实中就意味着平等地遭受帝国的侵害。

两种世界秩序的观念显示出极大的不同，因而许多学者想要从中国的传统观念中汲取资源，以调和现代西方的国际观。一部分人倾向于价值的调和，如蒋庆认为西方的国际秩序为霸道，中国的为王道："国际秩序的状态不外三种：王道、霸道、无道。"① 他主张用中国的王道思想化解西方的霸道，从而提升西方。王庆新主张将儒家王道精神、天下秩序与西方国际关系原则进行调和，寻找中西方的契合点，把儒家思想融入国际主流价值。② 另一部分人则借助传统概念进行理论的创造，如赵汀阳的"天下体系"、阎学通的"道义现实主义"、秦亚青的"关系理论"③ 等。我们则希望通过不同史观的对比，澄清中西方世界观念的现实和理论根源，以期能够对两者进行更加切实的讨论。

天下观和国际观都曾在历史上不同的区域产生过重大影响。近代以来，西方的崛起使得国际观成为唯一的世界秩序来源，也正是这种秩序导

---

① 蒋庆，盛洪. 以善致善：蒋庆与盛洪对话. 增订本. 福州：福建教育出版社，2014：79.
② 王庆新. 儒家王道理想、天下主义与现代国际秩序的未来. 外交评论，2016，33（3）.
③ 秦亚青. 中国国际关系理论的发展与贡献. 外交评论，2019，36（6）.

致了世界的混乱："造成当前全球治理失灵的根源，在于西方中心思维下的一元治理模式。局限于西方思维框架与治理模式，既难以有效应对新全球性问题，也难以适应新世界格局。"① 但我们并不是说要彻底颠覆现有的国际秩序，而是必须认识到，现代世界仍然是西方史观主导的，世界秩序的主体仍然是民族国家。

天下观的理想与现实导向一种和合的天下观。和合并不是要否认冲突而是要涵摄并超越冲突，在冲突的过程中看到融合，在冲突的过程中促进融合。② 我们不能期待一个彻底的世界政府，但同时要认识到天下是一个不断融合、不断深化的过程。和合的天下观意味着，要在保持民族国家间平衡稳定的情况下，促进国际社会的紧密联结与普遍认同，这种认同的基础是社会化大生产中各链条的相对平等，认同的过程则是人类命运共同体的建构，即"远人不服，则修文德以来之"。

---

① 薛澜，关婷. 多元国家治理模式下的全球治理：理想与现实. 政治学研究，2021（3）：76.

② "和合是指自然、社会、人际、心灵、文明中诸多形相和无形相的相互冲突、融合，与在冲突、融合的动态变易过程中诸多形相和无形相和合为新结构方式、新事物、新生命的总和。"参见：张立文. 和合学：21 世纪文化战略的构想. 北京：中国人民大学出版社，2016：49.

第七章　政治的概念

　　本书最后通过研究政治的概念总结历史政治学的知识论图式和理论发现功能。

　　我们为什么还要研究"政治的概念"这样看上去十分古老的问题？我们时代的诸多重大问题，诸如战争和霸权导致的人道主义灾难、丛林法则对和平发展的威胁、殖民主义遗产对贫困和不平等的深刻影响，看上去都是国家行为所致，但其实是人们信奉的政治观所致，国家的背后是人对政治的信仰。在世界政治中，不同国家，尤其是中西方国家行为的巨大差异，根源于不同历史文明的政治观。我们要理解这种差异性，首先需要在理论上系统地澄清中国人和西方人千百年来形成的对"政治的概念"的不同认知，以探究我们时代性困境的政治起源。其次，因为政治概念具有根本重要性，它作为"元概念"或"母概念"，非得厘清不可，厘清了它，与政治概念相关的各种"子概念"，诸如国家、政体、政党、民主、治理、官僚制等就能得以重新认识，所以政治概念研究是建设中国自主的政治学知识体系的起点。多年来，政治就是竞争性资源（权力）分配之类的源自社会史的政治概念在中国广为流传、深入人心，以至于淹没了为大一统而致治的民心政治这一中国自古以来一脉相承的政治概念。竞争性资源（权力）分配的政治概念强调的是"私利"，与重视民心而致治的中国传统政治文明形成了严重冲突。这就决定了由此出发的政治学原理既不能解释中国历史，也不能论述政治现实，从而使得中国的政治学科一直处于尴尬的地位。中国政治史研究让我们发现了几乎完全不同于源自社会史的政治的概念，而历史政治学的知识论图式为还原"政治"的本来面目提供了可能。历史本体论决定了制度变迁的样式，不同的制度变迁方式或者轨迹产生了性质不同的以"政治"为焦点的政治理论。

一、流行的政治概念：竞争性资源（权力）分配

西方人对政治的界定有两个层面：一是社会科学意义上的或者学术式的界定，二是对历史中的真实的政治的描述。我们将会看到，学术式界定只不过是对历史中实际政治的脱敏化处理，并未从根本上脱离实际政治。然而，因为西方社会科学的先发性，基于西方历史而总结出来的政治概念，几乎也被中国人全盘接受。本书志在正本清源。

（一）政治的学术概念：权力分配

关于政治的学术概念，本部分主要梳理现实主义即"实然"的实际认知，而非从柏拉图到罗尔斯等一系列哲学家关于政治的理想主义即"应然"的论说，因为现实主义的政治概念既是历史的，也体现在各种制度安排中，进而深刻地影响着人们的思维方式和行为方式。论及现实主义的学术式概念，我们不得不承认马克斯·韦伯确实是西方社会科学的重要奠基者，就政治的概念而言，他做了如此界定："政治就是追求权力分配或对

权力分配施加影响，不管是国家之间的分配还是国家内部各种人类群体之间的分配。"① 简而言之，政治就是权力斗争，国内政治就是国内人群之间的权力斗争，国际政治就是国家之间的权力斗争。韦伯的"政治就是权力斗争"② 这一政治观也深刻地嵌入其一系列著作中；在韦伯看来，为权力而斗争，不仅是人类政治组织的基本要素，也是全部文化活动的基本要素。③

正如施米特在《政治的概念》中说"国家概念以政治的概念为前提"④，韦伯对政治的界定直接决定了其国家观，他认为："国家是在某一特定疆域内……自为地（卓有成效地）占有合法的物质暴力垄断权的人类共同体。"⑤ 韦伯对国家概念的类似表述是："一个'统治的组织'的存在及其秩序，如果是由它的行政班子在一个特定区域范围内以物理暴力的威慑与运用而持续不断地予以保障，它就应当被称为'政治'组织。对于一个政治机构性的组织（politischer Anstaltsbetrieb），如果并且只要它的行政班子卓有成效地运用其对物理暴力的正当垄断以保障秩序的实施，它就

---

① 韦伯. 伦理之业：马克斯·韦伯的两篇哲学演讲. 王容芬，译. 桂林：广西师范大学出版社，2008：40.

② 政治经济学这门科学的任务就是寻找"政治成熟性"的领导阶级以完成"伟大的权力政治任务"。"民族统一的战争结束时，德意志民族首先面临一个明确的政治任务，即海外扩张，但这些市侩们甚至缺乏最粗浅的经济头脑，居然不明白德国国旗飘扬在周边海岸对于德国的远洋贸易意味着什么。"参见：韦伯. 韦伯政治著作选. 阎克文，译. 北京：东方出版社，2009：17，20-21.

③ 韦伯认为："你可以改变手段、改变环境，甚至改变基本的行动方向以及对那个方向负责的人，但你不可能把斗争本身撇到一边。……用'和平'手段代替斗争形式、代替敌对作战、代替作战环境，最终代替选择机会，那将一无所有。"参见：蒙森. 马克斯·韦伯与德国政治：1890—1920. 阎克文，译. 北京：中信出版社，2016：42. 在1916年第一次世界大战正酣之际，韦伯写道，德国必须成为一个"权力国家"，为的是"对未来世界拥有发言权"；一个伟大的民族必定会是"首先追求权力"，"这个现世法则……在可以预见的未来就包括了为权力而战的可能性和必然性，而要保存民族文化，就必然离不开权力政治"。参见：韦伯. 韦伯政治著作选. 阎克文，译. 北京：东方出版社，2009：63，65.

④ 施米特. 政治的概念. 增订本. 刘宗坤，朱雁冰，等译，上海：上海人民出版社，2018：23.

⑤ 同①.

应当被称为'国家'。"①

　　韦伯的建立在暴力之上的国家观准确地描述了欧洲战争制造国家的民族国家形成的历史经验，"在中世纪，在某些人人都有资格佩带武器的情况下，亲属群体、家族群体、教会联合会也都可以随意使用暴力"②。封建领主、教会、城市、社团等自治组织，都可以随意地使用暴力，并以自身的暴力为基础展开斗争，斗争的胜利者将垄断暴力的合法使用权。毕瑟姆认为，韦伯清晰地表明了将斗争作为其社会思想中的一般假设："其中最重要的主题是斗争和冲突构成了社会生活核心和永恒的特征——群体、阶级和民族之间的斗争以及不同价值观之间的冲突。"③ 冲突的结果就是掌握一统性权力的国家成为暴力的垄断者，政治展现为支配与被支配的关系。

　　基于韦伯式政治概念的国家概念至今依然是政治学关于国家定义的不二概念，可见韦伯式政治概念的基础性和重要性。也可以说，韦伯的政治观就是其国家观，二者是一枚硬币的两面，政治是国家的事业，国家就是为了获得生存权的权力斗争。

　　二战后，政治学研究的重心从欧洲转移到美国，而在二战之前的行为主义政治学的萌芽之际，美国政治学家们试图将政治变成一个可测量的概念，由此诞生了拉斯韦尔的政治概念：谁得到什么、何时和如何得到。④这里，"得到什么"不再局限于国家层面的国家权力，还包括地方政治中的权力以及其他资源的分配，比如纳税问题。尽管拉斯韦尔把韦伯的国家层面的权力分配拓展到了更广泛意义上的以权力为核心的资源分配，但其

---

　　① 韦伯. 经济与社会：第1卷. 阎克文，译. 上海：上海人民出版社，2019：186.

　　② 同①187.

　　③ 毕瑟姆. 马克斯·韦伯与现代政治理论. 徐鸿宾，徐京辉，康立伟，译. 长春：吉林出版集团有限责任公司，2015：34.

　　④ 拉斯韦尔. 政治学：谁得到什么？何时和如何得到. 杨昌裕，译. 北京：商务印书馆，2017.

政治观依旧是典型的韦伯式政治观，沿袭的还是韦伯式模具。

行为主义政治学旨在寻求科学性、一般性的政治理论，在概念表述上以"政治体系"代替"国家"，以"功能"代替"权力"，试图创造出新的概念体系。① 这就是说，伊斯顿的政治系统理论其实就是国家理论，虽然不谈"权力"，但以"功能"界定政治的概念，认为政治就是"权威性地分配价值"②。伊斯顿显然是从"功能"的角度来表达其政治概念，但在实质上并没有摆脱"政治就是权力分配"这一韦伯式概念，只不过将韦伯的简单明了的本质性概念，演绎得更加拗口、更文牍主义和形式主义。伊斯顿费尽心血地将这个概念纳入其政治系统理论中，即权威当局（政府）根据政治支持与政治要求而生产政策产品（分配资源），并在政治反馈中形成政治系统的循环运行。可见，从政治的概念到国家理论，伊斯顿都沉浸于以"功能"代替"权力"的新术语中，或者说从功能主义的角度阐述其政治概念和国家理论。值得注意的是，伊斯顿特别强调，作为政治价值的意识形态不在资源分配之列，也就是说，资源分配只能在确定的立国价值和宪制框架中进行。③

如此发展而来的政治概念输出了这样的政治观念：政治就是斗争，为了权力和各种利益的分配（斗争与交易）。容易让人忽视的是，这些权力斗争和利益交换只能在政治价值和宪制体系内进行，不可以动摇意识形态和宪制基础。这是民族国家建立、资本主义政治制度得以确立后的政治概念所输出的政治观念。在这两大"建制"确立之前，欧洲的历史就是赤裸裸的、血腥的权力斗争史，韦伯式概念只不过是对这种历史的抽象化概括，用一般性概念道出了欧洲历史的真相。

① 阿尔蒙德，等. 发展中地区的政治. 任晓晋，储建国，宋腊梅，译. 上海：上海人民出版社，2012：2.

② 伊斯顿. 政治生活的系统分析. 王浦劬，译. 北京：人民出版社，2012：20.

③ 同②320.

（二）历史中的政治概念：资源分配的战争状态

时至今日，政治就是划分敌友的概念依然是西方政治的现实。"9·11"事件发生后，美国总统小布什提出，不和美国一道反对恐怖主义的，就是美国的敌人。当下在华盛顿流行的一种关于中美关系的观念是，不效忠美国，就是在为中国服务。这种二元对立的思维方式根植于西方历史中，一神论的基督教讲的就是我对你错，黑白对立，这种二元对立世界观为欧洲历史所强化。因此，当韦伯说政治是权力分配的时候，同为德国人的施米特认为政治的标准就是敌人与朋友，政治活动的核心是划分出敌人和朋友。① 1927 年，施米特发表了《政治的概念》，那时正值一战后意识形态对峙、党争政治骤起、国际政治奉行丛林法则的时代，"政治就是划分敌友"的概念深刻揭示了德国当时的国内外政治环境。一战结束 20 多年后，又发生了更加惨烈的二战，西方国家完全处于丛林法则之中。在两次世界大战期间的德国国内也矛盾重重：德国 1913 年立法认定公民身份与族群无关，但又强调血统主义，导致大量逃难的犹太人涌入德国并产生了剧烈的民族冲突；而在普鲁士，不仅新教与天主教之间有冲突，各分支派别也时刻处在对抗之中；20 世纪初期德国工业化的快速发展使得资产阶级、容克贵族和无产阶级之间的矛盾急剧扩大。弗尔布鲁克这样描述二战之前的德国："一个领土和国际地位都受到削弱、背负赔款重担的战败国，一个充满了修正主义的愤恨、在一个个政治危机中蹒跚前行的国度，一个最后遭到了经济危机重创的社会。"② 民族和宗教的对立加之经济危机所带来的极端贫困和阶级分裂，使得施米特所处的德国充满层出不穷的罢工、游行和政治暴力。

---

① 施米特. 政治的概念. 增订本. 刘宗坤，朱雁冰，等译. 上海：上海人民出版社，2018：32.
② 弗尔布鲁克. 德国史：1918—2014.4 版. 卿文辉，译. 上海：上海人民出版社，2018：80.

施米特用以揭示历史真相的政治概念在欧洲思想史上有着深厚的传统，其原因就在于欧洲政治一直处于对抗性矛盾之中。19世纪中叶，马克思、恩格斯在《共产党宣言》开篇关于欧洲（人类）政治的判断是："至今一切社会的历史都是阶级斗争的历史。自由民和奴隶、贵族和平民、领主和农奴、行会师傅和帮工，一句话，压迫者和被压迫者，始终处于相互对立的地位，进行不断的、有时隐蔽有时公开的斗争，而每一次斗争的结局都是整个社会受到革命改造或者斗争的各阶级同归于尽。"① 恩格斯在《英国工人阶级状况》、马克思在《法兰西内战》中，都经验性地讲述了工人阶级的"绝对贫困"所诱发的阶级斗争。对于马克思、恩格斯而言，政治就是无产阶级通过暴力革命成为统治阶级以实现民主。

马克思、恩格斯用阶级分析的语言，即政治就是阶级斗争，深刻揭示了欧洲史中的对抗性矛盾，罗马帝国之后的宗教战争、神权与王权的战争、城邦国家（封建领主）之间的战争、王权与封建领主之间的战争以及后来民族国家之间的战争，一直未曾中断过。因此，军事理论家克劳塞维茨曾说，"战争就是政治以其他手段的延续"，"一个共同体（整个民族）的战争，特别是文明民族的战争，总是产生于一个政治状态，而且只能是一个政治动机引起的，因此战争是一个政治行为"②。政治即战争的判断，是对欧洲自16世纪以来一直到克劳塞维茨时代的战争作为一种生活方式的总结，其中德意志三十年战争和英国内战的残酷性让欧洲人刻骨铭心。与克劳塞维茨同时代的空想社会主义者圣西门这样描述已经过去了一个多世纪的德意志三十年战争："欧洲对悲惨的三十年战争记忆犹新。人们说，宗教战争是最残酷的。不错，这种战争是非常残酷的，但仍不如因破坏宗

---

① 中共中央马克思恩格斯列宁斯大林著作编译局. 马克思恩格斯选集：第1卷. 3版. 北京：人民出版社，2012：400.

② 克劳塞维茨. 战争论全集：第1卷. 陈川，译. 北京：商务印书馆，2019：46，44-45.

教联系而爆发的战争残酷，因为这种破坏将使人类重新回到原始状态，即回到战争连年不断的状态。"① 三十年战争使德意志各邦国的人口被消灭了 25%～40%，其中路德城维滕贝格 3/4 的人口阵亡，波美拉尼亚 65% 的人口阵亡，各邦国男性将近一半阵亡。

这个"原始状态"（自然状态）还发生在英国内战时期，这些是霍布斯所目睹的，保皇党和议会之间的战争十分残酷，内战开始后的短短 4 年时间就有十万英国人被杀。② 英国国内泛滥的暴力也没有因内战的结束而终结，而是充斥了整个 17 世纪。③ 霍布斯很自然地认为，他所生活的时代就是一种自然状态，是"每一个人对每一个人的战争状态"④，每一个人之外的其他人，都是他的敌人，这是源自人性中的竞争、猜疑与荣誉。自然状态中的人各自为利、贪婪无耻、相互攻击、时时争斗，"人们不断处于暴力死亡的恐惧和危险中，人的生活孤独、贫困、卑污、残忍而短寿"⑤。

霍布斯关于政治的"自然状态"和"战争状态"不但是对英国两次内战的描述，也是其前后几百年欧洲历史的写照。所以，马基雅维利创造了被后人称为"马基雅维利主义"的政治理论——国家理性论，主张不顾任何道德规范而把国家的生存权及自身利益放在首位。虽然国家理性论被后来生活于和平时代的人们广为争论，但这就是那个时代欧洲人所处的"战争状态"。

（三）小结

从中世纪后期开始直到二战的欧洲史是如此残酷的"战争状态"，史家

---

① 圣西门.圣西门选集：第1卷.王燕生，徐仲年，徐基恩，等译.北京：商务印书馆，2009：142.

② 布里格斯.英国社会史.陈叔平，陈小惠，刘幼勤，等译.北京：商务印书馆，2015：178.

③ 蒂利谈道："在英国，两次主要的内战加上一些叛乱和地区斗争，使得17世纪充满了政治暴力。"参见：蒂利.集体暴力的政治.谢岳，译.上海：上海人民出版社，2006：56.

④ 霍布斯.利维坦.黎思复，黎廷弼，译.北京：商务印书馆，1985：94.

⑤ 同④95.

或理论家关于这一时期政治的刻画必然也是以政治斗争、战争为主题的。历史中真实的政治被学术化为拗口的权威性资源分配，其中当然回避不了战争分配资源以及对抗性资源分配方式。从霍布斯式历史叙事到韦伯式学术概念，共同点是政治是一种对抗性（竞争性）分配资源的活动，政治制度也必然具有分权性与制衡性。这是由欧洲、美国的历史属性所决定的。

二、对抗性资源分配政治的社会起源

欧洲历史之所以是对抗性资源分配的制度变迁的历史，主要是因为其历史的社会史属性。欧洲民族国家出现得如此之晚，历史的主角必然是地方诸侯和城邦式国家。正如布罗代尔所言："历史只能有两个一般的平面，一个是政治平面，另一个是社会平面。"[①] "对于中世纪来说，只有一种历史，即社会史。它吞噬和消化了一切；国家分解成我们已经说过的各种实体：城市、领地、村社。"[②] "在中世纪，在西方，政治散布在社会里，两者纠缠在一起（领主既是领主又是所有者），随着近代国家的成长，两者逐步有了区别，并相互分离了：一方面是国家，另一方面是经济社会。"[③] 甚至直到 19 世纪，许多人仍然不关注史学中政治的内容："有的人蔑视政治和一般历史，因为他们认为政治和一般历史不直接触及个人的内心世界，不触及现实生活。"[④] 即使在国家诞生以后，社会史的书写依然是主流，这也是西方历史社会学发达的历史根源。在以社会史为主要方面的历史中，重视历史的社会科学不会产生历史政治学。

不仅中世纪以社会史面向为主，欧洲"轴心文明"时代确定的传统就

---

① 布罗代尔. 论历史. 刘北成，周立红，译. 北京：北京大学出版社，2008：143.
② 同①144.
③ 同①137.
④ 兰克. 近代史家批判. 孙立新，译. 北京：北京大学出版社，2016：255.

是"多统"的、部落性的、碎片化的社会史。在产生于地中海海洋环境和商业文化的古希腊的城邦国家，被认为是实现"共同体最高的善"的最好单元，所以古希腊居然有 158 个城邦国家。即便有长期的伯罗奔尼撒战争，其目标也主要是争霸而不是寻求统一。进入罗马共和国时代，"帝国"看上去是"一统"的国家，但其统治方式以自治城市为主，罗马公民权具有很大的"分封"色彩，从而奠定了分权的封建制传统。在罗马帝国之后，欧洲进入了千年的神权政治时代（约公元 5 世纪—1500 年）。在神权政治时代，虽然有上帝这个"共主"，但争夺正朔的宗教战争屡见不鲜，不但有持续几个世纪的针对异教徒的战争，欧陆内部的宗教战争也层出不穷。在中国宋朝进入柏拉图式理想国的实现君臣共治的新千年（1000 年）之际，欧洲进入了人类历史上的至暗时刻。伴随着宗教战争、神权与王权的战争、封建领主之间的战争，还有导致 25％～35％欧洲人口死亡的黑死病。真可谓天灾人祸，暗无天日。

美国加州学派学者王国斌指出，在 1400 年，"形成鲜明对照的是，欧洲在政治组织方式上杂乱无章，众多的小型政治单位（包括城邦、主教领地、公国和王国等）并存。而此时的中国却是一个幅员广大的帝国，基本上不存在欧洲式的贵族、宗教机构和政治传统"[①]。欧洲的权力散布于社会之中，个人、村社、城市、封建领主、教会等都在为获得生存权和社会控制权而斗争，亚里士多德追求的旨在实现共同体最高的善的政治，变成了"自然状态"乃至"战争状态"。

社会史中所蕴含的巨大矛盾，必然导致连续不断的战争；"连续不断的战争，带来了步兵、火器和大型军队的发展"，即军事革命[②]和随之而

---

① 王国斌. 转变的中国：历史变迁与欧洲经验的局限. 李伯重，连玲玲，译. 南京：江苏人民出版社，2014：77.

② 唐宁. 军事革命与政治变革：近代早期欧洲的民主与专制之起源. 赵信敏，译. 上海：复旦大学出版社，2015：74.

来的科技革命。① 军事革命催生的是绝对主义国家，因为一般贵族或封建领主不能再承受战争的代价，必然在寻求更大封建领主的保护的过程中而成为封臣，以王权为中心的有了主权观念的绝对主义国家开始产生。

近代欧洲的绝对主义国家与代议制政制的产生有所不同。虽然有了王权主导的绝对主义国家，但欧洲的封建制传统是如此根深蒂固，封建制的盛行使得社会控制权分散化，国王并不能实现权力的统一，领主、骑士、城市等都拥有或大或小的自治权，他们组织成议会与握有行政权的国王相抗衡，并在 13 世纪的时候取得了里程碑式的胜利——国王被迫签署《自由大宪章》。14 世纪，郡和自治城市的力量逐渐壮大，议会开始分成两院："一个由单独召集的领主或大贵族组成，另一个则由所有当选的郡和自治市的代表组成；这两个议院对所有事务都进行共同协商和投票。"② 下院的出现，正是自治城市力量日益壮大的结果，自治城市的崛起意味着平民在政治生活中的地位日益凸显。国王虽然仍然处在权力的中心，但是由于社会权力的多元分立，不得不在贵族和平民中周旋，借助他们的力量达成自己的政治目标。正是在这三种权力的斗争、妥协之中，代议制政府逐渐发展起来："虽然王权自身仍很强大，但它有时候不得不借助贵族，有时候借助平民。从这三种重大社会力量的一致性上，在他们的联盟和命运的变迁中，代议制政府实现了进步。"③

社会权力多元化的政治必然呈现"战争状态"，连续不断的战争带来

---

① 著名的"李约瑟之谜"即曾经在技术上领先世界的中国为什么没有发生欧洲式的科学革命，这一迷思一直未得到令人信服的回答，但文一教授的《科学革命的密码：枪炮、战争与西方崛起之谜》认为，欧洲科学革命是战争的结果，而中国没有那么多的战争和残酷的生存权斗争，所以没有发生科学革命。这是个有力的解释。参见：文一. 科学革命的密码：枪炮、战争与西方崛起之谜. 上海：东方出版中心，2022.

② 基佐. 欧洲代议制政府的历史起源. 张清津，袁淑娟，译. 上海：复旦大学出版社，2008：371-372.

③ 同②449.

军事革命，军事革命催生绝对主义国家，但追求绝对权力的君主们似乎永远难以拥有绝对权力，而不得不与封建领主主导的议会分享权力，从而在形成主权国家的同时也形成了分权制衡的代议制政府，国家和政制具有同步性。而这一社会史诱发的制度变迁，是典型的对抗性（竞争性）攫取资源的过程，政治已经以"分利"为目标，"最高的善"不再是共同体的目标，而是个人权利的实现，而且往往以战争为主要形式去实现个人权利，必然具有残酷的掠夺性。这体现在国家的对外政治中。

在欧洲绝对主义国家基础上形成的民族国家是以民族为单元的国家建制，这事实上有三条线索可寻。第一条线索是种族内部的战争状态—军事革命—绝对主义国家—民族国家。绝对主义国家向民族国家演化的过程，也是封建制度让位于资本主义制度的过程，但这并不意味着社会多元力量的消失，"英国革命以后在政治经济领域保留了大量的封建残余，英国社会在带着浓厚封建残余的情况下向成熟的资本主义社会过渡"①。在旧有的封建制度被消灭之后，地方仍然由牧师和地方治安官控制，国家权力仍然控制在作为贵族联合体的议会手中。就整个欧洲而言，多元权力斗争的结果也是一定程度的妥协，正如安德森所说："18世纪是欧洲各地君主与贵族和解的时代。"② 君主与贵族的和解，既意味着贵族将垄断暴力的权力让渡给国家，也意味着国家对贵族权力现实性的承认。因此，蒂利评价说："事实上，在国家层面上，直到法国大革命时代没有一个欧洲国家（也许，除了瑞典）做出过认真的努力来构建一个从上到下的直接统治。在此之前，除了最小的国家，所有国家都依赖某种版本的间接统治，从而冒着严重的不忠、欺骗、腐败和反叛的风险。"③ 欧洲从社会史走向政治

---

① 沈汉. 世界史的结构和形式. 北京：生活·读书·新知三联书店，2013：103.
② 安德森. 绝对主义国家的系谱. 刘北成，龚晓庄，译. 上海：上海人民出版社，2016：170.
③ 蒂利. 强制、资本和欧洲国家：公元990—1992年. 2版. 魏洪钟，译. 上海：上海人民出版社，2012：31.

史是一个漫长的过程，正是在这个既有斗争又有妥协的过程中，诞生了现代民族国家的概念。可见，不管国家形态如何，社会多元主义推动的代议制成为实现对抗性资源分配最重要的制度遗产，代议制的代表只不过从最初的封建领主（土地贵族）逐渐演变为后来的商业阶级。然而，内部资源是有限的，对抗性资源分配政治的维持需要外部资源的输送。

第二条线索是在主权国家形成的同时，欧洲主要国家的东印度公司对非欧洲地区的海外殖民贸易和殖民扩张，不仅使国家形成过程中的社会矛盾得以外溢和化解，还为对抗性资源分配政治输入了源源不断的资源，从而缓和了内部矛盾。根据印度经济学家的研究，仅在印度，英国的殖民掠夺就高达9.2万亿英镑。① 对于西方国家而言，没有哪个对抗性资源分配政治离得开源源不断的外部资源。同时，那些对抗性资源分配的输家作为殖民者而远走他乡，大大减轻了内部的紧张关系。这等于说，对外部资源的掠夺，移民以化解国内矛盾，是对抗性资源分配游戏能够得以展开的重要条件。

第三条线索是对抗性资源分配政治导致的欧陆国家之间的长期战争状态，引发了毁灭欧洲文明的两次世界大战，2022年2月爆发的俄乌冲突是对北约不断东扩的反弹，其实也不过是欧洲"战争状态史"的延续。

这三条线索告诉我们，不管是内部政治还是外部政治，源自社会史的权力分配政治都是政治的战争状态，这个长周期历史深刻地塑造了欧洲的民族性和政治行为传统。全球史的奠基者麦克尼尔这样总结："当人们把它们（欧洲人）与其他主要文明形态比较以后，而且只有当人们得知了科尔特斯和皮萨罗之流在美洲的几乎令人难以置信的黩武野蛮行径，得知了

① POLYA G. Britain robbed India of ＄45 trillion ＆ thence 1.8 Billion Indians died from deprivation. (2018 - 12 - 18) [2022 - 09 - 28]. https://countercurrents.org/2018/12/britain-robbed-india-of-45-trillion-thence-1-8-billion-indians-died-from-deprivation/.

阿尔美达和阿布奎基等人在印度洋上的伤天害理的挑衅侵略行为，并发现了即使如利玛窦神父那样的欧洲学者也对中国文明嗤之以鼻之后，欧洲人嗜血好战的特性才能被认识。"① 欧洲人根深蒂固的鲁莽好斗的性格，"使他们能在约半个世纪内控制了全世界的海洋，并只用了一代人的时间就征服了美洲最发达的地区"②。"嗜血好战"的民族性习惯于对抗性资源分配，因此对外政治必然具有好战性、掠夺性。或者说，社会史塑造的国家往往具有军国主义性质。

三、中国政治史中的政治概念：秩序—民心—致治

钱穆认为，中国历史的擅长之地在于政治史："中国历史自有其与其他国家民族不同之特殊性，而最显见者却在政治上。也可说中国民族擅长政治，故能以政治活动为其胜场。能创建优良的政治制度来完成其大一统之局面，且能维持此大一统之局面历数千年之久而不衰。直到今天，我们得以拥有这样一个广土众民的大国家，举世莫匹，这是中国历史之结晶品，是中国历史之无上成绩。"③

（一）大一统的国家史

中国历史的政治史属性并不是与生俱来的，而是从社会史长期演化而来的。统治长达千年之久的商周为部落制联盟，其社会史属性显著；但西周是典型的"天子诸侯制"，"周天子"称谓意味着"大一统"政治思想端倪初现，周朝创制的礼治也是维护大一统政治的基础性制度遗产，因此国

---

①② 麦克尼尔.西方的兴起：人类共同体史.孙岳，陈志坚，于展，等译.北京：中信出版社，2015：599.
③ 钱穆.中国历史研究法.3版.北京：生活·读书·新知三联书店，2013：20.

家史或政治史的属性值得重视。春秋战国时期，几乎相当于西方罗马帝国之后城邦国家林立的时期，总体性历史是社会史属性的，但先秦诸国中主流政治体所追求的、诸子百家争鸣的，其实都是治国理政的政治思想；各国都奔走在大一统的路上，看起来杂乱无章的社会史，其实是线索清晰的政治史或国家史。这就为"周秦之变"，即从周朝的"天子诸侯制"转变为秦汉时期的"君主官僚制"，奠定了坚实的历史基础。

春秋战国时期的自治性封建权力在战争中被一一消灭，"帝国由于敌对诸侯的冲突而得以缔造，而且对中华帝国的主要威胁，从一开始就是附属的王室成员们或其他的地方势力可能再次分裂国家或夺取控制权。为扼杀这种可能性，秦朝和汉朝的统治者们创立了延伸到乡间的中央集权化官僚体系"①。地方势力或间接统治的力量被全部纳入一统性政权，成为"国家"这个政治实体的组成部分。"中国的村落从来不构成一个独立的政治体，它只是中国这个超级政治体的最基层部分；古希腊的城邦，即便再小，也是古希腊文明中的一个独立的政治体。"② 地方性政治实体是一统国家的解构性因素，是绝不允许存在的。因而中国的历史叙述一直将一统性权力的建构视为常态，而将封建性权力对国家的分解视为变态。

了解了"周秦之变"，再对比欧洲战争制造的民族国家，才能理解为什么弗朗西斯·福山说秦是世界上第一个现代国家——西方人把具有主权权力的国家看作现代性政治最重要的标志。秦之后，中国进入"国家"时期，其历史自然是政治史；虽然也有魏晋南北朝、五代十国等类似春秋战国的分裂和内乱的历史，看上去具有社会史的一面，但这些时期的各王朝对"大一统"都情有独钟。

一统国家的存续需要实现对广大地域的整合，不断清除内部或地方出

---

① 伯班克，库珀. 世界帝国史：权力与差异政治. 柴彬，译. 北京：商务印书馆，2017：53.
② 苏力. 大国宪制：历史中国的制度构成. 北京：北京大学出版社，2018：503.

现的封建性力量。这种整合建立在一统政权的基础上，不能够依靠以暴力为支撑的法律："历史中国的政治家考虑更多的是如何通过或借助相对简单易行的制度，而不是'以国家强制力为支撑的社会规范'（法律），将无数离散但同质的农耕村落整合起来，将因地形地理气候等综合因素造就的多样异质的各族群各民族民众整合起来。"① 单纯的法律之治并不能实现地域和社会的整合，只会导致一统政治的覆灭，古人对"暴秦"的指控就是如此。德国汉学家穆启乐在对比中西史学后谈道，相较于罗马史学强调内部冲突和社会权力的结构变化，"在司马迁的《史记》中并不存在自由与专制的对立。共和制政体完全在他的视野之外。统治的形式要么是诸侯国或王国的割据，要么是君主制的大一统，而没有其他的选择。"② 而且，在对历史人物的评价中，"建立、维护内部秩序以及改善民众的生活水平起着决定性作用，而对外的军事打击力则是次要的事情"③。一统性的政治逻辑既限定了中国的政治路径，也限定了中国的政治内容。暴力只存在于多元权力斗争的历史时期，在一统秩序建立之后，在政治上暴力的对象便丧失了，暴力是隐而不显的，或者说暴力只有对外的意义。这样，韦伯式的政治概念就很难有效地解释长达几千年的中国政治史中的"政治"。同理，韦伯式国家观大概也很难解释基于大一统史观而塑造的中国这个"国家"。

由此，从周王朝开始确立的大一统传统延续了下来，随后的历史有两种类型：一种是承平时期的各个朝代（治世），另一种是改朝换代之际的动荡不安时期（乱世）。其政治行为方式有天壤之别，一个主张稳定和致治，一个奉行暴力（阶级斗争）和夺权（权力分配），但因为大一统思想

---

① 苏力. 大国宪制：历史中国的制度构成. 北京：北京大学出版社，2018：37.
② 穆启乐. 古代希腊罗马和古代中国史学：比较视野下的探究. 黄洋，编校. 北京：北京大学出版社，2018：74.
③ 同②75.

深入人心，乱世之中的人们依然在追求治世，即大一统。何况，乱世之中的各方依然本着治世原则而希望自己能一统天下。因此，虽然治世和乱世的行为方式不同，但政治思想上的共性则都是大一统。这大概就是拥有最早国家史的中国文明能够赓续 5 000 多年而不曾中断的底层逻辑。

（二）国家史中的政治认知

不同于西方思想的书写传统，中国的学术或者思想大多数由"一线"政治家撰写，他们将他们的所思所想和自身实践总结为治国理政之道，多以语录体表达，而不像古希腊那样一开始就是概念式、学科化的表述。尽管如此，中国关于政治认知的系统化、体系化和深刻性，一点都不亚于西方。作为理解"国家"的"政治"，至少包括大一统秩序、礼法之治、民心政治和致治传统。为了思想比较上的方便，这里且不论礼法之治之于中国政治传统的重要地位。

大一统秩序。治世-乱世的历史统一由大一统国家史的历史逻辑决定，中国人关于政治的认识是确定的。关于政治或国家是用来干什么的，在轴心文明时代，中国人和古希腊人似乎对此心有灵犀，认为政治或国家都是为了实现一种理想的秩序，亚里士多德将该秩序表述为"共同体最高的善"，或者如柏拉图所说的哲学王治下的"理想国"，但共同体的多统性使"理想国"很难实现。与之相对，周王朝开创了大一统的天下秩序，所以中国人首先在大一统的治体意义上论政。正如董仲舒所言："春秋大一统者，天地之常经，古今之通谊也。"（《汉书·董仲舒传》）宋代司马光也说："苟不能使九州合为一统，皆有天子之名而无实者也。"（《资治通鉴》）清雍正帝更不忘强化大一统："所承之统，尧舜以来中外一家之统也；所用之人，大小文武，中外一家之人也；所行之政，礼乐征伐中外一家之政也。"（《清世宗实录·卷一百三十》）

民心政治。孔子对曰："政者，正也。"（《论语·颜渊》）大一统的秩序首先需要"正名"，"名正而言顺"，以获得统治的正统性。所以，"正也者，所以正定万物之命也"（《管子·法法》）。"且圣人为政，必先正名。"（《明史》）

"正名"之道从殷商之"天命"、到周朝之"德行"再到先秦之后的"民心"，是政治的正统性所在。"天子作民父母，以为天下王。"（《尚书·洪范》）"民之所欲，天必从之。"（《左传·襄公三十一年》）"政之所兴，在顺民心。"（《管子·牧民》）"古之为政，爱人为大。"（《礼记·哀公问》）以今人看，为政之道首在正名，即确保统治符合民心。

民心政治必然要以民为本。先秦将其表述为民本思想，诸如"民为邦本，本固邦宁"。唐太宗认为民本需要和静，"为政之要，务全其本。若中国不静，远夷虽至，亦何所益"（《全唐文·政本论》）；又说："古之帝王为政，皆志尚清静，以百姓之心为心。"（《贞观政要·论政体》）在秦汉之后的两千年中国史中，民本思想一以贯之。这一赓续至今的历史恰恰说明了民本思想与生俱来的现代性。

民心政治必然行"仁爱"之政。孟子说："仁者爱人。"（《孟子·离娄下》）仁意味着将私人之爱外推："老吾老，以及人之老；幼吾幼，以及人之幼。"（《孟子·梁惠王上》）仁的外推将个体纳入共同体之中："以天下为一家，以中国为一人。"（《礼记·礼运》）在这个仁的天下之中，国君当然也要行仁政："为人君，止于仁。"（《礼记·大学》）行仁政的目的是达到全天下的仁和一体："君子笃于亲，则民兴于仁。"（《论语·泰伯》）

致治传统。如果说大一统是一种理所当然的状态，民心是实现大一统的思想基础，那么"致治"则是民心政治的实践基础。早在先秦时期，就有了致治的政治经济学。管仲治齐的《轻重篇》、商鞅治秦的《商君书》，就是今人所说的政治经济学思想，被后人描述为"政策决定论"。比较而言，希腊、罗马几乎没有治理思想，成就最高的经济思想就是亚里士多德关于分工的观察（谈不上思想），在亚里士多德之后，经济思想一直呈衰败之势。正如奥地利经济学派的研究所示，古希腊"基本上都是一片经济思想的荒漠"，"在亚里士多德去世以后，经济理论发展走向衰退，到了后来的公元前 4 世纪至公元前 1 世纪时期的希腊化（Hellenistic）和罗马时代，经济思想差不多成了空白"①。至于说欧洲的政治经济学，即古典政治经济学，那是 17 世纪的事了。

中华文明的致治传统，使得中国人关于"政治"的看法大都落脚于"治"上，即行政上的管理、治理和政治上的国家治理。在行政意义上的"政治"，诸如："凡事，致野役，而师田作野民，帅而至，掌其政治禁令。""凡相犬牵犬者属焉，掌其政治。"（《周礼》）西汉贾谊在《论积贮疏》中有言："政治未毕通也。远方之能疑者，并举而争起矣。"《隋书》记载："其民下有知州县官人政治苛刻，侵害百姓，背公徇私，不便于民者，宜听诣朝堂封奏，庶乎四聪以达，天下无冤。"

在政治意义上的"政治"即国家治理，如《尚书·毕命》所言："道洽政治，泽润生民。"《荀子·儒效》则说："言政治之求，不下于安存；言志意之求，不下于士。"《史记·乐书》亦有："王者为用刑则禁制暴慢，疏爵以举赏贤良，则政治均平，是刑以防之矣。"《三国志·魏书》中有言："后诏大议政治之不便于民者，阜议以为：'致治在于任贤，兴国在于务农。'"《新唐书·列传第七十六》也说："帝问政治之要，播曰：'为政之本，要得有道贤人乃治。'"

"大一统—民心—致治"，大致构成了中国自古以来的政治逻辑或者说国家理论，有学者称之为"治体论"。大一统是国家之体，民心是政治价

---

① 罗斯巴德. 亚当·斯密以前的经济思想：奥地利学派视角下的经济思想史：第 1 卷. 张凤林，等译，北京：商务印书馆，2012：29，31-32.

值观，致治是重民的政治方法。各个时期的政治无不以大一统秩序为宗旨，本着民本思想，行礼法之制，使政事得到有效管理，国家得以有效治理。在逻辑上，只有确定的、稳定的政治秩序即大一统，才可以收获民心，让制度正常运行、国家得到治理。反之亦然，只有实现有效行政和国家治理，才能维护礼法之制，民心才能得以聚集，大一统才能得到维持。

外交是内政的延续，同样适用于古代中国的政治分析。以仁爱、民心为基础的对内大一统的政治，对外则是天下大同、天下为公、天下一家的"公家秩序"①。对外行为原则可以被称为"孔子改进"②："己所不欲，勿施于人"，"己欲立而立人，己欲达而达人"。相对于可能只让少数人获益的零和博弈式的"帕累托改进"，"孔子改进"则是一种双赢的行为范式。以共商、共建、共享为原则的全球治理观，就是"孔子改进"的政治实践。为此，"一带一路"倡议主张的各方共赢也是"孔子改进"原则的实现。

四、时间中的政治

社会史的政治和国家史的政治不同，而且这种不同也并没有因西方从社会史向政治史演变而消失，二者依旧有着天壤之别。这是因为历史连续性所累积的时间空间化，即现实政治不过是历史连续性的产物。

中西方政治的历史本体论的差异性，在历史连续性的作用下，导致了现实政治的文化、制度和行为方式上的差异性。钱穆在论述中西方政治时说："吾国自古政体，开始即形成一种广土众民大一统的局面，与希腊市府之小国寡民制不同。而吾所谓大一统者，乃由国家整部全体凝合而形成

---

① 任锋. 论公家秩序：家国关系的历史政治学阐释. 北京行政学院学报，2022 (2).
② 赵汀阳. 天下体系的一个简要表述. 世界经济与政治，2008 (10)：63.

一中心。"① 政治秩序的差异性决定了国家-社会关系的天壤之别，钱穆认为，西方政治为政民敌立，而中国政治为政民一体。政民一体的政治为尚理的、和谐的，政民敌立的政治为尚力的、斗争的。②

英国著名政治学家芬纳认为："中国的政治制度和希腊以来的西方传统完全不同。事实上，二者是截然相反的。它的政治制度、社会结构与主流的社会价值相辅相成，这是自从早期的美索不达米亚和埃及政府以来从来没有过的，特别是西方更不曾出现过。因此，中国稳定、持久的社会政治体系与躁动不安的西方相比，后者则依赖自由行动与个人责任；而前者更依赖集体，每一个人都要为其他人的错误承担责任。"③ 西方传统体现了人类在法律和上帝面前人人平等的概念，而华夏国家与之相反，一开始就是等级式的人际关系，但是"在中国的政治体制中，所有这些不平等都被导入一个总体上和谐的有机社会"④。"在西方传统中，独立自主的个人占据着重要位置。要在中国传统范围内寻找这种西方知识分子所推崇的主导思想，将是徒劳的。更重要的是，表述这些思想成分的价值观、行为以及制度在中国传统中不存在。"⑤

在工业革命推动的全球化到来之前，中国和西方的政治沿各自的历史轨迹演变着。西方的崛起意味着其政治的胜利，因此其政治的历史连续性无须多论，以保护社会多元主义为宗旨的代议制从贵族代议制演变为代议制民主，贵族之间的竞争演变为党争民主，"分利政治"传统即竞争性资源分配一以贯之。被鼓吹为"普世价值"的自由主义民主只不过是源自中

---

① 钱穆.政学私言.北京：九州出版社，2010：104.

② 同①6－7.

③ 芬纳.统治史：第1卷：古代的王权和帝国：从苏美尔到罗马.修订版.王震，马百亮，译.上海：华东师范大学出版社，2014：474.

④ 同③474－475.

⑤ 郝大维，安乐哲.先贤的民主：杜威、孔子与中国民主之希望.何刚强，译.南京：江苏人民出版社，2004：25.

世纪欧洲文明的一种政治表述。^① 尽管西方随着民族国家的诞生开启了政治史的一面，但其根深蒂固的社会史属性或者封建制社会性质并未消失，甚至在有些领域封建制色彩还很顽固，国家权力不能渗透到所谓的自治领域，比如美国枪支泛滥而得不到控制。这是因为制定于前现代社会时期的美国宪法到今天依然是根本大法，美国宪制把竞争性资源分配政治彻底制度化了。

因此，虽然西方从社会史走向了政治史，但其政治的核心内容在于维持政治经济精英（现代贵族）的团结，建立分权制衡的制度，使得一统性政治权力不至于在精英们激烈的对抗性资源的政治斗争中崩溃。对他们而言，抛弃多元权力的一统性是不可想象的。比如托克维尔就极力主张多元权力的重要价值：民主的个人主义思想总会有导致多数人专制的危险，而抑制这种危险的制度安排就是地方自治、法学家团体以及陪审制度、新闻和结社自由，其中政治结社是最能够实现多元权力的制度安排。^② 政治经济精英在政治社团中获得自己的地位，同时以政治社团为中介参与权力的竞争。可以说，西方现代国家的诞生，是一种建立在权力封建性基础上的政治史。变的是时间，不变的是政治传统，时间锻造的政治传统竟是如此牢不可破！

"时间中的政治"是否可以用来分析中国政治？近代以来，中国政治看上去一直在剧变之中。从"三千年未有之大变局"的晚清开始，中国历经了"洋务运动"式的"西学为用"、新文化运动中"打倒孔家店"式的自我否定、南京国民政府的亲近美国、新中国全面学苏，在长达一个多世

---

① 杨光斌.自由主义民主"普世价值说"是西方"文明的傲慢".求是，2016（19）.

② 托克维尔认为："在民主国家，结社的学问是一门主要学问，其余一切学问的进展，都取决于这门学问的进展。"政治社团的多元权力导致当时的各国政府"视政治社团犹如中世纪的国王视其国内的大诸侯"。参见：托克维尔.论美国的民主：下卷.董果良，译.北京：商务印书馆，1989：697，706.托克维尔在《论美国的民主》上卷论述了防止专制的多元权力的各种制度安排。

纪的历史中，中国人不是在向西方学习中改变自己，就是在否定自我中向西方学习，西周以来塑造的政治传统的命运该走向何处？

大一统。大一统当然不局限于疆域上的国家统一，但首先是国家统一，在此基础上还有制度一体、思想统一乃至政治行为上的一统性。

中国历史上的大一统面临的最大威胁是列强瓜分中国的企图，中国陷入了四分五裂、一盘散沙的局面。那么是谁把中国重新组织了起来或者说谁解放了中国？实行民主集中制组织原则的中国共产党把中国组织了起来。这样，民主集中制不但是人民代表大会制度的组织原则，还是中央-地方关系的组织原则，而且改革开放以来的新型权力关系即国家-社会关系、政治-市场关系，都事实性地体现了民主集中制原则。不仅如此，民主集中制原则还通过群众路线、协商民主等形式充分地体现在政策过程中，使得中国民主成为"全过程人民民主"，使得国家权力与全体国民直接联系起来，从而真正实现了钱穆所说的"政民一体"①。以民主集中制原则为基础的大一统意味着，不同于过去的大一统，当代中国的大一统有了"人民性"或者"民主性"。这是今日大一统与古代大一统的最大区别。

在革命时期，中国共产党强调民主集中制，进行整风运动，批判宗派主义："他们总是不适当地特别强调他们自己所管的局部工作，总希望使全体利益去服从他们的局部利益。他们不懂得党的民主集中制，他们不知道共产党不但要民主，尤其要集中。他们忘记了少数服从多数，下级服从上级，局部服从全体，全党服从中央的民主集中制。"② 新中国成立之后，邓小平也说："要安定团结，就必须消除派性，增强党性。"③ 在扫除宗派主义的同时，也要加强与民众的直接联结，毛泽东这样解释群众的重要意

① 杨光斌.中国政治认识论.北京：中国社会科学出版社，2018：235-267.
② 毛泽东.毛泽东选集：第3卷.2版.北京：人民出版社，1991：821.
③ 邓小平.邓小平文选：第2卷.2版.北京：人民出版社，1994：2.

义："因为革命战争是群众的战争，只有动员群众才能进行战争，只有依靠群众才能进行战争。"① 中国共产党一方面反对宗派主义，一方面强调群众路线，从中国政治史的传统来讲，这两者是同一个东西。反对宗派主义，正是要实现一统性权力与民众的深刻结合，一统性与人民性是同一个问题的两面。因此中国的现代大一统的主要任务，就成了在群众路线基础上的善治："它认为人民群众必须自己解放自己；党的全部任务就是全心全意地为人民群众服务；党对于人民群众的领导作用，就是正确地给人民群众指出斗争的方向，帮助人民群众自己动手，争取和创造自己的幸福生活。"②

民心政治。以民本和仁爱为支撑的民心政治，在中国革命中扮演了十分重要的角色。如果说古代中国的民心政治主要是一种观念性主张，那么中国共产党开创的群众路线、统一战线则是民心政治的制度化实践。通过群众路线，中国革命和新中国的制度建设将千百年来被压制的社会底层解放出来，被解放的底层释放出的能量难以计量，但正是群众路线锻造的"军民鱼水情"才使得老百姓用小车推出淮海战役的胜利，同理也可以想象被解放的社会底层所释放的能量之于社会主义建设的难以估量的作用。

民心政治必然讲政治团结，对内对外讲"孔子改进"，这完全不同于对抗性资源分配政治所导致的社会分裂以及由此形成的认同政治、极化政治和政治的返祖现象——政治部落化。

民心是一种群体性的深层心理结构或者以心理结构为基础的深层社会文化结构，它是在漫长历史中形成的，也是依靠以民为本的政治实践所巩固的。因此，虽然民心与民意有关系，民意在某些时候能反映民心，但二

---

① 毛泽东.毛泽东选集：第1卷.2版.北京：人民出版社，1991：136.
② 邓小平.邓小平文选：第1卷.2版.北京：人民出版社，1994：217.

者说到底不是一个概念。民意更多地体现为聚合了个体利益计算层面的一群人的意见，所以说"民意如流水"，这是因为基于利益计算而形成的"群体"本身是不确定的，"群体"中的个体今天是这个利益诉求，明天则可能是那个诉求。民意可以制造，但民心很难被改变。

致治传统。中国的国家史开启于 5 000 多年之前的良渚古城，其标志是有了社会等级分化、大型水利工程、大型储粮设施、能够居住 3 万人的大型都城，这些展现了强大的社会组织能力，已超出酋邦的范畴，是东亚最早的国家社会，古城保存了早期国家的完整结构。① 如果没有国家式政权，以上这些是不可能做得到的。有了国家文明就必然有国家规模的治理。到了先秦，例如管仲治齐时期，就有了今天意义上的户籍制度即当时的"编户齐民"。因为中国的国家文明开启得太早，过于久远，而且历史上未曾中断而一脉相承，所以国家治理就成为一种看上去属于"与生俱来"的国家能力。"马上打天下者，同样能够马下治天下"②，这必然是致治基因的作用。首先，"士人政府"意味着自西汉以来的政府管理者相当于柏拉图理想中的"哲学王"治国。其次，坚持"致治之道，首在人才"传统，从先秦时期的"养士"文化和军功制遴选人才，到西汉时期的察举制和三国时期的曹操"不拘一格降人才"，再到后来的科举制选拔人才，这些使得从中枢机关到县令，多有治国之才。最后，中华民族是一个无比勤劳的民族，官不扰民民自富，因此"轻赋""养民""静民"的民本政策很重要。当然，致治能力有赖于政治稳定这个前提条件。

---

① 王宁远. 从良渚古城再认识中华 5000 年文明史//全国哲学社会科学工作办公室. 从考古看中国. 北京：中华书局，2022：42-43.

② 历史上，西汉初年的"无为而治"迅速治愈了春秋战国以来长期战乱的千疮百孔的社会；南北朝乱了 280 年而穷到人吃人，隋唐统一后国家立刻富裕起来；唐朝之后五代乱了 80 年，赵匡胤统一后不到 30 年，都城 30 里以内的老百姓用的都是黄金窗钩；明朝末年也是满目疮痍，清朝初期就国富民强。

中国共产党是中华优秀文明的继承者，也是中华优秀文明的弘扬者，必然继承了致治基因。新中国成立之际，蒋介石和一些西方政治家都曾断言共产党只会革命不能搞经济建设，但在很短的时间里中国就从一个农业国家变成了工业体系完备的工业化国家。二战之后，新兴民族国家从农业国转型为工业国的少之又少。新中国成立后的前30年并未完全解决温饱问题，但难以用人均GDP衡量的社会建设，诸如土地改革、男女平等政策、普及教育、公共医疗卫生建设、大型水利建设等，为改革开放奠定了坚实的基础。[①]

更重要的是，从鸦片战争后进入"总体性危机"的中国到1949年终于被中国共产党重新组织了起来，政治稳定是保障国家治理的最大公共产品。今天看来，邓小平提出的"四项基本原则"是一种智慧和远见卓识。因为中国如此之大，一开放搞活，中国经济向何处去便具有不确定性，但"四项基本原则"使中国不能干什么的底线十分清晰。与苏联改革的鲁莽和混乱相比，中国共产党的大智慧和治国理政的能力更能体现出来。从这个意义上讲，改革开放以来历史成就的最大经验就是"坚持方向、混合至上"，即在中国共产党领导下的社会主义道路上采取混合治理模式。中国人口基数太大，几乎相当于整个西方发达国家的人口总和，必然存在程度不同的观念差异和利益阶层，个体的心理活动和利益诉求必然是多元化的，因此需要混合治理模式。

其实，中国从国体到政体再到具体的政策过程，都具有混合性。国体是工人阶级领导的、以工农联盟为基础的人民民主专政，这意味着，无论是政权的阶级属性还是政权的实施方式（民主与专政），都具有混合性。既民主又集中的民主集中制不断体现在政治制度、央地关系之中，还深嵌

---

① 森. 以自由看待发展. 任赜，于真，译. 北京：中国人民大学出版社，2013：34.

于国家-社会关系、政治-市场关系。不仅如此，政策过程中的民主集中制也是通过群众路线、协商民主等不同的形式体现的。

3 000 多年过去了，中国的政权形式从王朝统治历经革命而演变为今天的共产党领导的国家体制，但不变的是大一统的国家观、民心的政权观和致治传统。这一超稳定结构的历史或许说明了，政治史的历史连续性比社会史的路径依赖性更强。诞生于西周的礼制过于早熟、过于发达，从而使华夏和蛮夷几乎都没有选择地"吾从周"。正因如此，中国成为一个文明史观塑造的政治共同体，而曾出现的几次长达百年的战乱纷争的"社会史"也不曾中断这种文明史观，直至当代中国。

对于中华文明的优越性，历史学家汤因比如是说："希腊模式广泛适用于各文明史的早期阶段，中国模式则广泛适用于各文明史的晚后阶段。"① 他还断言，只有中华文明适合管理 21 世纪的世界。② 然而，当前的世界秩序所构成的人类文明旧形态，依旧为对抗性资源分配的政治所支配，并成为过去 300 年人类灾难性问题的根源。

五、我们时代性困境的政治根源与出路

政治的实践性大于学术性，因此我们重述政治概念的目的并不是停留在概念史的发掘上，而是有着强烈的当下政治关怀。历史政治学之历史本体论、历史连续性和时间空间化等分析性概念意味着，源自各自历史的政治概念必然会通过当下的政治价值、政治制度和政治行为体现出来。因此，这种比较历史的理论发现不仅是学术的需要，还旨在改进政

---

① 汤因比. 历史研究. 插图本. 刘北成，郭小凌，译. 上海：上海人民出版社，2005：39.
② 汤因比，池田大作. 选择生命：汤因比与池田大作对谈录. 冯峰，隽雪艳，孙彬，译. 北京：商务印书馆，2017.

治实践。

正因如此，我们需要重新解释政治的概念。首先，长期以来，中国社会科学界所理解或接受的基本上都是西方的政治概念和政治观念，并以此来对照、分析中国政治甚至作为解决中国问题的方案，从而导致了政治学科与中国政治之间的紧张关系，因此需要正本清源。政治的概念等一系列基本理论的研究，是正本清源的基础性工作，也是建设中国自主的政治学知识体系的起点。如果没有对以政治的概念为基础的重要概念的重述，如权力类型、国家形态、政府理论、政党理论、官僚制理论等，中国政治学的知识框架就难以搭建起来，知识体系的建构更无从谈起。在这个意义上，政治的概念研究只是万里长征的第一步。

其次，我们时代的诸多问题，例如战争和强权导致的人道主义灾难[①]、信奉丛林法则的零和游戏[②]、难以消除的贫困和不平等[③]等，都与流行的政治观即"战争状态"的观念密不可分。

国内的对抗性资源分配的政治被论述为洛克式自由主义，即私有财产神圣不可侵犯，对外的对抗性资源分配的政治必然是帝国主义与殖民主义，这又被论述为自由帝国主义。在西方兴起的起点上，有着西方文明基因的"嗜血好战"的欧洲人，利用军事革命带来的科学革命的先发优势，在全球范围内把对抗性资源分配的国家本性展露得淋漓尽致，从而形成了以资本主义为核心的全球化进程，建构了时至今日依然约束着人类的世界政治结构（见图 7-1）。[④]

---

　① 仅仅在冷战之后，美国对外发动战争就有 13 次之多，2003 年发动的伊拉克战争导致 100 万人死亡，叙利亚战争制造了 600 万乱民，俄乌冲突也是美国利用北约不断东扩的结果。

　② 无论是美国对中国发展的遏制还是美国北约东扩对俄罗斯生存空间的压制，都是典型的零和游戏。

　③ 大量的研究表明，发展中国家的不发展或者难以发展，普遍与殖民主义历史有关。

　④ 杨光斌. 论世界政体系：兼论建构自主性中国社会科学的起点. 政治学研究，2017（1）：7；释启鹏，杨光斌. 世界政治研究的中国传统与史观问题. 世界经济与政治，2022（5）：26.

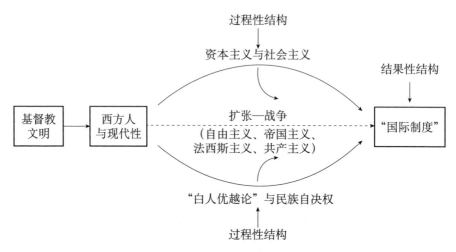

图 7 - 1 西方文明的世界政治结构

世界政治体系的形成过程及其现状性结构都意味着，我们时代充斥着扩张性、霸权性和不平等性。然而，自西方社会科学诞生以来的 200 年里，"白人优越论"、"文化优越论"和"制度优越论"等文化帝国主义"孜孜不倦"的努力，把扩张的民族主义论述为普遍主义乃至"普世价值"，从而使得非西方国家的知识分子成为"观念的囚徒"。例如，把源自社会史的带有原始色彩的"战争状态"的政治的概念当作真知识或者普遍真理而不加辨别地接受它们，作为中国政治的政治学原理的经史之学则被批判、被抛弃。

近些年来，我们得以见证四重历史趋势的反转，包括以美国为核心的单极霸权的衰落、第三波民主化的退潮、新自由主义在全球遭遇困境，以及"西方世界"的没落和"非西方世界"的崛起。[①] 这些变化构成了"百年未有之大变局"，诱发了世界政治体系的结构性变化，都为新世界政治秩序的诞生奠定了基础。

中国以自身的发展改变了世界。在世界秩序意义上，中华文明重塑了

---

① 朱云汉．百年变局与中国政治学的新征程．政治学研究，2021（1）.

一种全新的世界秩序模式，这是从中国人的政治观出发的世界新秩序（见图 7-2）。民主集中制之于代议制民主的"反向运动"、天下观之于"白人优越论"的反向运动以及中国的致治优势，最终会导向一种新的人类文明形态。世界政治学告诉我们，人类文明新形态不仅需要资本、技术与军事，也同样需要意识形态等观念性力量[①]，而所有的意识形态几乎都源自人类对共同体（国家）即对政治的看法。通过对中西方"政治的概念"的重述，我们发现并相信，那种源自社会史的对抗性资源分配的零和性政治已经是"过去时"，为民心而致治的共赢式政治才是"将来时"。

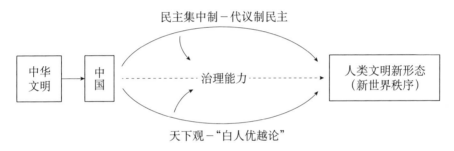

图 7-2 中华文明的新世界秩序

---

① 杨光斌.政治思潮：世界政治变迁的一种研究单元.世界经济与政治，2019（9）.

图书在版编目（CIP）数据

政治的概念：历史政治学的知识论原理/杨光斌著 .
北京：中国人民大学出版社，2025.4. --（中国自主知
识体系研究文库）. -- ISBN 978-7-300-33733-3

Ⅰ. D6

中国国家版本馆 CIP 数据核字第 2025WP5429 号

中国自主知识体系研究文库

政治的概念：历史政治学的知识论原理

杨光斌　著

Zhengzhi de Gainian：Lishi Zhengzhixue de Zhishilun Yuanli

出版发行	中国人民大学出版社		
社　　址	北京中关村大街 31 号	邮政编码	100080
电　　话	010 - 62511242（总编室）	010 - 62511770（质管部）	
	010 - 82501766（邮购部）	010 - 62514148（门市部）	
	010 - 62515195（发行公司）	010 - 62515275（盗版举报）	
网　　址	http://www.crup.com.cn		
经　　销	新华书店		
印　　刷	涿州市星河印刷有限公司		
开　　本	720 mm×1000 mm　1/16	版　　次	2025 年 4 月第 1 版
印　　张	21.75 插页 3	印　　次	2025 年 4 月第 1 次印刷
字　　数	276 000	定　　价	138.00 元